집 잃은 개를 찾아서

2

지은이

진경환(秦京煥, Gyoung-hwan Jin) : 고려대학교 국어국문학과를 졸업하고 동 대학원에서 문학박사 학위를
받았다. 주요 저역서로 『고전의 타작』, 『이야기의 세계 1』, 『백마강, 한시로 읊다』, 『서울·세시·한시』 등
이 있다. 현재 국립 한국전통문화대학교 교양학부 교수로 재직 중이다.

집잃은 개를 찾아서 2
리링, 다산, 오규 소라이, 난화이진과 함께 떠나는 진경환의 『논어』 여행

초판 인쇄 2015년 9월 10일 **초판 발행** 2015년 9월 25일
지은이 진경환 **펴낸이** 박성모 **펴낸곳** 소명출판 **출판등록** 제13-522호
주소 서울시 서초구 서초중앙로6길 15, 1층
전화 02-585-7840 **팩스** 02-585-7848 **전자우편** somyong@korea.com **홈페이지** www.somyong.co.kr

값 32,000원   ⓒ 진경환, 2015
ISBN 979-11-86356-87-6 04100
ISBN 979-11-86356-85-2 (전2권)

喪家狗

論語

집 잃은 개를 찾아서 2

리링, 다산, 오규 소라이, 난화이진과
함께 떠나는 진경환의 『논어』 여행

진경환

소명출판

오래 전부터 논리와 형식에 얽매이지 않는, 자유로운 글쓰기를 꿈꿔왔다. 자유롭다고 말했지만, 사실은 이 눈치 저 눈치 보지 않고 제멋대로 써보고 싶었다. 그런데 그런 첫 글의 대상이 하필이면 『논어』다. 한편으로는 오히려 잘 되었다는 생각이 들기도 한다. 애당초 잘 모르는 분야일 뿐 아니라, 그래서 실증적이고 체계적인 서술은 언감생심인바, 생각나는 대로 마구 써보자고 생각했다.

이 책은 2012년 8월 4일에 시작해서 2013년 11월 9일에 끝을 냈다. 아시는 분은 아시겠지만, 페이스북facebook에 하루에 한 장씩 줄곧 연재를 한 결과가 이 책이다. 며칠간의 외유를 제외하고는 하루도 빠짐없이 이어나갔다. 애당초 출간을 목표로 삼은 것은 아니었고, 더 늦기 전에 『논어』를 차분히 다시 읽어보자는 심산에서 시작한 일이었다. 그런 마음에 불을 당겨 준 것이 베이징대 중문학과 리링李零 교수의 『집 잃은 개 : 내가 읽은 논어喪家狗 : 我讀論語』글항아리, 2012였다. 부제인 '『논어』 읽기, 새로운 시선의 출현'에 걸맞게, 이 책을 만난 것은 신선하고도 충격적인 사건이었다.

연전에 리링은, 『논어, 세 번 찢다』글항아리, 2011라는 과격한 제목으로 번역되어 나온 바 있는 『성현의 이미지를 벗겨내야 진짜 공자가 보인다去聖乃得

眞孔子』를 펴낸 바 있다. 『집 잃은 개』는 그 연장선상에서 나온 책이다. 흔히 '상갓집 개'로 알고 있는 이 말은, 근래 '공자 붐'이 일었던 중국에서 크게 논란이 되었던 모양이다. 물론 그 핵심은 '신성神聖 모독'이겠다. 그런데 리링은, 그 말이 공자 스스로 한 것이지, 자신이 일부러 공자를 폄하하고자 해서 붙인 것은 아니라고 말한다. "60세의 공자는 이쪽저쪽으로 흔들리는 마차를 타고 정鄭 나라로 가는 길에 자신의 제자들을 놓쳐 혼자 떨어졌다. 그는 홀로 외성의 동문 밖에 서서 기다리고 있었다. 정 나라의 어떤 사람이 자공에게 말했다. 동문 밖에 서 있는 사람은 …… 상반신은 그런대로 성인의 기상이 조금 느껴지지만, 하반신은 집 잃은 개처럼 풀죽은 듯 기가 꺾여 있었다는 것이다. (그 말을 들은) 공자는 부정하지 않고, 오히려 겉모습은 결코 중요하지 않지만, 내가 집 잃은 개 같다는 말은 매우 정확하다고 담담하게 말했다." 요컨대 리링의 '허상 벗은 진짜 공자 알기'는 그 제목부터 대단히 문제적이었던 셈이다.

『집 잃은 개』를 저본으로 삼아 미욱한 나도 감히 '인간 공자'를 만나는 여정에 따라 나서기로 했다. 그런데 혼자서 떠나기에는 좀 허전하고 두렵기도 하여 몇 분의 선학들에게 동행을 부탁드렸다. 일방적인 요청이고, 미덥지 못한 반려여서 죄송한 마음도 들었지만, 그분들의 내공을 빌리고자 용기를 내어보았다. 함께 해 준 분들은 조선 후기 실학을 집대성한 다산茶山 정약용丁若鏞, 1762~1836과 일본 에도 중기의 유학자 오규 소라이荻生徂徠, 1666~1728, 그리고 대만 출신의 동양학자 난화이진南懷瑾, 1928~2012이다. 그리고 주희朱熹 등 옛 주석가와 배병삼 등 여러 현대 해설가들의 응원이 있었다. 이런 이유에서, 이 책의 제목을 『집 잃은 개를 찾아서』라 했고, '리링, 다산, 오규 소라이, 난화이진과 함께 떠나는『논어』여행'이라는 부제를 달았다.

진작에 다산과 오규 소라이는 비교해 볼 만하다고 여기고 있었지만, 하필 이 세 분으로 제한한 것은 별다른 이유가 있는 것이 아니다. 순전히 과문한 탓이다. 이 분들의 저작을 두루 본 것도 아니다. 각각『논어고금주論語古今註』전5권, 이지형 역주, 사암, 2010, 『논어징論語徵』전3권, 임옥균 외 역, 소명출판, 2010, 『논어별재論語別裁』『논어강의』로 번역 출간, 전2권, 송찬문 번역, 마하연, 2012를 주요 텍스트로 삼았다. 모두 완역이 되어 있어 큰 무리 없이 참고할 수 있었다. 이 자리를 빌어 번역한 선생님들께 머리 숙여 감사를 드린다. 그리고 옛 주석으로는『현토완역 논어집주』성백효 역주, 전통문화연구회, 1990를, 현대 해설로는『한글세대가 본 논어』전2권, 배병삼 주석, 문학동네, 2008를 주로 참고하였다. 기타 여러 책들은 따로 밝히지 않았다. 특별히 주석은 달지 않았는데, 선학들을 거명한 것은 모두 이 책들을 인용하거나 참고한 것이다.

그리고 김수영. 나의 친애하는 김수영 시인이 아픈 몸을 이끌고 함께 나서 주었다. 이 긴 여행을 떠나면서 그를 빼놓고 가는 것은 그에 대한 배신이다. 동행해 주어 고맙고 눈물겹다. 깊고 어두운 터널에 들어설 때마다 그의 형형한 눈빛이 없었으면 그냥 주저앉고 말았을 것이다. 이 옹색한 책에서 그의 시를 읊을 수 있게 된 것을 잊지 못할 영광이자 추억으로 여긴다.

이 책은 크게 세 부분으로 구성되었다. 먼저『논어』번역문과 원문을 실었고, 다음으로 그것에 대한 리링의 해설, 곧『집 잃은 개』의 내용을 요약, 정리하였다. 이것은 다산과 오규 소라이의 견해, 그리고 나의 소견을 잇기 위한 일종의 다리 역할을 한다. 물론 그 가교架橋로 인한 오해와 곡해는 전적으로 나의 몫이다. 그리고 "내가 보기에~"로 시작하는 부분부터는 내 견해를 덧붙였다. 어떨 때는 간략하게, 또 어떤 곳에서는 장황하게 그리고 어디에서는 거칠고도 신랄하게 말을 이어나갔다. 이 부분에서 다산과 오규 소라이와 난화이진과 주희 등이 거론되었다. 물론 내가 말하고자 하는 바는 기본적으로 모두 여기에 들어있다.

다시 말하지만, 나는 공자나 『논어』를 전공한 동양철학자가 아니다. 이 책은 한국고전문학을 공부한 사람으로서 기존의 패러다임, 특히 지나치거나 일방적인 감계주의鑑戒主義 풍조를 비판하고, 보다 자유롭게 『논어』를 다시 읽어보고 싶어서 시작한 것이다. 그래서 체계도 없이 중구난방이 되기 일쑤이지만, 내 딴에는 '신성神聖을 걷어낸 인간 공자는 누구인가'와 '오늘날 내게 공자와 『논어』는 과연 어떤 의미가 있는가'에 초점을 맞추어 보려고 노력하였다. 『논어』를 통해 나름 법고창신法古刱新을 정신을 실천해 보았다고 하면, 좀 지나친 것일까?

한학과 경전에 밝으신 분들이 보면 참으로 딱하다는 생각도 들겠지만, 문외한의 만용이려니 여기고 바다처럼 너그럽게 받아주시기 바란다. 비슷한 말이 거듭해서 나타날 터인데, 나름 강조하고자 그런 것이니 널리 이해해 주시기 바란다.

이 글을 시작할 처음부터 관심을 가지고 지켜 보아주고 늘 격려를 아끼지 않으신 페이스북의 벗님들, 특히 중요한 부분마다 조언을 해주신 중문학자 김영문 선생님, 부산의 한의사 이창기 선생님, 한국고전번역원의 박헌순 선생님, 리링의『집 잃은 개』를 출간한 글항아리의 강성민 대표님과 기획위원 노승현 선생님, 그리고 손해 볼 일이 분명한데도 선뜻 출간을 맡아준 소명출판의 박성모 대표님, 빈약한 내용을 그럴 듯하게 꾸며준 편집진에게 감사의 말씀을 전한다. 마지막으로 리링의『집 잃은 개』를 우리말로 알기 쉽게 옮겨 천학비재로 하여금 감발이 되도록 이끌어주신 김갑수 선생님께 머리 숙여 감사드린다.

2015년 8월
소부리 엿바위에서
진 경 환

차례   <small>집 잃은 개 를 찾 아 서</small>

1권

11

—

선진
先進

스승님께서 말씀하셨다. "예악의 배움에 먼저 들어온 자들은 야인이고, 예악의 배움에 나중 들어온 자들은 군자이다. 만약 쓰고자 한다면, 나는 먼저 들어온 자들을 따르겠다."

子曰, 先進於禮樂, 野人也, 後進於禮樂, 君子也, 知用之, 則吾從先進.

선진先進과 후진後進을 어떻게 이해해야 할지에 대해 논쟁이 있었다. 크게 봐서, 하나는 벼슬길에 나아가는 순서, 즉 관리가 되는 순서로 보는 것이고, 다른 하나는 진학進學의 순서, 곧 졸업 순서로 보는 것인데 뒤쪽이 맞다. 공자는 제자 이야기를 한 것이지, 다른 사람 이야기를 한 것이 아니다.

야인野人과 군자君子에 대해서도 논란이 많다. 야인은 군자와 상대되는 말이고, 신분이 천하고 낮은 것을 가리킨다. 주희의 해석은 대체로 맞다. 야인은 교외에 사는 촌뜨기고, 군자는 도성 안에 살면서 작록爵祿과 지위가 있는 사람이다. 그런데 나는 공자의 제자 가운데 초기에 졸업한 사람 대부분은 비천한 집안 출신이고 지위가 낮고 천했다든가, 후기에 졸업한 제자의 대부분이 명문가 출신이고 관리가 된 사람이 매우 많았다는 것이 이 장에서 말하고자 하는 것이 아닐까 생각한다.

만약 쓰고자 한다면 나는 먼저 들어온 자들을 따르겠다는 말은, 가난한 집 아이를 쓸망정 부잣집 아이를 쓰지 않겠다는 것이다. 공자가 학당을 열고 제자들을 가르쳤는데, 그것은 일종의 비밀결사와 비슷했다. 한비자는 "유자는 글로 법을 문란케 하고, 협객은 무술로 금령을 위반한다"라고 했는데, 무사집단이 협俠이고, 문사집단이 유儒로 모두 민간조직이었다. 당시에는 빈천한 집안 출신이지만 공부에 목말라 하던 제자들만 찾아와 배우기를 청했다. 거기에는 협객이나 힘쓰는 사람도 있었고, 부랑자의 기풍을 지닌 사람도 있었으며, 전과자도 있었다. 부유한 제자는 공자의 이름이 널리 알려진 뒤에 비로소 그 명성을 흠모하여 찾아온 사람들이다. 그러나 이것은 그저 대략적인 추측일 뿐이다. 공자 제자 가운데 많은 사람은 대부분 출신이 불분명하기 때문이다. 초기 제자들은 모두 은둔하여 할 만한 벼슬이 없었고, 후기에 이르러서야 줄줄이 벼슬길에 올랐다.

　　내가 보기에, 논란이 분분한 어려운 내용을 리링이 요령 있게 정리해주었다. 다만, "만약 쓰고자 한다면 나는 먼저 들어온 자들을 따르겠다"라는 말을, 가난한 아이를 특히 중시한 것이라고 이해한 것에 대해서는 의문이 없지 않다. 야인과 군자의 구분, 특히 예악禮樂과 관련해 볼 때, "옛 선배들은 예악에 있어 소박한 야인 같았고, 오늘날 후배들은 예악에 있어 세련된 군자와 같이 되었다. 만약 둘 중에 선택하라고 하면, 나는 옛 선배들의 소박함을 따르겠다"라고 한 난화이진의 풀이도 설득력이 있어 보인다. 그러나 "진정한 정성과 소박함이 가장 좋은 문화이자 진정한 예악인데, 이것이 후천적인 지식 교육으로 지나치게 세련되고 다듬어진다면 도리어 인성의 본질을 잃게 된다"라는 난화이진의 지론에 대해서는 동의하기 어렵다. 우선 그런 이항대립적인 설정 자체가 타당해 보이지 않을 뿐더러, 그럴 경우, 공자 후기의 제자들은 인성의 본질을 잃은 사람들이 되어버리고 말기 때문이다.

리링이 잘 지적하고 있듯이, 선진과 후진은 옛날과 오늘날 서로 다른 의미로 쓰고 있다. 예전에 선진은 선배였지만, 오늘날에는 그 선배를 뛰어넘는 선진적인 사람을 의미한다. 우리 또래들 대부분이 그랬듯이, 나도 학창시절 조용범 선생의 『후진국경제론』을 읽은 적이 있는데, 그때의 후진은 물론 발전이 덜 된 옛 시절의 수준이나 단계를 뜻한다. 이처럼 선진과 후진은 옛날과 지금 그 의미가 전도되었는데, 그것은 리링의 말대로 '일본어에서 빌려온 거짓 중국어'를 쓰고 있기 때문이다.

스승님께서 말씀하셨다. "진陳 나라와 채 나라에 갈 때 나를 따랐던 이들은 아무도 문하에 남아 있지 않구나."

子曰, 從我於陳蔡者, 皆不及門也.

⚜

공자가 만년에 진 나라와 채 나라에서 재난을 당했을 때, 그와 함께 있었던 제자로 재여와 전손사를 드는 사람도 있지만, 안회와 자로와 자공뿐이었을 것이다. 아무도 문하에 남아 있지 않다皆不及門也라는 말에 대해서는 두 가지 주장이 있었다. 하나는 제자들이 벼슬의 문턱에 들어서지 못했다는 것이고, 다른 하나는 스승의 문하를 떠났다는 것이다.

⚜

내가 보기에, 이 구절은 간단해 보이지만 생각할 구석이 많다. 대개는 다음 구절11-3과 함께 다루지만, 리링은 두 구절을 따로 다루었는데, 다산 역시 마찬가지다. 여러 나라를 제자들과 함께 돌아다닐 때, 공자는 진 나라와 채 나라로 가는 길에 전란으로 칠일 동안 먹지를 못해 큰 고생을 겪었다.

⚜

나는 불급문不及門을 어떻게 봐야 할지 잘 모르겠다. 문門을 벼슬로 볼 근거는 없는 것 같고, 문하라고 하기에는 급及이 걸린다. 다산처럼 성문城門으로 보면, 좀 통하는 것 같다. 다산은, 공자가 위 나라로 다시 돌아왔을 때,

따라다니던 제자들이 그 성문에 이르지 못했다고 풀었다. 이 말은 제자들이 뒤쳐져 적의 추적을 막아 공자를 호위했다는 뜻이다. 그렇다면 이것은 "문하에 아무도 남아 있지 않다"라는 리링의 해석과 분명히 상반된다. 문을 성인의 문으로 본 한유의 견해는 또 어떤가? 예전에 제자들은 도를 배워 문門에서 당堂으로, 당에서 실室에 이르렀는데, 이 구절은 그 등급의 격차를 나타낸 것이라는 것이 한유의 견해다.

※

나는 여러 해석 중에 청 나라 고증학자 유보남劉寶楠, 1791~1855의 견해가 설득력이 있어 보인다. "공자께서 진 나라과 채 나라 사이에서 재앙을 만난 것은 위아래 교섭이 없었기 때문"이라는 『맹자』를 인용하여, 공자에게 진 나라와 채 나라에서 관리를 지낸 제자가 없어 사적으로 청탁을 넣을 만한 채널, 말하자면 '빽'을 찾지 못했음을 고백했다는 것이다. 뭐 눈에는 뭐만 보인다고, 나 같은 속물에는 그것이 현실적으로 보이니 딱하다 아니할 수 없다.

※

잠시 배신의 문제를 생각해 본다. 신의를 저버리고 관계를 끊고 돌아선다는 말이다. 무서운 말이다. 앞의 「위정爲政」편 2-22에 "사람으로서 믿음이 없으면 그래도 괜찮을지 모르겠다人而無信, 不知其可也"라는 말이 나온다. 여기서 부지기가야不知其可也를 어떻게 해석하느냐가 다시 논란이 될 수 있지만, 어떻게 풀이하든 그것이 부정적인 뉘앙스를 가지고 있는 것은 확실하다. 문제는 인이신人而無信, 곧 '사람이면서 믿음이 없다면~'이다. 이 발언에는 이미 사람의 말에 믿음이 없으면 이미 사람이 아니라는 전제가 깔려있다. 모름지기 믿음이 없어서는 사람이라 할 수 없다는 것이다. 이런 논리로 따지면, 배신은 사람이 할 짓이 아니다. 거칠게 떠들어 보았지만, 정작 문제는 믿음이란 도대체 무엇이냐 하는 것일 터이다. 나도 잘 모르겠다. 잘 모르면서 이렇게 떠드니 문제지만, 다만 이것 하나는 분명히 말하고 싶다. 관계를 끊는 것은 인간 관계상 마지막으로 할 일이다. 그것은 사람이 관계를 맺고 살다가 마지막으로 할 수 있는, 정확히 말하면 마지막까지 해서는 안 되는 일인 것이다. 역시 이렇게 봐도, 배신은 인간의 것이어서는 안 된다. 그렇다면 영화 〈넘버 3〉에서 송강호가 "배, 배, 배, 배, 배신이야!"라고 했을 때, 그것은 인간선언이었던 셈인가? 각설. 배신 중에 자기배반만큼 너절한 것도 없다.

덕행은 안연과 민자건과 염백우와 중궁이다. 언어는 재아와 자공이다.
정사는 염유와 계로이다. 문학은 자유와 자하이다.

> 德行, 顏淵閔子騫冉伯牛仲弓. 言語, 宰我子貢. 政事, 冉有季路. 文學,
> 子游子夏.

　　이른바 4과科 10철哲이다. 이 말을 공자가 한 것인지 아닌지에 대해 논쟁
이 있었다. 그런데 모두 자字를 붙였다는 점에서 볼 때 공자의 말이 아님을
알 수 있다. 덕행, 언어, 정사, 문학의 순서는 공자가 중요하게 여긴 순서다.
그런데 역대 관리 채용은 반대였다. 초기에는 효자와 청렴한 사람을 천거
했고, 과거시험인 책문策問을 통해 재덕겸비한 이를 뽑았으며, 추천에 면접
이 추가되어 도덕과 정치적 능력을 평가했다. 나중에는 전적으로 문장에
따른 시험성적에 따랐다.

　　덕행은 개인의 수양이다. 그 주요 지표는 안빈낙도安貧樂道, 침묵하면서
말을 적게 하는 것, 전심전력하여 고난을 이겨내는 것 등이고, 큰 효자大孝子
이기도 하다. 거론된 세 사람은 모두 가난한 집안 출신이다. 공자는 나이가
제일 어린 안연을 가장 좋아했다. 언어는 말재주와 외교적 재능이다. 정사
는 관리하는 재능이다. 문학은 오늘날 말하는 문학이 아니다. 문학은 고대
의 인문학술이다.

공자는 죽은 뒤에 커다란 명성을 얻었는데, 그것은 주로 언어 과科에 속한 재아와 자공, 문학 과에 속한 자유와 자하, 그리고 굉장히 극단적이었던 자장 등의 노력에 의한 것으로, 공자 자신은 도저히 생각지 못했을 것이다.

❦

내가 보기에, 이른바 10철, 곧 '베스트 텐'을 선정하는 데 권력이나 이데올로기 같은 것이 개입되었을 가능성을 배제할 수 없다. 10철을 종묘에 배향한 것은 당 나라 때다. 나중에 사배四配, 안자·자사·증자·맹자를 높여 공작公爵의 반열에 놓았고, 10철은 그 다음 후작侯爵에 놓았다. 이에 대해서는 오규 소라이의 비판이 준열하다. "옛날에 조정에서는 작위를 높이고, 향당과 학교에서는 나이를 높였으니, 이 두 가지 외에는 순서로 삼지 않았다. (왕이나 유학자들이) 자기 생각을 가지고 그 덕을 차례 지우니, 또한 불교의 보살과 나한을 흉내 낸 것일 뿐이다." 10철의 순서를 금과옥조로 여기며 72제자의 이름을 외는 것으로 지식을 자랑하는 '현대판 유자儒者'를 본 적이 있다.

❦

순서라고 하니, 조선 후기에 한창 유행했던 동물우화, 예컨대『토끼전』, 『장끼전』,『서대주전』같은 소설의 한 장면이 생각난다. 동물들이 산속에 모여 회의를 하는데, 앉는 순서를 가지고 다툰다. 예전엔 무조건 연치年齒, 곧 나이순이었는데 세상이 변해서 화폐가 중시된 것이다. 그렇게 중세사회에는 균열이 일어나고, 사회는 재편되기 시작했다.

스승님께서 말씀하셨다. "안회는 나를 돕는 사람이 아니다. 내가 한 말에
대해 기뻐하지 않는 것이 없다."

子曰, 回也非助我者. 於吾言無所不說.

❀

그저 자신의 말을 듣기만 하고, 하는 말마다 '좋다'며 이견이 없는 안회
를 비판한 것이다. 그러나 공자의 진심은 안회가 기특하다는 것이다.

❀

내가 보기에, 안회의 평소 행태가 겉으로는 복종하는 체하면서 마음속
으로는 배반하는 것과는 다르다는 것을 잘 알기에 공자가 이렇게 말했을
것이다. 얼굴을 맞대고는 복종하는 듯하다가도 등을 돌리면 배신을 하는
자들의 입에는 꿀이 발려 있으나, 뱃속에는 칼을 품고 있기 일쑤이다. 공자
는 덕행 있는 제자로 안회를 제일 먼저 꼽았다. 그래서 "안회는 나를 돕지
않는다"라는 말을 리링은 일종의 '조크'라고 본 것이다. "부자가, 안회가 진
심으로 자신을 도와 주기를 어찌 바랐겠는가"라고 한 『집주』의 풀이도 결
국은 같은 맥락이지 않을까 한다.

❀

그런데 난화이진은 이 구절을 보다 진지한 얼굴로 대했다. 그에 따르면,
공자는 "자신에게 진정으로 도움이 되는 사람은 반드시 다른 의견을 제시

하는 사람"이라고 생각했다. 그것이 바로 '공자의 성인됨'이라는 것이다. 반대의견을 용납하여 그것을 생각해 보고 타당하면 자신의 의견과 서로 중화시키는 태도야말로 고도의 수양 없이는 불가능하다는 것이다. 다산 역시 비슷한 입장이다. 다산은, 공자가 아첨으로 그런 것이 아님은 잘 알지만, 이 구절은 "세상 사람들이 일반적으로 아첨하는 것을 빌어서 말한 것"이라 하였다. 역시 다산다운 해석이다.

여기서 아부와 아첨에 대해 말하지 않을 수 없다. 다산은 "군신 사이는 간쟁諫爭을 귀히 여기는데, 군주가 말하면 어기지 않고 순종만 하는 것"을 아첨이라 했고, "붕우 사이에서 벗이 말하면 어기지 않은 것"을 아유阿諛라 했다. 나는 이에 대해 세 가지를 말하고 싶다. 첫째, 아첨과 아부의 달인들이 보이는 태도를 한 마디로 요약하면 과공비례過恭非禮라 할 수 있겠는데, 그것은 상대를 인간으로 보지 않고 자기 유익을 구하기 위한 하나의 도구로 이용하는 것이다. 둘째, 아첨과 아부가 싫다고 욕을 하면서도 정작 자기에게 그런 언행을 보이는 사람은 예뻐하는 것이 현실이다. 그래서 아첨과 아부꾼들이 늘어나고 활개를 친다. 셋째, 아첨과 아부를 비유한 말로 가장 적실한 것은 연옹지치吮癰舐痔, 곧 상관에게 종기가 나면 그 고름을 입으로 빨아주고, 치질 앓는 그 밑을 쪽쪽 핥아준다는 말이다. 누추하고도 더럽다.

스승님께서 말씀하셨다. "'효자로다, 민자건이여!' 사람들이 그의 부모나 형제들의 이 말에 트집을 잡지 않는구나."

子曰, 孝哉閔子騫. 人不間於其父母昆弟之言.

공자는 제자들을 부를 때 모두 이름을 불렀는데, 여기서는 왜 자를 불렀는지 논란이 있었다. 인용하여 기록한 사람의 말로 공자가 한 말이 아니라는 것과 왈曰 뒤에는 다른 사람이 공자의 말을 인용하여 기록한 것이라는 주장이 있다. 공자가 직접 한 말이 아니라 공자의 말을 인용한 사람의 말이라 생각해서 따옴표를 묶었다.

민자건은 계모의 학대 속에 자랐는데, 아버지가 그것을 알고, 계모를 쫓아내려 하자 극구 말렸다. 그러면 자기처럼 학대받는 아이가 둘(이복동생) 더 생긴다는 것이다. 아버지는 감동했고, 계모는 자애로운 어머니가 되었다. 당시 널리 알려진 유명한 이야기로, '민자건은 참 효자야'라는 말을 당시 누구든 동의했다.

내가 보기에, 어떤 사람의 말에 누구든 꼬투리를 잡지 않고 동의한다는 것은 대단히 어려운 일이다. 그만큼 그가 잘 살아왔다는 말이겠다. 그런데 그것은 현실에서 하나의 이념형^{ideal typus}에 지나지 않을지 모른다. 이 누추하고 비루먹을 세상에서 누구에게서나 동의를 받는 사람이 있다면, 그에게는 무엇인가 문제가 있다고 보아야 한다. 우리의 일용할 나날의 삶에는 대립과 갈등이 그야말로 엄존하고 있지 않은가. 김수영 말마따나 "선이 아닌 모든 것은 악이다 신의 지대에는 / 중립이 없다."「離婚取消」 중

✻

요즘 '나라님' 하시는 인사를 보면, 뜬소문은 지혜로운 사람에게는 통하지 않는다謠言止於智者는 말을 실감케 된다. 누가 뭐라고 하든 상관치 않고 곧장 밀어붙이는 놀라운 힘을 지니셨다. 『명심보감』의 용인불의用人不疑, 곧 누군가를 쓰기로 결정했으면 절대 의심하지 말라는 가르침을 온몸으로 실천하고 있는 것이다. 그런데 안타깝게도 그 바로 앞 구절은 이렇다. 의인불용疑人不用, 즉 의심스러운 사람은 쓰지 말라는 것이다. 지금 오물바닥에서 뒹구는 치들의 면면을 보면, 의심스러운 수준이 아니라 탐욕스러운 범죄자들의 그것이다.

✻

효자 이야기를 하자니, 돌아가신 부모님 생각이 간절해진다. 홀로되신 어머니를 몇 번 절에 모시고 다닌 적이 있는데, 주위에서는 나를 효자라고 칭찬을 했다. 듣기 민망하고 죄스러웠는데, 지금 돌이켜 보니 그것은 민자건이나 증삼 등의 효가 아니고, 어머니의 품속에 안기고픈 아이의 어리광이었던 것 같다.

우리 1960~70년대는 워낙 효를 정치적으로 악용해서 의심할 수 없는 지상명령이 되어 버리고 말았지만, 전통문화와 관련해서 특기해서 강조하는 우리의 효에 대해서는 냉철한 성찰이 요구된다. 연전에 나는 박노자의 주장을 수용해서 다음과 같은 글을 쓴 적이 있다. "단적으로 말해보자. 시방 우리가 상찬하고 있는 유교 예절은 도대체 누구를 위한 도덕률이었던가? 이 문제는, 그 누가 그 어떤 교묘한 언설로 폄훼하거나 논점을 흐린다 하더라도 반드시 정직하게 짚고 넘어가야 할 문제가 아닐 수 없다. 예컨대 자녀에게 효도를, 여성에게 정절을 일방적으로 강요하여 그들을 개체로서의 권리가 결여된, 가족이라는 절대적인 전체의 일원으로 만드는 것은, 엄격하게 말하면, 우리 모두의 전통이라기보다는 성리학이라는 조선 시대 지배계급 이데올로기의 구조이지 않은가 하는 점이다. 요컨대 발화자의 현재적 의도와 관심에 따라 선택된 전통의 일부를 함부로 일반화하고 자의적으로 재단·평가하는 것은 전통의 특정 요소와 요인을 특권화함으로써 오히려 전통을 기형화 혹은 왜곡하는 일이 아닐 수 없다."

남용이 백규라는 시구를 매일 세 번씩 반복해 읊조렸는데, 공자는 자기 형의 딸을 그에게 시집보냈다.

南容三復白圭, 孔子以其兄之子妻之.

남용은 남궁괄의 자字인데, 공자가 여기서는 자를 불렀다. 이 이야기는 앞의 「공야장公冶長」 편 5-2에서 나온 바 있다. 남용은 『논어』에 세 번 등장하는데 다 같은 이미지다. 지나치게 신중하여 소심하기까지 한 사람이고, 자중자애하면서 오직 잘못을 범하지나 않을까 두려워했다. 공자는 이런 사람을 좋아했다.

『시경』 「대아大雅」에 나오는 '백규'라는 시는 이렇다. "백규 위에 더러운 점이 있다면, 그것을 갈아 없애버릴 수 있지만, 우리가 한 말에 결점이 있다면, 그것을 바로잡을 수 없다白圭之玷, 尙可磨也. 斯言之玷, 不可爲也." 백규는 희고 맑은 옥이다.

내가 보기에, 남용 같은 사람은 내가 좋아하는 스타일이 아닐 것 같다. 공자가 조카사위로 삼을 정도였으니, 그의 인간됨됨이를 알 수 있지만, 나는 남용처럼 무엇인가에 지나치게 매달리는 사람을 좋아하지 않는다. 물론 어떤 벽癖의 수준에 도달한 사람은 예외다. 그렇지도 않으면서 별 의미 없어 보이는 무언가에 집착하여 전전긍긍하는 사람은 멀리한다. 그런 사람은 자신만이 아니라 주위 사람들에게 부담이 될 수 있다. 피곤하게 만든다. 그런 사람은 자기가 집착하고 있음을 절대 깨닫지 못한다. 그래서 상대방의 지적을 이해하거나 수용하지 못하고, 그는 점점 허물어져 간다. 소위 '천안함 사태' 때 '피로파괴'라는 말이 유행했는데, 바로 그 지경에까지 이르러야 그의 집착은 끝이 난다.

　　　　　　　　　　　🌿

　'백규'라는 시는 성공과 출세에 혈안이 되어 있는 천박한 자들의 집 거실에 걸어두면 좋을 듯하다. 이 시의 요점은 점玷, 말하자면 옥에 티다. 난화 이진이 말했듯이, 남용이 이 시를 좋아한 것은 완전무결한 미덕을 찬양했기 때문이다. 그런데 완전무결한 미덕이란 플라톤의 이상국에서나 가능한 '미美-이데아'일 것이다. 이상국에서 분명히 쫓겨났을 나 같은 사람에게 그것은 환상illusion이거나, 현실을 왜곡하고 그것을 용인하는 압제일 뿐이다.

　　　　　　　　　　　🌿

　『사기』「공자세가孔子世家」에 남용이 '백규'를 읊조리게 된 이유를 설명하고 있다. 남용이 공자를 따라 주 나라에 가서 노자를 만나니, 노자는 이렇게 말했다. "사람이 총명하여 깊이 사리를 살피고 있어도 죽게 되는 경우가 가까이 닥치는 것은 남을 비방하기를 좋아하는 자이며, 박학하고 변론이 능하여 넓은 식견을 지녔어도 그 몸을 위태롭게 하는 것은 남의 나쁜 점을 들춰내는 자이다." 나도 물론 노자의 가르침을 엎드려 받아야 하지만, 남을 비방하고 남의 나쁜 점을 들춰내는 데 이골이 나 있는 사람은 특히 하늘이 내린 경구로 삼아야 할 것이다. 비방과 험담은 일종의 고질적 습관 같은 것인데, 어떤 자리인지 상관치 않고 함부로 떠들어대는 사람이 있다. 그의 나날은 온통 남에게만 초점이 맞춰져 있고, 자신은 전혀 돌아보지 않는다. 그런데 더욱 가관인 것은, 그는 그러한 작태를 아무나 하지 못하는 용기라고 자만한다는 점이다. 나는 그동안 그런 자리에 바보처럼 앉아 너절하게도 박자를 맞춰준 적이 있지만, 이제는 가차 없이 끊고 박차고 일어난다. 뿐만 아니라 그 옛날 허유許由를 본받아 곧장 귀를 씻는洗耳다.

계강자가 물었다. "제자들 중에서 누가 배우기를 좋아합니까?" 공자께서 대답하셨다. "안회라는 제자가 있었는데 배우기를 좋아했지만, 불행히도 명이 짧아 죽어버리고 지금은 없습니다."

季康子問, 弟子孰爲好學. 孔子對曰, 有顔回者好學, 不幸短命死矣, 今也則亡.

앞의 「옹야雍也」 편 6-3에서도 나왔다. 거기서는 애공의 물음에 "다른 사람에게 화풀이하지 않고, 같은 잘못을 되풀이하지 않았다"라고 덧붙였다. 『집주』에서는 그 상세함과 간략함의 차이를 듣는 사람의 지위나 정치적 위상을 고려한 때문이라 했다. 불행은 죽지 말아야 하는데 죽은 것을, 다행은 살지 않아야 하는데도 사는 것을 말한다고 한다.

지금 한국 사람들 중 죽지 못해서 살고 있는 이들이 많은데, 그렇다면 불행 중 다행이란 말인가? 세계 최저 수준의 출산율도 그렇게 설명할 수 있는가? 초파리를 통해 유전자와 행동의 연관성을 해명한 조나단 와이너 Jonathan Weiner는 최악의 저출산 현상을 세포의 자살, 곧 '세포사멸'에 비유했다. 그것은 "종족 번식이 불가능하다고 판단한 개개인이 스스로 사멸을 택한 비극"이라는 것이다.

안연이 죽자, 안로가 공자(가 타던) 수레를 팔아 그의 곽을 마련하자고
했다. 스승님께서 말씀하셨다. "재능이 있든 없든 역시 각기 자기 자식을
말하기 마련이다. 이鯉가 죽었을 때, 관은 있었고 곽은 없었지만, 나는 곽
을 마련하려고 걸어 다니는 쪽을 선택하지 않았다. 나는 대부의 뒤를 따
르는 사람이라서 걸어 다닐 수 없기 때문이다."

> 顏淵死, 顏路請子之車爲之槨. 子曰, 才不才, 亦各言其子也. 鯉也死.
> 有棺而無槨. 吾不徒行以爲之槨. 以吾從大夫之後, 不可徒行也.

안로는 안회의 아버지고, 이鯉는 공자의 아들이다. 곽은 목재로 제작한
것으로 속에 약간의 공간을 나누고 가운데에 관을 놓고 바깥쪽에 부장품을
넣는데, 신분이 높은 사람만 구비했다. 재능이 있든 없든 역시 각기 자기
자식을 말하기 마련이라는 말은, 재능이 있든 없든 너의 자식이 자식이면
나의 자식도 자식이라 뜻이다. 공자는 안로의 제안을 다음 두 가지를 들어
거부했다. 하나는, 공자가 안연을 자기 자식처럼 여기니 내 자식 이의 장례
와 같이 하자는 것이고, 다른 하나는 공자는 대부의 신분이므로 걸어 다닐
수 없다는 것이다.

내가 보기에, 이 구절은 요즘에는 전혀 의미가 없을 것이다. 그런데 어
머니가 돌아가셨을 때, 두 아들의 차타기를 좋아하신 어머니를 위해 마지

막으로 리무진을 대절해서 묘소까지 모시고 갔다. 그런데 그것이 다 무슨 소용이란 말인가.

안연이 죽었다. 스승님께서 말씀하셨다. "아, 하늘이 나를 죽이는구나! 하늘이 나를 죽이는구나!"

顔淵死. 子曰, 噫. 天喪予. 天喪予.

안연의 죽음이 공자에게 준 충격은 엄청나게 컸다.

내가 보기에, 부모의 죽음만큼 상실감이 큰 것도 없을 것 같다. 선친이 돌아가신 후에 도저히 마음을 잡을 수 없었다. 살아 계실 때, 말할 수 없는 불효를 일삼았기 때문이다. 모친 별세 후 상실감은 이루 말로 표현할 수 없다. 우울증을 심하게 앓아 눈물로 세월을 보냈다. 그때 "하늘이 나를 죽이는 구나" 하던 공자의 탄식이 절절하게 공감되었다. 세월호 참사로 하루아침에 금쪽같은 자식들을 잃은 유가족들의 마음도 이럴 것이라 감히 생각해 본다. 아이들을 살려내라! 진실은 침몰하지 않는다!

안연이 죽자 스승님께서 곡을 하는데, 통곡을 하셨다. 모시고 있던 제자가 말했다. "스승님 통곡을 하시는군요." "내가 통곡한다고? 이 사람을 위해 통곡하지 않으면 누구를 위해 통곡을 하겠느냐?"

顔淵死, 子哭之慟. 從者曰, 子慟矣. 曰, 有慟乎, 非夫人之爲慟而誰爲.

통慟은 극도로 슬퍼하고 지나치게 애달파하는 것이다.

내가 보기에, 통곡에 관한 시로 이상화가 1926년 『개벽』에 발표한 작품 「통곡」만한 것이 없다.

하늘을 우러러

울기는 하여도

하늘이 그리워 울음이 아니다

두 발을 못 뻗는 이 땅이 애닲아

하늘을 흘기니

울음이 터진다

해야 웃지 마라

달도 뜨지 마라.

안연이 죽자 문인들이 후하게 장사지내려고 했다. 스승님께서 말씀하셨다. "안 된다." 그래도 문인들이 후하게 장사를 지내자, 스승님께서 말씀하셨다. "안회는 나를 아버지처럼 대했지만, 나는 아들처럼 대하지 못했다. 나 때문이 아니라, 저 제자들 탓이다."

顔淵死, 門人欲厚葬之. 子曰, 不可. 門人厚葬之. 子曰, 回也視予猶父也, 予不得視猶子也. 非我也, 夫二三子也.

공자는 자기 아들의 장례를 치를 때 모든 것을 간결하게 치른 이상, 아들로 생각한 안회의 장례도 차별하지 않고 똑같이 간결하게 치르려고 했으나, 제자들은 공자의 염원을 저버렸다.

내가 보기에, 안연에 대한 공자의 사랑은 특별했다. 다른 제자들을 대하는 태도와 사뭇 달랐다. 그래서인가? 비탄에 빠질 정도로 슬펐지만, 분수와 격식에 맞춰 간결하게 장례를 치르려 했다. 그런데 나는 공자가 안연의 장례 치를 비용으로 수레를 내어놓지 않으면서 한 말[11-8]을 아직 제대로 이해하지 못하고 있다. 공자가 변명을 했다고 할 수는 없지만, 그렇다고 원칙을 잘 지켰다고 칭송하고 싶지도 않다. 우선 당시 공자는 대부가 아니었으며, 제자들이 그 훌륭한 가르침에도 불구하고 결국은 공자의 뜻을 저버렸고, 하늘을 원망하면서까지 지나치게 슬퍼했으며, 아들 이鯉의 경우를 스스로 전례로 삼았고, 나머지 제자들과 안연을 차별적으로 대한 것 등등 때문이다. 더구나 예전에 공자가 숙박했던 여관집 주인의 상을 만나자 자신의 수레에서 참마驂馬, 네 마리 말이 끄는 마차의 바깥쪽 두 필의 말를 풀어서 부의賻儀로 내놓은 일이 이미 『예기』 「단궁檀弓」에 나타나 있다. 공자도 분명히 한계를 지닌 인간이었고, 그렇다면 위에서 그가 보인 내적 혼란과 이러저러한 당착撞着을 있는 그대로 받아들이는 것도 나쁘지 않을 것이다. 지금 우리가 공자를 숭배하려고 『논어』를 읽는 것은 아니지 않은가! 맹목적 숭배는 또 다른 왜곡을 조장할 수 있다. 우리가 할 일은 한 뛰어난 사상가의 전모를 다면적이고도 다층적으로, 무엇보다도 현실적으로 그리고 생동하게 이해하는 일이다.

계로가 귀신 섬기는 문제에 대하여 묻자, 스승님께 말씀하셨다. "사람을 섬기지도 못하면서 어떻게 귀신을 섬기겠는가?" "죽음이 무엇입니까?" "삶도 모르는데 어떻게 죽음을 알겠는가?"

季路問事鬼神. 子曰, 未能事人, 焉能事鬼. 曰, 敢問死. 曰, 未知生, 焉知死.

계로는 자로子路이다. 공자는 자주 자로를 심하게 꾸짖었다. 사람은 살아 있는 사람이고 귀신은 죽은 사람이지만, 이 두 문제는 사실 관련이 있다. 공자는 귀신을 믿지 않았던 것이 아니고, 죽음에 대해서도 무덤덤하게 보지는 않았다. 그는 그저 비교적 초연했고, 살아 있는 사람을 죽은 사람보다, 생명을 죽음보다 더 중시했다.

내가 보기에, 이 구절은 귀신이나 죽음에 대해 알려고 하지 말라는 뜻이 아니다. 공자는 일찍이 경귀신이원지敬鬼神而遠之, 곧 귀신을 공경하되 멀리하라고 말한 바 있다. 여기서 미능사인未能事人과 미지생未知生의 미未 자, 즉 '아직 ～하지 않다/못하다'에 주의해야 한다. 사람죽음을 아직도 잘 섬기지 못하면서모르면서 귀신죽음 이야기를 하느냐, 그것은 그 다음에 얘기해도 늦지 않다는 것이다. 일단 이렇게 풀기는 하지만, 사실 좀 혼란스럽기도 하다. 공자는 앞의 「술이述而」편 7-21에서 불어괴력난신不語怪力亂神, 말하자면 합리적으로나 이성적으로 이해하기 어려운 것들에 대해서는 말하지 않는다고 한 바 있기 때문이다.

❧

우리가 귀신의 존재를 합리적으로 그리고 이성적으로 부인하기 시작한 것은 근대 이후에 와서이다. 이 말은 고대부터 중세까지는 귀신의 존재에 대해 의심치 않았음을 뜻한다. 유학자들도 마찬가지다. 그래서 깊이 있는 수준과 차원의 귀신 에세이, 곧 귀신론鬼神論들이 생겨났다. 마침 남효온南孝溫, 1454~1492이 『논어』의 이 구절과 관련지으면서 서술한 귀신론이 있어 그 앞부분 일부를 보인다. "어느 사람이 효온孝溫에게 묻기를, '귀신이 천지간에 아득하고 황홀하여, 있는 듯 없고 실實한 듯 허虛하며, 앞에서 보이다 문득 뒤로 가고, 여기를 지적하면 저기에 있으니, 그대는 나를 위해 한 번 밝혀 줄 수 있겠는가' 하므로, 나는 대답하기를, '귀신의 이치가 워낙 깊어서 공자께서도 말씀하지 않은 것이라 자로도 들어보지 못한 것이요, 정자와 주희가 겨우 말한 것인데, 나같이 천박한 말학末學이 어떻게 말할 수 있겠는가. 그러나 오는 일을 알려면 지나간 것을 알지 못해서는 안 되고, 사는 것을 알려면 죽은 것을 알지 못해서는 안 되니, 마음 가운데서 구하고 사물의 위에서 상고하면, 그 이치를 밝혀낼 수 있다고 본다. 내 일찍이 들으니, 귀鬼란 것은 돌아갈 귀歸의 뜻이요, 신神이란 것은 펼 신伸의 뜻이라 한다. 그렇다면 천지 사이에 와서 펴는 것은 모두 신이요, 흩어져서 돌아가는 것은 모두 귀鬼라 할 수밖에 없다."

삶과 죽음을 얘기하니, 모멘토 모리와 카르페 디엠이라는 말들이 생각난다. 김열규 선생이 책의 제목으로 써서 더욱 잘 알려지게 된 모멘토 모리는 죽음을 기억하라는 뜻이다. 옛 로마제국에서는 전쟁에 나갔던 장군이 승전보와 함께 귀향하면 승전을 축하하는 시가행진을 했는데, 그 개선장군 뒤에 노예들을 세워놓고 외치게 한 말이다. '지금은 이겼지만 너는 죽을 수 있다!' 닥칠 수 있는 패배와 죽음을 생각하고 대비하라는 말이다. 영화 〈죽은 시인의 사회〉에서 키팅 선생이 외치면서 유명하게 된 카르페 디엠은 현재를 붙잡으라는 뜻이다. seize the day는 이것을 영어로 풀이한 말이다. 불확실한 미래에 헛된 희망을 걸지 말고, 오늘을 충실히 살아가라는 말이다. 이 말을 한 로마의 시인 호라티우스의 마음과 공자의 생각, 그리고 봄철 들이나 산에서 우리 어르신들이 술 한 잔 걸치고 부르던 "노세 노세 젊어서 놀아, 늙어지면 못 노나니, 화무는 십일홍이요 달도 차면 기우나니"의 정서 사이의 거리를 운산해 보는 것도 흥미로울 것 같다.

민자건은 (스승님을) 옆에서 모시고 있으면 공손하고 엄숙했고, 자로는 당당하고 굳셌으며, 염유와 자공은 자유롭고 편안했다. 스승님께서는 즐거워하면서 말씀하셨다. "중유와 같이 행동하면 제 명에 못 죽을 것이다."

> 閔子(騫)侍側, 誾誾如也. 子路, 行行如也. 冉有子貢, 侃侃如也. 子樂,
> 若由也, 不得其死然.

공손하고 엄숙한 것은 신분이 높은 사람과 이야기할 때의 모습으로, 비교적 공손하고 또 비교적 엄숙한 것이다. 자유롭고 편안하다는 것은 신분이 낮은 사람과 이야기할 때의 모습으로 비교적 가뿐하고 또 비교적 자유로운 것이다. 그런데 자로만이 당당하고 굳셌으며, 위풍당당하고 기세가 드높았고, 조금은 우스꽝스럽기까지 했다. "스승님께서 즐거워하면서"라는 말은 조소의 의미를 포함하고 있다. 덤벙대면서 엄숙하지 않을 뿐 아니라 홀가분하지도 못한 자로의 모습을 꾸짖은 것이다.

내가 보기에, "스승님께서 즐거워하면서"라는 자락子樂의 구두句讀는 이 구절을 이해하는 관건이다. 『집주』에서는 그것을 앞 구절과 연결하고 있다. 그런데 고본에는 자락 다음에 왈曰이 있는데, 이 경우는 다시 둘로 나누어 생각해 볼 수 있다. 하나는 구두를 자락에서 끊고 새로 왈로 시작하는 것, 다른 하나는 자락왈子樂曰을 하나로 붙여 읽는 것이다. 리링은 뒤의 것을 선택하였는데, 그래서 낙樂에 조소의 의미가 포함되어 있다고 한바 자연스럽지 않게 되었다. 나는 이렇게 절충하고 싶다. "염유와 자공은 자유롭고 편안했으니, 공자께서 즐거워하셨다. (다만 자로를 걱정하면서) 말씀하시기를 ……."

✿

공자가 제자들의 특장을 간명하게 묘사하고 있다. 그런데 간명하지만 모호하기도 하다. 예컨대 항항行行을 주희처럼 굳세고 강하다剛强고 하면 그 정확한 의미가 잘 드러나지 않는다. 나는 항항의 의미를 난화이진이 적절히 설명했다고 본다. 그는 "자로, 항항여야子路, 行行如也"를 "자로는 가만히 있지를 못했다"라고 풀이하면서, 그것은 책이나 지식만으로 이해하는 것 아니라, 인생의 경험을 결합시켜서 이해한다는 뜻이라 하면서 이렇게 부연했다. "사마천은 『사기』를 저술하기 위해 만 권의 책을 읽고 만 리를 걸었다고 한다. 책만 많이 읽는다고 학문이 되는 것은 아니다. 거기다가 만 리 길을 걸으면서 관찰을 많이 해야 비로소 학문이 될 수 있다."

✿

특징적 면모를 들어 상대를 이해하는 것은 편리하고 요령 있어 보이기는 하지만, 그것은 어디까지나 상대를 이해하는 하나의 방편에 지나지 않는다. 물론 공자 같은 사람의 내공이 뒷받침된 요약이야 준신할 수 있을지 모르지만, 그러나 대개의 경우 그 요약은 불가피하게 배재를 전제함으로써 전체의 상을 일정하게 왜곡할 수도 있다. 내 주변에는 마구잡이로 상대를 재단해 버리는 무법자가 있다. 그렇다고 그가 이탈리아의 서부영화인 마카로니웨스턴에 등장하는 장고나 튜니티처럼 멋져 보이지는 않는다. 대개는 옹졸한 쥐상鼠像을 갖고 있다. 그 무법자는 '이 사람은 이렇고, 저 사람은 저렇다'고 쉽고도 분명하게 단정하는 데 이골이 나 있다. 더욱 가관인 것은 그 말이 '이 사람은 저렇고, 저 사람은 이렇게'로 자유롭게 옮겨 간다는 점이다. 가가소소呵呵笑笑!

선진先進 11-14

노 나라 사람이 장부長府를 고쳤다. 민자건이 그에 대하여 말했다. "예전 모습대로 그냥 두는 것이 어떨까요? 왜 꼭 고쳐야 하나요?" 스승님께서 말씀하셨다. "이 사람은 말을 하지 않는 편인데, 말을 하면 반드시 사리 에 맞다."

> 魯人爲長府, 閔子騫曰, 仍舊貫, 如之何. 何必改作. 子曰, 夫人不言, 言 必有中.

❧

"고쳤다"에 해당하는 위爲는 다음에 나오는 개작改作으로 볼 때, 수리하 고 개조하는 것을 말한다. 장부長府는 노 나라 소공의 대형 창고 혹은 그의 이궁離宮, 곧 별궁別宮의 별관일 것이다. 옛날에는 재물을 보관하는 창고를 창倉이나 고庫라 하지 않고 부府라 불렀다. 창에는 식량, 고에는 무기를 보관 한다. 『좌전』에 따르면, 노 나라 소공은 계씨季氏를 토벌했으나 실패하여 다 른 나라로 도망가 3년 뒤 진晉 나라에서 죽었다. 노 나라 사람이 장부를 개조 한 사건과 배경에 대해서는 논란이 많은데, 달리 실증할 방법이 없다.

❧

내가 보기에, 이 구절에 대한 다산의 해석은 가히 독창적이다. 그는, 장 부는 돈의 이름이고, 잉구관仍舊貫의 관도 엽전 꿰미로 보았다. 잉구관은 새 화폐 가치가 옛 화폐 가치보다 큰데도 백성에게 변함없이 세금을 거둬 옛 화폐의 가치와 같게 하였다는 뜻이 된다. 개작은 개주改鑄하는 것이다. 따라서 전체 해석도 "노 나라 사람이 화폐를 개혁했다. 민자건이 말했다. 세금은 옛날 화폐 가치로 히는 것이 어떨까. 하필이면 화폐 개혁을 해야 하나"라는 말이 된다. 민자건은 화폐 개혁으로 백성들의 세금 부담이 커진 것을 염려한 것이다. 다산의 이런 해석은 『집주』의 "개작은 백성을 수고롭게 하고 재물을 손상시키니, 그만 두어도 될 수 있다면 옛 일을 그대로 두어도 좋다"라는 풀이를 따른 것이다.

❦

개작의 대상이 무엇이든지 간에, 전통을 공부하는 사람에게 그것은 대단히 민감한 사안이다. 과거의 것을 답습하는 것이 요긴한 과제라고 한다면, 옛 것을 있는 그대로 유지시키거나 그 모양이나 상태 그대로 정밀하게 모방하면 된다. 법고法古이다. 반대로 옛 것을 맹목적으로 섬기는 것은 골동취미에 지나지 않으니, 새로운 시대에 맞춰 과감하게 변모시키는 것이 긴요한 숙제라고 한다면, 기준이니 전거니 따질 것 없이 새로운 것을 창안해 내면 된다. 창신刱新이다. 그러나 「초정집서楚亭集序」에서 연암이 말하듯이, 법고는 옛 것에 빠져 허우적대는 것이 병통이고, 창신은 근거 없이 함부로 만들어내는 것이 문제다. 그래서 옛 것을 배우면서도 시대의 변화에 맞게 새로운 것을 만들어내고, 새로운 것을 만들어내면서도 전통에 근거해야 한다는 법고창신이 요구된다. 연암이 하고자 했던 말의 요체는 '그렇게 해야 우리 시대의 것도 후에는 전통이 될 수 있다'는 것이다. 사실 말은 이렇게 하지만, 실제로 어떻게 할 것인가를 구체적으로 생각하면 다시 막연해진다. 이럴 때 다각적이고 심도 깊은 이론적 조명이 앞서 나가 주어야 하는데, 그렇지 못하니까 그럴듯한 구호들만 난무하고 그만큼 결과물은 천박해질 수밖에 없다.

스승님께서 말씀하셨다. "자로는 거문고를 왜 내 집 문 앞에서 타느냐?" 그 뒤로 문인들이 자로에게 공손하게 대하지 않자, 스승님께서 말씀하셨다. "자로는 대청까지는 올라왔지만 방 안까지는 들어가지 못했다."

子曰, 由之瑟奚爲於丘之門. 門人不敬子路. 子曰, 由也昇堂矣, 未入於室也.

❧

이것 또한 자로를 비아냥거린 것이다. 자로는 본래 거친 사람으로서 음악에는 문외한이었다. 그의 연주는 대체로 격렬하여 듣기에도 별로 좋지 않아, 공자는 계속 들을 수 없어서 이쪽으로 와서 연주하라 함으로써 그 자리에서 자로를 난처하게 만들었다. 그러자 제자들이 자로를 무시했다. 이에 공자가, 자로의 수준이 대청에 오를 정도는 된다고 수습하였다.

❧

내가 보기에, 공자가 자로를 비아냥거린 것이라는 리링이 풀이는 적절치 않아 보인다. 공자는, 자로가 심오한 경지에 이르지는 못했을지라도 이미 어느 정도 수준에는 다다랐다고 한 것이다. 다시 말해 '문門 → 당堂 → 실室'의 단계에서 중간 정도에 있는 자로가 왜 문에서 연주하느냐는 것이다. 참고로 여기서 승당입실昇堂入室이라는 말이 생겨났다. 학문이나 기예 따위가 점점 높은 수준까지 이른다는 말이다. 여하튼 이렇게 함으로써 자로를 무시한 나머지 제자들을 단번에 무색하게 만들었다. 이것은 아마도 "자로가 비파를 타는데 북쪽 변방의 살벌한 소리가 있었다"라는 『공자가어孔子家語』의 언급 때문인 듯하다.

そそ

　그렇지만 "왜 내 집 문 앞에서 타느냐"라고 한 공자의 말에는 오해의 소지가 없지 않다. 나 같은 장삼이사가 그렇게 오해할 만한 말을 던져놓고 나중에 해명했다면 분명히 손가락질을 받았을 터이다. 그런데 더욱 곤란한 것은 공자가 한 말의 깊은 뜻을 알아채지 못하고 자로를 무시한 제자들의 태도다. 공부를 한다는 사람으로서 마지막까지 하지 말아야 하는 것이 바로 이런 부화뇌동附和雷同이다. 자기 주견 없이 맹목과 방종을 일삼는 무리는 '조폭 똘마니'에 지나지 않는다. 그런데 내 경험에 따르면, 부화뇌동에 장기가 있는 사람들은 주로 지식인들이다. 권력자 앞에서는 자존심이고 배알이고 다 내팽개치고, 이리저리 눈치를 보면서 헤헤거린다. 아, 비루하고도 누추하다.

자공이 물었다. "전손사와 복상 중에서 누가 더 똑똑합니까?" 스승님께서 말씀하셨다. "전손사는 지나치고, 복상은 미치지 못한다." "그렇다면 전손사가 더 낫습니까?" "지나친 것은 모자란 것과 같다."

子貢問, 師與商也孰賢. 子曰, 師也過, 商也不及. 然則師愈與. 子曰, 過猶不及.

❧

전손사^{자장}는 성격이 과격하여 자로와 비슷했기 때문에, 공자는 그를 지나치다고 여겼다. 복상^{자하}은 학문이 뛰어났고 사람됨이 겸손하고 온화했지만, 공자는 그의 병폐가 부족한 데 있다고 생각했다.

❧

내가 보기에, 자공의 질문 같은 것이 핵심을 찌르는 경우는 본 적이 없다. 하나의 기준으로 두 사람을 비교하는 것이 마뜩하지 않아서도 그렇지만, '정신건강이 중요하냐, 육체건강이 중요하냐'처럼 거짓 이항대립을 이용한 엉터리 질문일 가능성이 농후하기 때문이다. 이렇게 보면 공자의 답변은 우문현답이라 아니할 수 없다.

❧

과유불급이야말로 가슴에 새겨들어야 할 말이다. 평정심을 유지하는 것이 중요하다. 우리 몸의 병도 어떤 균형을 잃었을 때 생겨난다. 불균형은 무엇인가 부족하거나 어떤 것이 지나치게 많은 경우이다. 부족한 것을 채우는 것보다 지나친 것을 덜어내는 것이 더 힘들다는 것이 우리의 경험이다. 지나침은 그만 둘 줄 모르는 어떤 과욕 탓이다. 그래서 『노자』의 "그만 둘 줄 알면 위태롭지 않게 된다知止不殆"라는 말은 대단히 소중하다.

계씨가 주공보다 부유함에도 불구하고 염구는 그를 위해 수탈하여 그의 부를 더욱 늘려주었다. 이를 보고 스승님께서 말씀하셨다. "염구는 내 제자가 아니다. 너희는 북을 울려 염구를 성토하는 것이 좋겠다."

季氏富於周公, 而求也爲之聚斂而附益之. 子曰, 非吾徒也. 小子鳴鼓而攻之, 可也.

계씨는 계강지季康子였을 테지만, 주공이 누구인지 고증할 수는 없다. 오늘날 은행을 경영하는 사람의 생각이 완전히 염구와 같다.

내가 보기에, 북을 울려 성토하라고 한 것으로 보아 공자가 단단히 화가 난 것 같다. 제자 염구가, 경卿인 계씨가 공公을 참람하고 수탈과 같은 방법으로 부를 지나치게 축적하는 것을 도왔기 때문이었다. 그런데 공자의 분노를 "악한 사람과 무리가 되어 백성을 해침을 미워함이 이와 같았다"라고 한 『집주』의 해석은 신중히 접근해야 한다. 이렇게만 말하고 말면, 공자가 마치 진보적인 사회개혁사상가인 것처럼 되어 버린다. 공자가 분노한 대상은 방식과 정도의 지나침, 곧 지금도 지나치게 부유한데 취렴의 방법으로 그 부를 더욱 늘이는 데 기여했기 때문에 염구를 내쫓고 성토한 것이다.

이 구절의 배경이 『좌전』에 비교적 상세하게 전한다. 계손이 새로운 농지세를 부과하려고 염유를 공자에게 보내 의향을 떠보자, 공자는 "잘 모른다"라고 했다. 염유가 재차 물으니, 공자는 "군자다운 정책은 인민에게 베푸는 정책에 우선순위를 두고, 일을 처리할 때는 중간의 것을 쓰고, 세금을 거둘 때는 가벼운 것을 택한다. 이것은 종래의 법으로도 충분하다. 욕심을 내서 새로운 법을 도입한다 해도 곧 다시 부족하다고 할 것이다. 이전의 제도가 주공의 법전에 다 들어있는데, 마음대로 하려면 왜 내게 묻느냐"라고 했다. 그러나 계씨는 듣지 않고 새 농지세를 시행했다.

인민의 입장에서 보면, 당시의 부세가 취렴 아닌 것이 있었을까? 마치 빌 게이츠가 2008년 세계 부자들의 모임인 다보스 포럼에서 소위 '창조적 자본주의' 혹은 '따뜻한 자본주의'를 주장한 것처럼, 선한 자본가가 나타나서 자본의 세상을 착하고 인정 있게 운영하겠다고 한다면, 그것은 철두철미 하나의 관념이거나 정치 선전에 불과하다. 나는 저들에게 착취搾取라는 말의 뜻을 알려주고 싶다. 착搾은 바짝 마른 나무에서 나머지 물 한 방울마저 쥐어짠다는 뜻이다. 그것이, 우리가 원하든 않든 간에, 자본주의의 물질적 토대다. '몇 가지 면에서의 가능성' 운운했지만, 어느 좌파연하는 외국 경제학자는 이런 말을 했다. 박근혜가 고질적인 가부장적 정치문화의 개혁을 강조하고, 경제민주화와 좀더 유연한 대외정책을 내세운다는 점을 들어, 한국 정치 사회를 지배해 온 보수세력과 거기에 맞서 싸워온 중도좌파리버벌 세력 간의 오랜 반목을 유화, 화해의 틀로 해소하고 '87년 체제'의 한계를 돌파하는 계기를 마련할 수도 있다는 것이다. 이 분, '캐비어'를 먹으면서 사회 변혁을 흥미롭게 논하는 '살롱 사회주의자'가 분명하다. 전형적인 폴리페서다.

선진先進 11-18

고시는 어리석고, 증삼은 노둔하며, 전손사는 극단적이고, 중유는 거칠다.

柴也愚, 參也魯, 師也辟, 由也喭.

🦋

공자가 제자들의 결점을 말한 것이다. 앞에서 과유불급을 말했는데, 고시의 어리석음과 증삼의 노둔함은 미치지 못함不及이고, 전손사의 극단적인 것과 자로의 거친 것은 지나침過에 속한다.

🦋

내가 보기에, 각 결점에 대해서는 난화이진의 설명이 적절하다. 그의 견해는 리링과는 좀 다르다. 난화이진에 따르면, 우愚는 바보 같다는 것이 아니고 거동이 느려서 반응이 굼뜨다는 말이며, 노魯는 어리석으면서도 곧고 곧으면서도 거칠지 않되 좀 느린 것을 말하고, 벽辟은 고집이 세어 남을 깔본다는 말이며, 언喭은 촌스럽고 속되며 거칠다는 뜻이다. 그런데 공자는 하필 이 네 가지를 들었을까? 그것으로 인간의 성격 결함을 포괄할 수 있다고 생각한 모양이다. 그러나 앞에서도 말했지만, 나는 그것이 아무리 집약적 표현이라 해도 살아 있는 인간을 이런 식으로 제한해서 규정하는 것은 어떻든 무리라고 생각한다. 인간은 프리즘이 분리하는 스펙트럼처럼 경계가 모호하고 복잡 미묘한 존재다. 그래서 인간에 대한 모든 설명은 일종의 비유라고 생각한다. 그리고 그 비유는 이성이 아니다.

『집주』는 『가어家語』를 인용하여, 고시의 품행을 다음과 같이 묘사하였다. "그가 발로는 (남의) 그림자를 밟지 않았고, (봄이 되어) 땅속에서 갓 나온 벌레를 죽이지 않았으며, 한참 자라는 초목을 꺾지 않았고, 부모의 상례를 집행함에 3년 동안 피눈물을 흘리고 이를 드러내고 웃은 적이 없었으며, 난리를 피해 달아날 때 지름길로 가지 않고 구멍으로 나가지 않았다." 아, 이런 것이 우愚로구나. 그렇다면 공자의 이 말들이 단순히 결점을 지적한 것이 아니라 "스스로 힘쓸 것을 알게 한 것"『집주』임을 알겠다.

※

『집주』에서는 벽辟을 편벽便辟, 곧 한 쪽만 잘하는 것이라 하였다. 그런데 도벽이니 낭비벽이니 하면서 손가락질 하는 그 벽이라는 말이 18세기 조선에서는 하나의 찬사로 격상된다. 당시의 벽은 요즘 말로 '마니아'에 가까운 의미다. 그런데 그 벽의 내용 혹은 대상은 대개 그림, 화훼, 애완동물 기르기 등 그동안 이른바 말기末技로 여겨졌던 것들이다. 그런 것들에 관심을 보인다는 것은, 예컨대 도본문말道本文末, 곧 도가 근본이고 문을 말단이라고 여긴 주희의 문장론에 균열은 내는 것이기도 하다. 조선 후기로 갈수록 그렇게 주자성리학은 도전을 받아 흔들리고 있었다.

스승님께서 말씀하셨다. "안회는 예측하는 것마다 자주 빗나갔고, 단목사는 운명을 그대로 받아들이지 않고 장사를 했는데 예측하는 것들이 자주 적중했다."

子曰, 回也其庶乎屢空. 賜不受命而貨殖焉, 億則屢中.

＊

서庶는 탁度의 통가자通假字, 즉 서로 빌려 쓸 수 있는 글자가 아닐까 한다. 탁은 '헤아리다' 혹은 '추측하다'의 뜻이며, 글자 형태가 서庶 자와 관련이 있다. 억億은 억臆과 같은데, 다시 탁과 억臆은 같은 의미다. 이렇게 보면, 앞의 누공屢空과 뒤의 누중屢中은 대칭을 이루게 된다. 그러므로 이 구절은, 안회는 운명이 어그러져 추측하는 일마다 자주 빗나갔고, 자공은 그와 반대로 추측하는 일마다 자주 적중했다는 뜻이다.

＊

내가 보기에, 이 구절에 대한 기존의 주류 해석들과 리링의 그것은 거의 대척적이다. 주희는 "안회는 (道에) 가까웠지만, 자주 끼니를 굶었고, 자공은 천명을 받아들이지 않고 재화를 늘렸지만, 억측하면 자주 맞았다"라고 했다. 나는 이 말의 뜻을 거의 이해할 수 없다. 이것이 비교 혹은 대조라면 그 잣대가 분명히 있어야 하는데, 주희의 해석에는 그것이 안 보인다. 더구나 "안회는 (道에) 가까웠지만, 자주 끼니를 굶었다"를 가난을 편안하게 여겼다고 해석하는 것은 근거가 희박해 보인다. 만일 그렇다면 (논리상) 공자가 가난을 꾸짖고 부유를 칭찬했다는 말이 되어 버린다. 이것보다는 리링처럼 서庶와 탁度의 어원적 상동성을 고려해야 누공과 누중에 대한 일관된 해석이 가능할 것이다. 배병삼은 누공을 적빈赤貧으로 보았는데, 그렇다면 누중은 풍요라는 말인가. 대구對句임이 분명한데, 그것을 애써 외면하면 부회를 모면키 어려울 것이다. 난화이진이 명命을 '(공자의) 가르침'이라 전제하고, 안회가 스승의 가르침을 따른 반면, 자공은 가르침을 따르지 않았다고 해석했는데, 그렇다면 안회의 쌀통이 자주 비었다는 말과 예측이 여러 번 적중하였다는 자공의 말 사이의 연관에 대해 설득력 있게 설명해야 한다.

고문자학이나 고고학 등에 대한 지식 없이는 고대의 문헌을 정확히 이해하기 어렵다. 전제가 구체적으로 그리고 충분히 마련되어 있지 않을 때는 자신의 해석이 진실에 도달하기 위한 하나의 단계 혹은 과정에 지나지 않음을, 말하자면 언제든지 보완, 수정, 폐기될 수 있음을 인정해야 할 것이다. 그것이 학인의 기본 태도이다. 듣기로, 고고학에서는 현 단계에서 유물이나 유적에 대해 정확히 파악하고 설명해낼 능력이 없다고 판단할 때 일단 덮어둔다고 한다. 이것은 비겁이 아니라 용기다. 잘 모르면서 함부로 단정하고 손쉽게 재단하는 것이야말로 학인으로서 피해야 할 기본자세다.

선진先進 11-20

자장이 선인이 되는 방법에 대해 묻자, 스승님께서 말씀하셨다. "예전의 발자취를 따르지 않는 것인데, 그 방법으로는 역시 성인의 안방에는 들어갈 수 없다."

> 子張問善人之道. 子曰, 不踐迹, 亦不入於室.

※

비교적 난해한 구절이다. 과거에 두 가지 해석이 있었다. 하나는, 예전의 발자취를 따르지 않으면 새롭게 창조하는 것은 있지만 성인의 안방에는 들어가지 못한다는 것이다. 다른 하나는, 예전의 발자취를 따르지 않으면 역시 안방에 들어갈 수 없다는 것이다. 이 두 해석은 상반된다. 선인은 일반 세속적인 사람과는 같지 않고, 세속의 큰 유행은 따르지 않지만, 그래도 가장 높은 경지는 아니라는 점을 말하고 있다고 생각한다.

※

내가 보기에, 이 구절을 정확히 이해하기는 어려워 보인다. 학창시절 홍릉 세종대왕기념관에서 여름방학에 처음 『논어』를 완독한 적이 있었다. 강당에 백여 명의 수강생이 선풍기 바람을 맞으면서 열심히 배우던 장면이 떠오른다. 그때 선생님께서 이 구절은 이견이 분분하다고 했다. 나는 '별 문제가 없어 보이는데, 왜 그럴까' 궁금해 했었다. 막무가내의 구상유취^{口尙 乳臭}가 당랑거철^{螳螂拒轍}을 실천하던 시절이었다. 그때 나는 역^亦자에 주목하여, 앞의 불천적^{不踐迹} 하나만으로 역을 쓰기는 곤란하니, 아마 천적^{踐迹} 정도의 말을 생략한 표현이지 않을까 생각했다. 여기에는 다음의 전제가 있다. 선인^{善人}은 대단히 훌륭한 인자^{仁者}이지만, 그렇다고 성인은 아니다. 그러므로 선인은 성인의 자취를 밟든 밟지 않든 그 경지에 들어갈 수는 없다는 것이다. 이것이야말로 견강부회 그 자체지만, 수십 년이 지난 지금도 나는 이 생각을 무슨 신줏단지처럼 간직하고 우겨대고 있으니, 과연 고질이라 할 만하다.

실^室은 『집주』의 설명대로 성인의 방^{聖人之室}이다. 이 구절은 다음과 같이 들 풀이하고 있다. ① 성인의 자취를 밟지 않더라도 (악한 일을 하지 않지만) 또한 (성인의) 방에는 들어가지 못한다.^{주희} ② (성인의) 자취를 밟지 아니하며 또한 (성인의) 방에 들어가지 아니한다.^{오규 소라이} ③ 옛 자취를 따라 (한 단계 두 단계) 밟아 나아가지 않으면, 또한 실(도리를 충분히 궁구하여 도달한 심오한 경지)에 들어가지 못한다.^{다산} ④ 선행을 하더라도 흔적을 남기지 말고, 선의 관념을 의도적으로 지키지 말라. ⑤ 본을 따르지 않아도 (어긋나진) 않겠지만, 또한 성인의 경지에는 들었다고는 못 하리라. 나는 잘 모르겠다.

선진先進 11-21

스승님께서 말씀하셨다. "말이 솔직한 사람을 지지한다. 그러나 진짜 군자인지 얼굴 표정만 엄숙한 척하는 것인지는 잘 살펴보아야 한다."

子曰, 論篤是與. 君子者乎, 色莊者乎.

논독論篤은 말하는 것이 솔직한 사람이고, 여與는 지지한다는 뜻이다.

내가 보기에, 논독과 여에 대해서는 논란이 완전 해결된 것 같지는 않다. "입으로 가려서 할 말이 없다"『논어주소(論語注疏)』거나 "언론이 독실하다"『집주』라는 견해도 있다. 오규 소라이도 "논독에 대해서는 어떻게 해석해야 할지 모르겠다"라고 했다.

얼굴 표정만 엄숙한 척하는 자가 대개는 군자로 용인되는 현실이지만, 가군자假君子의 얼굴은 보기 흉하다. 성대중成大中, 1732~1809은 『청성잡기靑城雜記』에서 이렇게 갈파했다. "거짓 군자 되기는 쉽지만 진짜 소인이 되기는 어렵고, 거짓 도학자 되기는 쉽지만 참다운 사대부 되기는 어렵다." 진짜든 가짜든, 적어도 사이비似而非는 되지 말아야 한다. 입으로는 인성과 공동체, 더불어 사는 삶, 인간 존중의 사상과 지·덕·체를 겸비한 인간을 떠들면서, 실제로는 남을 음해하고 짓밟으며, 속이고 기만하면서 온갖 술수를

서슴지 않는 자야말로 사이비의 전형이다. 유상儒商의 언행은 누추하고도
비열하다.

자로가 물었다. "들은 것을 바로 실행해야 합니까?" 스승님께서 대답하셨다. "아버지나 형님이 계시면 어떻게 들은 것을 바로 실행할 수 있겠느냐?" 염유가 물었다. "들은 것을 바로 실행해야 합니까?" 스승님께서 대답하셨다. "들은 것을 바로 실행하라." 공서화가 물었다. "들은 것을 바로 실행해야 하느냐고 자로가 물을 때, 스승님께서는 아버지와 형님이 계시다고 말씀하셨고, 들은 것을 바로 실행해야 하느냐고 염유가 물을 때, 스승님께서는 들은 것을 바로 실행하라고 말씀하셨습니다. 저는 어떤 것이 맞는지 헷갈려서 질문 드립니다." 스승님께서 대답하셨다. "염유는 뒤로 물러나려고 하기 때문에 앞으로 나아가게 한 것이고, 자로는 다른 사람 몫까지 해치우기 때문에 뒤로 물러나게 한 것이다."

> 子路問, 聞斯行諸. 子曰, 有父兄在, 如之何其聞斯行之. 冉有問, 聞斯
> 行諸. 子曰, 聞斯行之. 公西華曰, 由也問聞斯行諸. 子曰, 有父兄在. 求
> 也問聞行斯諸. 子曰, 聞斯行之. 赤也惑, 敢問. 子曰, 求也退, 故進之.
> 由也兼人, 故退之.

❀

사斯는 어떤 일을 대신 가리키는데, 내용은 자세히 알 수 없지만 아마도 어떤 모험적인 일, 생명의 위험이 따르는 일일 것이다. 그렇지 않으면 해서는 안 되는지의 문제를 놓고 '아버지와 형님이 계시다'는 것을 언급하지 않았을 것이다.

자로와 염유의 물음에 답변이 다른 이유를 공자는, 염구는 소심해서 뒤로 물러서기를 좋아하며, 따라서 그를 한 번 밀어줘야 하고, 중유는 대담해서 앞으로 튀어나가는 것을 좋아하기 때문에 그를 한 번 당겨줘야 하기 때문이라 했다. 참고로 한유韓愈, 768~824의 호 퇴지退之는 여기서 따온 것이다.

내가 보기에, 이 구절은 제자의 성격이나 자질, 그리고 그가 처한 상황에 맞게 가르치는, 요즘 말로 '눈높이 교육'에 대해 말하고 있다. 이는 공자가 『대대례기大戴禮記』에서 "드러나면 물러나게 하고, 물러나면 드러나게 한다揚則抑, 抑則揚"라고 한 것과 같은 뜻이다.

스승님께서 광 지역에서 포위되셨을 때 안연이 나중에 빠져나왔다. 스승님께서 말씀하셨다. "나는 네가 죽은 줄 알았다." "스승님께서 계신데, 제가 어떻게 감히 죽을 수 있겠습니까?"

子畏於匡, 顏淵後. 子曰, 吾以女爲死矣. 曰, 子在, 回何敢死.

❧

이 사건은 앞의 「자한子罕」편 9-5에서 이미 보았다. 마지막 말은 공자에 대한 안회의 충심을 나타낸 것이다.

❧

내가 보기에, 이 구절의 의미도 약간 모호한 것 같다. 이 구절에서 앞의 후後와의 관계를 고려해 볼 때, 사死는 선先의 잘못이라고 한유韓愈는 『논어필해論語筆解』에서 말했다. 다산은 『여씨춘추呂氏春秋』를 들어 바로잡으면서 『논어필해』를 한유가 직접 쓴 것이 아닐 것이라고 했다. 그런데 나 같은 천학에게는 『논어필해』의 그 부회가 외려 더 다가온다.

❧

외畏에 대한 풀이가 다양함은 전술한 바이다. 그런데 『예기禮記』「단궁檀弓」에 "사람이 죽어도 조문하지 않는 경우가 세 가지니, 외畏와 압壓과 익溺이다"라고 했다. 여기에 따르면, 외는 전장에서 겁을 내다가 죽은 것을, 압은 바위나 담 밑에 있다가 압사하는 것을, 익은 뱃놀이하다가 물에 빠져 죽은 것을 말한다. 모두 부모를 앞서 함부로 죽은 불효, 곧 악상惡喪이기 때문에 조문하지 않는다. 그러나 호상好喪이든 악상이든, 죽음 사람에 대한 애도는 산 사람이 표하는 마지막 예의다. 사자에 대한 산 사람이 보일 수 있는 최소한의 예의는 그 죽음을 애도해 주는 것이다. 지금이야말로 모두가 씻김굿을 크게 벌여야 할 때다. 세월호 참사의 원인마저 제대로 밝히지 못하고 있다. 망자와 유족에 대한 예의가 아니다. 우리의 풍속 중에 '씻김굿'이니 '진오귀굿'이니, '오구굿'이니, '새남굿'이니는 모두 억울하게 죽은 혼령을 저승으로 천도하는 의식이다.

계자연이 물었다. "중유와 염구는 대신이라고 할 수 있습니까?" 스승님
께서 말씀하셨다. "나는 자네가 별난 질문을 할 줄 알았는데, 겨우 자로
와 염유에 대해 묻는군. 소위 대신이라는 자는 도로써 임금을 섬기다가
안 되면 그만두지. 지금 자로와 염유는 능력 있는 신하라고 할 만하다."
"그렇다면 그들은 시키는 대로 따르는 자들입니까?" "아버지나 임금을
시해하는 것과 같은 일은 따르지 않을 것이다."

> 季子然問, 仲由冉求可謂大臣與. 子曰, 吾以子爲異之問, 曾由與求之
> 問. 所謂大臣者, 以道事君, 不可則止. 今由與求也, 可謂具臣矣. 曰, 然
> 則從之者與. 子曰, 弑父與君, 亦不從也.

⁂

    진정한 대신은 도로써 임금을 섬기며, 만약 도에 맞지 않는다면 차라리
사직해버리고 관여하지 않는 사람이다. 공자는 자로와 염구를 구신具臣, 즉
일 처리에 능숙하고 노련한 신하라 했다.

⁂

    내가 보기에, 공자와 계자연의 대화는 심상치 않아 보인다. 우선, 공자
가 계자연에게 "별난 질문을 할 줄 알았다"라고 한 것은 여러 상념을 일으킨
다. 계자연을 대단한 인재로 보았는데 실제로 보니 아니어서 실망했다는
것인지, '역시 너도 별 수 없구나' 하고 빈정댄 것인지, 그것도 아니면 (그럴
리는 결코 없지만) 대놓고 무시하면서 빼긴 것인지(빼긴 것이라면 거기에는 안도

와 허세의 빠른 교차가 있었을지 모른다), 이 구절만 놓고 보면 그 속내를 알기 어렵다. 다음, 계자연이 '대신이란 무엇인가' 하고 구체적으로 물은 것인데, 공자는 대단히 극단적인 예를 들었다. "아버지나 임금을 시해하는 것과 같은 일"을 빼놓고는 모두 임금의 뜻을 따라야 한다는 것인지, 그냥 건성으로 혹은 핵심을 피해가면서 대답한 것인지 명확하게 알기 어렵다.

🌿

이것은 계자연의 질문이, 공자가 말한 바와 다르게 만만치 않은 무게를 지녔기 때문이지 않을까 생각해 본다. 첫 번째 질문에 자기와 동렬同列에 있던 자로와 염구를 견제하기 위함이라는 현실적인 이유가 있었을지 모르지만, "(대신은) 하라는 대로 따르는 자들입니까?"라는 두 번째 질문은 대단히 심중한 의미가 있어 보인다. 일상의 나날에서 구체적으로 부닥치는 곤란한 상황에 대처하는 고민을 묻고 있는데, "도로써"라고 답하는 것은 공허할 수 있겠다. 그런 대답에 대한 계자연의 반응은 물론 볼 수가 없다. 스승 혹은 승자의 일방적인 말로 대화가 끝나는 경우는 옛글에서 대개 비슷하다.

🌿

이들의 대화를 보면, 인간의 본성을 둘러싼 맹자와 고자告子의 대화가 생각난다. 맹자가 인간의 착한 본성, 곧 인의예지는 본래적으로 타고난 것이라 하자, 고자는 그것을 증명해 달라고 한다. 이에 맹자는 '그러면 너는 인간이 본성이 무엇이라고 생각하느냐'고 되묻는다. 이에 고자는 식색食色, 곧 무엇인가 먹고 섹스하고 싶은 마음이라고 대답한다. 그러자 맹자는 '그것은 개나 소나 말도 다 마찬가진데 왜 하필 사람인가, 그 까닭所以然은 무엇인가'라 하면서, 그 유명한 실마리端론을 제기한다. 아이가 물에 빠지는 것을 보면 누구나 측은지심이 들 터인데, 그 마음의 실마리를 따라 들어가면 저 깊은 곳에 인仁이 있음을 알게 된다는 따위다. 그래서 측은지심을 인지단仁之端이라고 한다. 대단히 선언적이고도 경험적인 설명이다. 선언적이라 함은 그런 광경을 보고도 측은지심이 들지 않는다면, 그는 인간이 아님을 스스로 고백하는 셈이 되기 때문이다. 대개 경험론적 설명은 이해는 쉬워도 깊이가 없거나 근본적이지 못한 문제가 있다. 근본적인 존재론을 펼치면서 현실적인 경험론으로 대신하는 것은 설득력이 부족할 수 있다. 역시 이에 대한 고자의 반응은 찾아볼 수 없다. 나는 고자가 그냥 물러나지 않았을 것으로 본다. 그도 '~자子'를 단 선생이지 않은가. 그 감추어진 혹은 사라진 '고자의 반응'을 이어 가는 것이 지금 고전을 읽는 우리의 과제 중 하나라 생각한다.

마지막으로 오늘날의 '대신들'의 면면을 생각하니 하품에 짜증만 난다. 구신具臣, 능신能臣, 명신名臣은커녕, 주인 뒤를 졸졸 따라다니는 견신犬臣 아닌 것들이 없다. 어느 시인의 절규대로 이조 500년은 아직 끝나지 않았다! 2015년, 이 '대명천지'에 꼬리를 흔드는 귀여운 강아지들이 도처에서 득세하고 있다. 도대체가 부끄러운 줄을 모른다. 도대체 "who let the dogs out?!"Baha Men

자로가 자고에게 비의 읍재가 되라고 하자, 스승님께서 말씀하셨다. "남의 집 자식을 해치려 하는구나." 자로가 말했다. "백성이 있고 사직이 있는데, 왜 꼭 책을 읽는 것만 배우는 것이라고 하겠습니까?" 스승님께서 말씀하셨다. "이래서 말 잘하는 사람이 싫구나."

> 子路使子羔爲費宰. 子曰, 賊夫人之子. 子路曰, 有民人焉, 有社稷焉,
> 何必讀書, 然後爲學?" 子曰, 是故惡夫佞者.

*

자로가 스물네 살이던 자고를 읍재로 추천하자, 공자가 고의적으로 남의 집 자식을 해치려 하느냐고 꾸짖었다. 자로는, 학습의 최종 목표는 관리가 되는 것이고 관리가 되면 일을 통해 배울 수 있는데, 굳이 독서만 해야 하느냐고 말대꾸를 했다. 이에 공자는 입만 살아있는 자를 싫어한다고 했다.

*

내가 보기에, 이 구절도 앞에서와 마찬가지로 스승과 제자의 대화 혹은 논쟁이다. 자로가 작심을 하고 대들자, 공자도 '너 잘 만났다' 하고 심하게 꾸짖는다. 그런데 일을 통해서도 공부할 수 있는데 꼭 책만 보아야 하느냐는 자로의 말이 과히 틀려 보이지는 않는다. 엉덩이 짓물러 앉은 책 바보 서치書癡 따위가 세상을 어찌 잘 읽어내겠는가. 우리는 지식인을 비판하면 대개들 좋아한다. 그래서 이 말도 일견 그럴 듯하게 보인다. 『집주』에서처럼 일을 잘 하려면 우선 책을 보아야 한다는 말을 하자는 것이 아니다. 문제는 그것이 '어떤' 일이냐는 것이다.

❦

우스꽝스러웠던 일화 하나를 소개한다. 내가 가르치는 교양과목 중에 생각하고 글쓰기를 연습하는 수업이 있다. 연전의 일이다. 추진력이 있다고 소문이 자자했던 이가 총장으로 왔다. 그는 내게 이런 과목이 도대체 왜 필요하냐고 물으면서, 군이 하려면 제안서나 결재문서 등 관청이나 회사의 공문서들을 모아 그 작성법을 가르치는 것이 현실적으로 도움이 된다고 했다. 나는 이렇게 답변했다. '그런 일을 해 본 적이 없어 가르칠 수 없을 뿐 아니라, 나중에 그런 곳을 가게 되면 일주일이면 다 배우게 된다. 그런 것을 무엇 때문에 한 학기 동안 가르치는가?' 만일 자로가 이따위 '일'을 전제로 말했다면, 욕을 먹어도 싸다.

❦

일 잘한다고 소문이 나서 남들이 선망하는 높은 자리에 오르고, 어려서부터 공부도 곧잘 해서 제일 좋은 대학을 나온 이들이 조금 더 인정을 받고 더욱 출세해 보려고 눈치를 보다가, 결국 개망신을 당하거나 세상을 결딴내고 있으니, 공자가 이런 작태를 보면 과연 무엇이라고 했을까?

❦

"왜 하필 책을 읽어야何必讀書"에서 서書를 오규 소라이는 『상서尙書』라 했다. 그 근거로 "상서의 내용을 모두 믿는다면"『맹자』, "상서는 말을 다하지 못하며"『주역』, "상서는 정사를 말한 것"『장자』을 들었다. 나는 잘 모르겠다.

자로와 증석과 염유와 공서화가 모시고 앉았다. (이하 대화여서 간략 표기함)

공자 : 나는 너희보다 조금 더 나이를 먹었지만 나를 개의치 말라. 평소에 '나를 몰라준다'고 말하는데, 만약 누군가 너희를 알아준다면 어떻게 하고 싶으냐?

자로 : (엉겁결에 나서서 대답했다.) 천승의 나라가 대국들 사이에 끼어서 군사 위협을 받고 있으며 연이어 기근이 든 상황에 처해 있을 때, 제가 그 나라를 다스리면 3년 만에 용감해지게 하고 또 도리를 알게 하겠습니다.

공자 : (코웃음을 쳤다.) 염구야, 너는 어떠냐?

염유 : 사방 60~70리 혹은 50~60리 되는 나라를 제가 다스린다면 3년 만에 백성들을 풍족하게 할 수 있습니다. 예악과 같은 것은 군자를 기다려야겠지요.

공자 : 공서적아, 너는 어떠냐?

공서화 : 할 수 있다고는 못하겠습니다. 배우고자 합니다. 종묘의 일이나 혹은 제후의 회맹에 예복을 입고 장보관을 쓰고 소상小相 작은 의식을 진행하는 사람 하기를 원합니다.

공자 : 증점아, 너는 어떠냐?

증석 : (슬 소리가 약해지는가 싶더니 쨍~ 하고 마무리한 다음 슬을 내려놓고 일어서서 대답했다.) 세 분이 말씀드린 생각과는 다릅니다.

공자 : 그게 무슨 문제가 되겠느냐? 각자 자기의 뜻을 말해보는 것이다.

증석 : 늦은 봄에 봄옷이 완성되면, 관을 쓴 어른 대여섯과 어린아이 예닐곱을 데리고 기수에서 목욕하고, 무에서 바람 쐬다가 노랫가락 읊조리면서 돌아오는 것입니다.

공자 : (아! 감탄하면서) 나는 증점과 함께하겠다.

세 사람이 나가고 나자 증석이 뒤에 남았다.

증석 : 저 세 사람의 말은 어떻습니까?

공자 : 역사 각자 자기 뜻을 말한 것일 뿐이지.

증석 : 스승님께서는 왜 자로의 말에 코웃음을 치셨는지요?

공자 : 나라를 다스리는 것은 나라를 예로써 하는 것인데, 그가 말하는 데 양보하지 않았다. 그래서 코웃음을 친 것이야.

증석 : 염구가 말한 것은 나라를 다스리는 것이 아닙니까?

공자 : 사방 60~70리 혹은 50~60리라고 해서 어찌 나라가 아니겠느냐?

증석 : 공서적이 말한 것은 나라를 다스리는 것이 아닙니까?

공자 : 종묘에서 제사지내는 것이나 제후들의 회맹이 제후의 일이 아니면 무엇이겠느냐? 공서적이 소상을 한다면 누가 대상을 하겠느냐?

子路曾晳冉有公西華對坐, 子曰, 以吾一日長乎爾, 毋吾以也. 居則曰, 不吾知也. 如或知爾, 則何以哉. 子路率爾對曰, 千乘之國, 攝乎大國之間, 加之以師旅, 因之以饑饉. 由也為之, 比及三年, 可使有勇, 且知方也. 夫子哂之. 求, 爾何如. 對曰, 方六七十, 如五六十, 求也為之. 比及三年, 可使足民. 如其禮樂, 以俟君子. 赤, 爾何如. 對曰, 非曰能之, 願學

焉. 宗廟之事, 如會同, 端章甫, 願為小相焉. 點, 爾何如. 鼓瑟希, 鏗爾,
舍瑟而作, 對曰, 異乎三子者之撰. 子曰, 何傷乎. 亦各言其志也. 曰, 莫
春者, 春服既成, 冠者五六人, 童子六七人, 浴乎沂, 風乎舞雩, 詠而歸.
夫子喟然嘆曰, 吾與點也. 三子者出, 曾晳後. 曾晳曰, 夫三子者之言何
如. 子曰, 亦各言其志也已矣. 曰, 夫子何哂由也. 曰, 為國以禮, 其言不
讓, 是故哂之. 唯求則非邦也與. 安見方六七十如五六而非邦也者. 唯
赤非邦也與. 宗廟會同, 非諸侯而何. 赤也為之小, 孰能為之大.

　고대의 예 규정에 비추어볼 때 대답하는 사람은 당연히 발언을 할 사람
이 있는지 없는지 살피면서 관망해야 한다. 그러나 자로는 마치 곁에 아무
도 없다는 듯이 즉각 대답했는데, 추호도 겸손하거나 양보할 기미도 없었
다. 그의 말하는 모양새도 저돌적이었다. 공자는 입을 실룩거리면서 비웃
음의 뜻을 나타냈고, 그 모습은 모두 제자들의 눈에 새겨졌다. 그래서 하나
같이 모두 대단한 겸손을 보였고, 먼저 대국에서 소국으로 바뀌더니 다음
에는 소국에서 소상까지 바뀌었고, 계속해서 어떤 관직도 맡지 않겠다는
데까지 이르렀다.

　자로가 말한, 침략 당하지 않는 것은 강병強兵으로 만고불변의 진리다.
염유가 말한 굶어죽지 않는 것은 부국富國에 속하는 것으로 역시 만고불변
의 진리다. 그들이 모두 예禮에 대해 언급한 것은 아니었다. 공서화는 경제

적으로 풍족해져야만 비로소 가질 수 있는 예를 말했다. 옛날 사람들은 '창고가 차면 예절을 알고, 의식이 족하면 영욕을 안다'고 했다. 도덕과 문명의 건설은 가변의 진리다. 증석이 말한 도리는 더욱더 가변적이다. 아예 생활을 즐기는 것, 즉 평화를 즐기고, 경제적 풍요를 즐기며, 문명을 즐기는 것이다. 그것들은 앞의 세 사람의 이상 위에 세워지는 것들이다.

※

내가 보기에, 이 구절에 대해서는 리링의 설명으로 족할 것 같다. 다만, 자로의 태도와 답변에 대한 공자의 반응은, 비록 교육적 효과는 있을지 모르지만 공자답다고는 생각지 않는다. 물론 그 깊은 뜻을 몰라서일 것이다. 그러나 나는 사람과의 대화에서 비웃음만큼 상대를 기분 나쁘게 하는 것도 없다고 본다. 요즘 욕설이 난무할 뿐 아니라 거의 죽자고 떠들어 대지만, 그런 추악한 욕설들보다 옛날의 돌차咄嗟라는 말이 더욱 무서운 것 같다. 돌차는 요즘 말로 '쯧쯧'에 해당한다. 생각해 보라. 상대를 앞에 두고 가만히 쳐다보다가 아무 말 없이 끌끌 혀를 차는 것 이상으로 더 심한 욕이 어디 있겠는가. 상대를 더 이상 사람으로 보지 않겠다는 것이다.

※

좀더 사실적으로 읽을 수 있도록 대화 중 괄호 안에 일종의 지문을 넣어 보았다. 괄호 안의 내용은 원래 본문에는 없는 것이다. '엉겁결에 나서서 대답했다', '코웃음을 쳤다', '슬 소리가 약해지는가 싶더니 쨍~ 하고 마무리한 다음 슬을 내려놓고 일어서서 대답했다', '아! 감탄하면서 ……' 이 부분을 오늘날의 상황에 적합하게 바꾸어서 연극 한 토막으로 만들어도 재미있겠다는 생각이 든다.

※

　이 구절에서 특히 문학적으로 널리 읊어진 것은 증석의 말이다. "늦은 봄 봄옷이 완성되면, 관을 쓴 어른 대여섯과 어린아이 예닐곱을 데리고, 기수에서 목욕하고, 무에서 바람 쐬다가 노랫가락 읊조리면서 돌아온다浴乎沂, 風乎舞雩, 詠而歸." 일찍이 최치원은 이렇게 읊었다. "지금은 바로 기수에서 목욕하던 시절正是浴沂時節日, 백운향에서 노닐던 일 생각하면 애 끊어져舊遊魂斷白雲鄉"에서부터 이익의 "때로 봄기운 따라서 노닐고時從春氣遊, 홀로 무우의 바람을 쐬노라獨挹舞雩風", 이처럼 후대의 영향은 깊고 활용 또한 다양하다. 무우대舞雩臺 같은 누각, 영귀정詠歸亭 같은 정자, 무기연당舞沂蓮塘 같은 연못의 이름 또한 모두 여기서 유래한 것이다.

12

안연
顔淵

안연이 인에 대하여 묻자, 스승님께서 말씀하셨다. "자기를 이기고 예를 회복하는 것이 인이다. 하루라도 자기를 이기고 예를 회복하면, 세상 사람이 모두 인에 귀의할 것이다. 인의 실천이 자기에게서 말미암는 것이지 남에게서 말미암는 것이겠느냐?" 안연이 다시 물었다. "그 세부적인 내용은 무엇입니까?" 스승님께서 말씀하셨다, "예가 아니면 보지 말고, 예가 아니면 듣지 말며, 예가 아니면 말하지 말고, 예가 아니면 움직이지 말아라." 안연이 말했다. "제가 비록 명민하지는 못하지만, 그 말씀을 받들겠습니다."

> 顏淵問仁. 子曰, 克己復禮爲仁. 一日克己復禮, 天下歸仁焉. 爲仁由己, 而由人乎哉. 顏淵曰, 請問其目. 子曰, 非禮勿視, 非禮勿聽, 非禮勿言, 非禮勿動. 顏淵曰, 回雖不敏, 請事斯語矣.

자기를 이기고 예를 회복하는 것克己復禮이란 무엇인가? 자기를 위하는 마음을 다른 사람에게까지 확장하는 것 그리고 모든 행위가 예에 맞고 의에 부합하는 것을 말한다. 안연은 이 말을 듣고 집으로 돌아가 숨어버렸다. 어떤 사람이 그에게 너는 왜 이렇게 소극적이냐고 물었다. 안연은 이렇게 말했다. '맞아, 맞아. 나는 소극적이야. 왜냐하면 나는 스승님의 가르침을 직접 들었기 때문에 신경을 쓰지 않을 수 없어. 스승님께서 말씀하신 대로 하려고 해도 나는 할 수 없고, 스승님께서 말씀하신 대로 하려고 하지 않아도 역시 안 돼. 그러니 소극적일 수밖에 없지.' 공자의 가르침은 안회마저도 실천할 수 없었다. 그렇다면 다른 사람은 어떻게 해야 할까? 이것은 블랙코미디다.

※

내가 보기에, 인이란 무엇이며, 예란 도대체 어떤 것이냐를 심오하게 따지는 것은 리링의 말처럼 '블랙 코미디', 곧 인간의 본성이나 사회에 대한 잔혹하거나 통렬한 풍자와 반어를 내용으로 하는 희극에 불과하다. 안연 같은 수제자마저도 실천할 수 없을 정도로 그 가르침을 높여 놓은 것은 더도 덜도 말고 관념적 현학 취미 바로 그것이다. 그런 것을 인상 쓰면서 따져서 어디에 쓰겠는가? 한갓된 실용주의를 강조하자는 것이 아니다. 지금 이 시대에 플라톤의 이데아와 이상국가를 설파할 수는 없는 이치와 마찬가지다.

※

우리 고전인 『삼국유사』에 의상과 원효가 관음을 친견親見하려고 낙산사를 찾는 이야기가 나온다. 의상은 관음이야말로 지고한 존재이니, 그를 만나려면 그에 알맞은 지극정성을 바쳐야 한다고 생각했다. 요즘 기독교인들이 누구도 만나기 전 이른 새벽에 교회에 가서 기도를 드리는 것과 크게 다르지 않다. 이것이 옳은 길이라면, 그래서 얻는 깨달음은 우리의 이 너절한 일용의 삶에서 도대체 무슨 의미를 갖는다는 말인지 생각해 보아야 하지 않은가.

자기를 이기는 것, 곧 극기야말로 이 천박한 자본주의의 맹신적 물신주의를 이기는 소망스런 요구이겠으나, 그것이 관념의 확인과 상찬^{賞讚}을 대가로 현실의 모순을 잠시 잊게 하는 이른바 '힐링' 같은 것이어서는 곤란하다. 그것이 아무리 깊고 심오한 것이라 해도, 지금의 모순을 구체적으로 해결하는 데 도움이 되지 않거나, 도움은커녕 그 모순을 유지, 보수, 강화하는 데 일정하게 기여한다면, 그 모든 힐링은 반동적일 수밖에 없다. 고전을 팔아먹는 매문^{賣文} 같은 것이야 더 말할 나위도 없다. 연암의 「홍덕보묘지명^{洪德保墓誌銘}」은, 홍대용이 죽자 연암이 그를 위해 쓴 묘지명이다. 그 마지막 두 구절은 이렇다. "입에 반함을 하지 않은 건^{口中不含珠} / 보리 읊조린 유자^{儒者}를 미워해서지^{空悲詠麥儒}." 반함^{飯含}이란 염습을 할 때 죽은 사람의 입에 구슬이나 쌀을 물리는 것을 말한다. "보리 읊조린 유자"는 『장자』에서 유래한 말이다. 『장자』「외물」편에 유자^{儒者}란 입만 열면 시와 예를 읊조리지만 실제로는 남의 무덤을 몰래 파헤쳐 시체의 입안에 있는 구슬을 빼는 도둑이라는 이야기가 나온다. 이 이야기에서 유자는 가증스럽게도 이런 시를 읊고 있다. "푸릇푸릇한 보리 / 무덤가 언덕에 무성하네 / 생전에 남에게 보시한 적 없으면서 / 죽어서 어찌 구슬을 머금고 있나." 이 이야기를 통해 『장자』는 점잖은 체하면서 실제로는 더없이 위선적인 유자를 야유하고 있다. 연암은 『장자』의 이 고사를 끌어들여 양심적인 철학자 홍대용을 당시 조선의 위선적인 유자들과 대비시키고 있다. 박희병 선생의 말이다. 세상에는 시체의 입안 구슬을 빼내어 팔아먹는 일을 업으로 하면서도 '고전을 탐구하네' 하면서 설쳐대는 너절한 유상^{儒商}들이 넘쳐난다.

나는 이 구절에 관한 한, 다산, 오규 소라이, 난화이진 등의 해설을 읽고 싶지 않다. 이해하기 어렵기 때문이기도 하지만, 한편으로는 잘 이해하지 못할 바에는 차라리 내 거친 생각을 밀고나가는 것이 더 낫지 않을까 해서이다. 안연의 두 번째 질문은 첫 번째 질문에 앞서 미리 생각해 두었다고 생각한다. 공자가 분명히 그런 식으로 답변할 테니, 다음에는 구체적인 내용을 요구해야 하겠다고 생각했을 것이다. 그런데 공자의 해법은 '~말라'로 일관하고 있다. 이것은 좀 생각해 보아야 할 문제다. 아주 오래 전에 야당의 모 국회의원이 '어떻게 한 나라의 국시國是가 반공反共일 수 있느냐'고 대정부 질의를 했다가 국가보안법으로 구속된 적이 있었다. 그 발언의 적부를 떠나, 그리고 민주주의 사회에 국시라는 것이 필요한지의 여부를 떠나, 한 나라의 지향, 요즘 말로 비전이 부정적 목표여서야 되겠느냐는 것이다. 어느 학교의 교훈을 '거짓말 하지 말자'라고 지었다면 어떻겠는가. 차라리 '착한 사람이 되자'는 식으로 긍정적 목표를 설정, 추구해야 하지 않겠느냐는 것이다. 더군다나 예의 다른 이름인 인의 구체적인 실천 방안을 묻는데, '예가 아니면 ~하지 말라'고 하는 것은 동어반복이지 않을까?

중궁이 인에 대해 묻자 스승님께서 말씀하셨다. "문을 나서면 큰 손님을 맞이하는 것처럼 하고, 백성을 부릴 때는 큰 제사를 지내는 것처럼 하라. 자기가 원하는 것을 남에게 시키지 말라. 그러면 나라에 원망할 사람이 없고, 집안에도 원망할 사람이 없을 것이다." 중궁이 말했다. "제가 비록 명민하지는 못하지만, 그 말씀을 받들겠습니다."

仲弓問仁. 子曰, 出門如見大賓, 使民如承大祭. 己所不欲, 勿施於人. 在邦無怨, 在家無怨. 仲弓曰, 雍雖不敏, 請事斯語矣.

앞에서 안연이 물은 것과 같지만, 그것이 자율에 대한 것, 즉 자기에게 엄격함을 요구하는 것이라면, 이것은 사람을 대하는 것, 즉 다른 사람을 존중할 것을 요구하고 있다.

자기가 원하는 것을 다른 사람에게 시키지 말라는 말은 『논어』에 두 번 나오는데, 『예기』「중용」과 『관자』「소문」에 나오듯이, 이는 공자의 말이 아니라 하나의 관용어였다. 다음에서 "(인은) 사람을 사랑하는 것"「안연(顏淵)」 12-22이라 했고, "자기를 수양하여 다른 사람을 편안하게 하는 것"「헌문(憲問)」 14-42이라고 했다. 그런데 인이 사람을 사랑하는 것이라면 어떻게 사랑하는 것이고, 인이 사람을 편하게 하는 것이라면 어떻게 편하게 하는 것일까? 관건은 추기급인推己及人, 곧 자기를 위하는 마음을 다른 사람에게까지 확장하는 데 있고, 자기가 일어서고 싶으면 남을 일으켜 주고, 자기가 이루고 싶으면 남을 이루게 해 주는「옹야(雍也)」6-30 데 있다.

✤

그런데 반대로 좋은 것 혹은 진리 같은 것을 다른 사람에게 강요할 수 있을까? 역시 아니다. 예를 들어 이런 것이다. 내가 당신보다 강하고 돈과 권력을 가지고 있으며, 진리를 장악하고 있고, 중요한 임무를 맡고 있지만, 좋은 것을 그저 나 혼자만 누릴 수 없으니, 당신들도 내 방식에 따라 생활해야 하며, 당신들이 고통을 받고 어려움을 겪는다면, 내가 그저 가만히 손 놓고 앉아 지켜보면서 당신들을 구제하지 않을 수 없고, 내게는 당신을 도와줘야 할 책임이 있는데도 나로 하여금 돕지 못하게 한다면 나 역시 도움을 받을 수 없을 것이기 때문에, 당신이 계속해서 말을 안 듣는다면 나는 무례해질 것이다.

✤

내가 보기에, 이 구절을 이해하려면 앞의「옹야雍也」편 6-1에서 공자가, 중궁염옹이 제왕의 자질이 있어 나중에 큰 지도자가 될 만하다고 한 칭찬을 기억하는 것이 좋겠다. 문을 나서면 큰 손님을 맞이하는 것처럼 하고, 백성을 부릴 때는 큰 제사를 지내는 것처럼 하는 것, 그리고 자기가 원하는 것을 다른 사람에게 시키지 않는 것, 그래서 나라에 원망할 사람이 없고, 집안에도 원망할 사람이 없는 것이야말로 지도자의 덕목이자, 정치의 최종 목표일 것이다. 공자의 교육 방식이 철두철미 수용자의 자질과 수준과 성품 등에 맞추어져 있음을 알 수 있다.

이 구절은 주희의 설명대로 경敬과 서恕, 두 글자로 요약할 수 있겠다. "경으로써 자기 몸을 갖고, 서로써 남에게 미친다면 사의私意가 용납할 곳이 없어서 마음의 덕이 온전해 질 것이다." 정치의 근본은 사람을 공경하고 나아가 섬기는 일이다. 그것은 자기의 마음을 남에게까지 확장해서 일관되게 유지하겠다는 다짐과 각오 없이는 불가능하다. "경과 서 사이에 종사하여 얻음이 있으면 장차 이길 만한 사욕이 없게 될 것이다." 아아, 오늘날의 정치 모리배들을 생각하면 다 뜬구름 잡는 소리다. 사리사욕을 빼면 남는 것이 똥뿐이 없는 것들이 정치를 한다고 나대고 있으니, 우리 백성들 참으로 딱하다 못해 안쓰럽다.

다산은 "자기가 하고 싶지 않은 것을 남에게 베풀지 말라는 것은 행간行簡이다"라고 한 명 나라 양명좌파인 탁오卓吾 이지李贄, 1527~1602의 주장을 부정했다. 그러나 아쉽게도 근거를 명확히 제시하지는 않았다. 거경이행간居敬而行簡, 「옹아(雍也)」 6-1에서 보았듯이, 행간은 행하는 바를 간소하게 한다는 말이다.

다산은, 인과 관련하여 안연에게 극기복례를 말한 것은 건도乾道이고, 중궁에게 경과 서를 가르친 것은 곤도坤道라고 하면서, 두 사람의 "학문은 그 높고 낮음과 얕고 깊음을 여기에서 볼 수 있다"라고 한 주희의 설명을 받아들이지 않았다. 그에 따르면, 자기가 원하는 것을 다른 사람에게 시키지 않는 것이야말로 극기克己 없이는 불가능하다. 다산에게 극기는 곧 서恕다.

❦

추기급인推己及人이나 기소불욕, 물시어인己所不欲, 勿施於人과 같은 말이야 말로 오늘날 특히 가슴에 새겨 담아야 한다고 생각한다. 요즘 우리 사회 최대의 화두인 연대連帶는 이런 마음 없이는 불가능하다. 그런데 이 아름다운 말을 누구나 가슴에 새길 의향은 있을 것이다. 문제는 실천이다. 맑스는 「포이에르바하에 관한 테제」에서 이렇게 말했다. "모든 사회적 삶은 본질적으로 실천적이다. 이론을 신비주의로 유도하는 모든 신비는 인간적 실천 및 이 실천의 개념적 파악 속에서 합리적인 해결책을 찾아낸다."

❦

참고로, 중문학자인 김영문 선생의 전언을 첨부한다. "실상 급인及人이야말로 인仁의 핵심인데, 이것을 실천하기는 대단히 어렵다. 루쉰의 말대로, 문지방 하나를 넘기는 참으로 어려운 일이다. 그것이 잘 안 되니까 모든 것이 자기 자랑, 자기 가문 자랑, 자기 지역 자랑에 불과하게 되는 것이 아닌가 한다. 도포 입고 갓 쓰고 향교 출입이나 하면, 스스로 유학자인 줄 아는 것이다. 어차피 원시유학자는 의례 집행인에 불과했다. 그러나 모든 의례와 절차에 형식이 아닌 급인及人의 마음을 담는 것, 그리고 그것을 자신의 생활에 체화體化하는 것, 그 마음을 이웃으로 넓히는 것, 그것이야말로 유학의 근본이고 인의 핵심일 것이다. 그러나 지금 생각해 보아도 그것은 대단히 어려운 일이다. 모든 유학이 급인이 아니라 급기及己에 그치니 인의 실현은 요원한 일이 아닐까 한다. 그래서 시중時中도 어쩌면 이상에 불과한 지도 모르겠다. 급인及人이 없는 시중時中은 그야말로 공염불이며 포즈에 불과할 것이다."

사마우가 인에 대해 묻자, 스승님께서 말씀하셨다. "어진 이는 말을 할 때 입이 무겁다." "말을 할 때 입을 무겁게 하는 것, 그것만 가지고 인이라 합니까?" "실천하기가 어렵지. 그러나 말을 할 때 입을 무겁게 하지 않아서야 되겠느냐?"

司馬牛問仁. 子曰, 仁者, 其言也訒. 曰, 其言也訒, 斯謂之仁己乎. 子曰, 爲之難, 言之得無訒乎.

사마우는 공문孔門 제3기 제자로 송 나라 대귀족이었다. 사마천은 그의 성격상의 특징이 "말이 많고 조급했다"라고 했다. 인訒은 '멈추다'라는 의미의 돈頓으로 해석하는데, 말할 때 신중하고 또 신중하며, 가능한 한 억제하면서 함부로 말을 하지 않는 모양이다. 참을 인忍자와 통한다.

전형적인 공문의 대화이다. 공자의 대답은 애초부터 표준 답안이 없다. 그것은 마치 한의학에서 환자를 진찰할 때 사람에 따라 다르고, 증상에 따라 약을 처방하는 것과 같다. 그 특징은 정의 내릴 수 없고, 논리는 주연周延, 어떤 개념의 판단이 외연 전부에 대해 성립하지 않음하지 않는다.

사마우의 질문에 대한 공자의 대답은 매우 해학적이다. 사마우가 입을 단속하기만 하면 바로 인에 도달하느냐고 물은 것은 무례한 일이지만 합리적이기도 하다. 이에 공자는 대꾸하지 않고 혼잣말처럼 원래 하던 말을 이어갔다. 어떤 말은 분명하지 하지 않고 암시만 했다. 그래도 알아듣지 못하면 구제할 대책이 없는 것이다.

·✿·

내가 보기에, 인訒은 인忍이면서 동시에 인刃이다. 이것이 무슨 자학字學에 근거한 것은 물론 아니다. 이 말이 내게는 비수처럼 다가와서 하는 말이다. 오규 소라이는 "(말재주를 피우는 사람은) 말할 것만 취하여 말하고, 그 행위가 어떠한가를 다시 묻지 않는다. 그러므로 그가 말하는 것이 항상 들을 만하지만, 도에는 해가 된다. 이것이 말을 교묘하게 하는 사람에게 인이 드문 까닭이며, 인을 행하기가 어렵고, 말하는 것이 조심스러워야 하는 것이 이 때문이다"라고 했다. 더 이상 보탤 말이 없다. 다만, "(말 많은 사람이) 말하는 것은 항상 들을 만하지만 도에는 해가 된다"라는 지적에 대해 한마디만 한다. 들을 만하다는 것은 물론 남을 헷갈리게 하거나 심지어 속인다는 것을 전제로 할 것이다. 그러므로 그의 들을 만한 말에 속아 넘어가는 사람은 더욱 처량하다. 그것이 도에 해가 되는지 생각조차 하지 못한다. 그래서 들을 만한 그의 말은 언제나 성찬이지만, 그 뒷자리는 쓰레기로 낭자하다.

·✿·

한의사인 이창기 선생의 전언을 첨부한다. "'마치 한의학에서 환자를 진찰할 때 사람에 따라 다르고, 증상에 따라 약을 처방하는 것과 같이'라고 한 것의 원문은 이렇다. '취상중의간병, 인인이이, 대증하약就像中醫看病, 因

人而異, 對症下藥.' 여기서 대증하약은 중의中醫들이 많이 쓰는 개념어는 아니다. 아마 그 유래가 주희의 『주자어류朱子語類』인가 보다. 『논어』의 이 부분을 해석할 때, 사용한 용례가 나온다. 그리고 여기서 대증은 대증요법symptomatic therapy이라고 할 때의 대증과 같은 한자를 쓰기는 하지만, 그 뜻이 확연히 다르다. 대증하약의 대증은 병의 본질을 치료한다는 의미지만, 대증요법의 대증은 병의 표피적인 현상만을 치료한다는 의미다."

사마우가 군자에 대해 묻자, 스승님께서 말씀하셨다. "군자는 근심하지 않고, 두려워하지 않는다." "근심하지 않고, 두려워하지 않으면, 그것만 가지고 군자라고 합니까?" 스승님께서 말씀하셨다. "속으로 반성하여 부끄럽지 않다면 무엇을 근심하고 무엇을 두려워하겠느냐?"

司馬牛問君子. 子曰, 君子不憂不懼. 曰, 不憂不懼, 斯謂之君子已乎. 子曰內省不疚, 夫何憂何懼.

앞에서와 마찬가지로 공자는 정면으로 대답하지 않고, 그저 만약 어떤 사람이 자신을 돌아보고 마음에 물어 봐서 부끄러움이 없다면, 무엇을 근심하고 무엇을 두려워하겠느냐고 했다.

내가 보기에, 공자에게도 근심이 있었는데, 그것은 덕이 닦이지 않고, 배움이 몸에 익지 않으며, 의를 들어도 실천에 옮기지 못하고, 불선不善을 고치지 못하는 것이었다. 나날의 삶이 근심과 걱정으로 채워져 있는 나 같은 소시민의 그것과는 차원이 다르다. 덕 자체를 생각지 않고, 배움과 삶을 엮어보려 하지 않으며, 의를 들으면 치지도외하고, 불선을 무슨 자랑처럼 떠벌리면서 이 구절을 이해한다는 것은 거짓이다.

앞으로 「위령공衛靈公」 편 15-2에서 다시 보겠지만, 이와 관련해서는 군자구저기君子求諸己, 소인구저인小人求諸人, 곧 군자는 자기에게서 찾고, 소인은 남에게서 찾는다는 말을 함께 생각해 보면 좋겠다. 모든 잘못을 남의 탓으로 돌리고, 반대로 모든 공을 자기 것으로 삼는 것을 능사로 여기면서 인仁 운운한다는 것은 하나의 희극이다. 그런데 그것은 실제로 많은 교실에서 반복해서 실천되고 있다. 돌차咄嗟에 가가소소呵呵笑笑를 더한다!

며칠 전 교실에서 한국인의 애송시 윤동주의 「서시」를 읽었다. 그 중에서 "잎새에 이는 바람에도 나는 괴로워했다"라는 구절을 함께 생각해 보았다. "하늘을 우러러 한 점 부끄러움이 없"으려면, 소소한 일상의 부끄러움을 용감하게 직시해야 한다. 그런데 그것은 20대 초반에서나 가능한 일이다. 나이가 들면, 부끄러움이란 하찮고 철없는, 하품 나는 유치한 짓에 지나지 않게 된다. 모 대학에서 생물학을 가르치는 신현철 선생이 이런 조언을 해 주었다. "잎이 흔들리지 않고 가만히 있게 되면, 나뭇잎 주변에 있는 이산화탄소를 다 소비하게 되어 광합성을 더 이상 할 수 없게 되기에, 나뭇잎은 조그만 바람에도 흔들려서 주변에 있는 이산화탄소가 나뭇잎 주변으로 오도록 한다." 그것은 생명의 움직임이었던 것이다.

괜히 기독교를 욕하자는 것이 아니다. 간혹 길을 가다가 "예수님이 계신데(기도할 수 있는데) 왜 걱정을 하십니까?"라는 교회의 푯말을 보게 된다. 우스갯소리겠지만, 점집의 최대 고객은 기독교인이라는 말을 들은 적이 있다. 점집을 찾는다는 것은 삶이 불안해 걱정스럽다는 말이겠는데, 이것이 사실이라면 위 푯말은 한갓 구호에 지나지 않을 것이다. 예수가 인간의 죄를 대신해 흘린 피, 곧 보혈寶血을 자신의 삶과 일치하려고 노력하지 않는다면, 그는 더 이상 신자라 할 수 없다. 이런 일은 속으로 반성하여 부끄럽게 여기지 않기內省不疚 때문이라는 것이 내 소견이다. 그런데 이게 어디 기독교인에게만 해당되겠는가!

참고로 "기도할 수 있는데 왜 걱정하십니까?"에 대한 자유인교회 천정근 목사의 전언을 첨부한다. "이 말은, '기도하면 모든 걱정거리가 다 해결된다'는 의미라기보다는, '이 세상 모든 일들이 결국은 다 지나가는 것이고, 그 하고자 하는 대로 되어가는 것이므로, 기도를 통하여 그것을 통과해 나갈 수 있다는 것', 즉 아무 것도 할 수 없는 절망 속이라도 그대로 낙망하고 좌절해있을 수밖에 없는 것이 아니라는 뜻일 것이다. 사람들이, 기독교가 너무 편한 사람들의 종교라고 여기게 되어, 이 뜻 깊은 말씀도 곡해됨이 많은 것 같다. 그러나 편한 사람의 흰소리가 아니라, 고통에 몸부림치는 사람에게 기도란 인생을 관통해 나가는 의지이자 도움이다. 기독교가 그렇게 가벼운 가르침이 아닌데, 오늘날 이렇게 경박해진 것은 부끄러운 일이다."

사마우가 근심하면서 말했다. "사람은 모두 형제가 있는데, 나 혼자 없구나." 자하가 말했다. "나는 이런 말을 들었다. '죽고 사는 것은 운명에 달려 있고, 부귀는 하늘에 달려 있다. 군자가 공경하면서 실수하지 않고, 다른 사람과 공손하게 지내면서 예를 갖추면, 온 세상 모든 사람이 다 한 형제다.' 그러니 군자가 어찌 형제 없음을 근심하느냐?"

司馬牛憂曰, 人皆有兄弟, 我獨亡. 子夏曰, 商聞之矣. 生死有命, 富貴在天. 君子敬而無失, 與人恭而有禮. 四海之內, 皆兄弟也. 君子何患乎無兄弟也.

❀

사마우는 고독했다. 그에게는 네 형제, 소巢, 퇴魋, 자기子頎, 자거子車가 있었다. 그런데 그가 이렇게 말한 것은, 사마환퇴가 난을 일으킨 후 그들 모두가 난에 참가했고, 사마우는 그들을 형제로 인정하지 않았기 때문이다.

❀

자하가 들은 말은, 주희에 따르면 아마도 스승으로부터 들은 것이다. 후한後漢의 사상가 왕충王充에 따르면, "죽고 사는 것은 운명에 달려 있고, 부귀는 하늘에 달려 있다"라는 말은 공자가 했다고 한다. 『설원說苑』에서는 온 세상 모든 사람이 다 한 형제라는 말 역시 공자가 했다고 한다. 이렇게 보면, 마지막 한 구만 자하의 말이 된다.

내가 보기에, 자하가 한 위로의 말은 참으로 따뜻하고 고상하다. 그러나 다산이 지적했듯이, "뜻은 원만하지만 말은 (사리에) 막혔다." 사마우가 스스로 마음 아파한 것은 (같은 탯줄에서 나온) 형제에 관한 것인데, 자하가 광범위한 범주의 말을 만들어 그를 위로하려 하였으니, 이는 인인仁人의 말이 아니라는 것이다. 다산답다.

❧

그런데 거기서 한 걸음 더 나아가고 싶다. 단적으로 말해 온 세상 모든 사람이 다 한 형제다四海之內, 皆兄弟也라는 주장은 사실은 대단히 계급적인 발언일 수 있다. 여기서 말하는 형제에 요즘 말로 하면 노동하는 사람은 포함되지 않는다. 대다수 노동자를 제외한 채 이른바 사해동포주의, 곧 인종이나 종교, 국가 등을 초월하여 인류 전체가 가족처럼 서로 사랑해야 한다고 설파하는 것은 기만이다. 화해와 조화를 내세워 계급갈등을 숨기려는 그럴듯한 선전에 불과하다. 아무리 그럴듯한 말로 포장하려 해도, 그리고 아무리 선의善意를 가지고 한 말이라 해도, 그것은 한갓된 분식粉飾이거나 유치한, 혹은 철없는, 더 나아가 비열한 속임수에 불과할 수 있다. 노동자를 코 푼 휴지조각처럼 내팽겨 버리고, 철거민의 목숨을 파리 모기만도 여기지 않고서, '서로 사랑합시다' 떠드는 것보다 더 큰 모독은 없다.

❧

근래 거역할 수 없이 거대하고도 막강한 '힐링'의 파도가 현실의 모순을 그대로 남겨둔 채 마구 밀려오는 한, 그것은 한갓 감언이설에 지나지 않는다. 그래서 도대체 어쩌자는 것인가? 진정한 깨달음은 깨달은 후에 다시 현실로 돌아와 연대連帶하는 것이다.

자장이 총명함에 대해 묻자, 스승님께서 말씀하셨다. "물처럼 조용히 스며드는 참언과 피부에 직접 와 닿는 진짜 같은 무고 등이 너에게 통하지 못하게 한다면 총명하다고 할 수 있을 것이다. 물처럼 조용히 스며드는 참언과 피부에 직접 와 닿는 진짜 같은 무고가 너에게 통하지 못하게 한다면 멀리하는 것이라고 할 수 있을 것이다."

子張問明. 子曰, 浸潤之譖, 膚受之愬, 不行焉, 可謂明也已矣. 浸潤之譖, 膚受之愬, 不行焉, 可謂遠也已矣.

소인의 무기는 참언과 무고이다. 모두 험담이다. 침윤浸潤은 마치 물이 스며드는 것과 같이 한 방울씩 물방울이 떨어지면서 소리도 없고 기척도 없지만 끊임없이 침투해 들어가는 것이다. 부수膚受는 사람의 피부에 바짝 와 닿은 것이다. 헛소문의 특징은 암암리에 진행되며, 은밀하게 그리고 천천히 당신에게 다가왔다가 당신을 포위해 버리고, 당신으로 하여금 뿌리치려야 뿌리칠 수 없게 만들어 버린다. 총명함은 소인을 똑똑하게 꿰뚫어보는 것이고, 멀리함은 소인으로부터 멀리 피하는 것이다. 군자는 처음부터 분명히 알아차리고, 아울러 비방의 포위망을 신속하게 빠져나와 소인들로 하여금 목적을 달성치 못하게 한다.

내가 보기에, 이 구절은 깊이 음미해 볼 가치가 있다. 소인배의 생리이

자 삶의 목표인 험담과 비방을 침윤과 부수로 비유한 것은 오늘날 놀랍게도 그대로 적용된다. 소인배는 자기를 돌아보지 않거나 못하고 온통 남에게 시선이 집중되어 있다. 그리고 그것은 전적으로 험담과 비방이다. 이것을 빼놓고 그들과 대화를 나눈다는 것은 거의 불가능하다. 더 한심한 것은, 그 침윤의 험담과 부수의 비방을 알아차리지 못하고 거기에 정신없이 끌려 다니는 짓이다. 말은 끌려 다닌다고 했지만, 그들이 두려운 것은 사실 그 소인배의 험담과 비방에 가담함으로써 자신을 보호하려는 너절한 이기심이다. 나는 소인의 행태를 알아차리고 그들로부터 나 스스로를 격리해야 한다는 것으로 공자의 이 말을 본받으려 한다.

한 가지 더. 그런데 소인배는 그 상대에게 직접 험담을 늘어놓고 비방을 일삼지는 않는다. 그래서 그들로부터 나를 격리하면 곧 편안해진다. 그들과 어울려 밀고 당기는 삶이야말로 피곤하기 그지없다. 나는 예전에 소인배의 비열한 공격을 받고, 그것이 너무나도 은근하게 둘러대는 것이어서 직접 대응치 못한 적이 있다. 지금도 참기를 잘 했다고 생각한다. 그런데 한번은 많은 사람들 앞에서 공개적으로 개망신을 준 적이 있다. 그 이후로 그 험담과 비방의 수위가 훨씬 더 높아졌겠지만, 그와 그의 무리와 멀리한 후로는 마음이 편안하다. 다만 간혹 우연히 마주칠 적에 그의 눈과 입에서 비열함이 흐르고 고린내가 진동함을 목격하거나 경험하기는 한다.

주희는 소愬를 자기의 억울함을 하소연하는 것이라 풀었다. 그런데 오규 소라이의 말처럼 "자기의 억울함을 하소연하는 사람은 반드시 겸하여 남을 참소한다." 소인배의 대화는 대개 자신의 억울함을 펼쳐 놓는 데서 시작해 남을 비방하고 참소하는 데로 나아간다. 결국은 자기애를 너절하게 확인하고 비장하게 선전하는 것으로 대단원의 막을 내린다. 그런데 그의 말이 교묘하기 때문에 바보들은 거기에 멍청하게 속아 넘어간다. 어느 한두 사람을 열심히 짓밟아 놓은 다음에는 그 공격 대상을 바꾼다. 계속해서 희생양을 찾아 나서는 것이다. 고대 희생제의의 현대적 변주이다. 그래서 '전체 빼기 −1의 평화'가 생겨나고, 결국 영혼을 잠식하는 불안을 해소하기 위한, 그 너절한 왕따는 소인배의 유구한 생리가 된다.

자공이 정치에 대해 묻자, 스승님께서 대답하셨다. "먹을 것을 충분하게 하고, 군사력을 충분하게 하며, 백성들이 믿게 하는 것이다." 자공이 말했다. "어쩔 수 없이 포기해야 한다면, 그 세 가지 중에서 어떤 것을 먼저 버려야 할까요?" "군사력을 포기해야 한다." 자공이 말했다. "어쩔 수 없이 포기해야 한다면, 그 두 가지 중에서 어떤 것을 먼저 버려야 할까요?" "먹을 것을 포기해야 한다. 옛날부터 사람은 누구나 죽지만, 백성이 믿어주지 않으면 존립할 수 없다."

> 子貢問政. 子曰, 足食足兵, 民信之矣. 子貢曰, 必不得已而去, 於斯三者何先? 曰, 去兵. 子貢曰, 必不得已而去, 於斯二者何先? 曰, 去食. 自古皆有死, 民無信不立.

공자에 따르면, 사람이 죽는 것은 옛날부터 항상 있어온 일이고, 군사력의 포기로 인해 피살될 수도 있고, 먹을 것의 포기로 굶어죽을 수도 있다. 그러나 백성들로부터 신뢰를 받지 못하면, 설령 무기를 가지고 있고, 먹을 것을 가지고 있다 해도 통치를 계속 유지해나갈 방법이 없다. 그런데 이 말은 좀 잔인하다. 현대적인 관점에서 보면, 사람이 죽는 것은 작은 일이 아니다. 그러나 역대 통치자들은 백성들의 신임을 얻을 수 있고 그 신임이 흔들리지 않는다면, 설령 사람이 조금 죽는다 해도 심지어는 많은 사람이 죽는다 해도 하늘이 무너져 내리지는 않을 것이라 생각했다.

내가 보기에, 이 구절이 잔인하다고 한 리링의 말은 우리의 정치현실에
도 그대로 적용된다. 이 글을 쓰는 동안에 노동자 한 사람이 분신을 했다.
많은 노동자들이 여러 곳에서 몇날 며칠을 굶으며 항의하고 있다. 대다수
비정규 노동자들이 미래가 보이지 않는 삶을 겨우겨우 살아가고 있다. 통
치자들이 볼 때, 가진 것 없고 배운 것 없는, 그래서 당해도 싼 노동자들은
더 이상 '국민'이 아니다. '못난 것들이 저러다 말겠지' 하는 것 같다. 이러
고서도 망하지 않는다면, 귀신도 없고 하늘도 없는 것이 맞다.

물론 이 구절의 키워드는 백성의 신임民信이다. 오늘날 그 신임은 선거로
판단한다. 지금 대통령은 '국민' 51.6%의 신임을 얻어 당선되었다. 그러면
선거가 없는 동안에는 그 신임을 어떻게 물을 수 있나? 이른바 지지율이라
고 하는 일종의 인기투표로 하는 모양이다. 우스운 일이 아닐 수 없다. 정부
에 대한 백성들의 신뢰가 있어야 힘이 생길 수 있다고 한 난화이진의 지적
도 그냥 수용하기는 어렵다. 그것이 어떤 정부이고, 그 정부가 하는 일이
어떤 것인지 정확하고도 구체적으로 묻지 않은 채 '힘' 운운하면, 그 힘은
백성을 억압하는 데 쓰일 수 있다.

극자성이 말했다. "군자가 기본 바탕이 좋으면 그만이지 무엇 때문에 겉치장을 할까요?" 자공이 말했다. "애석합니다. 선생님의 군자에 대한 그 말씀, 네 마리 말이 끄는 마차도 사람의 혀를 따라갈 수 없지요. 겉치장이 바로 기본 바탕이고, 기본 바탕이 바로 겉치장입니다. 호랑이 가죽이나 표범 가죽, 개의 가죽이나 양의 가죽에서 털을 제거하면 모두 같습니다."

棘子成曰, 君子質而已矣, 何以文爲. 子貢曰, 惜乎. 夫子之說君子也.
駟不及舌. 文猶質也, 質猶文也, 虎豹之鞹猶犬羊之鞹.

✿

기본 바탕質은 내재적 본질이고, 겉치장文은 외부 장식이다. 공자는, 군자라면 겉치장과 기본 바탕이 모두 중요하고, 겉치장과 기본 바탕은 서로를 북돋워 상승작용을 일으키는 것이라고 보았다. "질이 문을 이기면 조야하고, 문이 질을 이기면 부화하다. 문과 질이 고르게 조화를 이루어야 군자이다"「옹야(雍也)」 6-8라는 것이다.

✿

여기서 부자夫子는 위 나라 대부인 극자성을 지칭한다. "선생님의 군자에 대한 그 말씀, 사두마차도 혀를 따라갈 수 없다"라고 한 자공의 말은, 한번 내뱉은 말은 네 마리가 끄는 수레라도 쫓아가기 어렵다는 것이다. 말을 함부로 하지 말라는 뜻이다.

내가 보기에, 바탕과 형식을 함께 보아야 한다는 말은 새겨들을 만하다. 그 둘을 이항대립으로 나누는 것 자체가 우스운 일이다. 그런데 우리의 현실은 그렇지 않다. 어떤 때는 바탕을, 어떤 때는 형식을 보다 중시한다. "사람은 바탕이 중요해"라거나 "보기에 좋은 떡이 먹기에도 좋다"라는 따위다. 웃자고 하는 데 죽자고 덤비는 꼴이지만, 그런 질문은 사실 지나치게 자의적이고 임의적이다. 나는 "말은 그렇게들 그럴 듯하게 하지만, 솔직히 말해서 사람의 바탕은 변하질 않아요. 저런 놈은 원래 저런 짓을 하게 되어 있는 거예요"라고 떠드는 선생을 본 적이 있다. 한 마디로 그는 학생을 가르칠 자격이 없다.

사불급설駟不及舌, 곧 네 마리 말이 끄는 수레라도 사람의 혀를 따라갈 수 없다는 말을 마음에 새기는 동시에 좋은 글씨로 써서 선사하고픈 사람의 얼굴이 떠오른다. 그는 순자가 적절하게 말했듯이, 입호이출호구入乎耳出乎口, 곧 들은 것을 바로 내뱉는 특기를 지니고 있다. 물론 들은 것에 자신의 악심을 거칠게 혹은 교묘하게 덧칠하는 장기를 발휘한다. 그의 말을 들으면 곧장 귀를 씻어야洗耳 한다.

앞의 「팔일八佾」 편 3-8에서 회사후소繪事後素라는 말을 접한 바 있다. 그리는 일, 말하자면 꾸미는 것은 바탕이 있고 난 다음에나 할 일이라는 말이다. 주희는 "사람이 아름다운 자질이 있은 뒤에야 문식을 가할 수 있다"라고 풀이하였다. 그렇다면 이것은, 이 구절에서 문과 질은 같은 것이라고 한 것과 모순이 되는가?

애공이 유약에게 물었다. "흉년이 들어 쓸 것이 부족하면 어찌해야 하겠느냐?" 유약이 대답했다. "철법을 하시는 것이 어떻겠습니까?" "나는 10분의 2로도 부족한데, 어째서 철법을 쓰라는 것이냐?" 유약이 대답했다. "백성이 쓸 것이 충분하다면, 임금님께서 어떻게 충분하지 않겠습니까? 백성이 쓸 것이 충분하지 못하다면, 임금님께서 어떻게 충분하시겠습니까?"

哀公問於有若曰, 年饑, 用不足, 如之何. 有若對曰, 盍徹乎. 曰, 二, 吾猶
不足, 如之何其徹也. 對曰, 百姓足, 君孰與不足. 百姓不足, 君孰與足.

철徹은 옛날에는 거둔다는 의미의 취取로 읽었으며, 공법貢法이나 조법助法과는 달리 그것은 한 사람에게 준 100무畝의 밭에서 거둔 식량으로부터 10분의 1의 세금을 거두는 것이다.

내가 보기에, 유약의 말은 일종의 사민주의社民主義를 연상시킨다. 혁명을 부정하고 소위 '합법적으로' 사회주의를 실현할 수 있다는 사민주의는 소비자인 노동자를 일단 살 수 있도록 해 주고 나서 세금을 안정적으로 거두어들이겠다는 제도이다. 이 땅의 자본은 마지막 한 방울까지 짜내어 착취하는 것이 결국은 자신들도 죽이는 일임을 알지 못한다. 본원적 축적을 일상적으로 추구하는 천박하고 야만적인 자본이다.

이 나라 정권이 자본에 종속되어 있음은 굳이 재론을 요치 않으나, 파이를 늘려 이른바 낙수효과를 보아야 한다고 주장하는 정치꾼들만큼 교활한 자들도 없다. 자본의 논리를 옹호하고 자본의 이익을 확충하기 위해 그들의 정치력을 최대한 발휘하는 충실한 일꾼들이다. 입만 열면 신자유주의를 거들먹대고 모든 책임을 그리로 돌리느냐는 지적이 있다. 그러나 그것을 부인할 수 있는가? 이것은 의견의 문제가 아니라 사실의 차원인 것이다. 말하는 놈이 싫다고 사실을 외면하거나 왜곡할 수는 없는 노릇 아닌가.

🌸

『논어』 해설집을 두루 보아도, 이 문제를 우리의 현실과 연결 짓는 경우를 보지 못했다. 도대체 고전을 팔아먹고 살겠다는 고약한 생각이 없고서야 어찌 이렇게도 한결같이 현실을 괄호 속에 넣어버릴 수 있는가. 어떤 이는, 우리는 경전을 제대로, 깊이 있게 연구하려고 하지, 그것을 현실에 적용하여 당장 써먹으려고 하는 것은 아니고 강변한다. 그렇다면 '제대로 깊이 있게'는 어떻게 하는 것인가? 그래서 공부는 늘 현실과 일정하게 거리를 두게 되는 모양이다. 「어부사시가漁夫四時歌」에서 고산孤山 윤선도尹善道, 1587~1671가 노래했듯이, '인간세상 돌아보니 멀수록 더욱 좋'은가 보다.

🌸

참고로 중국문학자인 김영문 선생님의 전언을 첨부한다. "리링이 철徹을 취驟로 읽었다고 주장하는 것은 현대 중국인의 입장에서 두 글자의 발음을 비교한 오해 내지 억측으로 보인다. 현대 중국인, 특히 베이징을 중심으로 한 북방 사람들은 입성入聲을 인식하지 못한다. 철徹을 현대중국어로 읽으면 처che, 취取를 현대중국어로 읽으면 취qu가 된다. 그런데 고대중국어 발음으로 철徹은 직렬절直列切, 곧 절 또는 축렬절丑列切, 곧 철 두 가지밖에 없다. 따라서 중국 고대인들이 철徹을 취取로 읽은 것은 아니다. 오히려 철徹이라는 글자 속에 취取라는 뜻이 포함되어 있다고 봐야 할 것 같다. 이런 면에서 보자면 중국고대 한자음을 인식하는 부분에서는 한국 한자음이 훨씬 정확하다고 할 수 있다."

자장이 덕을 높이고 미혹에 빠지지 않는 방법에 대해 묻자, 스승님께서 말씀하셨다. "진실과 믿음을 위주로 하고 의를 따르는 것이 덕을 높이는 방법이다. 사랑할 때는 상대방이 살기를 바라다가 미워할 때는 상대방이 죽기를 바란다. 살기를 바랐다가 또 죽기를 바라니, 이것이 의혹이다. '정말로 재물 때문이 아니라, 그이의 마음이 변했기 때문이다'라는 시는 이런 것을 가리킨다."

子張問崇德辨惑. 子曰, 主忠信, 徙義, 崇德也. 愛之欲其生, 惡之欲其死. 旣欲其生, 又欲其死, 是惑也. 誠不以富, 亦祇以異.

호오好惡가 지나치면 편견이 일어난다. 자장의 장점은 정의감이 강한 것이고, 결점은 극단으로 빠진다는 점이다. 그는 숭덕崇德, 즉 덕을 높이는 방법과 변혹辨惑, 즉 미혹에 빠지지 않는 방법에 대해 물었다. 사람은 일시적 충동으로 아무것도 생각지 않고 이성을 잃어버리는데, 그것을 혹이라 한다. 변혹은 맑게 깨어 있는 상태를 유지함으로써 자기의 두뇌가 지나치게 격정적인 정서에 의해 제어되지 않도록 하는 것이다.

공자는 충신忠信을 지키고, 모든 것을 의義로 변하게 하는 것이 바로 도덕을 제창하는 방법이라 했다. 그러나 사람이 정의감을 가지면서 지나치게 강렬해지지 않을 수 없고, 지나치게 강렬해지면 극단적, 비이성적인 단계로 발전하기 마련이다.

✿

    인용한『시경』의 시는 버림받은 아내의 원망을 그리고 있는데, 이것은 전체 시의 마지막 두 구이다. 시의 개략적인 내용은 이렇다. '네가 나를 버렸는데, 사실 새로 맞이한 그 여자의 집이 우리 집보다 부자여서가 아니라, 오직 너의 마음이 변했기 때문이다.'

✿

    부녀자들은 아이를 몹시 아껴서 아이를 응석받이로 만든다. 할머니와 어머니의 그러한 행동은 생물적 본능에 뿌리를 두고 있다. 옛날 사람들은 그것을 부녀자의 인婦人之仁, 즉 하찮은 인정이라 불렀으며, 남자를 몹시 사랑할 때도 역시 그렇게 아프게 사랑한다. 사랑이 깊으면 반드시 원한이 사무친다.

✿

    내가 보기에, 나는 평정심을 가지려 애쓰지만 늘 실패한다. 격정에 휩싸여 극단적으로 생각할 때가 있다. 특히 남에 대한 미움이나 원망에서 그렇지만, 사랑할 때도 거의 쏟아 붓기 일쑤이다. 미움이나 원망에서는 꼬치꼬치 따지지만, 사랑을 할 때는 이것저것 따지면 별로 사랑하지 않는 것이라고 믿어버린다. 술 한 잔 걸치면 미워하고 원망하는 사람을 쉽게 용서하지만, 술이 깨고 나서는 다시 예전으로 돌아간다. 그래서 나는 공자의 좌우명인 서恕, 곧 마음心이 한결같은如 상태와는 늘 거리를 둔다. 용서란 이른바

'오르가즘의 절정'에서 해버리고 마는 것이 아니다. 처음 그에게 먹었던 마음을 줄곧 유지하기는 대단히 어려운 일이지만, 그래도 흔들릴 때마다 그 첫 마음으로 되돌아가 보려고 애는 써봐야 하는데, 항상 여의치 않다.

미워할 때는 상대방이 죽기를 바란다라는 구절에서 김수영의 시 중 「離婚取消」의 한 구절을 떠올린다. "스코틀랜드의 에딘바라 대학에 다니는 / 나이어린 친구한테 편지를 받았지 / 그 편지 안에 적힌 블레이크의 시를 감동을 하고 / 읽었지 'Sooner murder an infant in its cradle than nurse nuacted desire' 이것이 / 무슨 뜻인지 알았지 그러나 완성하지 못했지 // 이것을 지금 완성했다 아내여 우리는 이겼다 / 우리는 블레이크의 시를 완성했다." 김수영은 인용한 영문에 대해 다음과 같이 주석을 달았다. "영문으로 쓴 블레이크의 시를 나는 이렇게 서투르게 의역했다—'상대방이 원수같이 보일 때 비로소 우리는 자신의 선의 입구에 와 있는 줄 알아라'[주의주] 상대방은 곧 미망인이다." 참고로 "스코틀랜드의 에딘바라 대학에 다니는 / 나이어린 친구"는 「풍장」의 황동규이다.

주희는 인용한 시를 "부유함을 이루지도 못하면서 다만 족히 남에게 괴이함을 취할 뿐"이라고 해석했고, 정자는 이 구절이 착간錯簡에 의한 배치의 오류라고 했다. 나는 이것에 대해 논할 지식이 없다. 다만, "(이 시구는) 유형의 부는 아니지만 참된 무형의 부를 가지고 있다는 뜻이다. 이것이야말로 진정 위대한 부인데, 다만 재물의 부와는 다를 뿐"이라고 한 난화이진의 해석이나 "진실로 부를 이루지 못하고 또한 다만 (백성에게) 이상하게만 보일 뿐"이라고 본 다산의 풀이보다는 리링의 설명이 문맥상 더 적절한 것이 아닌가 생각한다.

제 나라 경공이 공자에게 정치에 대해 묻자, 공자께서 대답했다. "임금은 임금다워야 하고, 신하는 신하다워야 하며, 아버지는 아버지다워야 하고, 자식은 자식다워야 합니다." 경공이 말했다. "좋은 말이오. 정말로 임금이 임금답지 못하고, 신하가 신하답지 못하며, 아버지가 아버지답지 못하고, 자식이 자식답지 못한다면, 곡식이 있더라도 내가 그것을 먹을 수 있겠소?"

齊景公問政於孔子. 孔子對曰, 君君, 臣臣, 父父, 子子. 公曰, 善哉. 信如君不君, 臣不臣, 父不父, 子不子, 雖有粟, 吾得而食諸.

이 말은 공자가 만들어낸 것이 아니라 당시의 관용어였다. 에를 들어 『국어國語』 「진어晉語」에서는 진晉 나라 발제勃鞮가 "군주는 군자다워야 하고, 신하는 신하다워야 하는 것을 명확히 가르침이라 한다"라고 했다. 삼강오륜三綱五倫과 삼강육기三綱六紀에서 삼강 앞머리 두 항목은 바로 여기서 나온 것이고, 부부夫婦의 강령만 빠져 있을 뿐이다.

내가 보기에, "임금은 임금다워야 하고, 신하는 신하다워야 하며, 아버지는 아버지다워야 하고, 자식은 자식다워야 한다"라는 말은 오늘날은 대단히 조심해서 이해해야 한다. 예컨대 교수는 교수다워야 한다는 말은, 겉으로는 교수 비슷하지만 실제로는 전혀 그렇지 않은 사이비似而非 교수를 꾸짖을 때 적절한 것이지, 그것이 교수의 역할을 제한하는 억압의 기제로 쓰여서는 곤란하다. '분수를 알라'거나 '네 할 일이나 잘하라'라는 식으로 다그치는 도구가 되어서는 안 된다는 말이다.

❀

그리고 '임금과 신화' 같은 공적인 영역과 '아버지와 자식' 같은 사적인 영역을 아무 매개 없이 곧바로 연결하는 것도 곤란하다. 아버지의 심정으로 제자를 자식처럼 부려서야 되겠는가. 근래 국회의장까지 지낸 모 정치꾼이 젊은 여자를 희롱한 후 '손녀 같아서 그랬다'는 말을 서슴지 않고 내뱉었다. 선생이 학생을 데리고 놀 때에도 '자식 같아서'라는 말을 일삼는다. 다 너절하고도 치사한 변명이다.

❀

아버지는 아버지고 선생은 선생이다. '근대 너머'를 이미 운위하는 이 부박한 나라에서 군사부일체君師父一體를 꿈꾸는 것만큼 우스운 코미디도 없을 것이다. 군사부일체라는 말은 그 출전이 명확하지 않다. 조선 유학자들의 명명일지 모른다. 다만, 『국어國語』「진어晉語」에 유사한 말이 나온다. "사람은 세 분의 은혜로 살게 마련이니, 그분들을 똑같이 섬겨야 한다는 성인의 말씀이 있다. 그것은 바로 어버이는 낳아 주신 분이고, 스승은 가르쳐 주시는 분이고, 임금님은 먹여 주시는 분이기 때문이다民生于三, 事之如一, 父生之師敎之, 君食之." 각설. 어느 술자리에서 제자 몇몇이서 돈을 모아 당시 현직에 있던 '은사님'에게 용돈을 드린다는 말을 듣고 당장 자리를 박차고 나왔지만, 주는 사람이나 받는 사람이나 그 정신 구조는 도대체 어떻게 생겨먹은 것인지 감조차 잡을 수 없다.

✻

　『삼국유사』에 보면 경덕왕 때 유교식 이름을 지닌 중 충담忠談이라는 중
이 지은 10구체 향가 「안민가安民歌」가 나오는데, 그 마지막은 "아아! 임금
답게 신하답게 백성답게 할지면 / 나라 안이 태평하리다"로 끝난다. 왜 하
필 중이 이런 내용의 노래를 지어 불렀을까?

스승님께서 말씀하셨다. "한쪽의 말만 듣고 판결을 내릴 수 있는 사람은 자로가 아닐까?" 자로는 지키지 않고 묵혀둔 약속이 없었다.

子曰, 片言可以折獄者, 其由也與. 子路無宿諾.

고대에 소송을 걸 때 원고와 피고를 양조兩造라 했다. 소송을 처리할 때는 반드시 양조의 말을 다 들어봐야 한다. 한쪽 편의 말을 편언片言 혹은 단사單辭라 했다. 절옥折獄은 판결이다. "자로는 지키지 않고 묵혀둔 약속이 없었다"라는 말은, 공자가 한 말이 아니라 별도의 다른 문장이었을 것이다.

내가 보기에, "편언片言은 반 마디 말이고, 절折은 결단이다"라고 한 주희의 풀이, 곧 (머뭇거리지 않고) 아주 짧은 말로 시비를 가린다고 한 설명이 적절한 것 아닌가 한다. 그래야 엉뚱하게 끼어들어온 것처럼 보이는 다음 구절 "자로는 지키지 않고 묵혀둔 약속이 없었다", 곧 자로는 일단 응락한 일이 있으면 반드시 그 결말을 보고 말았다는 구절과 자연스럽게 연결된다고 본다.

그런데 법이라는 것이 기본적으로 지배자들의 손아귀에 든 보물이기는 하지만, 심판자의 과감한 결단성에 기대는 것은, 아무리 옛날이라 해도 인정하기 곤란하다. 특히 공자와 같은 사람이 한마디 말로 혹은 한쪽 말만 듣고 내리는 판결의 과단성을 칭찬했다는 것은 쉽게 수긍하기 어렵다. 당시 공자는 노 나라 대사구大司寇, 곧 형조판사 비슷한 일을 맡고 있었는데, 어려운 판결을 앞두고 자로의 과감함을 기대했다는 것도 흔쾌히 용인할 수 없다.

❦

한쪽 말만 듣고도 판결을 내린다거나 아주 간단한 말로 판결을 내린다는 것은 요즘 우스개로 하면 '척 보면 안다'일 텐데, 아무리 훌륭한 사람이라 해도 지극히 조심해야 할 일이다. 특히 남의 인생이 걸려 있는 판결인 경우에는 더 말할 나위 없다. 요즘 세상에 그런 판결이 있겠나 생각하면 큰 오산이다. 60대 중반의 증인에게 "늙으면 죽어야⋯⋯"라고 막말을 해댄 40대의 판사가 그렇게 하지 않는다고 누가 보장하겠는가. 내 주변에도 척 보면 안다고 자세藉勢하는 사람이 여럿 있다. 대개 그들은 남 이야기하기를 좋아하는, 소심하고 겁이 많으며 열등감에 휩싸여 사는 사람들이다. 그들의 판단이 옳기는 매우 어려울 것이다. 요컨대 "몇 마디 말로 송사의 시비를 가려 마치 귀신처럼 판결을 내리는 자는 별다른 천재이니, 보통사람이 본받을 만한 것이 못 된다片言折獄, 剖決如神, 別有天才, 非凡人之所宜也"라고 다산이 『목민심서』에서 한 말을 새겨들어야 할 것이다.

스승님께서 말씀하셨다. "기소 내용을 듣고 판결 내리는 것은 나도 남과 같지만, 반드시 소송이 없도록 하겠다."

子曰, 聽訟, 吾猶人也. 必也使無訟乎.

⚜

세상에서 소송이 사라지는 것은 옛날 사람이 꿈꾸었던 이상세계다. 공자는 이런 이상을 열렬히 사랑했기 때문에, 소송 사건에 대해 열렬히 사랑할 수 없음은 당연한 것이었다. 법가法家가 될 수 없는 것 역시 필연적인 것이다.

⚜

내가 보기에, 공자의 이 발언은 지극히 아름답고 소중하다. 판결을 내리는 것은 현실이고, 소송이 없는 세상은 이상이다. 물론 이 둘은 이항대립적이라기보다는 변증론적 관계에 있을 것이다. 예를 들어 "인간은 자유로운 존재다"라고 할 때, 거기에는 이른바 '있어야 할 것'과 '있는 것'이 상호 침투되어 있는 것과 마찬가지다. 그러나 냉혹한 일용의 삶에서, 둘은 행복하게 조화되기 어렵다. 그래서 이상과 현실의 간극을 어떻게 메우고 연결할 것인가 하는 점이야말로 특히 오늘날 대단히 숙고해야 할 문제가 아닐 수 없다.

나는 "기소 내용을 듣고 판결 내리는 것은 나도 남과 같다"라고 한 공자의 말을 난화이진을 따라가면서 생각해 본다. "이 말의 진정한 의미는, 선입견을 갖지 말고 원고의 말을 들을 때는 원고의 입장에 서서 들어야 하고, 피고의 말을 들을 때는 피고의 입장에 서서 들어야 한다는 것이다. …… 우리가 가장 쉽게 범하는 실수는 자신이 먼저 선입견을 갖는 것이다. 상대가 누구이든 그 사람의 입장에서 생각해 보아야 한다." 내 생각에 법관들에게는 요즘 많이들 쓰는 '공감 능력'이 부족한 것 아닌가 하는 생각이 든다. 자신의 출세를 위해 권력의 눈치를 민감하게 살피기 때문일 것이다.

자장이 정치에 대해 묻자, 스승님께서 대답하셨다. "관직에 있을 때는 게으르지 않고, 명령을 집행할 때는 충성을 다하는 것이다."

子張問政. 子曰, 居之無倦, 行之以忠.

🌸

군명을 집행할 때 충성을 다하는 것은 신하의 도리를 다하는 것이다.

🌸

내가 보기에, 여기서 관직은 오늘날의 공무원이다. 예전에는 공무원을 철밥통이라고 욕하는 사람이 많았지만, 지금은 선망의 대상이 되었다. 여러 면에서 자질과 수준이 높아지고 있는 점은 바람직한 일이다. 그러나 아직도 상관의 눈치나 보면서 시간을 때우는 일부 공무원이 있다. 이들은 대부분 게으르다. 왜 그런가? 그들이 맡고 있는 일이 자신의 적성과 무관해서일지 모른다. 그래서 전문성과 능률이 떨어진다. 여기에는 정기적으로 실시되는 공무원의 근무지 이동 시스템의 문제도 한 몫을 하지 않을까 한다. 맡은 일을 이제 조금 알아가고, 그래서 앞으로 그 일을 잘 할 수 있겠다고 생각하고 있는데, 하루아침에 다른 부서로 자리를 옮겨 가야 하는 것이다.

🌸

상명하복上命下服 혹은 상명하달上命下達이야말로 공무원 사회의 고질이다. 지위가 올라갈수록 그런 현상이 더욱 심해진다고 알고 있다. 이런 풍토에서는 독창적인 발상이 자리 잡지 못한다. 상관의 눈에 나면, 그 상관이 자리에 앉아 있는 동안 승진은 물 건너갔다고 여겨야 한다. 이런 풍토에서 창의와 개성을 요구하는 것이야말로 연목구어緣木求魚다. 이런 관계가 지속되면, 아랫사람은 면종복배面從腹背, 곧 앞에서는 '예예' 하지만, 속으로는 이를 악물고 배신할 날만 기다리게 된다. 아랫사람의 구밀복검口蜜腹劍, 즉 입으로는 달콤한 말을 하지만 뱃속에서는 칼을 갈고 있음을 눈치 채지 못하고 상관은 '룰루랄라' 놀아나기 십상이다. 결국 누구는 누구의 선이라는 이른바 내 사람 심기와 줄서기가 날로 확대, 강화되어 간다. 그런 조직의 붕괴는 초를 다툰다. 그런데 이것이 어디 공무원 사회에서만이겠는가!

정치에 대해 이야기하지 않을 수 없다. 내가 읽은 바로는 신영복 선생의 설명이 가장 좋다. "정政은 정正입니다. 그리고 정正이란 뿌리를 바르게 하는 것입니다. 정치란, 우리나라 제도 정치권의 현실처럼 정권 창출을 위한 것이 아닙니다. 정치를 피 흘리지 않는 전쟁으로 규정하기도 하고, 정치란 계급지배의 방법이라고 주장하기도 합니다. 그러나 여기서 우리가 반드시 논의해 두어야 하는 것이 있습니다. 바로 정正에 대한 올바른 이해입니다. 정正은 정整이며, 정整은 정근整根입니다. 뿌리를 바르게 하여 나무가 잘 자라게 하는 것입니다. 이것이 정치의 근원적 의미라 생각합니다. 다시 말자면 정치란 그 사회의 잠재적 역량을 극대화하는 것이라는 사실입니다. 잠재력을 극대화한다는 것은 바로 인간적 잠재력을 극대화하는 것입니다. 그리고 인간적 잠재력의 극대화는 '인간성의 최대한 실현'이 그 내용이라 할 수 있습니다. 인간적 잠재력과 인간성이 바로 인간관계의 소산인 것은 다시 부연할 필요가 없지요. 우리가 잊지 말아야 하는 것은 정치란 신뢰이며 신뢰를 중심으로 한 역량의 결집이라는 사실입니다."

신영복 선생의 글을 읽다 보니, 옛날 왕의 사랑을 누가 더 많이 받을 것인가를 놓고 신하들끼리 피 터지게 싸우던 이른바 쟁총爭寵이란 말이 생각난다. 오늘날의 용어로 바꾸면 충성 경쟁쯤 되려나? 지존至尊 한 사람에게만 눈이 쏠려 그에게 환심을 사려고 혈안이 되고 있는 상황에서, 신영복 선생이 말하는 인간성의 최대한 실현은 요원해 보인다. 지금은 정치가 계급지배의 도구임을 더욱 분명히 폭로하고, 그 계급지배의 당위성을 허물어 나가야 할 때다.

스승님께서 말씀하셨다. "글을 널리 배우고, 예로써 제약한다면, 역시 배반하지 않을 수 있을 것이다."

　　子曰, 博學於文, 約之以禮, 亦可以弗畔矣夫.

🍂

이 장은 앞의 「옹야雍也」 편 6-17에 그대로 나온 바 있어 재론치 않는다.

스승님께서 말씀하셨다. "군자는 다른 사람의 장점을 도와줄지언정, 다른 사람의 단점이 더욱 커지도록 부채질하지는 않는다. 소인은 그와 반대다."

　　子曰, 君子成人之美, 不成人之惡. 小人反是.

🍂

　군자는 다른 사람의 장점을 도와줄지언정, 다른 사람의 단점이 더욱더 커지도록 부채질하지는 않는다는 말은 고대 관용어이다. 『곡량전穀梁傳』은 공 원년에 "『춘추』에 다른 사람의 장점을 이루도록 도와줄지언정, 다른 사람의 단점은 더욱더 커지도록 부채질하지는 않는다"라는 기록이 보인다.

오늘날 학술, 문학평론 등에서 보면 대부분 지인에게 부탁하거나 친구를 끌어들여 아첨하는 내용이 많다. 이것은 위선적인 군자의 일이다. 반대로 인터넷에서 펼쳐지는 평론은 비판과 욕설이 주류를 이루고 있다. 이것은 옹졸한 소인의 일이다.

내가 보기에, 비평 중에서 가장 너절한 것이 이른바 주례비평이다. 학연과 지연 등에 기대어 당신 작품이 최고라고 치켜세워준다. 전형적으로 좋은 게 좋은 것이라는 유구한 전통을 실천하는 것이지만, 그것은 한마디로 아첨과 아부이다.

인터넷에서 비난과 욕설은 삼가야 되지만, 그렇다고 그로 인해 자유로운 의견의 발산이 제약되어서는 안 된다. 이른바 자정自淨에 맡길 일이다. 당분간은 혼란스럽고 난처한 일이 벌어지겠지만, 그것을 견뎌내어야 성숙한 사회로 나아갈 수 있다. 여러 가지 이유에서 익명의 자유게시판이 위축되고 있는 현실은 대단히 우려스럽다. 유력한 공기업인 H에서는 익명의 게시판을 마련해 자유롭게 비리를 고발케 함으로써 이전보다 상당히 깨끗해졌다고 한다. 적어도 대학에서만큼은 익명의 게시판이 활짝, 최대한 열려 있어야 한다. 그 정도를 감당치 못하면서 무슨 지성의 전당 운운할 수 있다는 말인가.

계강자가 공자에게 정치에 대해 묻자, 공자께서 대답하셨다. "정치라는 것은 바로잡는 것입니다. 대부께서 올바르게 이끈다면 누가 감히 바르지 않겠습니까?"

季康子問政於孔子. 孔子對曰, 政者, 正也. 子帥以正, 孰敢不正.

계씨는 노 나라 권신이었다. 공자는 계씨에 대해 줄곧 불만스럽게 생각했다. 그래서 공자는 당신이 먼저 똑바로 한다면 누가 감히 똑바르지 않겠느냐고 말했다. 말 속에 뼈가 있다.

내가 보기에, 이 구절의 요체는 정기이정인正己而正人이다. 내가 먼저 바르게 된 다음에 남을 바르게 함이 정치의 원칙이라는 말이다. "내가 먼저 바르게 된 다음에 남을 바르게 하는 자는 상등이요, 자기 몸은 바로하나 남을 바로잡지 못하는 자는 중등이요, 자기 몸도 바로하지 못하고 남도 바로잡아 주지 못하는 자는 하등이다正己而正人者上也, 正己而不正人者中也, 不正己而正人與不正己不正人, 斯爲下矣"라고 한 세조의 말『세조실록』「총서(總序)」도 여기에 근원한다.

민주주의 사회에서 특정 정치 지도자의 인격이나 품성을 흠모하는 것은 가능한 일일 수 있다. 누추하고도 비루한 정치꾼들처럼 너절한 꼴을 차마 눈뜨고 볼 수 없을 경우, 더욱 그럴 수 있다. 그러나 그것이 자칫 봉건적 예속 같은 것을 용인하는 꼴이 될 수도 있음을 아울러 분명히 인식하는 것이 좋다. 예전에 유명 정치인이 대통령이 되자, 학생 운동권 출신의 모 인사가 청와대에 가서 넙죽 큰절을 올린 것은 반反민주적인 처사로 지탄받아 마땅하다. 대통령은 임금, 특히 선군善君이 아니고, '국민'은 신하가 아니다.

계강자가 도둑을 걱정하면서 공자에게 대책을 묻자, 공자께서 대답하셨다. "만약 대부께서 욕심을 부리지 않는다면, 비록 상을 주면서 하라고 해도 도둑질하지 않을 것입니다."

季康子問患盜, 問孔子. 孔子對曰, 苟子之不欲, 雖賞之不竊.

중국 고대 법률에서는 남의 재산을 침범하는 범죄를 도盜라 불렀고, 남의 신체에 상해를 입히는 범죄를 적賊이라 불렀다. 도에는 강탈, 절도, 납치 등이 포함된다. 공자는 만일 당신 자신이 그렇게 많은 욕심을 부리지 않는다면, 당신이 비록 그들에게 도둑질하라고 장려한다 해도 아무도 감히 도둑질하지 못할 것이라고 말했다. 이 말 역시 말 속에 뼈가 있다.

내가 보기에, 이 구절의 요체 역시 솔선수범이다. 난화이진은 이 구절을 설명하면서, "금은보화를 잘 보관하지 않는 것은 남에게 훔치라는 것과 같고, 자신을 아름답고 요염하게 치장하는 것은 남더러 자신에게 음행하라는 것과 같다"라는 『주역周易』「계사전繫辭傳」을 인용했다. 조금은 뜬금없지만, 이 말을 들어보니 '요즘 여자들이 너무 야하게 입고 다녀서 성범죄가 늘어난다'는 망언이 생각난다. 이런 주접을 입에 달고 다니는 자들은 '솔직하게 말해서~' 운운하는 버릇이 있다. 자기 말이 대개는 거짓임을 고백하고 있으니, 참으로 '순진무구'하기도 하다.

계강자가 공자에게 정치에 대해 물었다. "만약 무도한 사람을 죽이고, 도덕적인 사람과 가깝게 지낸다면 어떻겠소?" 공자가 대답하셨다. "대부께서는 정치를 하는 데 어찌 사람 죽이는 것을 생각하십니까? 대부께서 선하고자 하신다면 백성들도 선해질 것입니다. 군자의 덕은 바람이고 소인의 덕은 풀입니다. 위로 바람이 불어오면 풀은 반드시 눕습니다."

季康子問政於孔子曰, 如殺無道, 以就有道, 何如. 孔子對曰, 子爲政,
焉用殺. 子欲善而民善矣. 君子之德風, 小人之德草. 草上之風, 必偃.

計강자가 나쁜 사람을 죽이고 좋은 사람과 가깝게 지낸다면 어떻겠느냐고 했다. 공자는 이렇게 대답했다. 당신은 왜 꼭 살인으로써 권력을 유지하려 하느냐? 당신이 선을 추구하면 백성들도 그것을 따라서 똑같이 배우기를 좋아할 것이다. 예컨대 바람을 따라 풀이 눕는 것과 같이 핵심은 본보기가 되는 사람의 역량에 달려 있다.

내가 보기에, 이 구절은 "백성이 죽음을 두려워하지 않으니, 어찌 죽음으로써 그들을 위협하겠는가"라고 한 노자의 말과 상통한다. 허균 역시 비슷한 말을 했다. "항민恒民은 살 방도를 찾아 몽둥이와 낫을 들고 따라 나서 무도한 임금을 죽이지 않을 수 없다." 항민은 하루하루 근근이 살아가는 보통의 백성이다. 억압을 받다 받다 더 이상 참을 수 없을 때, 그들은 죽음을 두려워하지 않고 싸운다는 말이다. 좀 과장된 연결이겠지만, 「호민론豪民論」의 이 구절을 읽을 때면 늘 "프롤레타리아가 잃을 것이라고는 쇠사슬밖에 없으며, 얻을 것은 온 세상이다"라고 한 「Communist Manifesto」의 한 구절이 생각난다.

"군자의 덕은 바람이고 소인의 덕은 풀이다. 풀은 위로 바람이 불어오면 반드시 눕는다"라는 말과 김수영의 「풀」을 연결 짓는 글을 본 적이 있다. 김수영이 『논어』의 이 구절에서 시상을 얻게 되었는지는 잘 모르겠지만, 굳이 이 둘을 연결해야겠다면, 김수영이 공자의 말을 창조적으로 넘어섰다고 할 수는 있겠다. 그러나 그것은 아무래도 천착 같아 보인다. 바람과 풀의 이미지야 어디에서나 쉽게 볼 수 있는 자연현상이지, 그 저작권이 공자에게만 있는 것은 아니지 않은가. 나는 이에 관한 한 황동규의 지적이 적절하다고 생각한다. "여기서 우리가 풀을 민중의 상징이고, 바람, 특히 '비를 몰아오는 동풍'은 외세의 상징이라는 식의 의미를 부여해서는 곤란하다. 그런 의미를 붙이게 되면 비를 몰아오는 바람을 풀이 싫어할 리가 없다는 생물 생태학적인 반론에 부딪히게 될 것이다. 그리고 바람보다 동작을 '빨리', '먼저'한다고 해서 민중에게 어떤 찬사를 주는 것이 되지도 못할 것이다." 참고로 『시경』에 이런 구절이 나온다. "풀 위에 바람이 불면 풀은 반드시 눕는다. 누가 알랴, 바람 속에서도 풀은 다시 일어서고 있다는 것을草尚之風草必偃, 誰知風中草復立."

자장이 물었다. "선비는 어떻게 해야 통달했다고 할 수 있습니까?" 스승님께서 되물었다. "네가 말하는 통달이란 무슨 뜻이냐?" 자장이 대답했다. "나라에서 유명해지고, 가문에서도 유명해지는 것입니다." 스승님께서 말씀하셨다. "그것은 유명해지는 것이지 통달한 것이 아니다. 통달이란 품성이 곧고 의를 따르며, 다른 사람의 말을 세심하게 살피고 다른 사람의 표정을 잘 관찰하며, 다른 사람 앞에서 자신을 낮추는 것이다. 이러한 사람이 나라에서 통달한 것이고, 가문에서도 통달한 것이다. 허명이 난 사람은 겉으로만 어진 모습을 가장하고, 행동으로는 거스르면서도 자신이 어질다고 자처하여 의심치 않는다. 그런 사람은 나라에서 유명하고 가문에서도 유명하다."

> 子張問, 士何如斯可謂之達矣. 子曰, 何哉, 爾所謂達者. 子張對曰, 在邦必聞, 在家必聞. 子曰, 是聞也, 非達也. 夫達也者, 質直而好義, 察言而觀色, 慮以下人. 在邦必達, 在家必達. 夫聞也者, 色取仁而行違, 居之不疑. 在邦必聞, 在家必聞.

여기서 문聞과 달達은 '명예名譽나 영달榮達을 추구하지 않는다'고 할 때의 그것이다. 문은 유명하다는 말인데, 여기서는 그저 허명만 있는 것이다. 달은 숙달한 것, 세상 물정에 밝은 것 등을 의미하는데, 여기서는 명성이 사실과 부합하는 것을 말한다. 자장은 명예를 좋아하여 명성과 통달을 뒤섞어서 한가지로 말했다. 공자는 이 두 가지가 다른 것이라 말했다.

내가 보기에, 이 구절은 요즘의 학인이 처세하는 요체를 말하고 있다. 우리는 살면서 유명인 혹은 명망가가 통달한 사람과 같지 않다는 사실을 잘 알고 있다. 내공이 참으로 깊고 넓은 이를 만나보면, 성품이 대부분 올곧고 의롭다. 무엇보다도 남을 낮추어보지 않고, 존중하며 배려한다. 한 마디로 잇속이나 차리고 시건방을 떨거나 천박하지 않다. 남을 험담하거나 비방하는 짓은 찾아볼래야 찾아볼 수 없다.

명망가는 허명이 난 사람이다. 그는 "겉으로만 어진 모습을 가장하고 행동으로는 거스르면서도 자신이 여전히 어질다고 자처하여 의심하지 않는다. 그런 사람은 나라 안에서 확실히 유명하고 집안에서도 확실히 유명하다." 그런데 나는 명망가 치고 초지일관하는 이를 거의 보지 못했다. 대개는 다 훼절 비슷한 짓을 하는데, 눈에 익은 그들의 '어진 모습'은 그래서 대개 가짜라고 보아도 좋다. 그렇지 않으면서 그런 척을 한다는 의미에서 그들이야말로 사이비似而非들이다. 그렇지만 명망가들은 자신의 기득권을 쉽사리 놓지 않고, 그것을 위해 변신을 불사하면서도 그럴 듯하게 변호할 논리를 갈고 닦는, 무시할 수 없는 강자들이다. 적들이다.

나는 선비의 규정으로 연암의 것 만한 것이 없다고 본다. "선비의 마음이 곧 뜻이라네士心爲志 / 그 뜻은 어떠한가其志如何 / 권세와 잇속을 멀리하여弗

謀勢利 / 영달해도 선비 본색 안 떠나고達不離士 / 곤궁해도 선비 본색 잃지 않

네窮不失士 / 이름 절개 닦지 않고不飾名節 / 가문 지체 기화 삼아徒貨門地 / 조상의

덕만을 판다면酤鬻世德 / 장사치와 뭐가 다르랴商賈何異." 『양반전』 중

번지가 무우 아래 놀러 가는 데 따라 갔다가 물었다. "어떻게 해야 덕을 높이고, 사악한 생각을 바로잡으며, 미혹에 빠지지 않는지요?" 스승님께서 말씀하셨다. "참 좋은 질문이다. 일을 먼저 하고 얻는 것을 나중 일로 생각한다면, 그것이 바로 덕을 높이는 방법일 게야. 자신의 나쁜 점을 비판하면서도 다른 사람의 나쁜 점을 비판하지 않는다면, 그것이 바로 사악한 생각을 바로잡는 것일 게야. 한순간의 분노로 제 몸을 잊고 아울러 자신의 부모마저 잊어버린다면, 그것이 바로 미혹이 아닐까?"

樊遲從遊於舞雩之下, 曰, 敢問崇德修慝辨惑. 子曰, 善哉問. 先事後得, 非崇德與. 攻其惡, 無攻人之惡, 非修慝與. 一朝之忿, 忘其身以及其親, 非惑與.

번지는 덕을 높이는 방법崇德, 사악한 생각을 바로잡는 방법修慝, 미혹에 빠지지 않는 방법辨惑, 세 가지를 물었다. 이에 대해 공자는 각각 일을 먼저 하고, 얻는 것을 나중 일로 생각하는 것, 자신의 나쁜 점을 비판하면서도, 다른 사람의 나쁜 점을 비판하지 않는 것, 한순간의 분노로 제 몸을 잊고, 아울러 자신의 부모마저 잊어버리는 것이라 대답했다. 그런데 이 답변은 번지의 자질을 고려한 것이다. 번지의 장점은 지식을 추구하는 마음이 절실하고, 말하는 것은 반드시 실천하며, 대단히 용맹스러운 점이고, 단점은 성격이 외향적이고, 성질이 조급하며 인내심이 결핍되어 있다는 점이다.

내가 보기에, 공자의 이 지적은 단지 번지에게만 적용되는 것은 아니다. 나를 지목하여 말한 것 같기도 하다. 덕은 눈을 씻고 찾아보아도 없고, 사악한 생각에 휩싸여 있으며, 미혹에 빠져 있는 것이 지금의 나이다. 대개 일을 하기 전에 잔머리를 굴려 이해타산을 하고, 내 단점은 슬쩍 숨겨 남의 단점을 과장하며, 앞뒤 안 가리고 짜증을 내는 데 이골이 나 있다. 이것이 내 고질이 된 지는 이미 오래다. 이 "옹졸한 나의 전통은 유구하고 이제 내 앞에 정서로 가로놓여 있다."김수영의 「거대한 뿌리」 중

慝은 감춘다는 뜻의 匿에 마음 심心이 결합한 글자이다. 마음을 감추는 것 중에서 가장 무서운 것은 "원망을 숨기고 사람을 사귀는 것匿怨而友其人"「공야장(公冶長)」 5-25이 아닐까 한다. 입으로는 달콤한 말을 하지만 속으로는 칼을 가는 사람이 많은 오늘, 우리는 중국 경극京劇에서 볼 수 있는 변검變臉의 사회에 살고 있다고 해도 좋다. 그래서 '나는 애당초 사람에 대해 기대를 안 해. 네가 속상한 것은 남에게 뭔가를 기대하기 때문이야'라고 공언하는 사람이 이른바 '쿨'하다는 평가를 받는다. 세상은 그렇게 삭막해져 간다.

번지가 인에 대해 묻자, 스승님께서 대답하셨다. "사람을 사랑하는 것이다." 지혜로움에 대해 묻자, 스승님께서 대답하셨다. "사람을 아는 것이다." 번지가 깨닫지 못하자, 스승님께서 대답하셨다. "똑바른 사람을 뽑아 자리에 앉혀 비뚤어진 사람으로 하여금 똑바르게 될 수 있도록 하는 것이다." 번지는 물러나서 자하를 만나 물어보았다. "아까 제가 스승님께 지혜에 대해 질문을 드렸는데, 스승님께서는 '똑바른 사람을 뽑아 자리에 앉혀 비뚤어진 사람으로 하여금 똑바르게 될 수 있도록 하는 것이다'라고 말씀하시던데, 그것이 무슨 뜻인지요?" 자하가 대답했다. "뜻이 많이 들어 있는 말씀이다. 순임금이 천하를 차지하고 나서 보통사람들 가운데서 고요를 뽑았더니 어질지 못한 자들이 멀어졌다. 탕임금이 천하를 차지하고서 보통사람들 가운데서 이윤을 뽑았더니 어질지 못한 자들이 멀어졌다."

樊遲問仁. 子曰, 愛人. 問知. 子曰, 知人. 樊遲未達. 子曰, 擧直錯諸枉, 能使枉者直. 樊遲退, 見子夏曰, 鄕也吾見於夫子而問知, 子曰, 擧直錯諸枉, 能使枉者直, 何謂也. 子夏曰, 富哉言乎. 舜有天下, 選於衆, 擧臯陶, 不仁者遠矣. 湯有天下, 選於衆, 擧伊尹, 不仁者遠矣.

공자의 말은 도대체 무슨 뜻일까? 깊은 의미는 어디에 있을까? 나는 다음과 같이 추측해 본다. 번지는 아마도 나쁜 사람을 원수처럼 미워했고, 성격이 자장과 비슷했을 것이다. 공자는 그를 조금 곧게 펴주고 싶었다. 그가 이 말을 한 것은 지혜로운 사람이 좋은 자리에 있으면, 좋은 사람이 발을 붙이게 되고 나쁜 사람이 떠나갈 것이라는 사실을 번지가 깨닫기를 바랐던 것이다. 사람이 호오^{好惡}가 지나치게 심해서 파리가 나쁜 냄새를 좇고 모기가 피를 빠는 것처럼, 그저 나쁜 점만 보아서는 안 되며 좋은 것을 발견하려고 노력을 다해야 한다.

✧

내가 보기에, 모르면 알 때까지 계속 질문을 하고, 제자가 제대로 이해하지 못했음을 알고 예를 들어 다시 설명해주는 공자와 번지의 태도는 가르치는 자와 배우는 자라면 눈여겨 살펴보아야 한다. 모르면서도 알량한 자존심 때문에 아는 척을 하고, 학생이 알지 못하는 것으로 자신의 지식을 자랑하는 교사는 교실에서 추방해야 마땅하다.

✧

요즘 이 나라는 이 구절과 어쩌면 이리도 반대로 가고 있는지 모르겠다. 똑바른 사람을 뽑아 사람 자리에 앉혀 비뚤어진 사람으로 하여금 똑바르게 될 수 있도록 하는 지혜는 눈을 씻고 보아도 찾을 수 없으니, 참으로 한심하고 또 한심하다. 하나같이 비뚤어진 자들이 위에 앉아 똑바른 사람을 농락하는 이 나라가 망하지 않은 것은 요행 중 요행일 것이다.

✧

그렇다면 어떻게 해야 사람을 제대로 알아볼 수 있는가? 나는 그런 혜안을 지니고 있지 못하다. 다만, 유소^{劉劭}가 『인물지^{人物志}』에서 말한 칠사^七

似, 곧 사람을 속이는 일곱 가지 사이비似而非를 인용하는 것으로 그 경계를 삼고자 한다. 첫째, 깊이 생각하지 않고 입에서 나오는 대로 지껄여서 이야기를 늘어놓는 사람이 있으니, 이는 마치 막힘없이 흐르는 듯하는 것이다. 둘째, 알고 있는 이치가 적은데도 제시하는 단서는 많은 사람이 있으니, 이는 마치 박식한 이해가 있는 듯하는 것이다. 셋째, 빙 둘러 말하여 다른 사람의 뜻과 합치하고자 하는 사람이 있느니, 이는 마치 찬성하여 이해한 듯하는 것이다. 넷째, 맨 뒤에 말하여 어른인 듯 처신하며 많은 사람들이 편안히 여기는 바를 따르는 사람이 있으니, 이는 마치 판단을 잘 내리는 듯하는 것이다. 다섯째, 논란거리를 피하여 응답하지 않고 마치 여유가 있는 듯하는 사람이 있는데, 실은 잘 모르는 것이다. 여섯째, 서로 통하기를 원하면서 입으로만 알아듣는다고 하는 사람이 있으니, 이는 마치 기뻐하는 듯하지만 사실은 기뻐하지 않는 것이다. 일곱째, 이기려는 마음 때문에 사실적 근거도 없으면서 궁색해지면 묘한 말로 둘러대고, 자기가 불리해지면 남의 말꼬리를 잡고 늘어지는 사람이 있는데, 실은 비기기를 구하려는 것으로, 이는 마치 이치상으로 굽힐 수 없는 듯이 하는 것이다.

자공이 교우에 대해 묻자, 스승님께서 말씀하셨다. "충심으로 말해주고 선으로 이끌어주되 안 되면 그만두어야지 치욕을 자초해서는 안 된다."

子貢問友. 子曰, 忠告而善道之, 不可則止, 毋自辱焉.

친구에게 좋은 말로 서로 권하고 그에게 선으로 돌아가도록 권하되, 만약 듣지 않으면 그만두고 끈덕지게 달라붙어서 사서 고생할 필요는 없다는 말이다.

내가 보기에, 충심으로 말해준다는 말은 남의 잘못이나 허물을 정성껏 타이른다는, 우리가 흔히 쓰는 바로 그 충고이다. 이 구절의 요체는 하다 하다 안 되면 깨끗하게 포기하라는 말이다. 오늘 '남북관계의 경색'을 주제로 한 토론에서 대북 강경책을 지지하는 학생들의 입장이 대개 그러했다. mb정권 이후 흔히 들어왔듯이, 마구 퍼주다가 이런 나쁜 상황, 예컨대 핵실험 같은 위기를 초래했으니, 이제 더 이상은 속아서는 안 되고 본때를 보여주어야 한다는 것이다. 학생들이 공자의 이 말을 몰라서 다행이지, 알았으면 이 말을 이른바 소의경전所依經典같이 여겼을지 모른다. 어느 고전 선생이 이 말을 이런 식으로 써먹을지 두렵고 또 두렵다.

문제는 인간관계에서 '하다 하다'의 계선이 어디냐 하는 것이다. 대개는 자의적인 잣대에 지나지 않을 터이다. 오규 소라이는 "그 사람이 불가능하면 문득 멈추고 말하지 않고서, 그가 스스로 깨닫기를 기다려야 한다"라는 이토 진사이의 말을 인용하면서, "사람들은 대체로 사귐이 여기서 끊어질 수 있다고 여기는데, 소인배 같은 생각이다"라고 하였다. 참으로 귀한 가르침이 아닐 수 없다. 소인배는 누구하고든 관계를 지속하기 어렵다. 처음에는 간도 빼줄 듯 추종하다가도 일단 심사가 틀어지면 곧장 용서 못할 철천지원수가 된다. 그의 치부책인 '살생부'(?)는 그래서 늘 지저분하다.

증자가 말했다. "군자는 글을 통해 벗을 만나고, 벗을 통해 인을 기른다."

曾子曰 , 君子以文會友, 以友輔仁.

　　内가 보기에, 보輔는 다산의 지적대로 "수레의 바퀴살을 도와주는 덧방나무이니, 수레가 전복되지 않도록 하는 것이다. 벗은 (수레의 보처럼) 나를 도와준다." 나는 비록 군자는 아니지만, 너절한 글이나마 그것을 통해 훌륭한 벗들을 많이 만났고, 덕분에 이 세상 넘어지지 않고 겨우 헤쳐 나가고 있다.

　　회우會友라고 하면, 우선 연암이 벗인 홍대용의 책에 서문으로 써준 「회우록서會友錄序」의 한 구절이 생각난다. "자네(홍대용)의 벗 사귀는 것이 툭 틔었군. 벗으로 삼는 법과 벗이 되는 법, 그리고 벗으로 삼지 않는 법을 잘 아는 것이야말로 벗을 사귀는 도리임을 이제야 알겠네."

　　지식인의 안목은 생산하는 사람들과의 연대를 통해 더욱 깊고 높고 넓어질 것이다. 이것이 현실적으로 어렵다면, 지식인들끼리 삶의 목표를 공유하면서 함께 공부하고 연마하는 것이 긴요하다. 최근 '인문협동조합 이문회우'와 같은 공부 공동체가 적극적으로 활동하는 것은 바람직한 현상이다.

13
—

자로

子路

자로가 정치에 대해 묻자, 스승님께서 대답하셨다. "백성에게 먼저 모범을 보이고 나서 백성들을 부려야 한다." 자로가 좀더 말씀해 주시기를 요청하자, 이렇게 대답하셨다. "싫증내지 말라."

子路問政. 子曰, 先之勞之. 請益. 曰, 無倦.

🦋

백성들이 신임하면 신임하는 사람을 위해 전심전력하는 것을 즐겁게 생각한다. 만약 신임하지 않으면 그저 그들로 하여금 전심전력하게 하더라도, 그들은 자신들을 학대한다고 생각할 것이다.

🦋

내가 보기에, 이 구절의 요체는 솔선수범이다. 이는 수기치인修己治人, 곧 자기를 먼저 닦고 남을 다스린다는 것과 통한다. 얼마 전 법무부장관 청문회에서 여러 불법을 자행한 후보자가 국민에게 준법을 호소한바, 이는 후안무치의 극치다.

🦋

대단한 것을 기대한 자로에게는 공자의 이 답변이 싱거웠던 모양이다. 그래서 다른 얘기를 좀더 해 달라 요청했다. 공자는, 내가 말한 그것으로 충분하니, 그것을 깊이 생각하라고 했는데, 이는 자로의 성격을 고려한 답변이다. 백성을 부리기 전에 먼저 해 보이는 것은 그리 쉬운 일이 아니니,

다른 것은 생각지 말고 우선 이것을 꾸준히 밀고 나가 보라는 것이다.

✤

비약임이 분명하지만, 나는 공자와 자로의 대화를 통해 진실 혹은 진리는 저 멀리 아득하게 그리고 숭고하게 있는 것이 아니라, 내가 발 딛고 있는 이 비속하고도 누추한 삶 속에 스며들어 있다는 점을 다시 생각해본다. 『삼국유사』를 보면, 의상은 관음을 친견親見하려고 여러 번 목욕재개를 하고 정성을 드렸지만 관음을 쉽게 만나보지는 못했다. 정성이 부족해서였을까? 의상은 그리 생각했던 것 같다. 그런데 원효가 만난 관음은 벼를 베거나 빨래를 하는 우리 주변의 보통 여인네였다.

✤

참고로 오규 소라이는 노勞가 거성去聲이니 '위로한다'고 보아야 한다고 했다. 『맹자』의 "위로하고 오게 하며, 바로잡아주고 펴주며, 도와주고 도와준다勞之來之, 匡之直之, 輔之翼之"라는 의미라는 것이다. 다산 역시 그렇게 보면서 그것을 '수고롭게 한다'고 푸는 것은, 그것을 평성平聲으로 보았기 때문인데, "그것은 위정자의 뜻이 백성을 부리는 데 있고 백성을 사랑하는 데 있지 않으므로, 마침내는 백성을 부리는 데 있을 뿐이니, 이것이 어찌 경문의 본뜻이겠는가"라고 했다.

중궁이 계씨의 재가 되어 정치에 대해 묻자, 스승님께서 대답하셨다. "먼저 일을 맡은 사람에게 모범을 보이고, 그의 작은 잘못을 용서해주며, 똑똑한 인재를 채용하라." "똑똑한 인재를 어떻게 알고 채용합니까?" "네가 알고 있는 사람을 채용하면, 네가 알지 못하는 사람을 다른 사람이 그냥 내버려 두겠느냐?"

仲弓爲季氏宰, 問政. 子曰, 先有司, 赦小過, 擧賢才. 曰, 焉知賢才而擧之. 子曰, 擧爾所知, 爾所不知, 人其舍諸.

❦

마지막 구절에 대해서 옛 주석은 두 부분으로 나누어 읽었다. 즉 첫 번째 구는 명령문으로 '네가 잘 아는 사람을 추천하라'는 것을 의미하고 마침표를 찍는다. 뒤의 두 구는 반어문으로 '네가 잘 알지 못하는 사람에 대해서는 설마 다른 사람이 그 사람을 내버려 두겠느냐'는 것을 의미하고 물음표를 찍는다. 이 말은, 내가 알지 못하는 사람을 내가 어떻게 추천하겠느냐는 것이다. 그런데 네가 알지 못하는 사람은 다른 사람도 분명 내버려둘 것이다. 이리 보면 이 이해에는 문제가 있다.

❦

『상박초간上博楚簡』 「중궁仲弓」에서 공자의 답변은 다르다. "똑똑한 인재는 감추어두어서는 안 된다. 네가 알고 있는 사람과 알지 못하는 사람과 남이 버려둔 사람을 채용하라." 이 경우 어법의 구조에서 볼 때, 뒤의 세 구의 말은 연결해서 읽어야 하고, 끝의 두 구는 반어법의 말투가 아니라 병렬관계다.

🪶

죽간본은 현행본과는 완전히 다르다. 우수한 인재는 단 한 명도 묻혀 있어서는 안 되니, 너는 잘 아는 사람을 마땅히 뽑아야 하고, 잘 알지 못하는 사람 및 다른 사람으로부터 소홀히 취급받는 사람까지 마땅히 다 뽑아야 한다는 것이다. 여기서 안다知는 것은 평소에 서로 잘 알고 지내는 사이가 아니라고 말할 때의 그 뜻, 곧 누군지 알고 있고 잘 알고 있는 것이지, 어떤 사람에 대해 들어봤다거나 들어보지 못했다거나 하는 것이 아니다. 죽간본과 현행본을 비교해 볼 때, 죽간본의 견해가 오히려 더 조리 있고 문맥이 순조롭다고 생각한다. 2천 년의 오독은 참으로 많은 생각을 하게 된다.

🪶

내가 보기에, 이 구절은 아무리 작은 완장이라도 그것을 일단 차게 되면 자기 주위를 온통 자기 사람으로 채우기에 혈안이 되는 이들이 새겨들어야 한다. 스스로 실력이 없어서 자기 편 사람들 머릿수를 믿고 함부로 밀고 나가려는 치졸한 발상에서 폐단들이 생겨난다. (여기서 그 완장의 힘에 편승하여 줏대 없이 눈치나 보는 기회주의자들에 대해서는 말하지 않겠다.) 시간 지나면 물러날 자리, 자기 세력 넓혀서 무엇을 하겠다는 것인지 참으로 딱하다. 그러니 공과 사의 구별이 없어지고, 음모와 편 가르기가 판을 치며, 큰 완장과 작은 완장들이 으스대어 결국 임기 동안 일을 망치고 만다. 대학에서 조교 자리 하나도 자기 말을 잘 드는 학생을 데려다 쓰는데, 결국 그 학생을 일종의

'안테나'로 활용하거나, 심지어는 희롱과 추행의 대상으로 삼기도 한다. 이렇게 되면 교육이고 뭐고 그야말로 난장판이 되고 만다.

※

먼저 일을 맡은 사람에게 모범을 보인다는 말은 계속 나온다. 나는 우리나라 여러 조직의 전통이란 것이 전례前例 따르기의 일종이라고 보는데, 대개의 경우 그 요체는 자기이익의 확보와 확충이다. 선공후사先公後私가 아니라 선사후공先私後公이다. 국민의 혈세인 공금을 긴요치 않더라도 일단 최대한 가져다 쓰는 사람이 유능하다고 칭찬을 받는다. 매년 연말 보도步道를 갈아엎고 다시 까는 일은 이제 상식이 되었다. 더 큰 문제는 지극히 사적인 이유에서 시작한 일임에도 그것이 공적인 일임을 너절하게 선전하는 한심한 작태다. 아아, 이에 대해서는 더 이상 말하기 싫다.

※

그런데 주희는 선유사先有司를 유사에게 먼저 일을 시킨다고 했다. 오규 소라이도 "남의 윗사람이 된 자가 중요하게 여길 것은 아랫사람에게 위임하는 일이다"라고 했다. 그러나 다산은 생각이 달랐다. "재宰란 주재하는 것을 말하니, 모든 일에 그가 통솔하지 않음이 없는 것이다. 만약 유사에게 위임하여 한가롭게 무슨 일인지도 알지 못하면 정사가 이루어지지 않는다"라고 했다. 오늘날에는 어느 것이 더 바람직한가 물을 수는 있겠으나, 문제는 그러한 인치人治가 아니라 시스템이 구체적으로 작동되어야 한다는 점이다.

아랫사람의 작은 잘못을 용서해 주는 것은 아름다운 일이다. 소소한 잘못을 공개적으로 지적하고 꾸짖는 지도자는 신망을 얻기 어려울 뿐 아니라 조직의 화합에도 누가 된다. 아랫사람에게는 무조건 반말을 해대고, 남들 앞에서 '조인트'를 까는 군대문화가 아직도 널리 남아있다. 그런 '화끈한' 지도자가 리더십이 있다고 우겨대는 철부지들이 있어서 가능한 일이다.

똑똑한 인재라고 한 현재賢才는 낭중지추囊中之錐, 곧 주머니 속의 송곳처럼 아무리 숨겨도 드러나게 마련이지만, 그것이 오히려 방해 요인이 될 때도 있다. 그런 예를 대학교수 채용에서 간혹 보아왔다. 현직 교수들은 자기들보다 나은 인재는 뽑지 않으려 한다. 자기들이 쌓아놓은 모래성이 무너질 수도 있다는 불안감 때문이다. 그런 의미에서 그들은 일종의 명철明哲, 곧 사람을 잘 알아보는 사람들일까? 가소可笑!

다음에 자세히 말할 기회가 있겠지만, 나는 인재 등용과 관련해서는 일찍이 허균이 「유재론遺才論」에서 한 말을 귀감으로 삼고 있다. "하늘이 인재를 냈는데도, 사람이 버리는 것은 하늘의 뜻을 거스르는 일이다天之生也而人棄之, 是逆天也."

자로가 물었다. "위 나라 임금님이 스승님을 우대하여 정치를 맡기면, 스승님께서는 무엇을 먼저 하시겠습니까?" 선생님께서 말씀하셨다. "반드시 이름을 바로 잡아야지!" "참, 선생님 생각이 이렇게 낡았다니까요. 무엇을 바로잡는다는 말씀이십니까?" "무례하구나, 이놈 자로야. 군자는 자기가 잘 모르는 것은 일단 의문으로 남겨두어야 하느니라. 이름이 바르지 않으면, 말이 순조롭지 못하다. 말이 순조롭지 못하면, 일이 이루어지지 않는다. 일이 이루어지지 않으면, 예악이 일어날 수 없다. 예악이 일어나지 않으면, 형벌이 적절하지 않게 된다. 형벌이 적절하지 않으면, 백성들은 팔다리를 둘 데가 없어진다. 그러므로 군자가 이름을 지을 때는 반드시 말할 수 있어야 하고, 말을 할 때는 반드시 실행할 수 있어야 한다. 군자는 자기가 한 말에 대하여 구차한 구석이 없도록 할 뿐이다."

子路曰, 衛君待子而爲政, 子將奚先. 子曰, 必也正名乎. 子路曰, 有是哉, 子之迂也. 奚其正. 子曰, 野哉, 由也. 君子於其所不知, 蓋闕如也. 名不正, 則言不順, 言不順, 則事不成. 事不成, 則禮樂不興, 禮樂不興, 則刑罰不中. 刑罰不中, 則民無所錯手足. 故君子名之必可言也, 言之必可行也. 君子於其言, 無所苟而已矣.

공자가 위 나라에서 벼슬한 것은 두 번이다. 한 번은 영공을, 또 한 번은 출공을 모셨다. 이 구절에서 위군衛君은 후자라 생각하는데, 그렇다면 이 대화가 이루어진 것은 기원전 488년 이전이다.

내가 보기에, 공자가 정명正名을 강조한 것은 출공이 야기한 혼란을 비판하고 바로 잡기 위한 것이라 일단 말할 수 있겠다. 『집주』에 따르면, "출공은 자기의 아버지를 아버지로 여기지 않고, 자기의 할아버지를 아비로 삼아, 명분과 실상이 문란했던바, 공자가 명분을 바로잡는 것을 우선으로 삼으신 것이다." 그러나 공자의 정명론을 그런 정치 현안을 해결하는 방안의 하나로 국한시켜 보는 것은, 곧 나오는 예악, 형벌 등 시정강령施政綱領과 연관 지을 때 적절치 않아 보인다.

공자의 정명론이 우활하다고 여긴 자로에게 필요한 것은 당장의 해결책이었다. 당장 급한데 무슨 한가한 얘기냐는 것이다. 그러나 자로처럼 현안마다 대증요법으로 대처하게 되면, 나중에 더 큰 문제가 생길 때는 손대기 어려워진다. 다소 비용이 들더라도 보다 근본적이고 발본적인 대책을 과감하게 적용해야 한다는 것이 내 평소 생각이다. 그것이 참된 지혜며 용기다. 일제 초기 근대민요 〈아리랑〉의 한 구절을 읽어본다. "뺨 맞은 거지야 분해 마라 / 파리가 무서워 칼 뽑으면 / 벌레가 덤비면 무얼 뽑나 // 동무야 설은 꿈 깨이어라 / 아리랑 고개로 붉은 해가 / 두 팔을 벌리고 날아온다."

유시재有是哉라고 한 자로의 말은 요즘 말로 하면 '아~, 그래요?' 혹은 '오호! 그렇습니까?' 정도의 의미일 텐데, 그것은 오늘날 무지한 치들이 무슨 무기인 양 들이대곤 하는 깐죽 같은 것이다. 자장해선子ㅕ解先에서 장ㅕ 도 아마 비아냥의 일종이지 않을까 생각한다. 공자한테 비루하다고 욕을 얻어먹어도 싸다.

✿

"군자는 자기가 모르는 것에 대해서는 대개 의문으로 남겨두는 법"이라 는 말은 말할 수 없는 것에 대해서는 침묵하라는 비트겐쉬타인의 말을 연상 시킨다.(비트겐쉬타인의 이 말은 침묵과 대가 되는 언어의 세계를 희롱한 것이지만 ……) 충분이 파헤칠 능력이 없다고 판단되면 우선 덮어 두고 훗날을 기약 하라는 고고학계의 명제도 깊이 새길 필요가 있다. 이것을 지키지 못해 돌 이킬 수 없는 실수를 저지른 예가 1971년 무령왕릉의 졸속 발굴이다. 박정 희의 지시로 하룻밤 사이에 발굴을 끝내버려서 발견 당시 내부 유물 분포를 보여주는 사진조차 제대로 남아 있지 않다고 한다. 무식하면 용감해진다는 격언은 늘 옳다.

✿

명名 → 언言 → 사事 → 예악禮樂 → 형벌刑罰의 논리 전개는 공자의 정명론 이 상당히 체계적인 입론이었음을 말해준다. 이에 대해 상세히 설명할 능 력은 내게 없다. 다만, 이런 식의 논리를 전개할 때는 대단히 조심해야 한다 는 점은 말할 수 있겠다. 공부하는 사람이 함부로 저지르는 논리의 비약은 보기에 민망하다. 나는 교실에서, 논리적인 글이나 생각에서 무엇보다 중 요한 것은 주장을 하기 전에 그렇게 주장하게 된 근거를 정확하게 제시하 고, 결론을 짓기 전에 그렇게 결론을 내리게 된 사실 전제들을 충분히 확보

했는지 재삼 확인하라고 강조한다. 확실해 보이는 주장과 명료한 듯한 결론으로 필요한 논증의 과정을 생략하지 말라는 것이다. 그렇게 하지 않아서 각가지 독단과 궤변이 횡행한다.

번지가 농사짓는 법에 대해 묻자, 스승님께서 말씀하셨다. "나는 늙은 농부보다 못하다." 채소 기르는 법에 대해 묻자, 이렇게 대답하셨다. "나는 늙은 채소 농사꾼만도 못한 사람이다." 번지가 나가자, 스승님께서 말씀하셨다. "번수는 소인이구나. 윗사람이 예를 좋아하면 백성들이 감히 공경하지 않을 수 없고, 윗사람이 의를 좋아하면 백성들이 복종하지 않을 수 없으며, 윗사람이 믿음을 좋아하면 백성들이 진심으로 대하지 않을 수 없는 것이다. 이렇게 되면 사방의 백성들이 자식을 포대기로 싸서 업고 모여들 텐데, 무엇 때문에 농사를 지으려 한단 말이냐?"

> 樊遲請學稼. 子曰, 吾不如老農. 請學爲圃. 曰, 吾不如老圃. 樊遲出. 子曰, 小人哉, 樊須也. 上好禮, 則民莫敢不敬. 上好義, 則民莫敢不服. 上好信, 則民莫敢不用情. 夫如是, 則四方之民襁負其子而至矣, 焉用稼.

공자는 농사에 관심이 없었다. 그가 관심을 가졌던 것은 관리가 되는 것이었고, 당연히 도성 안에서 사는 것이었다. 반면 번지는 중농학파이자 나로드니키였던 것 같다. 그런데 중국 고대에는 중농억상重農抑商의 사상이 있었다. 천자는 매년 임금이 몸소 농민을 두고 농사를 짓는 논밭인 적전籍田을 친히 경작하고 농사의 신인 선농先農, 곧 신농神農에게 제사를 지냈다. 신농은 바로 중농의 상징이다. 법가도 중농주의자였다. 공자는 이들을 좋아하지 않았다.

맹자가 등 나라 문공이 즉위하자 정전제井田制를 권유하는데, 신농주의
자神農主義者 허행許行이 이 말을 듣고 달려와 중농책을 강조했다. 맹자는 두
가지 논리로 허행을 비판했다. 첫째, "자기의 수족을 움직여 먹고 입는 것을
넉넉히 한다면" 그저 먹는 문제만 해결할 뿐 그밖의 것인 의복과 모자, 솥,
쟁기 등은 모두 기술자와 상인에 의존해야 한다. 둘째, 모든 사람이 농사를
짓는 것은 불가능하니 "정신노동을 하는 사람은 사람을 다스리고, 육체노
동을 하는 사람은 다른 사람의 다스림을 받는 것"이 보편적 정의다. 허행의
주장은 번지를 이해하는 데 도움이 되고, 맹자의 비판은 공자를 이해하는
데 도움이 된다. 공자가 번지를 소인배라 욕한 것은 정치적 견해가 달랐기
때문이다. 번지는 몸소 농사를 짓고 힘써 밭을 갈아야만 비로소 천하가 태
평해진다고 생각했고, 공자는 지배자로 있는 사람이 예와 의와 신을 좋아
하면 되지, 굳이 농사를 지을 필요가 뭐냐고 했다.

마오쩌둥은 이 구절을 들어 공자를 비판했다. "공자는 농사꾼과 농사짓
는 일을 무시하는 것을 불쾌하게 생각했다. 그러나 잘난 지식인들에 대해
서는 그렇게 생각하지 않았다. 독서는 돼지 잡는 것보다 어렵지 않지만, 돼
지는 달아날 수 있다. 그렇지만 책은 달아날 수 없다."

내가 보기에, 이 구절에 대한 리링의 설명은 요령을 얻었다 하겠다. 공

자 당시 상황을 좀더 잘 따져보아야 하겠지만, 나도 "사지를 부지런히 움직이지 않고 오곡도 분간하지 못하는 사람이 어떻게 선생이오"「미자(微子)」18-7 라는 말을 따른다. 논리적으로 볼 때도, 정신노동과 육체노동의 차별을 두는 맹자의 주장이 보편적 정의라고 생각지 않는다. 나는 "후세 유가 지식인들이 자력으로 살아가려 하지 않고 오직 지도자만 되려고 하였다. 벼슬아치의 독소도 이런 폐단에서 비롯된 것이라 할 수 있다"라고 한 난화이진의 말에 동의한다. 다만, 그는 그런 폐단이 "공자의 가르침의 요체를 오해했기 때문"이라 했지만, 나는 오히려 그런 폐단의 단초 혹은 근거가 공자의 가르침에 이미 일정부분 내장되어 있다고 생각한다.

불교에서 백장회해百丈懷海는 하루 노동을 하지 않으면, 그 날 먹지 말라一日不作, 一日不食라고 했고, 『성경』「데살로니카 후서」에도 비슷한 말이 나온다. 1980년대 구호 중에 "일하지 않는 자 먹지도 말라"는 말도 마찬가지다. 그런데 나는 근래 이것과 소위 무노동 무임금을 동일시하는 인간을 만났다. 나는 그것이 취중과 농담을 가장한 진담이었음을 잘 알고 있다.

공자가 번지를 소인이라 욕한 것에서 나는 '인간 공자'를 느낀다. 정치적으로 입장을 달리하는 사람에게 공자 역시 우리들과 크게 다르지 않은 반응을 보였다고 하면 지나칠까? 맹자와 고자의 논쟁에서 내가 고자의 말을 더 듣고 싶어 하듯이, 공자와 번지의 대화에서 번지의 생각을 더 알고 싶다. 그러나 역사는 언제나 승자만 기억한다.

스승님께서 말씀하셨다. "『시경』의 시 300편을 암송하더라도 정무를 맡겼을 때 능통하지 못하고, 외국에 사신으로 보내졌을 때 독립적으로 일을 처리하지 못한다면, 아무리 많이 외운들 무슨 소용이 있겠느냐?"

子曰, 誦詩三百授之以政, 不達. 使於四方, 不能專對. 雖多, 亦奚以爲.

공자는 시를 외우는 것은 정치에 종사하기 위한 것이었고, 외교석상에서 시를 짓고 자기 생각을 말하기 위한 것이었다. 만약 시 300편을 외웠어도 배운 것을 실생활에 적용하지 못한다면 그것이 무슨 소용이 있겠느냐는 말이다.

내가 보기에, 유가의 문학관은 기본적으로 효용론적인 것이다. 문학은 도를 나르는 그릇, 곧 재도지기載道之器라는 주장이 그것이다. "임금을 사랑하고 나라를 근심하지 않은 것은 시가 아니다"라는 다산의 생각도 마찬가지다. 물론 관도론貫道論이라 하여, 도는 반드시 문을 근거로 해서 드러난다는 주장이 있었지만, 그렇다고 그것이 효용론과 다른 차원에 있었던 것은 아니다. 나는 1980년대의 문학과 그 이론이, 물론 도道의 함의에 있어서는 크게 다르지만, 바로 이 재도론載道論과 많이 닮아 있다고 생각한다. 당시 모순으로 얽혀 있는 실생활의 진실을 반영하지 않고 음풍농월을 일삼는 문학은 대단히 폄하되었다. 지금도 그 생각은 크게 달라지지 않았다.

이 구절을 가만 생각해 보니, 문면만 놓고 보면 공자는 이른바 실용학문의 주창자였던 것 같다. 실생활에 실질적인 도움이 되지 못하는 문장과 시를 어디에 쓰겠느냐는 그의 말은, 실제 생활에 실질적인 보탬이 되지 못하는 인문학이 대체 무에 그리 긴요하냐는 말처럼 들린다. 어중이떠중이가 인문학을 팔아먹고, 실제 이상으로 그 가치를 뻥튀기한다. 그자들은 거의 대부분 매문가賣文家들이다. 더욱 딱한 것은 대단히 단순화하고 도식적으로 이해한 인문학적 주장들을 아무런 검증도 없이 자연과학 분야에 일방적으로 대입하는 전문가들이 의외로 많다는 사실이다. 그래서 사회생물학의 통섭이 학문의 위계를 설정하여 장악하듯이, 융합이라는 이념 아래 인문학 중심의 그릇된 하이어라키가 만들어지고 있다.

이른바 무한경쟁시대에 살아남기 위해 실용학문을 추구해야 한다는 주장 역시 일면적이기는 마찬가지다. ('살아남다'는 학문과 무관한 언사이다.) 대개 그들이 내세우는 것은 자격증 취득률과 취업률 제고이다. 그런데 이 말은 개별적인 특수 전공의 위상과 가치를 무시하자는 뜻이 아니다. 분과학문이, 프로그래시브 락 그룹 핑크 플로이드가 노래했듯이, '벽을 이루는 벽돌 중 하나another brick in the wall'가 되어서는 안 되겠다는 것이다. 자칭 전문가라는 사람들을 만나보면 대개 지나치게 협소한 시각과 관점을 지니고 있어 답답할 때가 많다. 그들은 자기 전공 이외에는 조금도 한눈을 팔지 않는 것을 학문적 순수성이라 자부한다. 그래서 정치든, 경제든, 역사든, 문학이든 그것은 내가 알바 아니라고 여긴다. 서경식 선생의 전언처럼 그들은 시라 케나라, 곧 시들시들한 지식인들이다.

스승님께서 말씀하셨다. "자기가 바르면 명령을 내리지 않아도 실행되고, 자기 몸이 바르지 못하면 비록 명령을 내리더라도 따르지 않는다."

子曰, 其身正, 不令而行. 其身不正, 雖令不從.

❦

사마천은 이광李廣 부자를 위해 「이장군열전」을 썼다. 그는 이광이 마치 시골노인처럼 말하는 것이 무척 바보스러웠다고 묘사했다. 그러나 몸소 졸병들에게 솔선수범했고, 충성심과 용맹함이 감동스러울 정도였기 때문에 『사기』「열전」에서 이 장의 구절을 인용했다.

❦

내가 보기에, 이 구절의 의미를 한갓 윤리교과서의 지침으로 이해하지 않으려면, "진실로 그것을 파악하고 실천할 수 있는 사람이 아니면, 도道 그 자체는 헛되이 행하지 않는다"라는 오규 소라이의 『주역』 인용 설명을 음미해야 할 것 같다.

❦

요즘과 같은 포스트post 시대에 정正은 상대적 가치일 뿐이다. 어디에서나 늘 한결같은 진리라는 것을 주장하려면, 플라톤의 이데아가 지배하는 이상국에 살아야 할 것이다. 그런데 거기야말로 글자 그대로 허구의 공간 diegesis일 것이다. 그렇다고 당위론적 주장마저도 깡그리 폐기하자는 말은 물론 아니다.

※

이 구절은 수기치인修己治人의 근거가 될 터인데, 면대면面對面의 작은 집단에서나 통하는 이것이 오늘날처럼 간접민주주의, 곧 대의민주주의 시대에 특히 거대한 관료주의 사회에서 적용될 수 있을까 하는 문제는 좀 따져봐야 할 것이다. 배병삼은 "정보화의 진척으로 인해, 행실이 반듯한 정치가의 미덕은 곧바로 세계 사람들이 알게 되고 또 사람들을 감화시키는 경우도 허다하다"라고 했지만, 거기에 정보의 가공, 예컨대 과장과 축소 등의 왜곡이 언제나 그리고 얼마든지 개입할 수 있음을 기억해야 한다.

※

김형효는 수기치인과 관련하여 다음과 같이 말했다. "유학을 흔히 수기치인의 학문이라 한다. 수기의 학문적 심화를 위해 정치 사회를 가급적 멀리하기를 바랐던 퇴계 이황은 자연의 순수와 고요 속에서 내면의 정신적 왕국을 올연히 세우고 굳건히 보존하기 위해서 그 왕국의 헌법인 이理와 주권자인 상제上帝와 그 왕국의 영토인 마음心의 삼각관계를 탐구하는 데 전 생애를 바쳤다고 말해도 과언이 아니다. 그러나 그에게는 바깥의 현실세계가 있었다. 이 세계를 그는 외면할 수 없었다. 왜냐하면 유학의 본질인 수기와 치인의 두 세계를 합일시키는 최종의 목적이 구현되어야만 비로소 온전한 휴식을 찾을 수 있기 때문이다. 내면적인 도덕과 외면적인 정치가 상호회통되는 도학즉정치道學卽政治, 정치즉도학政治卽道學을 이루는 것은 모든 유학자의 한결같은 소망이었다. 그래서 퇴계도 정치를 말한다. 그러나 그의 정치론은 자연 속의 우거진 숲속에서 종일 그윽하게 혼자 향내음을 피우는 난초가 풍진 세상을 향해 띄우는 결코 야하거나 튀지 않고 은근히 말을 건네는 그런 향기의 메시지와 유사하다." 도대체 무슨 말인가?

스승님께서 말씀하셨다. "노 나라와 위 나라의 정령은 형제다."

子曰, 魯衛之政, 兄弟也.

❧

노 나라와 위 나라는 모두 주 나라 왕의 성인 희성姬姓이다. 노 나라는 주공 단旦의 후예고, 위 나라는 강숙康叔의 후예다. 단과 강숙은 형제다. 공자는 주유열국하면서 주로 위 나라에서 벼슬을 했다. 이 말은 분명 그것과 관련이 있을 것이다.

❧

내가 보기에, 이 구절은 주희의 지적대로 "당시 쇠하고 혼란하여 정사政事도 (노 나라와 위 나라가) 서로 비슷해서 공자께서 탄식하신 것" 같다. 노 나라는 계씨季氏 등 대부들이 정권을 마음대로 주무르고 있었으며, 위 나라는 영공 시절에는 그의 부인 남자南子가 정치를 휘둘렀고, 양자 첩輒이 아비와 정권을 놓고 다투었다. 노 나라와 위 나라 임금의 조상이 같은 집안이지만, 어떻게 정사까지도 비슷하냐는 비판이 이 구절에 들어 있다. 그런데 난화이진은 "공자의 이 말은 감탄이며 칭찬이다. 요컨대 이 말의 언외의 뜻은 '매우 감회가 깊구나'이다"라고 했다. 비판과 감탄은 전혀 다른 차원의 것이다. 난화이진은 아마도 "주공과 강숙은 이미 한 형제가 되어 강숙이 주공과 화목하게 지내며, 그 나라도 또한 형제와 같다는 것"이라는 포함包咸의 주장을 따른 것 같다. 그러나 다산이 지적했듯이, "공자의 (이) 말은 (두 나라의) 쇠란함을 두고 한 말"이라 보는 것이 적절할 듯하다.

※

발칙한 상상 한 말씀. 공자로서는 이런 말을 하지 않을 수 없었을 것이
다. 복고주의의 원칙을 고수해야 함은 물론이거니와 위 나라에 오랫동안
머물면서 정치를 한 공자로서는 위 나라에 대해 이런 식으로 발언할 수밖에
없지 않았을까? '고전적이고 이상적인 나라인데, 지금 이렇게 잘못 돌아가
는 것은 문제다. 그러나 그것은 일시적인 혼란일 수 있다. 그러나 내가 있지
않은가.' 이렇게 보면, 비판으로 본 주석과 감탄이라고 한 해설이 그리 대립
적이지만은 않아 보인다.

스승님께서 위 나라 공자公子 형荊이 집에서 잘 지내는 것에 대해 말씀하셨다. "처음 시작해서는 '대충 구색을 갖추었다'고 했고, 조금 갖고 나서는 '이 정도면 충분하다'고 했으며, 풍부하게 갖고 나서는 '이 정도면 호사스럽다'고 했다.

> 子謂衛公子荊善居室. 始有, 曰, 苟合矣. 少有, 曰, 苟完矣. 富有, 曰, 苟美矣.

대충에 해당하는 원문 구苟를 주희는 "우선 대략적"이라 했는데, 정확하다. 거실居室은 집에서 지낸다는 것으로, 공자의 이 말은 위 나라 공자公子 형荊의 지족상락知足常樂, 곧 만족함을 알고 항상 즐거워함을 찬미한 것이다.

내가 보기에, 큰 뜻에서는 결국 같은 이야기가 되겠지만 "자위위공자형子謂衛公子荊, 선거실善居室"이라고 해야 적절한 구두가 아닌가 한다. 『집주』에서 말하듯이, 이 구절은 "완전히 아름답게 하기를 힘쓰면 물욕에 마음이 얽매여 교만하고 인색한 마음이 생긴다. 공자 형은 모두를 '그런대로 이만하면'이라고 말할 따름이었으니, 이는 외물外物로 마음을 삼지 않아 그 욕망이 충족되기 쉬운 때문"이었음을 말한다. 이런 글귀가 생각난다. 불이물희不以物喜, 불이기비不以己悲, 곧 외물나를 둘러싼 환경 때문에 기뻐하지도 말고 나 자신을 탓해서 슬퍼하지도 말라는 것이다. 북송 때 범중엄范仲淹이 지은 유명한

「악양루기岳陽樓記」에 나오는 말이다.

＊

욕망 충족이라는 말이 나오니 예전에 읽었던 자크 라캉이 생각난다. 아직도 그 함의를 정확히 이해하고 있지는 못하지만, 그래도 크게 신경쓰지는 않는다. 라캉 자신도 "나의 『에크리』는 읽히지 않기 위해서 쓰였다. 그것은 다른 것을 말하기 때문이다"라고 하지 않았던가. 라캉은, 언어처럼 구조화되어 있는 무의식은 타자의 욕망desire이라 한바, 기표는 그 욕망을 일반 기의로 갖는다. 그런데 타자성 속에서 기표가 기의와 합치되려는 충족의 충동은 장벽을 타고 기표들의 연쇄로 미끄러진다. 라캉은 그것을 S/s로 표시했다. 따라서 기표는 공백을, 또는 결여로부터 발생하는 충동을 대표한다. '유가의 욕망'을 라캉의 언어로 설명해 볼 수도 있지 않을까?

스승님께서 위 나라에 가실 때 염유가 말을 몰았는데, 스승님께서 말씀하셨다. "인구가 많구나!" 염유가 물었다. "인구는 이미 많아졌는데, 무엇을 더해야 할까요?" "부유하게 해줘야지." "부유해진 다음에는 무엇을 더해야 할까요?" "가르쳐야지."

子適衛, 冉有僕. 子曰, 庶矣哉! 冉有曰, 旣庶矣, 又何加焉. 曰, 富之. 曰, 旣富矣, 又何加焉. 曰, 敎之.

고대 사회에서는 인력자원과 토지자원이 가장 중요했는데, 사람이 특히 더 중요했다. 옛날 사람은, 창고가 차면 예절을 알고, 의식이 족하면 영욕을 안다고 했는데, 공자는 선부후교先富後敎, 즉 먼저 부자로 만들고 난 다음에 교육을 시켜야 한다고 했다.

내가 보기에, 이 구절은 요즘에도 통용될 수 있는 말이다. 사람이 우선 먹고 살 수 있어야지, 잘 먹지도 못하는데 그 다음을 생각할 겨를이 있겠는가. 이 냉혹한 가난을 깊이 고려치 않고, 하루하루 살아남기 힘든 사람을 놓고 이른바 예절을 들이대 평가하면 곤란하다. 못사는 사람은 행실을 맘대로 해도 좋다는 말을 하자는 것은 물론 아니다. 없는 사람을 궁지로 몰아서는 안 된다는 것이다. 신경림이 "가난하다고 해서 사랑을 모르겠는가"라고 노래했듯이, 가난하다고 해서 체면을 차리고 싶지 않겠는가!

"백성들이 부유하지 못하면 생활이 이루어지지 못한다. 그러므로 토지와 주택을 마련해 주고 세금을 가볍게 해야 한다." 이는 주희의 설명이다. 생활이 이루어지지 못한다民生不遂는 말을 오늘 이 땅의 위정자들이 새겨들어야 마땅하다. 그들에게 궁민窮民은 국민國民이 아니다. 궁민을 불쌍히 여겨 애써 복지정책을 편다고 하지만, 한편으로는 부자들의 세금을 대폭 감면해 주면서 국민의 주머니를 털고 있다. 더구나 복지는 시혜가 아니다!

『관자管子』「목민牧民」에서는 "창고가 가득 차야 예절을 알고, 의식이 풍족해야 영욕을 안다"라고 하면서, 예禮·의義·염廉·치恥가 국가를 지탱하는 네 기둥이라 하였다. 물질적 토대가 확립된 그 위에 인륜도덕을 수립하는 것이 정치의 임무이다. "곳간에서 인심 난다"는 속담은 관자의 새로운 버전이다. 관자를 이어 받아 이익李瀷은 "예가 끊어지면 기울어지고, 의가 끊어지면 위태로우며, 염이 끊어지면 엎어지고, 치가 끊어지면 멸망하게 된다"라고 하면서, "기울어짐은 바로잡을 수 있고, 위태로움도 편하게 만들 수 있으며, 엎어진 것도 일으킬 수 있지만, 멸망한 것은 회복시킬 수 없다"라고 하였다. 우리는 지금 어느 단계에 와 있는가?

먹고 살만 해진 다음에는 가르치고 배워야 한다고 했다. 그래야 인간이 금수에 가까워지지 않는다는 말이다. 여기서 노동하지 않고도 잘 먹고 살 수 있는 지배층의 존재 이유가 마련된다. 금수로 떨어질 사람을 인간으로 구원해주는 '영광스러운' 과업을 떠맡고 있다는 것이다. 이 생각을 할 때마다 '휴머니즘'이라는 말을 떠올린다. 그것은 아메리카 인디언과 같은 '일종의 짐승'을 교화하여 인간으로 포섭하는 위대한 '미션'이었던 것이다.

❧

그런데 계급사회에서 가르치고 배우는 내용은 당대의 계급질서를 유지, 보수, 강화하는 것이다. 계급질서 자체를 문제 삼는 것은 교육이 아니라 정치의 영역, 특히 반역이라 가르치고 있다. 한심한 세월, 답답한 교육이다.

스승님께서 말씀하셨다. "만약 나를 등용하는 사람이 있다면, 1년 안에
웬만큼 이루어내고 3년이면 성공을 거둘 것이다."

　　子曰, 苟有用我者, 期月而已可也, 三年有成.

　　　　　　　　　　❧

　　이것은 공자의 정치광고이다. 누군가 나를 써준다면 나는 일 년 안에
첫 효과가 나타나게 하고, 3년 안에 큰 성공을 거둘 것을 보장하겠다는 것
이다.

　　　　　　　　　　❧

　　내가 보기에, "공자가 당시 자신을 등용하는 자가 없음을 한탄"『집주』한
이 말은 안쓰럽게 느껴진다. 이는, 난화이진이 말하듯, 공자가 "자기의 정
치적 이상이 실현될 수 없음을 (평소에) 탄식한 것"이 아니라, 『사기』에서처
럼 위령공에게 등용되지 않아서 한 말임을 전제로 한 것이다. 공자가 자신
의 정치적 이상을 3년 안에 모두 다 이루겠다고 단언한 것은 그만큼 간절했
기 때문이었을 것이다. 하기는 다산도 유배 중 편지에서 "(관리의 성적을 엄하
게 매기는) 고적법考績法을 쓰면, 삼 년 안에 요순의 정치를 이룰 수 있을 것"이
라 했다. 물론 강조점은 당시 관료사회가 그만큼 썩었다는 데 있겠다. 지금
이른바 고가점수가 완장 찬 자들의 밥상이 된 지 이미 오래다.

이런 말은 대통령 선거에서 흔히 듣게 된다. 자기가 대통령이 되면, 몇 년 안에 경제성장률을 몇 퍼센트 올리고, 복지 수준은 대폭 끌어올릴 것이라고 떠들어댄다. 그 말을 믿고 찍는 사람이 있겠지만, 그렇다면 그는 대단히 순진한 사람이다. 일단 대통령이 되고 나면, 언제 그런 말을 했느냐고 등을 돌리기 일쑤이다. 막상 일을 해 보니까 이러저러한 문제가 있더라는 것이 그들이 자주 하는 변명이다. 그렇다면 '준비된 대통령'이라는 구호야말로 속임수요 사기다. 하기는 그런 거짓 선전에 한두 해 속아온 우리가 아니다!

스승님께서 말씀하셨다. "'선한 사람이 나라를 100년 다스리면, 잔혹한 사람을 감화시키고 형벌을 폐지한다'는 말이 있는데, 이 말을 교훈으로 삼아야 한다."

子曰, 善人爲邦百年, 亦可以勝殘去殺矣. 誠哉是言也.

여기서 말하는 선인은 일반인이 아니라 통치자임에 주의해야 한다. 100년이 걸린다는 것은 인정仁政의 어려움을 말한 것이다.

스승님께서 말씀하셨다. "만약 왕자가 나타난다 해도 반드시 한 세대 이후에나 세상이 어질게 될 것이다."

子曰, 如有王者, 必世而後仁.

왕자王者, 곧 왕은 앞의 선인善人보다 한 등급 높다. 옛날에는 30년을 한 세대로 삼았다.

내가 보기에, 오늘날과 같이 민주주의를 표방하는 시대에는 어울리지 않는 말이지만, 선인이든 왕자든 이른바 어진 정치를 펴서 그 효과가 나타나려면 상당한 시간이 필요하다. 반대로, 독재의 폐해 역시 최소한 100년은 간다. 그래서 우리가 지금 차마 못 볼꼴들을 보고 산다. 일일이 말하기 어려운 그 폐해들이 이미 우리의 유구한 전통이 되었다. 독재 종식은커녕 날로 연장되고 교묘하게 혹은 독하게 또는 뻔뻔하게 작동하고 있으니 말이다. 신새벽에 '민주주의 만세'를 다시 쓰고 싶다.

스승님께서 말씀하셨다. "만약 자신의 몸을 바르게 한다면, 정사에 종사하는 데 무슨 두려움이 있겠느냐? 제 몸을 바르게 하지 못한다면, 다른 사람을 어떻게 바로잡을까?"

子曰, 苟正其身矣, 於從政乎何有. 不能正其身, 如正人何.

⚜

앞의 「안연顔淵」편 12-17과 「자로子路」편 13-6에서 유사한 구절이 나왔다. "정치란 바로잡는 것이다. 대부께서 올바르게 이끈다면 누가 감히 바르지 않겠습니까?", "자기가 바르면 명령을 내리지 않아도 실행되고, 자기 몸이 바르지 못하면 비록 명령을 내리더라도 따르지 않는다."

⚜

내가 보기에, 근래 이 말을 특히 새겨들어야 할 인물들이 있다. 새겨듣지도 않겠지만, 그리고 들어도 무슨 말인지도 모르겠지만, 한 마디 한다. 자기 몸 하나도 간수하지 못하는 주제에 국정을 운영한다고 하니, 참으로 딱하고 한심하다. 부끄러움도 모르고 뻔뻔한 변명으로 일삼는, 동네 양아치들보다 못한 치들이 국정을 책임진다고 설쳐대니, 나라가 망하지 않는 것은 요행이 아닐 수 없다.

⚜

신영복 선생은 이 구절을 설명하면서 "정치란 신뢰이며 신뢰를 중심으로 한 역량의 결집"이라 했다. 지금 위정자들은 신뢰는커녕 백성의 비웃음만 사고 있으니, 참으로 안쓰럽고 처량하다. 『채근담』의 한 구절을 음미하면서, 이제 그 추악하고 더럽고 냄새나는 치들과 영결하고자 한다. "도덕을 지키면서 사는 자는 한때 고요하고 막막하나, 권세에 아부하는 자는 만고에 처량하다. 달인達人은 물욕에서 벗어나 진리를 보고, 몸이 죽은 후의 명예를 생각하나니, 차라리 한때의 적막을 받을지언정 만고의 처량함을 취하지 말라."

염자가 조장에서 돌아오자, 스승님께서 물으셨다. "무슨 일로 늦었느냐?" 염자가 대답했다. "정무가 있었습니다." 스승님께 말씀하셨다. "사적인 일이었겠지. 만약 나라에 정무가 있었다면, 비록 내가 관직을 맡고 있지는 않지만, 나도 아마 참여해서 그것을 들었을 게야."

冉子退朝. 子曰, 何晏也. 對曰, 有政. 子曰, 其事也. 如有政, 雖不吾以, 吾其與聞之.

"정무가 있었습니다有政"에서 정政은 일事과는 다르다. 앞의 것은 나라 일國事이고, 뒤의 것은 대부의 집안 일家事이다. 공문의 제자들이 조정의 관리가 되면 스승에게 업무를 종합하여 보고해야 할 의무가 있었다. 염유가 퇴근이 늦어지자, 공자가 그 이유를 물었다. 염유가 국왕의 공적인 일 때문이라 하자, 공자는 계씨 집안의 사적인 일 때문에 바빴을 것이라 했다. 계씨의 가신인 염유는 계씨와 무슨 일인가를 의논했는데, 그는 그 사실을 누설하기 곤란해서 스승에게 말하지 않았을 것이고, 공자는 의심을 품었던 것 같다.

내가 보기에, "비록 내가 관직을 맡고 있지는 않지만雖不吾以"에서 이以의 용법이 좀 이상한 것 같지만, 그렇지 않다. 보통 '써 이'라고 할 때, 그 '써'는 쓴다는 뜻이므로 용用과 같은 의미다. 여기서 용은 물론 등용의 뜻이다.

염유가 공적인 일로 늦었다고 하자, 공자가 "사적인 일이었겠지"라고 의심한 것을 문면만 놓고 보면, 공자가 사람을 믿지 못하고 의심하는 것처럼 보인다. 그러나 "공자가 (알면서도) 모른 척하고 말씀하신"『집주』 것이다. 공자가 알고 있었던 내용은 "계씨가 노 나라를 독단獨斷하여 국정에 대해 동렬同列들과 공조公朝에서 의논하지 않고, 혼자서 가신들과 자기의 사조私朝에서 도모"『집주』한 것이다.

※

그런데 오규 소라이는 앞의 「학이學而」 편 1-5를 인용하면서 달리 보았다. 즉, "천 대의 전차를 보유한 나라를 이끌어 가는 방법은 일을 경건하게 처리하고 미덥게 하는 것千乘之國, 敬事而信"에서 사事가 어찌 집안일이냐는 것이다. "큰일은 모두 정사政事라고 말한다"라는 것이다. 다산도 "이에 이것을 쓰기를 공公과 후侯의 일에 한다"라는 『시경』의 언급을 인용하여, "어찌 반드시 가사家事만 일이라 하겠는가"라고 하였다.

※

지금도 그러는지 모르지만, 예전에는 '요정 정치'라는 것이 있었다고 알고 있다. '밤의 대통령'이라는 말도 있었다. 공적인 국가대업을 사적인 차원에서 논의하고 결정한다는 말일 것이다. 그런데 이것은 정치꾼들만 그런 것이 아니다. '방문 정치'라는 것이 버젓이 일어나고 있다. 공식 회의를 앞두고 특정인의 방에 모여 미리 입을 맞추는 것이다. 이는, 공개적으로 토론할 실력이 안 되거나 사익을 관철시키려는 너절한 무리들이 흔히 저지르는 못난 행태다. 그런데 그것을 이른바 정치력으로 포장하는 자들이 있다. 길게 말하지 않겠지만, 정치력이 야바위꾼의 야합 따위를 지시해서는 안 된다. 지금 이 순간에도 도처에서 이러한 너절한 짓거리들이 행해지고 있는 것이 이 나라의 엄연한 현실이다.

정공이 물었다. "한 나라를 일으킬 수 있는 한 마디 말이 있겠소?" 공자께서 말씀하셨다. "그런 말은 없습니다. 그러나 그런 것에 가까운 말은 있습니다. 사람들이 '임금 노릇하는 것은 어렵고, 신하 노릇하는 것도 쉽지 않다'고 합니다. 만약 임금 노릇하는 것이 어렵다는 것을 아신다면, 이것이 바로 한 나라를 일으킬 수 있는 그 한 마디 말에 가까운 것 아니겠습니까?"
"한 나라를 잃어버릴 수 있는 한 마디 말이 있겠소?" 공자께서 대답하셨다. "그런 말은 없습니다. 그러나 그런 것에 가까운 말은 있습니다. 사람들이 '나는 임금 노릇하는 것이 즐거운 것이 아니라, 오직 내가 하는 말을 아무도 감히 거스르지 못한다는 것을 즐긴다'고 합니다. 만약 선한 말에 대해서 아무도 그것을 거스르지 않는다면 그 역시 좋지 않겠습니까? 그러나 만약 선하지 않은 말에 대해서 아무도 거스르지 못한다면, 이것이 바로 한 나라를 잃어버릴 수 있는 그 한 마디 말에 가까운 것 아니겠습니까?"

> 定公問, 一言而可以興邦, 有諸. 孔子對曰, 言不可以若是, 其幾也. 人之言曰, 爲君難, 爲臣不易. 如知爲君之難也, 不幾乎一言而興邦乎.
> 曰, 一言而喪邦, 有諸孔子對曰, 言不可以若是, 其幾也. 人之言曰, 予無樂乎爲君, 唯其言而莫予違也. 如其善而莫之違也, 不亦善乎. 如不善而莫之違也, 不幾乎一言而喪邦乎.

한 마디−言는 한 글자나 한 구로 된 말이 아니라, 하나의 짧은 단락을 말한다.

내가 보기에, 이 구절은 "오직 내가 하는 말을 아무도 감히 거스르지 못한다는 것을 즐기"는 이 시대의 나라님들이 듣고 새겨야 하는데, 기대하기 어렵다. 『집주』의 풀이도 삼엄하다. "임금 노릇하기가 어렵다는 것을 알면 반드시 공경하고 삼가 유지할 것이요, 오직 말을 하면 아무도 자기 말을 어기지 않는 것을 즐거워하면 참소하고 아첨하고 면전에서 비위 맞추는 사람들이 이를 것이다. 나라는 갑자기 흥하거나 망하는 것은 아니지만, 흥하고 망하는 근원은 여기서 나뉜다."

나라가 이 모양 이 꼴로 너절하게 추락하고 있으니, 허균이 「호민론豪民論」에서 일갈했듯이, "발꿈치를 딛고 서서 변란을 기다리지 않을 수 있겠는가!" 어느 칼럼에서 신영복 선생은 이런 요지의 말을 하였다. '정치란 무엇인가. 평화와 소통과 변화의 길이다. 광화문에서 다시 시작해야 하는 길이다.' 얼토당토한 꿈이겠지만, 신영복 선생 같은 분하고 인생과 사회와 교육을 논하고 싶다. 매일 골방에 처박혀 남들 욕이나 하고 험담이나 일삼으면서 자기 이익이나 챙겨보려고 혈안이 되어 있는 치들과 어울려 살기에 힘들고 지쳤다.

섭공이 정치에 대해 묻자, 스승님께서 대답하셨다. "가까이 있는 사람은 기쁘게 해주고, 멀리 있는 사람은 오게 하는 것입니다."

　　葉公問政. 子曰, 近者說, 遠者來.

✿

이 말은 『시경』과 『서경』에서 항상 이야기하는 유원능이柔遠能邇, 즉 먼 곳의 사람을 회유하고 가까운 곳의 사람과 친하게 지낸다는 뜻이다.

✿

내가 보기에, 요즘은 바야흐로 정치의 계절이다. 선거가 없어도 만사가 다 정치로 흘러들어간다. 우리 '국민'이 정치에 관심이 많아서라기보다는 위정자들이 정치적 사건들을 양산해 내기 때문이다. 그 끓어오르는 관심이 냉소나 야유로 해소되어 버릴까봐 걱정이다. 국민의 정치의식을 결집하여 대안적인 정치질서나 체제를 마련하는 것이 지식인의 임무 중 하나이다.

✿

『집주』에서는 "반드시 가까이에 있는 사람들이 먼저 기뻐한 후에 먼 곳에 있는 사람들이 오는 것"이라 했다. 내치도 제대로 못하면서 외교를 잘할 리 없다. 그런데 내치는 엉망으로 만들어 놓고서 그것을 외교 행사로 덮어버리려고 한다. 그러나 결국 안에서 새는 바가지 밖에서도 새기 마련이다.

나는 이 구절에서 열悅과 래來야말로 정치의 최종 목표라고 생각한다. 가까이에 있든 멀리에 살든, 국내에 있든 해외에 나가 살든, 도시에 있든 농촌에 살든, 돈이 있든 없든, 많이 배웠든 무식하든, 예쁘고 잘생겼든 못났든, 나이가 많든 어리든, 여자든 남자든, 노동하는 사람들이 나날의 일용할 삶에서 불행하다고 느끼지 않고, 서로들 가까이에서 손을 맞잡는 세상을 만드는 것이야말로 정치가 해야 할 일이다. 그렇지 않으면, 모든 정치 행위는 자기 이익에 혈안이 되어 획책하는 너절한 술수에 지나지 않는다. 그것은 타도의 대상일 뿐이다.

자하가 거보의 읍재가 되어 정치에 대해 묻자, 스승님께서 말씀하셨다.
"서두르지 말고, 작은 이익을 보지 말라. 서두르면 도달하지 못하고, 작
은 이익에 집착하면 큰일을 이루지 못한다."

> 子夏爲莒父宰, 問政. 子曰, 無欲速, 無見小利. 欲速, 則不達, 見小利, 則
> 大事不成.

❧

서두르면 도달하지 못한다는 말은 후에 관용어가 되었다. 작은 이익에
집착하면 큰일을 이루지 못한다는 말은 『삼국연의』 제21회에서 조조가 원
소에게 한, 큰일을 하면서 몸을 아끼고, 작은 이익 때문에 목숨을 잃는 것은
영웅이 아니라는 말로 변주된다.

❧

내가 보기에, 이 구절은 욕속부달欲速不達과 소탐대실小貪大失을 가르치고
있다. 욕속부달은 바쁠수록 돌아가라는 속담과 맥이 통하지만, '빈대 잡으
려다 초가삼간 태운다'를 소탐대실의 속담 풀이로 보는 것은 적절치 않다.
빈대를 잡는 행위가 작은 탐욕은 아니기 때문이다. 그것보다는 '한 푼 아끼
려다 천 냥 잃는다'는 것이 더 가깝다. 이 두 이야기는 동서양을 막론하고
널리 퍼져 있다. 그런데 일용할 나날의 삶에서 우리네 범인凡人이 그것을 실
천에 옮기기는 대단히 어렵다. 그래서 경구警句는 반복적으로 강조된다. 자
꾸 잊어버려주는 학생들 덕분에 선생인 내가 먹고 살 듯이.

서두르지 않는 것을 정치가의 임무라는 가르침은 오늘날도 여전히 유효하다. 임기 내에 모든 성과—말이 성과이지 정확히 말하면 자기이익 챙기기—를 봐야 하기 때문에 여러 가지 병폐가 생기는데, 대표적인 예가 부실공사와 기념물 양산이다. 모두 치적을 높이려는 술수이다. 그래서 예컨대 대통령 단임제를 폐기하자는 주장이 나오기도 하는 모양인데, 잘못하면 나라가 거덜 날 수도 있다. 문제는 임기가 아니다. 요즘 흔히 하는 말로 '국정의 비전'이 문제다. (참고로 '거덜'은 조선 시대 말을 끄는 종을 부르는 말인데, 이 마부들이 채찍 가죽을 대단히 비싼 것으로 치장하는 것을 자랑삼다가 결국 패가망신하게 되었다는 데서 '거덜 났다'는 말이 생겼다.)

소인은 작은 이익에 집착한다. 소인은 혹시라도 자기에게 손해가 되지 않을까, 어떻게 하면 당장 내가 이득을 볼까 하는 데 온통 관심이 집중되어 있다. 공부할 때는 머리가 잘 안 돌아가도, 이해타산에서는 거의 천재적인 재능을 보인다. 그래서 소인은 이익에 밝고, 이익을 보면 몸이 빨라진다고 꾸짖은 것이다. 내 주변에도 그런 소인배가 있는데, 그의 머릿속은 무엇이 이익이고 어떤 것이 손해냐 하는 생각으로 가득 차 있다. 그가 보이는 거의 모든 결의는 결코 손해를 보아서는 안 되고, 어떻게 해서든지 이익을 봐야 한다는 것이다. 그래서 그는 언제나 불안하고 악착같다. 겉으로는 고상한 '말씀'을 운위하지만, 한 꺼풀만 벗겨보면 매문賣文이나 하는 너절한 장사치에 불과하다. "내 무식은 생각 않고 어진 사람 미워하기 / 후厚할 데는 박하여서 한 푼 돈에 땀이 나고 ⋯⋯ ." 조선 후기의 한글가사 「우부가愚夫歌」의 한 구절이다. 소인의 처지와 생리를 요약적으로 잘 묘사해내고 있다.

섭공이 공자님께 말했다. "우리 고장에 행실이 곧은 사람이 있는데, 그 아버지가 양을 훔치자 아들이 그것을 고발했습니다." 공자께서 말씀하셨다. "우리 고장의 곧은 사람은 그와는 다릅니다. 아버지는 아들을 위해 숨기고, 아들은 아버지를 위해 숨깁니다. 곧음은 그 속에 있습니다."

葉公語孔子曰, 吾黨有直躬者, 其父攘羊, 而子證之. 孔子曰, 吾黨之直者異於是, 父爲子隱, 子爲父隱. 直在其中矣.

행실이 곧은 사람에 해당되는 원문 직궁直躬에 대하여 몸을 곧게 하고 다닌다直身而行와 곧은 사람으로 이름은 궁直人名躬이라고 한 풀이가 있다. "아들은 아버지를 위해 숨깁니다子證之"에서 증證을 양보쥔은 고吿로 풀이했다. 그에 따르면, 여기에서는 '고발하다', '폭로하다'의 뜻인데, '증험하다'라는 의미의 증은 고서에서는 일반적으로 징徵을 썼다고 했다.

공자는 혈육의 정을 최고로 치는 사람이다. 그가 제창한, 윗사람에 대해 회피하면서 말하지 않는 휘諱는 중국에서 나쁜 전통을 형성했다. 지도자, 부모, 스승 등이 아무리 나쁜 짓을 저질러도 감춰주는 것이 지금까지 여전히 미덕으로 인정받고 있다.

내가 보기에, 공자는 개인관계와 사회관계 중에서 개인 간의 정의를 강조한다. 사회 정의의 실현에 우선해 가족이라는 개인 간 정의가 실현돼야 한다고 보는 것이다. 잘못을 저지른 아버지를 고발하는 행위와 그 아버지를 감싸주는 행위 중, 공자는 가족이므로 서로 감싸주고 덮어주는 것이 정직한 것이라고 했다. 아들이 아버지를 고발하면서 천륜을 어기는 것보다는 아들이 아버지를 봉양할 수 있는 것이 더욱 중요하다는 것이다.

문제는 그 개인 간의 정의가 여러 형태의 연緣, 곧 연줄로 확대된다는 점이다. 이른바 아는 사람 봐주기가 그것이다. '우리가 남이가'로 대표되는 정서가 우리 사회에 깊숙이 뿌리내리고 있다. 공적 가치를 넘어서서 사적 관계에 집착하는 한 우리 사회의 미래는 어둡다. 그런데 함재봉 같은 전통주의자는 이렇게 주장한다. "우리가 그리는 이상사회가 좀더 인간적인 사회라면 학연, 혈연, 지연은 맹목적으로 타파의 대상이 되어서는 안 된다." 이에 대한 진중권의 해석은 정곡을 찔렀다. "혈연으로 경제를 부패시키고, 지연으로 정치를 왜곡시키며, 나아가 학연으로 공정성을 해쳐 사회정의를 무너뜨리고 …… 우리나라도 발전할 만큼 했으니, 이런 거 이제 그만할 때도 되지 않았나?"

곧음直은 머리로는 이해할 수 있으나, 몸으로 행하기는 어렵다. 나는 섭공과 공자의 말 중에 어느 것이 더 옳은지 확언할 수 없다. 다만 직자이어시 直者異於是, 곧 (우리의) 정직함은 그 (당신의 정직함)과 다르다는 말에 주목한다. 요즘 아무나 문화적 차이 운운하면서 더러운 짓거리를 정당화하려고 하지만, 그래도 문화의 차이는 분명 존재하며, 그 다름은 늘 인정해야 한다. 문화상대주의는 그래서 요긴하다. 그러나 가치의 상대성을 주장하더라도 인간으로서 지녀야 할 기본 가치, 예를 들어 자유랄까 인권이랄까 하는 공통의 분모는 언제, 어디서나 존중되어야 한다.

번지가 행실에 대해 묻자, 스승님께서 말씀하셨다. "평소에는 공손하고, 일을 처리할 때는 경건하며, 사람과 만날 때는 충실해야 한다. 그러면 비록 오랑캐의 땅에 가더라도 버림받지 않을 것이다."

樊遲問仁. 子曰, 居處恭, 執事敬, 與人忠. 雖之夷狄, 不可棄也.

앞으로 볼 「위령공衛靈公」 편 15-6에서 "자장이 길을 떠나는 것과 관련하여 물었다"라는 말이 서로 비슷한 것으로 보아, 문인問仁은 아마 문행問行의 잘못인지 모른다. 번지가 행行에 대해 묻자 공자는 사람을 대하고, 일을 처리하는 원칙을 세 가지 조목으로 말했다. 집에서는 예의를 갖추고, 일을 처리할 때는 진지하고도 책임감 있게 하며, 사람을 대할 때 충실히 해야 한다는 것이다. 야만인이 사는 곳에 가더라도 이 세 가지를 버려서는 안 된다는 것이다.

내가 보기에, 이 구절을 살펴보면, 평소 우리가 취하는 행동이 어떤지 알 수 있다. 우리는 대개 집에 있을 때 멋대로 하고, 일을 처리할 때는 게으르며, 사람을 대할 때는 정성을 다하지 않는다. 이러고서 세상에서 큰일을 하려고 한다면, 그것은 과욕이 아니라 치욕이다.

오규 소라이에 따르면, "공恭은 외모에 드러나고, 경敬은 속마음을 주장한다"라고 한 『집주』의 설명은 옳지 않다. "공과 경은 모두 마음에 있기도 하고, 밖으로 드러나기도 하니, 어찌 나눌 수 있겠는가?"

마지막의 "비록 이적夷狄의 땅에 가더라도 버림받지 않을 것이다"라는 말은 비록 이적의 땅에 갈지라도 이는 버릴 수 없다고 해야 한다. 혹자는 버리지 말라고 했지만, 불가不可는 불능不能과 같으니, 이것을 버리고서는 인정仁政이 행해지지 못하므로 버릴 수 없다는 뜻이다.

우리에게는 예의범절과 관련해서 다른 나라를 낮추어보는 못된 버릇이 없지 않은데, 그렇게 볼 만한 근거는 전혀 없다. 서양에서처럼 아들이 아버지 앞에서 담배를 꼬나무는, 막 나가는 한심한 세상이라고 욕하지만, 어른 앞에서 담배를 피워서는 안 되는 명백한 이유가 있는 것은 아니다. 그냥 기분이 나쁘고 예의가 없어 보일 뿐이다. 다산이 말하듯이, "지금 사람들은 늘 한 나라를 가면 문득 말하기를, 풍속이 야박하고 나쁘다고만 하고 스스로 반성할 줄 모르니, 어찌 이것이 실정實情이겠는가."

자공이 물었다. "어떻게 하면 선비라 할 수 있습니까?" 스승님께서 말씀하셨다. "자기가 한 짓을 부끄러워할 줄 알고, 다른 나라에 사신으로 가서는 군주에게서 부여받은 사명을 더럽히지 않는다면 선비라고 할 수 있을 것이다." "그 다음은 무엇인지요?" "문중 사람이 효자라 칭찬하고, 고장 사람이 우애 있다고 칭찬하는 것이다." "그 다음은 무엇인지요?" "말에는 반드시 믿음이 있고, 행동에는 반드시 과단성이 있어야 한다. 이런 사람은 자기 고집을 꺾을 줄 모르는 소인이기는 하지만, 그래도 역시 그 다음은 될 수 있을 것이다." "오늘날 정치에 종사하는 사람은 어떻습니까?" "에잇, 쩨쩨한 사람이야. 어디 선비 축에나 들 수 있겠느냐?"

子貢問曰, 何如斯可謂之士矣. 子曰, 行己有恥, 使於四方, 不辱君命, 可謂士矣. 曰, 敢問其次. 曰, 宗族稱孝焉, 鄕黨稱弟焉. 曰, 敢問其次. 曰, 言必信, 行必果, 硜硜然小人哉. 抑亦可以爲次矣. 曰, 今之從政者何如. 子曰, 噫, 斗筲之人, 何足算也.

"쩨쩨하다"에 해당되는 두소斗筲의 두斗는 국자 모양으로 생긴, 양을 재는 도구로 10승升을 담을 수 있다. 소筲는 5승을 담을 수 있다.

내가 보기에, 사士는 "벼슬을 하는 신분이다. 벼슬하는 자는 남을 다스리는 자이다. 그러므로 남을 다스리는 치술治術을 배우는 자도 역시 사라고 할 수 있다. 그러나 자공이 물은 것은 조사^{朝士}이지 학사^{學士}는 아니다."^{다산}

🍂

사^士든 아니든 인간이라면 누구나 "자기 행위에 대해 부끄러워할 줄 알아야" 한다. 그 수준을 불문하고 자기를 되돌아보는 반성이야말로 인간을 인간답게 하는 요인이다. 부끄러움을 모르는 것보다 더 큰 치욕은 없다^{辱莫大} ^{於不知恥}고 했지만, 더 나아가 부끄러움을 모르는 자는 인두겁을 한 짐승에 불과할지 모른다. 연전 "다른 나라에 사신으로" 가서 추악한 짓을 한 후에 돌아와 거짓말로 자기변명을 일삼던 어느 파렴치한이 있었다. 그자의 얼굴에는 부끄러움이 없었다. 그 눈을 바라보면서 나는 도대체 '저게 무슨 동물일까' 생각했다. 『산해경^{山海經}』에서 본 어떤 괴물의 형상이 떠올랐다. 그런 파렴치한 짐승이 준동하는 세상이다.

🍂

부끄러움을 알게 되면, 그 다음에는 대개 같은 잘못을 저지르지 않으려고 노력한다. 그런데 어떤 자는 부끄러움을 자기변호 혹은 자기변명으로 호도하는 데 이골이 나 있거나, 부끄러워하는 척을 하지만 속으로는 이를 갈면서 만회 혹은 보복하려고 안간힘을 쓴다. 내가 만나 본 많은 지식인이 그랬다. 안 그래 보려고 애를 써보기는 하지만, 물론 나도 크게 다를 바 없을 것이다.

🍂

"쩨쩨하다"라는 말을 보니, 우리 젊었을 때 곧잘 부르면 이 노래가 절로 나온다. "사노라면 언젠가는 / 밝은 날도 오겠지 / 흐린 날도 날이 새면 / 해가 뜨지 않더냐 // 새파랗게 젊다는 게 한 밑천인데 / 쩨쩨하게 굴지 말고 가슴을 쫙 펴라 / 내일은 해가 뜬다 내일은 해가 뜬다. // 비가 새는 작은 방에 / 새우잠을 잔데도 / 고운 님 함께라면 / 즐거웁지 않더냐 // 오손도손 속삭이는 밤이 있는 한 / 쩨쩨하게 굴지 말고 가슴을 쫙 펴라 / 내일은 해가 뜬다 내일은 해가 뜬다 // 사노라면 언젠가는 / 밝은 날도 오겠지 / 흐린 날도 날이 새면 / 해가 뜨지 않더냐 // 새파랗게 젊다는 게 한밑천인데 / 한숨일랑 쉬지 말고 가슴을 쫙 펴라 / 내일은 해가 뜬다 내일은 해가 뜬다 / 내일은 해가 뜬다 내일은 해가 뜬다."

스승님께서 말씀하셨다. "중도를 실천하는 사람과 함께할 수 없다면 반드시 광자와 견자와 함께해야 할 것이다. 광자는 진취적이고, 견자는 하지 않는 일이 있는 사람이다."

子曰, 不得中行而與之, 必也狂狷乎. 狂者進取, 狷者有所不爲也.

중도를 실천하는 사람에 해당되는 원문 중행中行은 분수에 맞는 행위, 즉 중용의 행위다. 광狂은 지나치게 과격하고 대단히 진취적인 사람이다. 견狷은 세속에 물들지 않고 일신을 깨끗이 하며, 몸을 사리면서 많은 일을 감히 하지 못하는 사람이다. 광은 지나친 것이고, 견은 미치지 못한 것이다. 지나친 것과 미치지 못한 것은 같다.

내가 보기에, 여러 해석이 있지만, 광자와 견자에 대해서는 난화이진의 설명이 적절하다. 그는 광자를 호방한 사람, 견자는 고집스러운 사람이라 하였다. "이런 사람들은 흔히 역경에 굴하지 않는 굳센 사람들이다. 친구를 사귈 때에도 평소에는 이렇다 할 것이 없지만, 정작 어려움이 있을 때는 반드시 도와주는 사람이다." 여기에 끼지 못하는 나는 어떤 존재인가? 게으른 놈, 곧 타자惰者라고 하면 적실할까? 목은牧隱 이색李穡, 1328~1396은 "게으른 자는 굶어 죽어 마땅하다惰者甘心向溝壑"라고 했다.

좀 다른 문맥이지만, 광자라고 하면 김시습이 떠오른다. 그는 신세모순身世矛盾, 곧 자신과 세상이 서로 맞지 않는다는 것을 절감하면서, 그런 세상을 살아가기 위해 양광佯狂, 곧 거짓 미치광이 짓을 서슴지 않았다. 오늘날도 제정신을 가지고는 살아가기 어렵기는 마찬가지다.

스승님께서 말씀하셨다. "남쪽 사람들은 '사람으로서 한결같은 마음이 없다면 복서로도 점을 칠 수가 없다'고 한다. 좋은 말이다. 덕을 한결같이 유지하지 않으면 치욕을 당할 수도 있다." 스승님께서 말씀하셨다. "나는 차라리 점을 치지 않겠다."

　　子曰, 南人有言曰, 人而無恒, 不可以作巫醫. 善夫. 不恒其德, 或承之羞. 子曰, 不占而已矣.

　　아마 공자의 말을 축약해 기록한 것 같다. 『예기』에 이런 말이 나온다. "남쪽 사람 사이에는 '사람으로서 한결같은 마음이 없다면 복서로도 점을 칠 수 없다'는 말이 있는데, 옛날부터 내려오던 말일 것이다. 구서龜筮조차도 알 수 없는데, 사람이 어찌 알겠느냐? 『시경』에서는 '내 거북이 싫어해서 나에게 점괘를 말해주지 않는다'고 했고, '악덕을 행하는 사람에게 벼슬을 주어서는 안 된다. 그렇지 않으면 백성들이 그들을 본보기로 삼을 것이다. 그들이 빈번하게 신에게 제사할 터인데, 이는 신에 대해 매우 불경한 것이다. 그런 일이 빈번하게 일어나면 예가 혼란해지고, 귀신을 섬기더라도 복을 얻기 어려워진다'고 했다. 『역경』에서는 '덕을 한결같이 유지하지 않으면 간혹 치욕스러운 일을 겪을 것'이라고 말했고, 또 '덕을 한결같이 유지하면서 점을 치면, 아내는 길하지만 남편은 흉하다'고 말하기도 했다."

남쪽 사람은 송 나라 사람이다. 송 나라는 상 나라의 후예다. 상 나라 사람은 복서 등의 점치는 일에 무척 빠져 있었다. 원문의 무의巫醫는 여러 판본에서는 복서로 되어 있다. 복서는 수술數術로 천문, 역법, 점복 등의 학술이고, 무의는 의술, 점술 등의 기술인 방기方技다. 상대上代에는 복서를 중시했다. 복서의 특성은 연속성이다. 매일 점을 쳐 앞뒤가 서로 연결되었는데, 그것을 전문용어로 습習이라 한다.

공자는, 복서가 하늘의 뜻과 관련이 있고, 구책龜策은 영물이며, 복서는 구책으로 반복해서 점을 치면 항상 응답을 얻을 수 있는데, 하물며 사람은 더 말할 필요가 없을 것이라고 생각했다. 한결같은 마음이 없으면 어떤 일도 이루어낼 수 없다는 말이다.

내가 보기에, 이 구절의 열쇳말은 한결같음恒일 것이다. 우리 모두가 대개 그러하지만, 내 주위에는 이것이 특히 부족한 인사가 있다. 그래서 그의 별칭은 '그때그때 달라요'이다. 소인에게 일관성을 유지하라고 요구하는 것은 애당초 무리이지만, 그가 항상 어떤 원칙을 강조하기 때문에 그런 별칭이 엉뚱하지만은 않다. 물론 그의 원칙은 자의적이고 임의적이며, 특히 이해타산적이다. 그래서 그의 입장과 처지의 변모는 변검變臉처럼 현란하고 메스껍다.

'원칙'은 그런 소인배 따위가 함부로 쓸 용어가 아니다. 내 스승 중 한 분인 김인환 선생은 젊어서 낸 책의 서문을 이렇게 작성했다. "나는 원칙에 대하여 토론하기 위하여 이 책을 썼다. 아득한 지식의 숲에 들어가 학자들은 범속한 현학주의에 타락한 채 방황하고 있으며, 편협한 이념에 집착하여 교사들은 천박한 실용주의를 내세우고 정체되어 있다. 이론은 이론 자체를 위한 심심풀이가 아니라, 인간의 행복에 봉사하는 무기가 되어야 한다. 그리고 인간에 관한 일 치고 교육에 무관한 것은 없는 법이다. 젊은 나이로 대학 선생이 되어 몇 해를 보내면서, 나는 공허에 부딪혔다. 알고 있다고 생각한 신념들을 비판적으로 재검토하면서, 나는 이러한 책을 쓰는 일이 나 자신과 많은 사람들에게 필요하리라고 판단하였다. 이 책은 자책과 반성의 기록이다."

스승님께서 말씀하셨다. "군자는 화해를 이루지만 동화되지 않고, 소인은 동화되지만 화해를 이루지 못한다."

子曰, 君子和而不同, 小人同而不和.

❧

『국어國語』「정어鄭語」에서 "화합하면 만물을 생겨나게 할 수 있지만, 똑같은 것들끼리는 계속 발전해갈 수 없다"라고 했다. 군자는 평등보다는 화해를 중시하고, 소인은 화해보다는 평등을 중시한다. 묵자墨子는 상동尙同, 곧 같음평등을 추구하지만, 공자는 그렇지 않다. 공자의 예는 화해를 추구하지만, 같음을 추구하지 않는다.

❧

내가 보기에, 이 구절은 '군자는 뜻이 맞아도 (함부로) 맞장구치지 않고, 소인은 맞장구를 치지만 (결국에는) 서로 뜻이 맞지 않는다'고 풀이하면 어떨까 한다. 『집주』에서 화和는 거슬리고 비틀어진 마음이 없는 것이고, 동同은 아당阿黨하는 뜻이 있는 것이라 하였다. 그래서 군자는 의리를 숭상하기 때문에 동同하지 않고, 소인은 이익을 숭상하기 때문에 화和할 수 없다는 것이다.

❧

이 구절은 하도 많이 언급되고 잘 알려져 더 이상의 설명이 필요 없지만, 한 가지 첨언하고자 한다. 오늘날에는 화와 동이 같이 가야 한다. 앞의 「위정爲政」편 2-15에서 보았듯이, "남에게 배우기만 하고 스스로 생각하지 않으면 앞날이 깜깜하고, 자기 혼자 생각만 하고 남에게서 배우지 않으면 위태롭다學而不思則罔, 思而不學則殆." 그래서 우리는 남에게서 배우는 동시에 스스로 생각하는 것, 곧 학이사學而思를 추구해야 한다. "실천이 없는 이론은 어둡고, 이론이 없는 실천은 위태롭다"라는 신영복 선생의 풀이처럼, 이론과 실천은 함께 추구해 나가는 것이다. 실천과 함께 하는 이론theoria cum praxis, 이론과 함께 하는 실천praxis cum theoria! 마찬가지 논리로 화와 동은 함께 밀고 나가야 한다. 요컨대 화이동和而同이다. 우리가 추구해야 할 사회의 모습이다.

"인간적 사유가 대상적 진리를 포착할 수 있는지 여부의 문제는 결코 이론적인 문제가 아니라 실천적인 문제다. 인간은 실천을 통해 진리, 즉 그의 사유의 현실성과 위력 및 현세성Diesseitigkeit을 증명하지 않으면 안 된다. 사유의 현실성 혹은 비현실성에 대한 논쟁은—이 사유가 실천으로부터 유리되어 있다면—순전히 공리공론적인Scholastische 문제에 불과하다." 맑스가 「포이에르바하에 관한 테제」에서 한 말이다.

자공이 물었다. "마을 사람이 모두 좋아하면 어떻습니까?" 스승님께서 말씀하셨다. "그것만으로는 안 된다." "마을 사람이 모두 싫어하면 어떻습니까?" 스승님께서 말씀하셨다. "그것만으로는 안 된다. 그것은 마을 사람들 가운데서 선한 사람은 좋아하고, 선하지 않은 사람이 싫어하는 것만 못하다."

子貢問曰, 鄕人皆好之, 何如. 子曰, 未可也. 鄕人皆惡之, 何如. 子曰, 未可也, 不如鄕人之善者好之, 其不善者惡之.

　　　　　　　　　　　　　🦋

정치가는 군중을 선동할 수 있고, 상인은 군중을 유혹할 수 있다. 선동과 유혹에 빠진 군중은 홍수와 맹수 같다. 물은 배를 띄울 수 있고 배를 엎을 수도 있다. 지식인은 그들을 따라 소란을 피워서는 안 된다.

　　　　　　　　　　　　　🦋

민주주의의 원칙은 군중을 따르는 것이다. 그러나 군중 역시 사람이지 신이 아니다. 여론은 민의고, 민의는 거대한 잡탕이다. 여러 사람이 떠들어대는 유언비어와 수천 명이 한꺼번에 가리키는 흑색선전 역시 똑같이 여론이다.

　　　　　　　　　　　　　🦋

군중의 평가를 고대에는 여론이라 불렀다. 여론이 일률적이라고 해서 그것이 옳고 그름의 기준이 될 수 있을까? 공자는 그렇지 않다고 한다. 사람은 집단으로 나뉘고, 군중 역시 좋은 사람과 나쁜 사람으로 나뉜다. 여론에 휩쓸리는 것보다는 차라리 좋은 사람이 뭐라 말하고 나쁜 사람이 어떻게 말하는지를 살펴보는 것이 더 나을 것이다. 민의는 정치이지 진리가 아니다. 군중이 마음대로 결정해 버리는 것을 남용해서는 안 된다.

＊

내가 보기에, 여론에 대한 리링의 견해는 정곡을 찔렀다. 새겨들어 마땅하다. 그러나 균형 역시 고려되어야 할 것이다. 집단지성이란 말을 굳이 쓰지 않더라도, 여론은 맹목적이기만 한 것이 아니라 새로운 질서를 만들어내기도 한다는 점을 동시에 고려해야 한다는 말이다. 군중은 선동과 유혹에 피동적으로 휩쓸리기도 하지만, 그것을 넘어서는 존재임을 역사가 증명하는 바이다. 우리는 민중을 형이상학화 혹은 신비화 하거나 타자화 하는 우를 범한 경험이 있지만, 그러나 그렇기 때문에 민중 노선을 폐기할 수는 없는 노릇이다. 그것은 마치 목욕물을 버리려다 아이까지 내다 버리는 꼴이다.

＊

"지식인은 그들군중을 따라 소란을 피워서는 안 된다"라고 한 리링의 말은 지극히 정당하다. 지식인마저도 맹목이 되어서야 되겠는가. 그러나 현실은 그렇지 않다. 지식인이라는 사람들이 어느 경우에는 앞장을 서서 맹목을 주도한다. 오히려 지식인들의 맹목은 일반 군중의 그것보다 훨씬 더 이념적이고, 그래서 그 폐해는 더욱 심각하다. 참다운 지식인은 민중의 소리를 귀담아 듣고, 거기에서 요즘 흔히들 말하는 시대정신을 간파해 내려는 노력을 기울어야 할 것이다. 서경식 선생은 이렇게 말했다. "보통사람들은 아주 조그마한 반경 100밖에 못 본다고 하면, 그래도 우리 지식인은 한 반경 500 정도는 볼 수 있고, 또 그렇게 봐야 하는 존재라고 했을 때, '우리에게는 이론상 이런 게 보인다. 조심하라'는 경고를 하는 게 지식인의 사명이 아닌가 한다."

스승님께서 말씀하셨다. "군자는 모시기는 쉽지만, 설득하기는 어렵다. 정당한 방법으로 설득하지 않으면 설득되지 않는다. 사람을 부릴 때에는 그 사람의 그릇에 따라 시킨다. 소인은 모시기는 어렵지만, 설득하기는 쉽다. 설득을 할 때에는 정당한 방법에 따르지 않더라도 설득할 수 있다. 사람을 부릴 때에는 한 사람에게서 완전무결함을 요구한다.

子曰, 君子易事而難說也, 說之不以道, 不說也. 及其使人也, 器之. 小人難事而易說也. 說之雖不以道, 說也. 及其使人也, 求備焉.

說을 옛 주석에서는 모두 기뻐할 열悅로 읽었으나, 청대의 모기령은 말씀 설로 읽어야 한다고 했다. 군자는 사리에 맞지 않으면 감히 설득할 수 없다. 그는 관용으로 아랫사람을 대하며, 항상 사람을 잘 파악하고서 일을 맡긴다. 반면 소인은 말하는 내용이 사리에 맞지 않아도 설득할 수 있다. 그는 아랫사람을 가혹하게 대하고 항상 완전무결함을 요구한다.

내가 보기에, 說을 열로 풀든 설로 이해하든 대세에는 큰 지장이 없다. 참고로 다산은 "앞의 세說는 유세遊說의 뜻이며, 뒤의 열說은 열락悅樂의 의미다"라고 했다.

어떤 방법이 정당한지 아닌지를 따져보지 않거나 못하기 때문에, 아부와 뇌물이 사라지지 않는다. 주는 자나 받는 자나, 그것이 정당한 짓이 아님은 잘 알고 있을 것이다. '대한민국에서 돈이면 안 되는 게 뭐 있어?' 하며 실실 웃는 자들이나, 뇌물을 받아먹고도 '사실은 뇌물이 아니라 감사의 선물'이라거나, '나중에 뇌물임을 알고는 되돌려주었다'는 따위의 변명을 늘어놓는 자들은 너나 할 것 없이 다 똑같이 개다.

소인은, 자신은 형편없으면서도 욕할 때 보면 상대를 대단히 높은 위치에 올려놓는다. 자신은 도저히 엄두도 내지 못할 어마어마한 일을 자신이 욕을 해대는 상대에게 요구한다. 일종의 희극이 아닐 수 없다. 한국 기독교가 우리 사회에 기여한 것 중에 하나로 나는 '남을 변화시키기 이전에 너 자신이 먼저 변화하라'는 가르침을 꼽는다. 상대를 탓하는 데 이골이 나 있는 자, 다시 말해 하루라도 남을 욕하지 않으면 입에 거미줄이 처지는 자는, '나는 결코 변하지 않겠다'고 주장하고 있는 셈이다. 그래서 맨날 그 모양, 그 꼴이다.

스승님께서 말씀하셨다. "군자는 자존감이 높지만 잘난 체하지 않고, 소인은 잘난 체하지만 자존감이 없다."

子曰, 君子泰而不驕, 小人驕而不泰.

✿

교驕는 교만이고, 태泰는 사치로, 모두 부정적인 의미를 지니고 있는데, 두 글자를 합치면 오늘날 유행하는 '굉장하다'는 말과 유사하다. 그러나 공자는 교를 나쁜 뜻으로, 태를 좋은 뜻을 지닌 말로 사용했다. 몹시 이상하다.

✿

공자의 이 말은 문자의 유희, 언어의 변형이 아닐까 한다. 옛 책에 교는 부정적인 의미를 지니지만 태는 오히려 그렇지 않다. 그 글자의 본래 의미는 크다大는 것이고, 확장된 의미는 통하다通, 넓다寬, 편안하다安 등의 뜻이다. 공자는 아마도 태에 새로운 의미를 부여한 것 같다. 즉 태는 자신을 높이는 것이지 잘난 체하는 것이 아니라거나, 태연작약하고 자기가 처한 상황을 편안하게 받아들인다는 의미로 쓴 것 같다. 따라서 군자는 자존감을 가지면서도 다른 사람에게 결코 오만하지 않고, 소인은 다른 사람에게 오만하지만 자존감이 없다는 것이다.

✿

내가 보기에, 군자와 소인의 특성으로 각각 자존감과 오만함을 지적한 것은 적실하다. 그런데 나는 자존감이 무엇인지 아직 잘 모른다. 자주 자기 연민에 휩싸여서 그럴 것이다. 맑스는 나 같은 쁘띠 부르주아를 '희망과 공포 사이에서 머뭇거리는 존재'라 규정했는데, 탁견이 아닐 수 없다. 희망의 시간에는 관용의 현신現身이다가, 공포의 순간에는 연민의 응신應身으로 재빨리 변신한다.

🦋

요즘 자존심이라면, 부정적인 의미로 '곤조' 같은 것을 연상하게도 되는데, 그런 것은 오히려 오만함과 관련이 있을 것이다. 소인배는 우선 당장에 잘난 체하는 데 정신이 팔려 품위 같은 것은 생각조차 하지 않는다. 그런데 다른 한 편으로 소인배는 대개 품위 있어 보이려 대단히 애를 쓴다. 그러나 품격은 하루아침에 이루어지는 것이 아니다. 『집주』에서는 소인이 그런 행태를 보이는 것은 인욕人慾 때문이라고 했다. 문제는 무엇이든지 늘 이득을 보려는, 혹은 아무리 작은 것이라도 결코 손해는 보지 않겠다는 바로 그 욕심이다.

스승님께서 말씀하셨다. "강하고, 굳세고, 질박하고, 어눌한 사람이 인에 가깝다."

子曰, 剛毅木訥, 近仁.

　　　　　　　　　　🌿

　강剛은 강직하고 욕망에 의해 움직이지 않는 것이다. 앞의 「공야장公冶長」편 5-11에서 "신정申棖은 욕심이 있는데, 어찌 강하다고 하겠는가"라고 했듯이, 그것은 무욕無慾의 결과이다. 『맹자』에서 "빈천도 그 뜻을 바꿀 수 없다"라고 한 것이 강剛이다. 의毅는 굳센 것으로, 어떤 위협에도 머리를 숙이려 하지 않는 것이다. 『맹자』에서 "무력으로도 그의 의지를 꺾을 수 없다"라고 한 것이 의毅다. 목木은 눈빛에 생기가 없고 얼굴에 표정이 없는 것으로서 아부하는 표정令色, 엄숙한 척 꾸민 표정色莊과 상반된다. 눌訥은 말이 더디고 표현이 졸렬한 것으로 교묘한 말巧言과 상반된다. 교묘한 말은 감언이설과 능수능란한 말솜씨로 영佞이라고도 한다.

　　　　　　　　　　🌿

　내가 보기에, 이 구절에서는 단어 하나하나의 뜻을 깊이 새겨야 할 것이다. 나는 아무리 후하게 쳐 주어도 이 네 가지 중에서 어느 하나도 자신 있게 그렇다고 할 만한 것이 없다. 호주머니에 돈이 없으면 괜히 주눅이 들고 앞날까지 까마득해지니 강하다고 할 수 없다. 누군가 좀 위협이나 압박을 가하면 혹시 큰일이 날까 몸을 사리니 굳세다고 할 수 없다. 남한테 아부는 잘 안 하지만 엄숙하고 진지한 척 꾸며대는 데 이골이 나 있으니 질박하다 할 수 없다. 교실에서 가르칠 때 자신 없거나 감당키 어려운 말도 그럴 듯하게 꾸며대니 어눌하지 않다. 날은 저문데 갈 길은 멀다^{日暮途遠}!

이제 나이도 들어가니 좀 둥글둥글 살아보라는 충고를 간혹 듣는다. 실제로 한두 번 그렇게 시도해 본 적이 있었는데, 너무나도 피곤하고 힘이 들었다. 그래서 '이제 와서 무슨 팔자를 고쳐보겠다고 그러겠는가' 하며 깨끗하게 포기했다. 욕심 좀 덜 내고, 완장 앞에서 무릎 꿇지 않고, 있는 놈들한테 아첨하지 않으며, 번드르르하게 감언이설을 늘어놓지 않겠다고 다짐하면서 인생을 마무리하는 것이 좋지 않겠는가.

자로가 물었다. "어떻게 하면 선비라 할 수 있습니까?" 스승님께서 말씀하셨다. "서로 독려하고 서로 화목하게 지낸다면 선비라고 할 수 있을 것이다. 친구 사이에는 서로 독려해주고, 형제 사이에는 화목하게 지낸다."

子路問曰, 何如斯可謂之士矣. 子曰, 切切偲偲, 怡怡如也, 可謂士矣. 朋友切切偲偲, 兄弟怡怡.

앞에서 자공도 같은 질문을 했는데, 답변이 다르다. 자로는 성격이 좋지 않았다. 공자는 그의 단점을 바로 잡아주고 싶어 했고, 그로 하여금 성깔을 고치게 하고 사람들과 좋은 관계를 유지하라고 권유했다.

"서로 독려하고"에 해당하는 절절시시切切偲偲는 친구 관계를 나타낸 말인데, 옛글에 절절은 경黥을 의미했다. "서로 화목하게 지낸다"에 해당하는 이이怡怡는 화목하고 즐겁다는 의미로, 형제 관계를 나타낸 말이다. 친구 간의 정은 우정이고, 형제간의 정은 혈육의 정인데, 두 가지는 서로 바뀌어서 쓸 수 없다. 친구 사이에는 오직 정중하고 예의를 차릴 뿐이지만, 형제간에는 친밀하고 다정하게 지낼 수 있다. 공자는 친구, 형제와 잘 지낼 수 있는 사람만이 선비라는 이름에 어울린다고 생각했다.

내가 보기에, 그렇다면 나는 반쪽 선비임이 분명하다. 정중하게 서로 예의를 차리는 친구는 없지만, 친밀하고 다정하게 지내는 형제는 있기 때문이다. 그런데 서로 독려해주고 공경하는 외우畏友가 있다고 확언키 어려우니, 선비 운운하기 이전에 인생 자체가 실패한 것이 분명하다. 영화 〈돈의 맛〉에서 배우 윤여정이 뜬금없이 "내 인생 책임져"라고 울부짖듯이, 나도 누군가에게 원망을 퍼붓고 싶다. 그러나 다 소용 없는 일이다. 모든 것이 내가 만든 일, 누구를 탓하고 누구를 원망하겠는가.

그래도 다행스럽게 나는 형제간 우애는 그런 대로 좀 있는 것 같다. 주로 내가 일방적으로 도움을 받기는 하지만, 서로 걱정해주고 슬퍼해 주는 마음은 잃지 않고 있다. 우리 식구들이 잘나서가 아니라, 다들 좀 못나고 가진 게 별로 없고 어설프게 살아서일 것이다.

사족. 어느 해설가는 절절切切, 시시偲偲, 이이怡怡를 의태어라 했다. 그렇다면 우리말로 '절절매다'라고 할 때의 절절과 여기서의 절절은 같은 말일까?

자로子路 13-29

스승님께서 말씀하셨다. "선한 사람이 백성을 7년 가르치면 역시 전쟁에 내보낼 수 있을 것이다."

> 子曰, 善人教民七年, 亦可以卽戎矣.

선인은 통치자이고, 즉융卽戎은 민을 전쟁에 투입하는 것이다. 당시 군대 훈련은 시간이 많이 들어 실전에서 요구되는 수준에 도달하기 위해 공자는 7년이라는 시간이 필요하다고 했다.

자로子路 13-30

스승님께서 말씀하셨다. "훈련시키지 않은 백성들을 데리고 전쟁하는 것은 백성을 버리는 것이라고 한다."

> 子曰, 以不教民戰, 是謂棄之.

옛 사람 말에 '세 계절 동안 농사에 힘쓰고, 한 계절에는 무술을 익힌다'는 것이 있는데, 겨울 농한기 때 사냥하는 방식을 써서 백성들에게 전투를 가르쳤다. 공자는 군사훈련을 매우 중시하여, 훈련을 받은 적이 없는 일반 백성들을 데리고 전쟁하는 것은 그들을 헛되이 죽음으로 몰고 가는 것과

같다고 생각했다. 그렇게 하는 것은 불인^{不仁}이다. 선인은 인인^{仁人}이니, 그렇게 할 수 없는 것은 당연하다.

⁂

내가 보기에, 전쟁에 나가기 전에 훈련을 제대로 받아야 한다는 이 말에서 민의 생명을 아끼는 공자의 마음을 느낄 수 있다. 그렇지 않고 준비가 덜 된 채로 마구 전장으로 내모는 것은 백성을 쓰레기처럼 내다버리는 것이나 마찬가지다. 어디선가에서 공자에게 왜 전쟁을 반대하지 않았느냐고 묻는 글을 본 적이 있는데, 부국강병^{富國强兵}을 지향한 사람에게 그런 질문은 난센스다.

⁂

난화이진은, 공자가 전쟁을 대비하는 것을 중시한 것을 개인수양과 비교하여 "권법이나 검법을 연마해서 최고의 경지에 이르고자 하지만, 이것은 다른 사람을 함부로 해치려는 것이 아니라 평화롭게 자기를 지키려는 데 주안점이 있다"라고 했다. 그런데 자기를 지키는 방법은 어디까지나 평화적이어야 할 것이다. 그렇지 않으면, '초전박살'을 선전하면서도 한미군사훈련을 '키 리졸브$^{Key Resolve}$', 곧 평화적 방어 훈련이라 하는 따위와 크게 다르지 않게 된다.

⁂

기민^{棄民}이라는 말은 오늘날에도 여전히 유효하다. 비근한 예로 일본에서는 발전소 방사선관리구역에서 일하는 사람을 기민 노동자라 하고, 원전으로 고통 받는 사람들을 원발기민原發棄民이라고 부른다. 이렇게 보면, 결국 국가는 기민을 전제로 하는 조직이자 기구가 아닌가 한다. "국가는 늘 국민을 위한다고 하지만, 구체적인 재난 상황에서는 기민정책으로 일관하는 게 국가의 본질이기 때문이다. 국가 혹은 국익의 논리에는 본질적으로 파시즘적 요소가 잠재돼 있다는 것을 우리는 간과해서 안 된다." 녹색주의자 김종철 선생의 역설力說이다.

14

———

헌문
憲問

헌문憲問 14-1

원헌이 부끄러움에 대해 묻자, 스승님께서 말씀하셨다. "나라에 도가 있어도 녹봉을 타먹고, 나라에 도가 없는데도 녹봉을 타먹는 것이 부끄러운 짓이다." "승부욕, 자랑, 원망, 탐욕 같은 것을 행하지 않는다면 어질다고 할 수 있습니까?" 스승님께서 말씀하셨다. "그것은 실천하기는 어렵겠지만 어질다고 할 수 있을는지는 모르겠다."

> 憲問恥. 子曰, 邦有道, 穀, 邦無道, 穀, 恥也. 克伐怨欲不行焉, 可以爲仁矣. 子曰, 可以爲難矣, 仁則吾不知也.

🌸

공자 처세의 도리는, 관리가 될 수 있으면 반드시 관리가 되는 것이며, 관리가 될 수 없으면 은퇴하는 것이다. 기회를 놓쳐서도 안 되고, 원칙을 망각해서도 안 되며, 남은 목숨을 잃어버려서도 안 된다. 지조를 잃어서도 안 되고, 굶어 죽어서도 안 되며, 감옥에 웅크리고 앉아 있어도 안 된다. 공자는, 세상의 상황이 좋은가 좋지 않은가를 먼저 시험해보고, 정치에 종사할 기회가 있기만 하면 결코 포기하지 않았다. 그러나 시험해 보아 맞지 않으면 목숨을 걸고 강경하게 맞서지 말고, 말도 조심히 하면서 자기를 잘 보호해야 한다.

🌸

극호은 승부욕이 강한 것이고, 벌代은 자화자찬하는 것이며, 원怨은 불평불만을 늘어놓는 것이고, 욕欲은 탐욕스러운 것이다. 이 네 가지 단점을 극복하기는 어렵지만, 그것은 불선^{不善}을 행하지 않는 정도이지 아직 선은 아니다.

�֍

곡^穀은 녹봉이고, 후대에는 신수^{薪水}라고 했다. 중국 고대에는 하급 관리에게 녹미^{祿米}, 구체적으로는 소미^{小米}, 곧 좁쌀을 주었다. 백이와 숙제는 주나라의 곡식을 먹지 않았는데, 사실은 관리가 되지 않은 것이다. 체면 있는 관리가 되지 않으면 무엇을 먹고 살까? 만약 저축이나 부정기적인 특별 수입이나 다른 이의 도움이 없으면 그저 굶어죽을 수밖에 없다.

✖

공자의 수입은 어땠을까? 『사기』 「공자세가」에 6만 말의 소미를 받았다고 했다. 소미 3,000석이다. 한대^{漢代}의 녹봉에서 가장 높은 1금은 1만 석이었으니, 대우는 낮지 않았다. 그러나 관직에 있지 않을 때는 어떠했나? 제자들이 가져오는 예물이었을까? 헌납이었나? 저축? 관 보조금? 알 수 없다.

✖

내가 보기에, "나라에 도가 있을 때 훌륭한 일을 하지 못하고, 나라에 도가 없을 때 홀로 선하게 하지 못하면서, 녹만 먹을 줄 아는 것은 모두 수치스러운 일이다"라고 한 『집주』의 풀이는 오늘날 수긍하기 어렵다. "국가와 사회가 정상 궤도에 올라 있으면 우리 같은 사람은 쓰일 필요가 없게 되었으니, 우리가 관직을 차지하고 있을 필요가 없다. 다른 사람에게 양보해야 한다. 만일 관직에 연연하여 그 자리에 앉아 이무 공헌도 없이 녹봉만 축내면 그것이 수치스러운 일이다. 다음으로 국가와 사회가 정상 궤도에 오르지 않았는데도, 그 자리에 앉아 아무 공헌도 하지 않고 녹봉만 받는 것 역시 수치다"라고 한 난화이진의 풀이도 마찬가지다.

❧

이 구절의 발언이 근거가 되어 이후 오랜 동안 선비의 출처관出處觀이 형성, 고수되었다. 출이 중앙의 관인으로 나아감을 뜻하는 데 반해, 처는 시골의 전원으로 은퇴함을 뜻한다. 출처는 정치권력에 대한 개인의 입장과 그에 따른 삶의 자세를 결정하는 개념으로 사대부사회에서 특수하게 중대한 의미를 담고 쓰였던바, 관직에 나아가서는 치군택민致君澤民의 관료적 생활을 이상으로 삼고, 속세에 물러 나와서는 음풍농월의 처사적處士的 삶을 모범으로 설정했던 것이다. 물론 김시습처럼 방외方外의 길을 택한 사람도 있었다. 방외는 요즘 말로 하면 체제 밖이다.

❧

우리 사는 세상에서 이런 출처관은 완전히 사라졌다. 이익을 얻을 수 있으면 어떤 자리든 사양치 않으며, 더 많은 이익이 생기는 자리라면 언제든지 자신의 자리를 내던져버리는 세상이다. 지조니 명예니 원칙이니 체면이니 하는 것은 이미 구닥다리 허울에 지나지 않게 되었다.

❧

시위소찬尸位素餐이란 말이 있다. 하는 일 없이 자리만 차지하고 있으면서 녹을 받아먹는다는 말이다. 여기서 시위는 재능도 인덕도 없으면서 함부로 관위官位에 오르는 것을 말하는데, 옛 중국에서 선조의 제사 때 그 혈통자를 신神의 대리로서 신위神位에 앉혔던 고사에서 비롯되었다. 시위소찬하는 (고위) 공무원이 많은 것은 사실이다. 그것을 요즘 말로는 철밥통이라 하는데, 적실한 표현이다. 특별히 할 일이 없는 이들은, 그래서 다양한 수준과 양상의 정치, 곧 눈치 보기와 줄 서기에 올인한다.

✤

극벌원욕克伐怨慾, 어쩌면 이렇게 논리적으로나 감정적으로 적절하게 나열하고 연결할 수 있을까, 놀랍다. 승부욕이 강한 사람 중에 자화자찬하지 않은 사람을 보지 못했다. 그런 사람일수록 불평불만을 늘어놓는 데 이골이 나 있으며, 예외 없이 무엇에서든지 우선 욕심을 부린다. 나는 극벌원욕의 화신을 알고 있다. 아, 떠올리기조차 너저분하고 구차하다.

✤

그런데 여기에서도 이론異論의 여지가 없지 않다. 나는 이것을 해결할 만한 능력이 없기에 다산과 오규 소라이의 풀이를 제시해 두는 것으로 대신한다. "원욕怨慾의 싹을 이겨내 행해지지 않게 한다면 인이라 할 수 있습니까? 공자는, 어렵다고 할 수는 있으나, 인仁인지는 모르겠다, 고 했다."다산 "이기려 하는 것, 자랑하는 것, 원망하는 것, 욕심내는 것이 나라 안에서 행해지지 않으면 인이라 할 수 있습니까? 공자는, 어려운 것이라고 할 수는 있으나, 인仁인지는 내가 모르겠다, 고 했다."오규 소라이

216

스승님께서 말씀하셨다. "선비로서 집 안에 편안히 있기를 바란다면 선비가 되기에 부족하다."

子曰, 士而懷居, 不足以爲士矣.

공자는 몹시 세속적인 사람이다. 그가 학문을 하고 사람을 가르친 것은 모두 관리가 되는 것과 관련이 있지만, 집에서 기다리면 저절로 관직이 직접 내려지는 귀족 자제와 달랐다. 그는 자신의 능력에 따라 스스로 일자리를 찾아야만 했다. 전국戰國 시대의 선비士는 모두 유사游士로서, 특징은 바로 유游, 즉 유학游學하고 유세遊說하면서 사방으로 뛰어 다녔으며, 또 국제적으로 어지럽게 뛰어다녔던 데 있다. 공자 역시 직접 주유열국하면서 도처로 유랑했다. 다녔던 나라는, 노 나라를 제외하고 주周, 제齊, 송宋, 위衛, 조曹, 정鄭, 진陳, 채蔡, 초楚이고, 실제 벼슬을 한 나라는 노, 위, 진 나라밖에 없었다. 평생 돌아다니면서도 결국 자신에게 맞는 일자리를 찾지 못했고, 68세 이후로 그는 철저하게 포기했다. 공자 사후 "70명의 제자가 흩어져 제후들에게 유세했고, 크게는 경상卿相과 사부師父가 되었고, 작게는 사대부와 교유했으며, 혹은 은둔하여 나타나지 않았다."『한서』「유림전」

내가 보기에, "집 안에 편안히 있다"에 해당하는 회거懷居에 대해서는 논란이 좀 있다. 오규 소라이는 "사신으로 가는 관리로서 편안한 거처를 그리

위한다"라고 풀이했다. 그러나 "군자는 은덕을 생각하고, 소인은 땅을 생각한다君子懷德, 小人懷土"「이인(里仁)」4-11라고 한 데서 보듯이, 회거는 회토懷土와 비슷한 뜻으로 봐야 한다. 좀더 구체적으로는 "집이나 물어보고 논밭이나 구할 뿐 원래 큰 뜻이 없다問舍求田, 原無大志는 말에서 '집이나 물어 본다問舍'에 해당한다."난화이진

김시습은 이렇게 노래했다. "세상 사람들 생업을 사랑해 / 구구하게 전택을 차지하지만 / 나, 한 잔 술에 취해 / 산중에 자취 감추리世人愛生業, 區區占田宅, 我醉一杯酒, 林泉知晦迹." 그런데 이 시를 좋아한다는 내 실제 삶은 어떠한가? 돈 몇 푼에 신경이 쓰이고, 집 걱정에 우울해지며, 늙어서 가난하면 어쩌나, 정년까지 무사히 마쳐 연금을 탈 수는 있을까 걱정이 태산이다. 먼 근심이 없으면 반드시 가까운 근심이 있다人無遠慮, 必有近憂. 이런 마당에 김시습이라니, 족탈불급足脫不及에 당랑거철螳螂拒轍이다.

스승님께서 말씀하셨다. "나라에 도가 있으면 말과 행동을 곧게 하며, 나라에 도가 없으면 행동을 곧게 하면서 말은 공손하게 한다."

子曰, 邦有道, 危言危行. 邦無道, 危行言孫.

＊

위危는 글자 그대로 보면 분명히 손孫과는 상반된다. 여러 가지로 해석해왔으나, 나는 곧다直는 의미로 푼다. 앞으로 볼 「위령공衛靈公」편 15-7에서 "나라에 도가 있으면 화살처럼 곧았고, 나라에 도가 없어도 화살처럼 곧았다直哉史魚. 邦有道, 如矢. 邦無道, 如矢"라고 했는데, 화살矢을 곧음에 비유했다. 『한서』「가손지전賈損之傳」 주석에서는 위언危言을 직언直言으로 해석했다.

＊

옛 동요에 "팽팽한 줄처럼 곧으면 죽음의 길이 곁에 있고, 갈고리처럼 굽으면 오히려 제후에 봉해지네"라는 내용이 있는데, 알랑방귀 뀌는 사람은 세상을 휘젓고 다니지만, 정직한 사람은 한 발자국도 떼기 힘들다는 뜻이다.

＊

공자의 말은, 세상에 도가 없으면 말은 반드시 조심하고 신중하여 가능한 한 후퇴하여야 한다는 것이다. 난세에 대한 공자의 태도는 매우 현실적이지만, 더러운 패거리들과 함께 물드는 것이나, 너절한 세상에 영합하는 것 등에 대해서 긍정하지 않았다. 그러나 위험에 몸을 던진다든가, 고집스레 굶어죽는다거나, 감옥에 웅크리고 있는 것 등에 대해서는 찬성하지 않았다.

✤

내가 보기에, 공자의 이 처세론은 뜻을 둔 선비로서 그 뜻을 이루기 위해 재난을 자초하지 말라는 경책인 것 같다. 한 마디로 하면 보신保身이다. 그것이 자신의 직무는 대충하면서 외부의 위협으로부터 자신의 지위 따위를 지키는 일에만 급급한 보신주의保身主義가 아님은 물론이다.

✤

『채근담』 한 구절을 인용하여 스스로를 돌아본다. "덕을 지키면서 사는 자는 한때 고요하고 막막하나, 권세에 아부하는 자는 만고에 처량하다. 달인達人은 물욕에서 벗어나 진리를 보고, 몸이 죽은 후의 명예를 생각하나니, 차라리 한때의 적막을 받을지언정 만고의 처량함을 취하지 말라."

스승님께서 말씀하셨다. "덕이 있는 사람은 반드시 말을 하지만, 말을 하는 사람이라고 해서 반드시 다 덕이 있는 것은 아니다. 어진 사람은 반드시 용기가 있지만, 용기가 있는 사람이라고 해서 반드시 다 어진 것은 아니다."

子曰, 有德者必有言, 有言者不必有德. 仁者必有勇, 勇者不必有仁.

❦

공자는 덕을 말言 앞에 놓고, 인을 용勇 앞에 두었다.

❦

내가 보기에, 이 구절은 특별히 보충 설명이 필요치 않다. 우리 삶에서 체험적으로 깨달아 알고 있기 때문이다. 그러나 사실 그 경계는 매우 모호하다. 어디까지가 유덕有德과 인仁이고, 어디까지가 유언有言과 용勇에 해당하는지 따져보기 시작하면, 아마 많은 논란이 생겨날 것이다. 다산 역시 "이를 어떻게 말로 깨우칠 수 있겠는가"라고 했다. 이런 경우 대개 직관直觀에 따르는 것이 좋다.

❦

경계라고 하니, 이른바 사이비를 말하지 않을 수 없다. 사이비似而非는 글자 그대로 비슷하지만 아니라는 말이다. 문제는 그들이 훨씬 더 교묘하게 사람을 잘 속인다는 점이다. 공자는 그런 사람을 향원鄕原이라 꾸짖었는데, 그들은 덕을 해치기 때문이다. 나는 "덕이 있는 사람은 반드시 말을 한다"라는 경지는 짐작조차 하지 못하지만, "말을 하는 사람이라고 해서 반드시 다 덕이 있는 것은 아니다"라는 말을 들으면, 당장에 떠오르는 이가 있다. 김수영이 「적敵」에서 "항상 약삭빠른 놈이지만 언제나 부하를 사랑"한 김해동金海東과 "내심과 정반대되는 행동만을 해왔고, 그것은 가족들을 먹여 살리기 위해서였"던 정병일鄭炳一을 떠올리듯이.

남궁괄이 공자에게 문제를 내놓았다. "예는 활을 잘 쏘았고 오는 배를 밀고 다녔지만 모두 제 명에 죽지 못했습니다. 우임금과 직은 몸소 농사를 지었는데도 천하를 차지했습니다." 스승님께서는 아무 대답도 하시지 않았다. 남궁괄이 나가자 스승님께서 말씀하셨다. "이 사람은 군자로구나. 이 사람은 덕을 숭상하는구나."

南宮适問於孔子曰, 羿善射, 奡盪舟, 俱不得其死然. 禹稷躬稼而有天下. 夫子不答. 南宮适出, 子曰, 君子哉若人. 尚德哉若人.

✿

고대의 물음은 꼭 의문문이 아니다. 그저 자기 판단을 말하고 공자의 의견을 한번 타진해 보려는 것, 즉 그가 말한 네 인물에 대해 공자는 어떻게 생각하는지 물어보는 것이다. 남궁괄의 판단은, 우임금이나 직은 묵묵히 농사를 지었는데도 도리어 천하를 얻었지만, 예와 오는 모두 강인했지만 비참한 죽음을 맞이했다는 것이다.

✿

왜 공자는 대답하지 않았을까? 아마 남궁괄의 말에 완전히는 찬동하지 않았기 때문일 것이다. 특히 "우임금과 직은 몸소 농사를 지었는데도 천하를 차지했다"라는 말은 듣기 싫었을 것이다. 공자는, 남궁괄의 삶의 태도에 대해 칭찬했지만, 그가 한 말에 대해서는 평가를 보류해 두었다. 말하기가 거북해서 아예 아무 말도 하지 않은 것이다.

내가 보기에, 공자가 대답하지 않았다夫子不答는 표현은 답해야 하는데 그렇게 하지 않은 어떤 이유가 있었음을 말해준다. 대충 얼버무려서 분식粉飾할 일이 아니라는 것이다. 단적으로 말해서, 공자는 "우임금과 직은 몸소 농사를 지었는데도 천하를 차지했다"라는 자로의 말이 마음에 들지 않았다. 앞의 「자로子路」편 13-4에서 번지가 공자에게 "채소 기르는 법을 묻자", 공자가 번지를 "소인이로다. ⋯⋯ 무엇 때문에 농사를 지으려 한다는 말이냐"라고 꾸짖는 것과 관계가 깊다. 자세한 것은 그 풀이를 참고하기 바란다.

✿

리링의 이 해석은 논란의 여지가 있지만, "(공자가 아무 말을 하지 않은 것은) 남용의 견해가 대단히 고명하여 답할 필요가 없었기 때문"난화이진이라는 풀이보다는 좀더 설득력이 있어 보인다. 더구나 "남궁괄이 예羿와 오奡를 당시의 권력자에 비유하고, 우왕과 직을 공자에 비유하였기 때문에 공자께서 대답하지 않으신 것이다"라고 한 주희의 풀이, 곧 공자가 면구스러워서 대답하지 않았을 것이라는 견해는 좀 낯간지럽다. 남궁괄이 나간 다음에 칭찬한 것은 제자의 면전에서 그럴 경우 자만케 하지 않을까 하는 배려였다거나, 얼떨결에 정곡을 찔린 데 대한 놀람으로 보는 것도 어색하기는 마찬가지다. 그것보다는 일단 거북한 마음에 평정심을 잃을까 자제하고 있다가, 남궁괄이 나간 다음에 다른 제자들 앞에서 그를 칭찬하는 것으로 그 상황을 모면한 것으로 보는 것이 더 낫겠다. 이렇게 본다고 공자의 위신이 추락하는 것은 아니다. 오히려 현장에서의 긴장, 그리고 공자의 인간적인 면모 등을 훨씬 실감나게 감지할 수 있다.

스승님께서 말씀하셨다. "군자이면서 어질지 못한 자는 있지만, 소인이면서 어진 사람은 없다."

子曰, 君子而不仁者有矣夫, 未有小人而仁者也.

✦

공자는 군자와 소인의 구분에 엄격했다. 그 구분은 두 가지 서로 다른 기준을 따른다. 하나는 신분이나 지위의 높고 낮음이며, 다른 하나는 도덕이나 교양의 높고 낮음이다. 그런데 이 두 짝은 모순된다. 공자는, 신분상의 군자가 반드시 도덕적인 군자는 아니고, 군자 중에도 어질지 못한 사람이 있기 때문에 일률적으로 말할 수 없지만, 신분상의 소인과 도덕상의 소인은 오히려 중복되는 개념이고, 신분이나 지위가 낮으면 도덕이나 교양은 반드시 낮으며, 또 그들은 모두 어질지 못하다고 일괄적으로 말할 수밖에 없다고 보았다.

✦

내가 보기에, 리링의 이 해석은 적실하다. 신분지위과 도덕교양이라는 두 개념이 군자에게는 높고 낮은 경우가 있어 모순될 수 있으나, 소인은 모두 낮다는 점에서 모순되지 않는다는 것이다. "군자는 인에 뜻을 둔다. 그러나 잠깐 사이에라도 마음이 인에 있지 않으면 불인을 면치 못하게 된다"라고 한 『집주』의 설명은 정진을 강조하거나 인의 체득이 지난함을 알려주는 데는 도움이 될지 모르지만, 공자가 말하고자 한 뜻과는 거리가 있어 보인다. 그리고 다산의 말을 들어 보니, "(한유는) '인仁은 마땅히 비備 자의 오자誤字일 것이다. 어떻게 군자로서 불인한 자가 있겠는가"라고 했다고 한다. 나는 리링의 풀이를 통해 적어도 한유와 같은 오해는 피할 수 있게 되었다. 그런데 다산은 한유의 설이 잘못된 것이라고는 했지만, 그렇게 말한 근거를 명확히 제시하지는 않았다.

소인하고의 대조 차원에서 군자를 바라보면 군자야말로 최상의 인간이지만, 그렇다고 군자가 완전무결한 인간은 아니다. 그 위에 선인善人도 있고 성인聖人도 있다.

헌문憲問 14-7

스승님께서 말씀하셨다. "누군가를 사랑한다면, 그를 위해 애쓰지 않을 수 있을까? 누군가에게 충성한다면, 그를 위해 생각하지 않을 수 있을까?"

子曰, 愛之, 能勿勞乎. 忠焉, 能勿誨乎.

✿

誨는 여기서 모謀로 읽는다. 즉 가르친다는 의미가 아니라 고려하고 계획한다는 의미로, 다른 사람을 위해 생각하고 아이디어를 짜내는 것이다.

✿

내가 보기에, "사랑하기만 하고 수고롭게 하지 않는 것은 짐승들의 사랑이요, 충성하기만 하고 깨우쳐주지 않는 것은 부인婦人과 내시들의 충성이니, 사랑하면서도 수고롭게 할 줄 안다면 그 사람이 깊은 것이요, 충성하면서도 깨우쳐줄 줄 안다면 그 충성이 큰 것이다"라고 한 데서 보듯이, "회"를 글자 그대로 '가르친다'고 이해한 『집주』의 풀이도 무난해 보인다. 다만, 다산이 지적했듯이 "이 설은 넓은 범위의 의미로 한 연의소설演義小說이지 주석은 아니다." 오늘날의 관점에서 보면, 더욱 문제다. '짐승들의 사랑' 운운은 그렇다고 쳐도, '부인과 내시들의 충성' 운운했다가는 치도곤을 당하기 십상이다. 물론 충忠을 마음心이 중심中을 잡은 것이라고 볼 때, 그렇다는 말이다.

'사랑' 하면 『사랑의 기술The Art of Loving』 서문에서 에리히 프롬이 한 말이 생각난다. 대강 이런 뜻이다. '사랑은 어떤 이가 도달한 성숙의 수준과 무관하게 누구나 쉽게 빠져들 수 있는 싸구려 감상이 아니다. 자신의 인격을 총체적으로 발전시키려 하지 않는 한 사랑을 이루려는 모든 시도는 실패할 것이다. 이웃을 사랑할 능력, 겸손, 용기, 신념, 훈련 없이는 개인 간의 사랑도 만족스럽지 못할 것이다.' 남들이야 어떻게 살든 내 알 바 아니라거나 우리 둘만 사랑하면 된다고 생각한다면, 과연 그 사랑이 만족스러울 수 있을까? 좀 과한 비유일지 몰라도, 이런 의미에서 춘향과 이도령의 사랑을 다시 생각해 본다. 그들이 진정으로 사랑하게 되면 될수록, 그들은 그것을 가로막는 장벽들과 정면에서 싸울 수밖에 없다. 로망스만큼 혁명적인 장르는 없다.

스승님께서 말씀하셨다. "나라의 정령을 만들 때, 비심이 초안을 만들었고, 세숙이 검토했으며, 행인 벼슬을 맡은 자우가 손질했고, 동리에 살던 자산이 윤색했다."

子曰, 爲命, 裨諶草創之, 世叔討論之, 行人子羽脩飾之, 東里子産潤色之.

자산이 정치를 맡고 있을 때 네 명의 신하가 그를 도왔다. 공자가 칭찬한 것은 정 나라의 다음과 같은 시스템이다. 정령을 발표할 때는 반드시 뒤쪽의 세 사람과 자산이 공동으로 기초하고, 비심이 기층을 이해하고 나서 먼저 초고를 쓰며, 그 다음에 세숙에게 넘겨 토론케 했고, 그러고 나서 자우에게 수식을 하게 했으며, 마지막으로 자신이 원고를 확정했다. 네 사람은 각기 장점이 있었고, 그 장점들은 매우 잘 어우러졌다.

내가 보기에, 이 구절에서 정령이라 한 명命은 고명誥命이다. "고와 명 두 가지 문서는 정부의 공고문이다. 오늘날로 말하면 한 나라의 원수가 다른 나라를 방문하고 나서 발표하는 공동성명 같은 것이다."난화이진 무려 2500여 년 전에도 전문가들의 손을 두루 거쳐 신중하게 거르고 다듬었거늘, 온갖 포스트post를 구가하는 이 개명한 대한민국에서는 '여제女帝의 수첩'이 모든 것을 단숨에 결정해 버린다.

이 구절에서 말하고자 하는 바는 단지 고명을 아주 잘 쓰자는 것이 아니라, 위정자들이 마음을 같이 하고 꾀를 합하여 나라의 일을 이루어 나가자는 것이다. 각자 자기의 소견을 펴서 그 장점이 되는 것을 모으며, 남의 장점을 질투하지 않고 자신의 단점을 꺼리지 말자는 것이다. 참고로 지금 우리가 쓰는 토론이라는 말의 정확한 용례를 여기서 찾아볼 수 있다. 리링은 그냥 '검토하다'라고 했지만, "토討는 죄를 성토하는 것이다. 따라서 토론은 그 잘못을 논박하는 것이다."오규 소라이 치열할 수밖에 없다. 토론의 결과는 다음 셋 중 하나이다. 이기거나, 지거나, 타협하거나.

어떤 사람이 자산에 대하여 묻자, 스승님께서 말씀하셨다. "은혜로운 사람이다." 자서에 대하여 묻자, 이렇게 대답하셨다. "그 사람! 그 사람!" 관중에 대해 묻자, 이렇게 대답하셨다. "어진 사람이다. 백씨의 변읍 300리를 빼앗아버렸는데, 백씨는 거친 밥을 먹으면서도 죽을 때까지 원망하는 말을 하지 않았다."

或問子産. 子曰, 惠人也. 問子西. 曰, 彼哉. 彼哉. 問管仲. 曰, 人也. 奪伯氏騈邑三百, 飯疏食, 沒齒無怨言.

자산은 임종 전에 후사를 세숙에게 부탁하고, 그가 정권을 맡은 다음에는 반드시 매서움으로써 너그러움을 보완해주어야 한다고 말했다. 공자는 이것을 인애仁愛라 했다. 자서에게 "그 사람! 그 사람"이라 한 것은 경멸의 뜻을 표한 것이다. 백씨의 땅을 몽땅 빼앗았어도 백씨가 죽을 때까지 관중을 원망하지 않은 점으로 보아, 관중은 강경한 인물로서 대단한 권위를 지니고 있었음을 알 수 있다.

이 구절에서 공자가 강조한 것은 인정仁政이다. 공자는 어진 정치란 너그러움과 엄격함을 조화시키는 것이지 너그러움 일변도여서는 안 된다고 생각했다. 관중은 비록 엄격하기는 했지만, 인을 잃지 않았다. 자산은 은혜를 잘 베풀었지만, 임종 때 엄격함으로써 너그러움을 보완할 줄 알아야 한다고 유언한 것 역시 괜찮았다. 자서의 인은 '부녀자의 인', 즉 하찮은 인정으로 마지막에는 목숨까지도 끌고 들어가기에 가장 낮은 등급에 속한다.

🌿

내가 보기에, 공자가 인정仁政의 요건으로 너그러움과 엄격함을 든 것은 철저히 고대적인 발상이다. 요즘 같이 "모든 권력은 국민으로부터 나온다"라고 주장하는 이 민주주의 시대에 지도자의 너그러움이니 엄격함이니 하는 것과는 어울리지 않는다. 지도자에게 시혜를 바라는 것은 반反민주적인 발상이자 작태다. 얼마나 답답하고 간절했으면 그랬겠는가마는, 대통령에게 큰절을 올리면서 간곡히 부탁하는 것은 중세의 임금에게 신하가 하는 짓이다. 진심으로 부탁하는 것이 아니라 정당하게 요구해야 민주주의가 작동한다.

🌿

학창시절에 올바른 정치가의 자격 요건으로 너그러움과 엄격함을 언급하는 교수의 수업을 들은 적이 있다. 너그러울 때는 한 없이 어머니처럼 자애롭다가도, 엄격하게 다스릴 때는 아버지처럼 냉정하게 해야 영令이 선다는 것이다. 박정희 독재가 세상을 호령하던 시대였다. 그런데 아직도 『논어』를 강독하면서 이따위 말을 부끄러움도 없이, 아니 핏대를 올려가면서 강변하는 선생들이 있으니, 같은 선생으로서 학생들 보기 민망하다.

🌿

'어진 정치'라는 말 자체가 반민주적인 용어이다. 북한에서 '수령'을

'위대한 어버이'로 존숭하는 것이나, 남한에서 '독재자'를 '구국의 아버지'로 칭송하는 것 따위는 모두 민주주의의 적이다. 그리고 이 21세기 대명천지에 아직도 '어질고 따뜻했던 대통령'을 추억하는 자칭 '진보인사'가 많다는 것은 딱한 일이 아닐 수 없다. 개인적으로 흠모하는 것과 정치적 신념을 내세우는 것은 세심하게 구분해야 한다.

나는 자산, 자서, 관중의 행적에 대해 아는 바가 없어 그들을 평가할 수 없다. 다만, 위의 평가가 절대적인 진리가 아니라 '공자의 판단'임을 기억해야 한다는 점은 분명히 말해둔다. 『좌전』에 "사람들은 자산이 어질지 않다고 말하지만, 나공자는 그것을 믿지 않는다"라는 말이 나오는데, 공자의 판단과는 다른 평가가 엄존하는 것이다. 고전 읽기에서 이러한 문맥을 쉽게 지나쳐서는 안 된다. 예를 들어 『삼국유사』에 나오는 조신調信 이야기의 주제를 일연이 일장춘몽이라 했는데, 그것은 일연이라는 역사적인 인물의 해석에 불과하다. 말하자면 그것은 조신 이야기에 대한 일연 개인의 독후감인 것이다. 지금 교과서에서 가르치듯이, 조신 이야기의 주제를 일장춘몽이라 단언하기 곤란한 이유이다.

스승님께서 말씀하셨다. "가난하면서 원망하지 않는 것은 어렵지만, 부자이면서 교만하지 않는 것은 쉽다."

子曰, 貧而無怨難, 富而無驕易.

🌿

가난한 사람이 그 가난에서 벗어나려 부를 쌓는 데 조급해 하고, 또 그에 대해 강렬한 충동을 느끼는 것은 당연하다. 부잣집 아이는 돈 쓰는 것을 조금 쉽게 생각하지만, 가난한 집 아이는 돈 쓰는 것을 어렵게 생각한다. 돈을 본 적이 없기 때문이다.

🌿

내가 보기에, "가난하면서 원망하지 않는 것은 어렵다" 함은 가난한 사람이 할 수 있는 일은 원망밖에 없다는 것으로 읽힌다. 가난한 이들에게 분수를 편안히 여겨 만족하라, 곧 안분지족하라거나 가난을 편히 여겨 도를 즐기라, 즉 안빈낙도하라고 가르치는 교육은 사기다. 차라리 "가난이야 가난이야 원수년의 가난이야"라고 울부짖은 흥부의 설움이 우리 공부의 주 대상이 되어야 한다.

🌿

부자이면서 교만하지 않은 것은 쉽다는 어색한 말은 부자들은 교만하기 십상이라는 뜻이다. 돈이 지배하는 세상이니, 즉 돈으로 안 되는 것이 없는 것이 이 나라이니, 돈을 많이 갖고서 건방을 떨지 않는 것은 '낙타가 바늘구멍을 통과하는 것보다 어려울 것이다.' 근래 어느 대기업의 따님은 그 예를 몸소 보여주어, 봉투를 뜯지 않은 채 땅콩을 가져왔다고 비행기를 돌려 그 승무원을 내리게 했다. 부유해지면 곧 고귀해졌다고 생각하는 모양이다.

　　　　　　　　　✿

리링의 설명 중에 '부잣집 아이'라는 말을 들으니, 이 시가 생각이 난다. 18~19세기 문인·학자인 이학규李學逵, 1770~1835가 지은 「굶주린 백성飢民」이라는 시의 일부이다.

> 훤하게 잘 생긴 부잣집 자식 / 粲粲豪門子
>
> 윤기 나는 얼굴로 쌀밥에 고기반찬 먹고 있다네 / 朱顏粱肉腸
>
> (…중략…)
>
> 중당 난로 가에 모여들 앉아 / 中堂煙爐會
>
> 수저 소리 쨍그렁 쨍그렁 / 匙筋羣鏘鏘
>
> 구운 고기 들고서 물린다면서 / 持炙已色難
>
> 어포를 씹으며 다시 뱉어낸다네 / 咦鱐反吐剛
>
> 기름기 있는 건 생각도 하기 싫어서 / 脂膩不可想
>
> 봄채소 맛볼 날을 고대한다나 / 苦待春蔬嘗

고기 맛에 물려 채소를 기다린다는 부잣집 도련님의 철없는 모습이 생생하게 그려져 있다. 이제 보릿고개를 막 견뎌내야 하는 궁민窮民의 고통과 대비된다.

스승님께서 말씀하셨다. "맹공작은 진晉 나라의 조씨나 위씨의 가신을 맡는 데는 충분한 능력을 갖고 있지만, 등 나라나 설 나라의 대부를 맡을 수는 없을 것이다."

子曰, 孟公綽爲趙魏老則優, 不可以爲滕薛大夫.

《ψ》

『사기』「중니제자열전」에 따르면, 맹공작은 공자가 스승으로 모신 사람이었고, 공자가 찬양한 선현先賢에 속한다. 진 나라는 대국이고, 등 나라와 설 나라는 노 나라 부근의 작은 나라였다. 그런데 공자가 그렇게 말한 이유를 공안국은 이렇게 설명했다. "맹공작의 성품은 욕심이 적고 조씨와 위씨는 현자를 탐냈기 때문에 가신은 아무런 직책이 없었고, 따라서 여유가 있었다. 반면 등 나라와 설 나라는 작은 나라로서 대부의 정무가 번잡스러웠기 때문에 그런 일을 할 수 없었다."

《ψ》

내가 보기에, 이 구절은 적재적소를 말하고 있다. 『집주』에서 말하듯이 "재능을 잘못 쓰면 인재를 버리는 것이다." 노老는 요즘 말로 하면 원로元老에 가깝다. 이런 사람은 학문도 훌륭하고 식견도 높지만, 실무적인 능력에서는 별로인 경우가 많다. 행정 절차에 대해 이른바 개념이 없는 이런 사람이 한 조직의 지도자가 되면 곤란하다. 참모가 되기에 적절한 이들이 지도자가 되면 실현되기 어려운 아이디어를 남발해서 그것을 처리하느라 실무

자들이 괴롭다. 반대로 일이 맡겨지면 수완 좋게 처리하고 어떤 일이든 척척 해결하는 사람이 있다. 거시적인 안목은 별로 없지만, 실무 능력만은 누구나 인정해서 그는 늘 요직의 후보로 거론된다. 그런데 이런 사람이 지도자가 되면, 중지를 모으기보다는 대개 혼자서 밀어붙이기 십상이다. 그에게는 과정보다 결과가 중요하다.

물론 더욱 큰 문제는 남의 위에 앉을 능력이 안 되거나 앉아서는 안 되는 자가 완장을 차고 제멋대로 호령을 하는 것이다.

자로가 완전한 사람成人이란 어떤 사람인가에 대해 묻자, 스승님께서 말씀하셨다. "장무중의 지혜와 공작의 무욕과 변장자의 용기와 염구의 재능에 예악으로 꾸민다면 완전한 사람이라고 할 수 있을 것이다." "오늘날 완전한 사람은 어째서 꼭 그래야만 합니까? 이익을 보면 의로움을 생각하고, 위험을 보면 목숨을 내놓으며, 오랫동안 어려운 지경에 빠져 있어도 평소의 말을 잊지 않으면 완전한 사람이라고 할 수 있을 것입니다."

> 子路問成人. 子曰, 若臧武仲之知, 公綽之不欲, 卞莊子之勇, 冉求之
> 藝, 文之以禮樂, 亦可以爲成人矣. 曰, 今之成人者何必然. 見利思義,
> 見危授命, 久要不忘平生之言, 亦可以爲成人矣.

⁂

두 번째 "왈"이 공자의 대답인지 자로의 말인지 확실치 않으나, 말투를 볼 때 자로의 말이라 생각한다. 공자가 언급한 사람은 염구를 빼면 모두 이전 사람들이다. 자로는 말대꾸하기를 좋아했는데, "오늘날의 완전한 사람"으로서 공자의 기준을 수정했다. 그런데 자로가 제시한 기준은 세 가지 뿐이다. 하나는 이익을 보면 의로움을 생각하는 것인데, 이는 무욕이다. 둘은 위험을 보면 목숨을 내놓는 것인데, 이는 용기다. 셋은 오랫동안 어려운 지경에 빠져 있어도 평소의 말을 잊지 않는 것이다. 이 세 가지는 모두 자로의 성격에 부합한다. 그러나 거기에는 지혜나 다재다능이 없고 예악도 없다.

내가 보기에, 리링의 말처럼 두 번째 "왈"의 주체를 누구로 볼 것인가는 깊게 따져보아야 한다. 공자의 말이라고 하면, "오늘날 완전한 사람은 왜 꼭 그래야만 하는가今之成人者何必然"라는 말과의 연결이 매끄럽지 않다. "자로가 다시 질문을 함에 공자가 또 대답한 것인데, 기록하는 자가 자로의 질문을 빼놓"아서 생긴 잘못이라는『집주』의 설명에 명확한 근거가 있는 것은 아니다. 만일 문면대로 끝까지 모두 자로가 한 말이라면, 그것에 대한 공자의 답변이 없어 이상하기는 마찬가지다.

근거가 명확히 있는 것은 아니지만, 나는 이 구절을 전통주의자 공자의 지론에 대한 자로의 현실론적 대응이라 보고 싶다. 만일 완전하고 이상적인 Ideal Typus가 저 옛날에 찬란하게 빛을 내고 있으니, 우리는 그것을 잘 받들어 모시기만 하면 된다고 여기는 것은 복고주의적 관점이다. 그러나 세상은 변한다. 영원불변의 진리는 이데아에 불과하다. 세상이 변한다는 것이야말로 변함없는 진리다. 전통을 공부하는 사람으로서 나는 골동취미에 빠지고 싶지 않다. 골방에 보물을 숨겨두고 매일 정성스레 닦고 음미하는 것이라면 팔아서 이윤을 남기는 것 이외에 그 전통을 어디에다 써먹겠는가. 그런 생각을 가진 이들에게 전통을 계승하는 방법은 '격리된 보존'과 정밀한 모사이다. '모사 없이 창조가 가능하겠느냐'는 강변은 교육의 방편이지 목표가 될 수는 없다. 그렇다고 변화에 맞춰가기 급급하여 허무맹랑한 결과를 만들어내는 것도 탐탁지 않다. 탐탁지 않은 것이 아니라, 그 천박한 몰골을 보노라면 서글퍼지기도 한다. 요컨대 법고창신이 절실하다. 누구나 이 말을 하지만, 대개 하나의 수사에 불과하다. 연암은 "옛것을 배우면서도 시대의 변화에 맞게 변통할 줄 알고, 새로운 것을 만들어 내면서도 전통에 근거를 둘 때, 지금 우리의 것도 전통이 될 수 있다"라고 했다. 이것은 전통을 무시하고 무턱대고 새로운 것을 창안해 내자고 주장한 젊은 제자 박제가에 대한 스승 연암의 간곡한 충고였다.

이 구절에서 나는 자로의 문제제기를 높이 산다. 다만, 자로는 아예 선진 중국어를 나랏말로 쓰자던 초정 박제가처럼 지나치게 앞서 나갔다. 나는 그를 생각하면 1917년 러시아 혁명의 와중에서 기존의 이른바 부르주아 문화를 철저히 청산하고 전혀 새로운 노동자 문화를 건설하자고 외친 소련의 '쁘로레뜨 꿀뜨'파가 생각난다. 이들을 설득한 것은 레닌이었다. '우리는 혁명을 통해 노동자의 국가를 세웠다. 저 부르주아들이 즐겼던 고급의 예술을 이제 우리 노동자들도 즐겨야 하지 않겠나.'

스승님께서 공명가에게 공숙문자에 대해 물으셨다. "선생은 정말로 말을 하지 않고, 웃지 않고, 받지 않습니까?" 공명가가 대답했다. "말을 전한 자가 지나쳤습니다. 선생은 때가 되면 말씀하시는데 사람들이 그분의 말씀을 싫어하지 않고, 즐거워야 웃으시는데 사람들은 그의 웃음을 싫어하지 않으며, 의로울 경우에만 받으시는데 사람들은 그분이 받는 것을 싫어하지 않습니다." 스승님께서 말씀하셨다. "그분이 그러셨군요. 어떻게 그렇게 할 수 있으실까요?"

> 子問公叔文子於公明賈曰, 信乎夫子不言不笑不取乎. 公明賈對曰, 以告者過也. 夫子時然後言, 人不厭其言. 樂然後笑, 人不厭其笑. 義然後取, 人不厭其取. 子曰, 其然. 豈其然乎.

공숙문자는 위 나라의 현명하고 유능한 인재였고, 기풍이 매우 뛰어났다. 공자는, 공숙문자가 말을 하지 않고, 웃지 않고, 받지 않는다고 들었기 때문에 공명가에게 정말 그런지 물었다. 공명가는, 공숙문자가 말을 해야 할 때 말하고, 말하지 말아야 할 때 말하지 않으며, 즐거울 때만 웃고 즐겁지 않을 때는 웃지 않으며, 받아야 할 것만 받고 받지 말아야 할 것은 받지 않았을 뿐이라고 했다.

내가 보기에, "『예기』「학기學記」에 '할 만한 데 해당하는 것을 때時라고 한다'고 했으니, 이것이 그 해석이다"라고 한 오규 소라이의 설명이 타당한 것 같다. 그렇다면 "그분이 그렇습니까? 그분은 어떻게 그러실 수 있을까요?"라고 한 공자의 반응을 '의심'이라고 한 『집주』의 해석은 어떤가? 공자는 바로 다음 14-18에서 "문文이라는 시호를 내릴 만하다"라고 공숙문자를 칭찬한 바 있으며, 『좌전』에서 계찰季札은 공숙문자를 군자라 하였다. 그렇다면 공자가 군자의 인품을 의심했다는 것이 되는데, 그것은 좀 곤란하지 않겠는가. 공숙문자와 같은 군자를 깎아내려야 공자의 위상이 높아진다고 생각했다면, 그것이야말로 공자를 깎아내리는 처사가 아닐 수 없다.

"말을 전한 자가 지나쳤다"라고 한 데서 사회적 평판에 대해 생각해 볼 필요가 있다. 문학평론가 권성우 교수는 그의 페이스북 타임라인에 이런 글을 올렸다. "나는, 저 사람은 참 좋은 사람이다. 저 교수님 참 좋다. 저 목사님은 참 훌륭하다. 저 친구는 참 좋다는 식의 말 등을 그다지 신뢰하지 않는다. 물론 객관적으로 인품이 훌륭한 사람들도 꽤 많지만, 대체로 사람들이 저 사람 좋은 사람이라고 표현했을 때, 그것은 그 사람 개인의 프리즘과 이해관계, 취향이 투사된 결과인 경우가 많다. 말하자면 그 판단의 객관성을 신뢰하기가 참 힘들다는 것이다. 좀더 근본적으로 말해서 한 인간에 대한 평가는 쉽지 않고 복합적이라는 말이 되겠다." 나는 김시습의 '사청사우乍晴乍雨'라는 시 한 구절을 그 댓글로 달아 이 말에 동의를 표했다. "잠깐 개었다 다시 비 오고 / 비 오다 다시 개었다 / 하늘의 움직임도 그러한데 / 하물며 세상의 인정에 있어서랴 / 나를 칭찬하는가 했더니 어느새 나를 헐뜯고 / 명예를 피하는 척하다가 명예 구한다乍晴還雨雨還晴, 天道猶然況世情. 譽我便是還毁我, 逃名却自爲求名."

스승님께서 말씀하셨다. "장무중은 방防을 포기하는 대가로 자기 후손이 노 나라에서 벼슬할 수 있게 해줄 것을 요구했는데, 설령 그가 강요한 것이 아니라고 해도 나는 믿지 않는다."

子曰, 臧武仲以防求爲後於魯, 雖曰不要君, 吾不信也.

공자의 평가는 장무중을 이해하는 데 도움을 준다. 그는 "지혜롭게 행동하기 어렵다. 장무중의 지혜로움은 노 나라에서 받아들여지지 않았는데, 거기에는 이유가 있었다. 일 처리가 사리에 맞지 않았고, 행동이 서도恕道에 맞지 않았기 때문이다. 『하서夏書』에 '이 일을 생각할 때는 이 일에 마음을 둔다'는 말이 있는데, 이것은 사리에 맞고 서도에 맞다"라고 말했다. 그 의미는 장무중은 매우 총명했지만 노 나라에 의해 받아들여지지 않았고, 거기에는 당연히 이유가 있었다는 것이다.

내가 보기에, 이 구절에서 주목해야 하는 것은 "설령 그가 강요한 것이 아니라고 말하는 사람이 있다 하더라도 나는 믿지 않는다"라는 공자의 말이다. 권력이 시키는 대로 별 너절한 짓거리들을 마구 해대고 나서는 '결코 외압은 없었다'고 떠든다. 당한 놈들이 알아서 기었다는 것이다. 역사에 남겨 길이길이 추앙해 마땅한 '충신들'이다. 옛날이나 지금이나 충신들 많아서 참 좋다.

스승님께서 말씀하셨다. "진晉 나라 문공은 속이고 정직하지 못했으며, 제 나라 환공은 정직하고 속이지 못했다."

子曰, 晉文公譎而不正, 齊桓公正而不譎.

✿

휼譎은 속인다는 뜻으로 정직하다는 의미의 정正과 상반된다. 공자는 제齊 환공을 더 좋아했는데, 그는 존왕양이尊王攘夷했고 패覇를 왕보다 뒤에 둠으로써 완전히 합법적이었으며, 결코 사악한 마음을 일으킨 적이 없었기 때문이다. 이에 반해 진 문공의 존왕은 천자를 등에 업고 제후들을 호령한다는 느낌을 받게 했다. 『좌전』 양공 28년 기록을 보면, 성복城濮 전투 이후 그는 주 나라 천자를 하양河陽으로 불러 천토踐土라는 곳에서 맹약盟約을 거행했고, 그 기회를 빌려 제후를 모았다.

✿

내가 보기에, 이것은 역사에 대한 공자의 비평이다. 공자는 주 나라 이후 왕도가 쇠미해 지자 천자를 끼고 제후들에게 명령하는 패업覇業, 곧 권모와 술수의 정치에 반대했다. 오규 소라이에 따르면 "기이한 변화를 마구 드러내는 것을 '속인다' 하고, 정정당당함을 '바르다'라고 한다. 기이한 변화를 마구 드러내는 사람은 남에게 이기기를 구하는 사람이고, 정정당당한 사람은 남에게 이김을 당하지 않기를 구하는 사람이다."

현대 정치를 이야기하면서 패도니 왕도니 하는 것은 어불성설이지만, 권모와 술수가 능력의 다른 이름인 세상이니, 비유하자면 가히 '패도의 시대'라 할 만하다. 권력을 이용해서 사기를 치고 도적질을 일삼고도 무사한 세상이니 할 말이 없다. 영화감독 마이클 무어가 〈sicko〉에서 미국의 의료 민영화에 찬성하는 대가로 정치꾼들이 얼마씩의 용돈을 받아먹었는지 일일이 밝혔듯이, 누가 얼마의 돈을 받아 꿍치고 있는지 끝까지 밝혀내서 그것들을 엄벌에 처하게 될 때, 우리도 정치적 민주주의를 비로소 시작하게 될 것이다.

휼 자는, 배반하여 속임배휼(背譎), 간사스럽고 교묘함궤휼(詭譎, 譎恤), 속여서 거짓말을 함휼궤(譎詭), 남을 속이기 위하여 간사한 꾀를 부림휼사(譎詐), 남을 속이는 꾀휼계(譎計), 간사한 꾀와 거짓으로 남을 속이는 재주가 뛰어남교휼(狡譎), 옳지 못하거나 잘못된 일을 둘러말하여 간함휼간(譎諫) 등 비루한 의미를 두루 담고 있는 말이다.

자로가 말했다. "환공이 공자公子 규를 죽이자 소홀이 따라 죽었지만, 관중은 죽지 않았습니다." 그리고 또 말했다. "어질지 않은 것이지요?" 스승님께서 말씀하셨다. "환공이 아홉 번이나 제후들의 회합을 주도하면서도 군사력을 사용하지 않았는데, 이는 관중의 힘이었다. 그는 그렇게 어질었다. 그처럼 어질었어."

子路曰, 桓公殺公子糾, 召忽死之, 管仲不死. 曰, 未仁乎. 子曰, 桓公九合諸侯, 不以兵車, 管仲之力也. 如其仁, 如其仁.

자로는 정의감에 불타는 사람으로서 어려움에 처해도 구차하지 않고 차라리 지조를 지키기 위해 죽을 사람이었다. 그는, 관중과 소홀은 규를 보좌하다가 권력 쟁탈전에 실패하자, 소홀은 절개를 지키기 위해 죽었지만 관중은 살아 있었기 때문에, 관중이 인의 경지에 도달하지 못했을 것이라 생각했다.

내가 보기에, 자로와 공자의 문답에서 여러 번의 휴지休止를 감지할 수 있다. 자로는 먼저 말문을 열고 나서 잠시 뜸을 들인 다음에 단도직입적으로 물었다. 그 사이에 공자의 눈치를 살핀 것이다. 공자 역시 '이 사람이 또 어떤 엉뚱한 질문을 하려 하나' 잠시 생각하다가 답변을 하였다. 두 사람 사이에 팽팽한 긴장감이 흐른다고 하면, 좀 과한 추측일까?

자로는 반드시 물어야 할 질문을 던졌다는 점에서 역시 용감한 사람이다. 관중이 군주인 규를 잊고 원수인 환공을 섬겼으니, 어진 사람이 아니지 않느냐고 물은 것은 정당하다. 관중이 환공을 도와 무력을 사용하지 않고 제후들을 규합한 것이 어진 일이라고 한 공자의 답변은 결과론적인 것이 아닐까? 자로는 특정 과거사를 가지고 관중을 평가했는데, 공자는 그 이후에 벌어진 일을 가지고 평가하고 있다.

이 구절과 관련해서 다음 두 가지를 성찰해 봐야 한다고 본다. 하나는, 대한민국의 이른바 '국민'이라면 누구나 잘 알고 있는 관포지교에서 관중과 포숙아의 관계는 비판적으로 재고해 보아야 한다는 점이다. 다른 하나는, 이탁오의 견해로 "자로는 일신의 죽음으로써 인을 삼고, 공자는 만민의 삶으로써 인을 삼았으니, 어느 것이 크고 어느 것이 작겠는가 하는 점이다."

자공이 말했다. "관중은 어진 사람이 아닙니까? 환공이 공자公子 규를 죽였는데도 죽지 못하고 또 그를 도왔습니다." 스승님께서 말씀하셨다. "관중은 환공을 도와 환공이 제후의 패자가 되게 하였고, 단숨에 천하를 바로잡게 해서, 백성들이 오늘날까지 그의 은혜를 입고 있다. 관중이 아니었다면, 우리는 지금 머리를 풀어헤치고 옷섶을 왼쪽으로 묶고 있을지 모른다. 구렁텅이 속에서 스스로 목을 매 죽으면서도 그것을 깨닫지 못하는 보통사람들의 작은 신용과 어찌 같겠느냐?"

> 子貢曰, 管仲非仁者與. 桓公殺公子糾, 不能死, 又相之. 子曰, 管仲相
> 桓公, 霸諸侯, 一匡天下, 民到于今受其賜. 微管仲, 吾其被髮左衽矣.
> 豈若匹夫匹婦之爲諒也, 自經於溝瀆而莫之知也.

머리를 풀어헤치고 옷섶을 왼쪽으로 묶는 것은 이적夷狄의 풍습이다. 화하華夏, 곧 중국에서는 머리를 묶고 옷섶을 오른쪽으로 묶는다.

내가 보기에, 이 구절의 의미에 대해서는 앞에서 이미 잠깐 언급했으므로 부연할 필요는 없다. 단, 자로의 질문 중 "관중은 어진 사람이 아닙니까?"는 "관중은 어진 사람이 아니지 않습니까?"로 바꾸는 것이 좋겠다. 참고로 작은 신용諒은 천재지변이 났는데도 다리 밑에서 만나자는 약속에만 얽매어 결국 목숨을 잃고 만 미생의 약속尾生之信 따위를 말한다. "신뢰를 지키되,

사소한 약속에는 목숨을 걸지 않는"「위령공(衛靈公)」15-37 것이 군자의 신용이라는 것이다. 그러나 나 같은 범인凡人에게는 무엇이 사소한 약속이고, 어디까지가 군자의 신용인지, 잘 알지 못한다. 위급한 순간에는 더욱 그럴 것이며, 얼마든지 자의적인 변명이나 임의적인 합리화가 가능할 것이다. 그래서 나 같은 사람은, 약속과 믿음 그리고 신뢰를 가능한 한 지켜내려고 애써보자며 하루하루를 겨우 버텨낸다.

옷 이야기가 나왔다. 『삼국유사』에서 일연一然은 자장慈藏이 중국에 유학한 후에 돌아와 "승속僧俗의 옷을 모양 있게 하려고 / 동국 의관을 중국처럼 만들었다"라고 했다. 여기에서 배병삼은 식민지적 지식인의 면모를 읽어내려 하였다. 이른바 문화 이식 이전에 존재한 토착지성의 존재를 상정해 보려는 야심찬 기획은 대단히 긴요하다. 그러나 나는 자장의 노력에서 신라 사회가 이제 중세적 질서를 정립하기 시작했다는 지표를 읽어내고 싶다. 중세란 특정 지역에서 종교와 문자를 공유하면서 공동의 문화를 일궈나가던 시대다. 한편 원효 역시 옷을 갈아입는다. "원효는 이미 계戒를 범하고 설총을 낳은 후로는 속인의 옷으로 바꾸어 입고 스스로 소성거사小姓居士라 일컬었다." 여기서 원효의 변복變服은 세계관적 존재 전이의 상징이다. 그것은 지장의 경우와 다른 차원의 행위다.

공숙문자의 신하인 대부 준이 문자文子와 함께 공실의 대신으로 승진했다. 스승님께서 그 소식을 듣고서 말씀하셨다. "문文이라는 시호는 내릴 만하다."

公叔文子之臣大夫僎, 與文子同升諸公. 子聞之, 曰, "可以爲文矣.

꽃

공숙문자와 대부 준이 함께 조정의 관리가 되었다는 것과 공숙문자의 시호로 문이 적절하다는 것 사이의 관계는 분명치 않다. 공문자에 대해서는 앞의 「위령공衛靈公」 편 5-15에서 "배우는 데 부지런하고 또 배우는 것을 좋아했으며, 아랫사람에게 묻는 것을 부끄러워하지 않았다. 그래서 그를 문文이라 부른다"라고 했다. 아마 공숙문자가 자기 신하인 준에게 가르침을 요청한 일이 있었는데, 공자는 그것을 높이 평가한 것 같다.

꽃

내가 보기에, "신하인 대부 선"은 "신하로서 대부가 된 선"이라고 옮기는 것이 좋겠다. 그리고 "가신의 천한 신분을 이끌어 자기와 함께 한 것이 세 가지 선善이니, 사람을 알아본 것이 첫째고, 자신의 귀함을 잊은 것이 둘째며, 임금을 섬긴 것이 셋째다"라고 한 『집주』의 설명이 적절해 보인다. 한 마디로 신분 고하를 따지지 않고 사람의 가치를 알아 천거한 사건 하나만 보더라도 공숙문자에게 문이라는 시호를 내린 것은 합당하는 것이다.

참고로 문文이라는 시호는 대개 다음의 경우에 한하여 내린다. 천하의 어지러움을 바로잡아 잘 다스리는 경우, 도덕이 널리 알려진 경우, 부지런히 배우고 묻기를 좋아한 경우, 백성에게 자애를 베풀고 사랑한 경우, 백성을 가련히 여기고 예를 베푼 경우, 백성에게 작위를 하사한 경우이다.

다산이 인용한 다음 말을 깊이 생각해 본다. "남의 신하로서의 병폐에는 두 가지가 있으니, 하나는 기각忌刻, 곧 남의 재능을 시기함인데, 후진後進이 되는 사람의 그 공명이 나보다 위에 있을까 두려워함이다. 다른 하나는 자존심인데, 젊은이들과 사열을 나란히 하는 것을 달갑게 여기지 않는 것이다. 이는 모두 사리사정私利私情에 어두운 것이다." 다른 곳은 잘 모르겠고, 대학에서 신임교수를 채용할 때 기존 교수들은 대개 사적인 이해관계에 얽매이게 되는데, 그것은 대체로 자기보다 실력이 있거나 똑똑한 사람이 부임해 오는 것을 꺼리고 자기 말을 잘 듣는 사람을 환영하는 것이다.

여기서 우리가 특히 기억해 두어야 할 것은 불치하문不恥下問, 곧 아랫사람에게 묻는 것을 부끄럽게 여기지 않아야 한다는 점이다. 모를 때는 누구에게든 물어야 한다. 그것을 창피하게 생각하면, 자기의 모자람을 감추려고 거짓말을 하고 허세나 떨게 된다. 이익은 『성호사설』「경사문經史門」에서 '불치하문'이라는 제목의 짧막한 글을 남겼다. "(지금 학자는) 조금 아는 것외에는 입도 열지 못하고, 대추를 씹지도 않고 그냥 먹는 것처럼, 견양만 보고 오이를 그리는 것처럼, 아무 맛도 의미도 모르면서 억지로 대답하는 것을 고상한 취미로 여긴다. 그 뼈와 살이 어디에 붙었는지도 깨닫지 못하므로, 소위 유자儒者로 자부하는 자가 소털처럼 많아도 그 중에 참으로 깨달은 자는 기린처럼 보기가 어려우니 슬프다."

스승님께서 위 나라 영공의 무도함에 대해 말씀하시자, 계강자가 말했다. "그렇다면 왜 나라를 잃지 않은 것이오?" 스승님께서 말씀하셨다. "중숙자가 빈객을 접대하고, 축타가 종묘를 관리하며, 왕손가가 군대를 관리하고 있습니다. 이러한데 어떻게 나라를 잃겠습니까?"

子言衛靈公之無道也, 康子曰, 夫如是, 奚而不喪. 孔子曰, 仲叔圉治賓客, 祝鮀治宗廟, 王孫賈治軍旅. 夫如是, 奚其喪.

공자가 위 영공의 무도함에 대해 말하자, 계강자가 그렇다면 왜 쫓겨나지 않았느냐 물었다. 공자는 위 나라에 세 명의 현신賢臣이 있었기 때문이라고 대답했다.

내가 보기에, 계강자는 공자의 논리를 되받아서 질문한 것 같다. 이른바 내부 논리의 모순을 따라 해당 텍스트를 해체하는 방식과 유사하다. 위 나라 영공은 그의 신하들이 모두 존경한 공자를 등용하지 않았다. 영공이 총애한 것은 왕비 남자南子였지만, 난화이진에 따르면 그렇다고 영공이 패악한 정치를 한 사람도 아니다. 물론 공자가 그런 사적 원한을 가지고 영공을 비난하지는 않았겠지만, 무도無道니 상喪이니 하는 과격한 말은 지나치게 강한 표현이다.

그런데 공자가 한 답변의 요점은 『집주』에서 말하듯이 "무도한 행위는 지위를 잃어 마땅하지만, 이 세 사람을 등용한 것만으로도 그 나라를 보전할 수 있었다"라는 것인가? 아니면 동량들을 데리고 있는 임금 한 사람이 나라를 좌지우지할 수 없다는 것인가?

역시 오늘날 이 나라의 '신하들'에 대해 말하지 않을 수 없다. 국무총리의 위상을 헌법이 보장한 대로 인정할 것인가, 오랜 관습대로 대독代讀의 존재로 만족할 것인가를 두고 논란을 벌이는 지경이니 할 말은 없지만 말이다. 며칠 전 청와대 안보관련 장관회의에서 대통령을 향한 장관들의 기립경례는 지금 이 나라의 정치가 다시금 옛 '나라님'의 통치 시대로 돌아갔음을 여실히 보여준다. 그래가지고 '회의會議'가 가능할지 모르겠다. 상명하달의 시스템이 철저히 작동할 것이다. 각료 모두 수첩을 고이 간직하고 다니면서, 받아 적는 모습은 저 김씨 세습 일가의 '왕조'에서나 보아오던 풍경이 아닌가.

스승님께서 말씀하셨다. "큰소리치면서 부끄러워할 줄 모른다면, 그 말을 실천에 옮기기 어렵다."

子曰, 其言之不怍, 則爲之也難.

작怍은 부끄러워하는 것이다. 큰소리나 떵떵 치고 조금도 얼굴을 붉힐 줄 모른다면 일을 잘 처리하기 어렵다. 공자는 수양 없이 말만 잘하는 무리를 좋아하지 않았고, 큰소리만 치고 부끄러워할 줄 모르는 사람을 특히 싫어했다.

내가 보기에, 부끄러움은 서로 가르치고 배우는 것이 좋다. 윤동주가 빌려다 쓰기도 한, 맹자가 본 군자의 세 즐거움三樂 가운데 두 번째는 하늘을 우러러 한 점 부끄럼이 없고, 땅을 굽어보아 한 점 부끄러움이 없는 것仰不愧於天, 俯不怍於人이다. 왕통王通은 부끄러움을 모르는 것보다 큰 치욕은 없다辱莫大於不知恥고 했다. 새겨들어 마땅하다.

『집주』에서는 "자신에게 그 일을 할 능력이 있는지 헤아리지 않는 것"이 "큰소리치면서 부끄러워하지 않는 것"과 마찬가지로 잘못된 것이라고 했다. 대개 파렴치한들은 자기가 무엇을 알고 모르는지조차도 모르고 함부로 떠들어댄다. 그래서 공자는 "아는 것을 안다고 말하고, 모르는 것을 모른다고 말하는 것, 그것이 앎이다知之爲知之, 不知爲不知, 是知也"「위정(爲政)」 2-17라고 했다.

※

박완서 선생은 소설 『부끄러움을 가르칩니다』1974에서 이렇게 쓰고 있다. "나는 내 내부에 불이 켜진 듯이 온몸이 붉게 뜨겁게 달아오르는 것을 느꼈다. 내 주위에는 많은 학생들이 출렁이고 그들은 학교에서 배운 것만으로 모자라 ××학원, ○○학관, △△학원 등에서 별의별 지식을 다 배웠을 거다. 그러나 아무도 부끄러움은 안 가르쳤을 것이다. 나는 각종 학원의 아크릴 간판의 밀림 사이에 '부끄러움을 가르칩니다'라는 깃발을 펄러덩 펄러덩 휘날리고 싶다."

진성자가 간공을 시해했다. 공자께서는 목욕을 하고 입조하여 애공에게 아뢰었다. "진항이 제 군주를 시해했습니다. 그를 치시기 바랍니다." 애공이 말씀하셨다. "저 세 사람에게 가서 말하시오." 공자께서 말씀하셨다. "제가 대부의 뒤를 따르는 사람이라서 아뢰지 않을 수 없습니다. 그런데 임금께서는 '저 세 사람에게 가서 말하시오'라고 말씀하시는군요." 그 세 사람에게 가서 말했더니 안 된다고 했다. 공자께서 말씀하셨다. "제가 대부의 뒤를 따르는 사람이라서 알리지 않을 수 없습니다."

陳成子弑簡公. 孔子沐浴而朝, 告於哀公曰, 陳恆弑其君, 請討之. 公曰, 告夫三子. 孔子曰, 以吾從大夫之後, 不敢不告也. 君曰告夫三子者. 之三子告, 不可. 孔子曰, 以吾從大夫之後, 不敢不告也.

진성자는 제 나라 귀족 진희陳僖의 아들이다. 공자는 제齊 나라를 칠 것을 세 번 요청하면서, 노 나라 임금이 군대를 파견하여 그를 토벌할 것을 희망했다. 노 나라 임금은 공자에게, 권력을 잡고 있던 삼환三桓인 맹의자, 숙손무숙, 계강자에게 가서 말하라고 했는데, 삼환은 공자의 요청을 거절했다. 공자가 자신을 대부의 뒤를 따르는 사람이라 한 것은, 스스로 전직 관리였다고 표현한 것이다.

내가 보기에, 이 구절을 제대로 이해하려면 역사적 사실과 당시의 정치

문화적 분위기를 알아야 한다. 난화이진에 따르면, 공자가 제 나라를 토벌하여 반역자를 무찌르자고 한 것은 중국의 오랜 전통인 세계 대동의 정치사상, 곧 "멸망한 나라를 일으켜 주고 끊어진 후대를 다시 이어준다興滅國, 繼絶世"라는 정신에 입각한 것이다.

⚜

이 구절을 보면서 당장 떠오른 생각은 세계경찰국가로 자처하는 미국이다. 하고 다니는 꼴은 꼭 제국주의 깡패국가이면서 민주주의와 인권과 정의를 지껄이는 것을 보면 참으로 가관이다. 마치 1980년대 전두환이 민주정의당이라는 이름의 정당을 창당한 것처럼 난센스이다. 난화이진 식으로 말하면, 미국은 중국의 고대정치사상을 구현하고 있는 셈이니, 시대에 뒤떨어져도 한참 뒤떨어졌다 하겠다.

⚜

공자가 "제가 대부의 뒤를 따르는 사람이라서 아뢰지 않을 수 없습니다"라고 두 번 말한 것은 대개 이런 뜻이다. 앞의 것은 '저는 대부의 말석에서나마 국가의 녹을 먹은 사람이니, 직책상으로나 도의상으로나 임금님께 보고 드리지 않을 수 없습니다.' 뒤의 것은 '제가 노 나라 사람이기에 말하지 않을 수 없습니다. 제가 이런 말을 하지 않았다고 나중에 말하지 마십시오. 나는 이미 여러분에게 알렸으니, 내 개인적인 책임과 국가적, 역사적 책임은 다했습니다.' 이에 대한 애공과 삼자의 태도와 답변은 요즘 말로 하면 '딴 데 가서 알아보라'는 것이었다. 이렇게 적고 보니, 공자에게서 어떻게든 책임을 면해 보려는 안간힘 같은 것을 느끼게 되어 좀 민망하다.

자로가 임금을 모시는 것에 대해 묻자 스승님께서 대답하셨다. "속이지 말 것이며, 표정에 신경 쓰지 말고 간언하도록 하라."

子路問事君. 子曰, 勿欺也, 而犯之.

자로가 임금 섬기는 방법에 대해 묻자, 공자는 거짓말하지 말고 상대방의 얼굴 표정에 신경 쓰지 말고 간언하라 했다.

내가 보기에, 속이지 않고 직언하는 것은 사람 관계라면 어디서나 지켜야 할 덕목이다. 나는 끼리끼리 모여서는 그야말로 할 말 못할 말 용감하게 마구 떠들어대지만 권력자 앞에서는 대단히 공손한 사람을 보았다. 이는 남을 기만하는 처사지만, 무엇보다도 자신을 속이는 짓이다.

직언은 꼭 강해야만 하는 것이 아니다. 싸움을 잘못하는 사람은 쉽게 흥분하지만 강자에게는 여유가 있는데, 스스로에게 떳떳하기 때문이다. '뒷담화의 달인'만큼 비겁한 치도 없다. 한번 세게 겁을 주면 금방 꼬리를 내리고 만다. 물론 뒤에서는 더욱 험한 말을 하고 다닐 것이다.

『집주』에 따르면, 범犯은 임금의 면전에서 대놓고 간쟁하는 것이다. "만일 스스로 나라 다스리기에 재주가 부족하다고 생각한다면, 자신보다 어진 사람을 얻어 맡기는 것이 옳습니다." 율곡이 선조에게 던진 '돌직구'이다.

스승님께서 말씀하셨다. "군자는 위로 통달하고, 소인은 아래로 통달한다."

子曰, 君子上達, 小人下達.

❧

군자는 천명에, 소인은 눈앞의 이익에 통달한다.

❧

내가 보기에, 이 구절은 자주 보는 말이지만, 다양한 풀이가 있어왔다. 대개 "군자는 천리天理를 따라 날로 높고 밝은 곳으로 나아가고, 소인은 인욕人慾을 따라 날로 더럽고 낮은 곳에 이른다"『집주』라고 이해하지만, 오규 소라이는 이렇게 풀었다. "군자는 예를 가지고 임금에게 통한다. 그러므로 상달이라 한 것이고, 소인은 임금에게 통하는 예가 없으므로 사사로이 통해야하니, 그것을 일러 하달이라 하는 것이다."

❧

배병삼의 설명은 곱씹어 볼 만하다. "상달이란 공자 사상의 핵심인 호학好學의 다른 표현이다. 즉 현재의 나로 하여금 새로운 경험과 지식, 정보를 획득케 함으로써 보다 심화된 자아를 형성케 하는 발전적 과정이 상달이다. 외물外物이 나를 휘감기 전에 '자기 스스로 자신을 휘감아 고난에 던져 넣어 단련시키기'라는 의미가 상달 속에 포함되어 있다. 이렇게 읽자면 상上이란 어떤 고정적인 실체가 아니라 방향성을 말하는 것으로서 낯설고 힘든 이상을 향한 지향을 말한다. 반면, 하下는 지향이 아닌 밀폐, 마음의 문을 닫고 앵돌아앉기, 머물기, 정체停滯를 말한다. 따라서 하달이란 거짓된 자존심 egocentrism에 사로잡혀 있는 상태를 뜻한다. 나를 깨부숴 단련시켜나가는 상달의 길과는 상반된다. 하달은 '나'를 내가 부둥켜안고 어려움과 고난을 향한 내던짐抛投을 저어함이니, 이렇게 되면 기껏 '골목대장', 소인밖에 될 것이 없다."

스승님께서 말씀하셨습니다. "옛날에 공부하는 사람은 자신을 위했고, 오늘날 공부하는 사람은 남을 위한다."

子曰, 古之學者爲己, 今之學者爲人.

공부는 마땅히 자기를 위해 하는 것이지, 다른 사람을 위해 하는 것이 아니다. 자기를 위해 공부하는 것은 바로 자기가 흥미를 느끼는 것과 좋아하는 것을 위해 공부하는 것이며, 일자리를 찾거나 밥벌이를 찾는 것은 표면상으로는 자기를 위한 것이지만, 사실은 남을 위한 것이다.

내가 보기에, 물론 위기지학爲己之學은 자신을 위한 학문을 하여, 끝내는 남을 이루어 주는 것을 말하고, 위인지학爲人之學은 남을 위한 학문을 하여, 끝내는 자신을 상실하는 것을 말한다. 이것은 앞으로 볼 「위령공衛靈公」편 15-21의 "군자는 (문제를) 자기에게서 찾고, 소인은 남에게서 찾는다"라는 말과 맥을 같이 한다. 소인은 모든 잘못을 남에게서 구해 남을 탓하고 원망하지만, 군자는 그것을 내 안에서 구해 나를 꾸짖는다는 것이다. 나를 채찍질하는 공부야말로 위기爲己인데, 그것이 확장되면 결국 남도 인격적으로 완성케 하는 데 기여하게 된다는 논리가 여기에 들어 있다. 상당한 자신감이다. 그런데 그것은 오늘날 본받아야 할 태도이기는 하지만, 자칫 남의 잘못을 따지기 전에 우선 네 마음부터 고치라는 식, 말하자면 외부의 모순을 개혁하려면 먼저 너 자신부터 개혁하라는 논리로 악용될 우려가 있다.

✿

　실제로 1970년대 초 한국 기독교가 민주화 운동의 선봉에 서 있을 때, 보수 교단 내부에서 들고 나온 논리가 '사회구원이 먼저냐, 개인구원이 먼저냐'라는 것이었다. 길게 따질 것 없다. '네 한 몸 제대로 건사하지도 못하면서 무슨 사회구원이라는 말이냐', 이것이 그들이 말하고자 한 핵심 내용이다. 이 따위 질문을 제기하는 자들은 한 마디로 말해서 '바보 만들기'의 첨병들이다. 엉터리 이항대립을 설정해 제 3의 길을 원천적으로 봉쇄, 말하자면 사회든 개인이든 구원 자체가 필요하다는 생각을 차단하는 것이다. 신소설 작가로 알려진, 일제 때 정보원 노릇을 한 조중환趙重桓, 1863~1944이 일본에서 들여와 공전의 대히트를 친, 우리에게는 '이수일과 심순애'로 잘 알려진 『장한몽長恨夢』은 '돈을 쫓자니 사랑이 울고, 사랑을 쫓자니 돈이 우네'라는 엉터리 이항대립을 크게 유행시켰다. 그렇게 함으로써 독립의 의지나 열망 같은 것을 차단하고 억압하는 데 성공했던 것이다. 이런 설정은 마치 '건강에는 정신건강과 육체건강이 있는데, 어느 것이 더 중요한가'라고 묻는 것처럼 우습기 짝이 없다. 두 건강 모두 중요하다. 두 건강에 문제가 없어야 진정 건강하다고 할 수 있다. 나와 남의 문제도 마찬가지다. 나와 남은 서로 보완, 성장해 가면서 동시에 나아가는 것이다.

✿

　우리가 어려서 많이 듣던 '공부해서 남 주냐?'라는 말이 생각난다. '다 네가 잘 되라고 하는 말이지, 공부해서 내우리가 덕 보자는 게 아니다'라는 것이 그 강변의 요체일 것이다. 그런데 이것은 자칫 자기 출세를 위해 모든 것을 수단화하는 것으로 변질될 수 있다. '공부해서 남 주자'는 신념이야말로 오늘날 지식인의 사명일지 모른다. '남'과의 관계를 괄호 속에 넣고서 어찌 '나'의 존재와 가치를 말할 수 있을까? 어떻게든 남을 밟고 이기고 물리쳐서 모든 것을 차지하려는, 이른바 승자독식의 정글에서 벗어나려면, '공부해서 남 주자'는 생각이 상식이 되어야 한다.

거백옥이 공자께 사람을 보내자, 공자께서는 그와 함께 앉아서 물으셨다. "선생은 어떤 사람이오?" 거백옥이 보낸 사람이 대답했다. "선생께서는 잘못을 줄이고 싶어 하지만 그러지 못하십니다." 심부름 온 사람이 나가자, 스승님께서 말씀하셨다. "훌륭한 사자使者로다. 훌륭한 사자로다!"

蘧伯玉使人於孔子. 孔子與之坐而問焉, 曰, 夫子何爲. 對曰, 夫子欲寡其過而未能也. 使者出, 子曰, 使乎使乎.

거백옥의 특징은 스스로를 반성하기 좋아하는 데 있었다. 60세 때 59년 동안 잘못 살았다고 생각했고, 50세 때는 49년 동안 잘못 살았다고 생각했다.

내가 보기에, 이 구절은 거백옥보다는 심부름 온 사람에 대한 칭찬이다. 오규 소라이의 지적대로, 그 심부름꾼이 '거백옥은 허물을 없게 하려고 한다'고 하지 않고, '허물을 적게 하려고 한다'고 하며, '허물을 적게 할 수 있다'고 하지 않고, '아직 능하지 못하다'고 한 것은 성인의 마음에 부합함이 있었던 것이다. 요컨대 겸손이다. 단순히 자기를 낮추는 겸양만이 아니라 실현 가능한 일을 솔직하게 말하는 겸허이다. 세상사 마음먹은 것처럼 그리 간단치 않음을 순순히 인정하는 용기다. 그런데 그 심부름꾼이 훌륭한 점은 그렇게 겸손함으로써 결국 거백옥을 높였다는 데 있다. 어떻게

하면 상대를 무너뜨리고 깎아 내릴까에 몰두하는 치들에게는 감히 생각조
차 못할 일이다. 남을 높이는 마음이야말로 자기를 존중하는 것임을 다시
배운다.

스승님께서 말씀하셨다. "그 지위에 있지 않으면, 그에 해당되는 정사를
의논하지 않는다." 증자께서 말씀하셨다. "군자의 생각은 자신의 지위를
벗어나지 않는다."

> 子曰, 不在其位, 不謀其政. 曾子曰, 君子思不出其位.

❀

공자의 말은 이미 앞의 「태백泰伯」 편 8-14에서 나왔다. (이쯤에서 재론해
도 좋을 것 같다.)

❀

정사에 대한 의론의 전제는 그에 상응하는 지위를 갖는 것이다. 그에
상응하는 지위가 없다면 조작 상태에 들어가서 여러 가지 실행 가능성에
대한 연구를 진행해서는 안 된다. 예를 들어 내가 총장이 아니라면 총장의
일을 간섭할 수 없다. 내가 그것에 관심을 가진다면 그저 보통 교원의 입장
에서 한번 관심을 가져볼 수 있을 뿐이다. 지위가 없는 것은 곧 지위의 입장
에서 생각하지 않는 것이고, 지위의 속박을 받지 않는 것이다. 공자가 스스
로 성인이 아니라고 한 것은 지위가 없었기 때문이다.

❀

내가 보기에, 이 구절은 논란이 될 만하다. 요즘 보기에 그렇다는 말이
다. 지식인은 누구든 정치 이야기를 한다. 그리고 그 대부분은 진보적인 입

장을 천명한다. 바람직한 일이다. 그러나 어떨 때 그 논설을 보면 지나치게 단순하고 단편적이다. 그럴 수밖에 없을 것이다. 우리가 지금 이러저러한 이야기를 나누고 있을 때, 저 정치꾼들이 어디에서 무엇을 논의하고 있는지 우리는 잘 모른다. 얼마 전 고종석이 절필을 선언했는데, 그 이유 중 하나는 다음과 같다. "분단체제 극복을 위해 그리도 많은 글을 쓴 백낙청이 통일부 중하급 관료나 외교통상통일위원회 소속 국회의원의 보좌관만큼이라도 대한민국의 통일정책에 영향을 끼칠 수 있을까? 미심쩍었다. 글은, 예외적 경우가 있긴 하겠으나, 세상을 바꾸는 데 무력해 보였다."

이렇게 생각하니, 공자의 위 구절을 이해할 수도 있겠다. 지식인은 생리적으로 정치에 관심을 갖지 않을 수 없다. 정치가 많은 사람의 삶을 좌지우지하는데, 공부하는 사람이 거기에 관심을 두지 않을 수 없는 것이다. 그리고 비뚤어진 정치의 세월에 공부는 '추상에서 구체로 상승'해야 마땅하다. 아무도 듣지 않는 이야기를 모호하게 형이상학화해서 결국 한갓된 관념으로 떨어지고 마는 논의는 대개 빈껍데기다. 하나마나한 뻔한 이야기를 번다한 전거를 그럴 듯하게 인용하면서 마치 무슨 학술담론이나 되는 양 떠벌리는 글은 그저 쓰레기일 뿐이다.

스승님께서 말씀하셨다. "군자는 자신의 말이 자신의 행동보다 지나친 것을 부끄러워한다."

子曰, 君子恥其言而過其行.

말하는 것이 실천하는 것보다 더 듣기 좋은 것을 공자는 부끄럽게 생각했다.

내가 보기에, 이 구절은 우리가 어릴 적부터 심하다 할 정도로 많이 들어 좀 진부한 감이 없지 않다. 그런 것은 교과서에나 나오는 도덕일 뿐 내 삶과는 다르다는 일종의 알리바이가 되기도 한다. 그러나 우리가 범인凡人인 이상 이 말은 여전히 소중히 새겨들어야 할 것이다.

알다시피 말과 행동의 괴리 혹은 부합, 나아가 이론과 실천의 관계는 동서고금 늘 고민의 대상이 되어 왔다. 서양철학에서 프락시스-테오리아 praxis-theoria의 구도가 그 대표적인 예다. 이 틀에서 보면 공자의 언급은 실천주의에 가까운데, 그러나 그렇게 단순화 시켜 보고 말면, 그것은 마치 '성공을 이루기 위한 이론과 현실을 견뎌내는 실천의 조화' 따위를 말하는 처세술처럼 맹랑하다. 공자가 강조하고자 한 말은 (신용에 입각하여) 일단 말을

271

했으면 그것을 반드시 실천에 옮기라는 것이다.

❦

주희는 "부족하기 쉬운 것행동은 감히 힘쓰지 않을 수 없으며, 유여有餘하기 쉬운 것말은 감히 다하지 못한다"라는 『중용』의 구절에 근거하여, 치恥를 "감히 다하지 못한다", 과過를 "넉넉함이 있고자 한다"라는 뜻으로 풀었다. 그런데 이는 오규 소라이의 지적대로 "하나의 문장을 나누어 두 구절로 끊어 놓았는데, 이而 자를 해석하면서 저지른 실수이다." 그런데 황간皇侃의 본에는 이而가 지之로 되어 있다니, 그렇다면 한 문장으로 봐야 하지 않을까?

스승님께서 말씀하셨다. "군자의 도에는 세 가지가 있는데, 그 중에 내가 할 수 있는 것은 없다. 어진 사람은 근심하지 않고, 지혜로운 사람은 현혹되지 않으며, 용기 있는 사람은 두려워하지 않는다." 자공이 말했다. "스승님께서는 스승님 자신을 말씀하고 계십니다."

子曰, 君子道者三, 我無能焉. 仁者不憂, 知者不惑, 勇者不懼. 子貢曰, 夫子自道也.

어진 사람은 근심하지 않고, 총명한 사람은 흐리멍덩하지 않으며, 용감한 사람은 두려워하지 않는다.

내가 보기에, 나는 근심하는 것이 일이고, 무슨 일을 앞두고는 애매모호한 태도를 취하기 일쑤이며, 두려워 떨 때가 많다. 그렇지만 이 험한 세상 아무 걱정 없이 풍년타령이나 하면서 지낼 수 있겠는가, 매사 누구처럼 단박에 해답이란 걸 내놓는 것은 좀 낯간지럽지 않은가, 세상사 함부로 보고 나대는 꼴을 보는 것만큼 역겨운 것은 없지 않은가 자위해 본다. 이런 태도를 김수영은 "바늘구녕만한 예지叡智"라 했다. 그렇지만 불의에 항거하려는 젊은이들에게 근심하지 말고, 흔들리지 말며, 두려워하지 말라고 격려해 주고 싶다.

앞의 「자한_{子罕}」편 9-29에서는 "지혜로운 사람은 흔들리지 않고, 어진 사람은 근심하지 않으며, 용감한 사람은 두려워하지 않는다"라고 했다. 여기하고 순서가 좀 다르다. 『집주』에서는 그 이유를 "덕을 이룸에는 인을 우선으로 삼고, 학문에 나아감에는 지를 우선으로 삼는다. 그러므로 공자의 말씀에 차례가 같지 않음이 있는 것은 이 때문이다"라고 했다.

자공이 자신을 다른 사람과 비교하자, 스승님께서 말씀하셨다. "자공아, 네가 현명하다고 생각하느냐? 나는 그럴 겨를이 없다."

子貢方人. 子曰, 賜也賢乎哉. 夫我則不暇.

⚜

방인邦人은 다른 사람과 비교하기를 좋아하는 것이다.『집주』 '다른 사람과 비교하면 화가 나서 죽는다'는 속담이 있다.

⚜

내가 보기에, 사람들은 대개 인정욕구에 시달린다. 남에게서 인정받으려는 바를 요약하자면, '(네가 나를 우습게보지만, 사실) 나의 …… 은 / 는 이 정도야', 나아가서는 '너는 이 정도지, 나는 이 정도야' 따위다. 자기 스스로는 서지 못하고 남의 조명에 의해서만 자기의 존재 의의가 드러난다는 점에서, 남과 비교하는 것은 자신을 타자화 하는 일이다. 자본주의 사회에서 어떤 사물의 가치는 대개 그것을 교환했을 때 받을 수 있는 화폐의 양으로 평가된다. 이는 사람에게서도 마찬가지다. '스펙'은 그 가격을 매기는 하나의 잣대다. 인정이라고 하는 소비를 전제로 하는 판매 행위인 것이다.

⚜

다산은 "자공아, 네가 현명하다고 생각하느냐賜也賢乎哉"에서 재哉가 아我로 되어 있는 황간皇侃 본에 따라, "자공은 나보다 나은가 보다"라고 풀이했다. 스스로 닦음이 이미 극진해야 남을 평할 수 있는데, 자공은 사람을 비교하니 이미 나보다 낫다고 한 것이다. 자공을 조롱한 것이다. 그러므로 "나는 그럴 틈이 없다"라고 한 것은 비아냥이다. 공자의 속살을 잠시 보는 듯하다.

늘 남에게 관심을 두는 사람이 있다. 입만 열었다 하면 남 이야기다. 물론 주로 험담이고 욕이다. 모처럼 자기 얘기를 하는 경우에도 반드시 남과 관련지어, 정확히 말하면 남을 무시하고 깔보는 것으로 곧장 이어진다. 종전에 나는 그를 혐오했지만, 이제는 연민의 눈으로 바라본다. 열등감 덩어리는 보살펴야지 꾸짖을 대상이 아니다.

스승님께서 말씀하셨다. "다른 사람이 자기를 알아주지 않는 것을 걱정하지 말고, 자기에게 능력이 없음을 걱정해라."

子曰, 不患人之不己知, 患其不能也.

유사한 표현이 『논어』에 여러 번 나온다. 공자는 다른 사람이 자신을 알아주지 않는 것이 두렵지 않다고 자주 말했다. 만약 스스로를 격려하는 것이라면 그런대로 이해할 수 있겠다. 그러나 그 말을 늘 입에 달고 있다면, 그것은 좀 의심스럽다. 최고의 사랑은 스스로가 사랑한다는 것을 알지 못하며, 가장 높은 것은 스스로가 높다는 것을 알지 못하기 때문이다. 만약 정말로 남의 시선을 개의치 않는 사람이라면, 그 말을 늘 입에 달고 다닐 필요는 없다. 입에 달고 있다는 것 자체가 남의 시선에 대해 안심하지 못한다는 뜻이다. 살면서 다른 사람이 자신을 이해하지 않는 것 때문에 공자는 몹시 고독했다.

내가 보기에, 리링의 해석은 설득력이 충분해 보인다. 공자가 이 문제에 대해 상당히 신경을 썼다는 것은 분명하다. 거기에서 공자의 "간절한 뜻"「집주」만 읽어내는 것은 단순하고 안이하다. 정치적으로 보면, 공자의 생애 자체는 권력자에게 인정을 받기 위한 힘든 여정이었다.

남에게 인정받고 싶다는 감정을 총칭하여 인정욕구라고 한다. 그것은 대단히 심각한 문제인데, 자칫 투쟁으로까지 발전한다. 거기까지 가지 않으면, 그것은 동기부여나 자기강화를 위해서 좋다. 그런데 그것은 대개 애정결핍에 기인하는바, 자기비하, 열등감, 적개심 등 부정적인 감정과 연관이 된다. 인정받지 못하게 되면, 분노가 겉으로 드러난다. 그래서 그의 삶은 고통스럽다. 그 고통을 견디지 못하거나 인정할 수 없어서, 그는 늘 심란하고 피곤하며 불안하다. 악셀 호네트는 『인정투쟁』에서 인간의 사랑도 따지고 보면 상대에게 인정을 받고 싶어 하는 욕망이라 했다. 사랑이란 결국 자기에 머무르면서 타자 속에 존재하는 것이라는 말이다. 근래 어느 '최고의 비서'가 "선비는 자기를 알아주는 사람을 위해 목숨을 바친다士爲知己者死"라는 말을 인용해서 화제가 되었다. 거의 중세의 가신家臣이다. 그런데 그 다음 구절은 이렇다. "여자는 자신을 기쁘게 해주는 사람을 위해 가꾼다母爲悅己者容." 『사기』「자객열전」에 나오는 예양豫讓의 말이다.

오늘날에는 어떻게든 남에게서 인정을 받으려고 동원할 수 있는 온갖 수단과 방법을 총 동원한다. 나아가 남이 자기를 알아주지 않으면, 그것을 걱정하는 것이 아니라 분노하여 복수를 다짐한다. 그만큼 뻔뻔하고 몰염치해졌다. 더욱 가관인 것은, 인사권자에게 자기를 인정해 달라고 간청을 해서 결국 자리에 오른 후에, '아무도 하려고 하지 않아 어쩔 수 없이 내가 짐을 지게 되었다'고 뻔뻔하게도 거짓부렁을 일삼는 짓이다.

스승님께서 말씀하셨다. "다른 사람이 거짓말할 것이라고 미리 속단하지 말고, 다른 사람이 미덥지 못할 것이라고 미리 추측하지 말라. 그럼에도 미리 느낄 수 있다면 현명한 것이다."

子曰, 不逆詐, 不億不信, 抑亦先覺者, 是賢乎.

公자는, 만약 네가 그런 속단과 추측을 하지 않더라도 상대방의 음모를 미리 알아차릴 수 있다면 너는 매우 현명하다고 말했다.

내가 보기에, 불역사不逆詐에 대해서는 난화이진의 풀이가 적절하다. 그에 따르면, 그것은 남이 자기를 속이려는 것을 뻔히 알면서도 그 사람을 면전에서 난감하게 하지 않는 것이다. 어떤 사람은 남을 속이고 있으면서도 자기가 남을 속인다는 것을 느끼지 못하는 경우도 있다. 그는 속이는 일에 습관이 되어 자기가 거짓말로 남을 속이고 있다는 것을 느끼지 못하는데, 이것이 그의 일상적인 생활방식으로 변해 버려 심지어는 자기 자신에게 한 거짓말도 진짜로 느낀다. "불역사"는 바로 이런 사람의 거짓을 면전에서 폭로하지 않는 것을 말한다. 이는 물론 주의해야 마땅하다. 만약 잘못하면 우리는 그가 나쁜 짓을 하도록 내버려 두는 아주 큰 죄과를 범하게 되기 때문이다. 어떤 사람은 정말로 어려워 약간의 돈을 얻기 위해 남을 속이는 경우도 있는데, 이럴 때는 그가 도둑질하지 않는 것만도 다행이라 치고, 그에게 속는 줄 알면서 한 번 속아주는 것도 무방하다. 그러면서 방법을 생각해 내어 그를 감화시키는 것이 바로 불역사의 의미다.

난화이진의 이 넉넉하고 심오한 이해는 아마 그의 인품에서 자연스럽게 우러나온 것이리라. 그도 물론 상대의 잘못을 폭로해서 교육을 시켜야 한다고 말을 한다. 그러나 그 이전에 우선 불역사의 태도를 견지하는 것이 중요하다고 강변하고 있다.

미생무가 공자께 말했다. "구야, 너는 어째 그리 허둥거리며 편히 있지 못하느냐? 말재간 부리느라 그러는 것 아니냐?" 공자께서 말씀하셨다. "감히 말재간 부리려는 것이 아니라 완고한 사람을 미워하는 것입니다."

微生畝謂孔子曰, 丘何爲是栖栖者與. 無乃爲佞乎. 孔子曰, 非敢爲佞也, 疾固也.

미생무는 생몰연대를 알 수 없다. "허둥거리며 편히 있지 못하느냐"라고 하는 서서栖栖는 서서悽悽로, 바빠서 편안할 틈이 없다는 뜻이다. 미생무는 공자의 유세를 말재간佞이 아니냐고 했다.

내가 보기에, 미생무는 대단한 사람이었던 것 같다. "공자의 이름을 부르면서 말이 매우 거만하니, 아마도 나이와 덕이 있으면서 은둔한 자인 듯하다"라거나 "성인공자이 달존達尊에 대해 예절이 공손하고 말씀이 곧았다"『집주』라고 한 것으로 보아 그렇게 짐작할 수 있다. 이 두 사람의 대화에서 당시 도가道家의 은사隱士와 유가儒家의 선비 사이의 관계와 위상을 약간이나마 짐작해 볼 수 있겠다. 난화이진에 따르면, 유가가 "어떤 역경에도 흔들림이 없다"라고 한 데 반해, 도가는 "어떤 역경에도 흔들림 없어 무엇 하겠느냐"라고 했다.

서로 연관이 있는 것은 아니지만, 미생무와 공자의 대화를 보면, 마치 조선 초 김시습이 서거정徐居正, 1420~1488에게 '어이 강중剛中 잘 있었나'라고 물었다는 일화가 생각난다. 열대엿 살이나 어린, 더구나 떠돌이중 행세나 하는 주제에 여섯 임금을 모시면서 육조판서를 두루 지낸 서거정의 행차를 세워, 호를 마구 불러대었으니 배포와 배짱이 대단하다 하겠다.

리링이 "완고한 사람을 미워하는 것입니다疾固也"라고 한 것은 문제가 있다. 오규 소라이에 따르면, "질疾은 남을 싫어한다는 것이 아니라, 스스로 싫어함이다." 이렇게 보면, 이 구절은 "스스로 한 가지 설을 고집하는 것을 싫어합니다"로 풀이해야 마땅하다. 다산도 "공자가 혐오한 대상은 자신의 고루하게 막혀서 통하지 못함에 대한 것"이라고 했다.

스승님께서 말씀하셨다. "천리마는 그 힘을 두고 말하는 것이 아니라 그 결과를 두고 말하는 것이다."

子曰, 驥不稱其力, 稱其德也.

※

말馬에게 무슨 덕이 있을까? 정현은 그것을 조량調良, 즉 잘 훈련된 것이라 생각했다. 그러나 덕은 얻는다는 의미의 득得으로 풀이할 수 있고, 또 그것이 달리는 결과가 도대체 어떤가를 가리키는 것 같다. 마지막 지점까지 달려간 말이 정말 좋은 말이다.

※

내가 보기에, 이 구절에서는 다음 두 가지를 생각해 볼 수 있겠다. 하나는 "사람이 재주만 있고 덕이 없으면 어찌 숭상할 만하겠는가"『집주』 하는 점이다. 이에 대해서는 『공자가어』의 말을 들어볼 만하다. "성실하지 않는데 재능만 많은 자는, 비유하자면 승냥이와 이리 같으니, 가까이해서는 안되는 자이다." 다른 하나는 리링의 말대로 "마지막까지 달려간 말이 좋은 말"이라는 것이다. 불의를 보고, 처음에는 흥분했다가 흐지부지하기 때문에 불의는 영원회귀한다. 맑스는 소시민, 곧 프티 부르주아를 희망과 공포 사이에서 머뭇거리는 존재라 했다. 소시민은 상황이 좋다 여기면 곧 새 세상이 올 것처럼 희망에 들뜨지만, 상황이 조금이라도 나빠지면 끝없이 공포에 휩싸인다는 것이다.

'말의 덕'이라고 하니, 이런 생각이 스친다. '요원의 들불'은 매우 빠르게 번지는 벌판의 불길이라는 뜻으로, 걷잡을 수 없이 무섭게 퍼지는 세력이나 기세를 이르는 말이다. 타다가 타다가 더 이상 태울 것이 없을 때 꺼지는 것이 들불이다. 그것이 '들불의 덕'이다. '들불' 하면 80년 5월항쟁에서 마지막까지 도청을 지키다 계엄군에게 처참히 살해당한 윤상원 열사가 생각난다. 그가 주도한 야학의 이름이 '들불'이다.

어떤 사람이 물었다. "은덕으로써 원한을 갚으면 어떻습니까?" 스승님께 서 말씀하셨다. "은덕은 무엇으로 갚을까요? 원한은 원한으로, 은덕은 은 덕으로 갚아야 합니다."

或曰, 以德報怨, 何如. 子曰, 何以報德. 以直報怨, 以德報德.

『노자』 63장에 "은덕으로써 원한을 갚는다"라는 말이 있다. 과거에는 노자가 공자보다 나이가 많기 때문에, 그의 책이 『논어』보다 이를 것이고, 이 말은 공자가 노자에게 대답한 것이라 생각했다. 그러나 그 반대일 수 있 다. 다른 사람을 비판할 때는 반드시 대상이 있어야 한다. 『묵자』의 「상현尚 賢」과 「상동尚同」 등 10편은 공자 비판이고, 『노자』 역시 "올바른 말은 (공자 와) 반대인 것처럼 보인다"라고 했다.

"원한에는 똑같은 것으로 갚고"에 해당되는 이직보원以直報怨을 『집주』에 서는 "사심 없이 지극히 공정한 마음으로 원한을 갚는 것"으로 풀이했는데, 문제가 있는 해석이다. 여기서 말하는 직直은 값하다대등하다라는 의미의 치値 로 읽어야 하고, 그 뜻은 원한으로 원한을 갚는다는 것이다.

이 구절에는 대칭이 되는 두 쌍의 구절들이 있다. 한 쌍은 '은덕으로 원한을 갚는 것'과 '원한으로 은덕을 갚는 것'이고, 다른 한 쌍은 '은덕으로 은덕을 갚는 것'과 '원한으로 원한을 갚는 것'이다. 공자의 태도는 어떤 것이었을까? 『예기』에서는 "은덕에 은덕으로 보답하면 백성들이 서로 권할 것이다. 원한에 원한으로 보답하면 백성들이 서로 징계할 것이다", "원한에 은덕으로 보답한다면 그는 너그럽고 어진 사람이다. 은덕에 원한으로 보답한다면 그는 형벌로 다스려야 할 사람이다"라고 했다. 공자는 은덕으로 은덕을 갚는 것은 백성들이 선으로 향하도록 유도하는 것이고, 원한으로 원한을 갚는 것은 백성들을 처벌하여 악하게 만드는 것이라고 생각했다. '은덕으로 원한을 갚는 것'과 '원한으로 은덕을 갚는 것'은 모두 통상적인 예가 아니다. 앞의 것은 윗사람이 아랫사람에게 지나치게 관대한 것이고, 뒤의 것은 아랫사람이 윗사람에게 지나치게 흉악한 것이다.

그런데 공자는 왜 "원한으로 원한을 갚는다"라고 직접 말하지 않고 "원한에는 똑같은 것으로 갚는다"라고 했을까? 토론해 볼 만한데, 일종의 언어유희가 아닐까 한다.

내가 보기에, 직直을 올곧음으로 볼 것이냐, 아니면 합당함으로 볼 것이냐가 이 구절을 이해하는 관건인 것 같다. "올곧음으로 원한을 갚는다"라는 전통적인 해석과 달리, "원망을 원망으로 갚는다"라는 것을 일종의 언어유희로 푼 리링의 견해가 흥미롭다. 우선 문장 구조로 보아도, 원한은 곧음으로 갚고, 은덕은 은덕으로 갚는다고 하는 것은 자연스럽지 못하다. 난화이진도 앞의 것을 따랐지만, 그에 따르면 "유가사상에는 약간의 의협정신이 있어서, 남이 나를 한 대 때리면 나는 그를 발로 한 번 차고, 남이 나를 좋게 대하지 않으면 나는 그를 상대하지 않는다." 나는 어느 소인배를 인간으로 상대하지 않고 가능한 한 멀리 하면서 피하는데, 그자는 그런 내가 사회성이 부족하다고 비난한다. 권모와 술수를 인간관계의 척도로 삼는 자, 참으로 가소롭기 짝이 없다.

❀

요컨대 도가사상에 입각한 질문, 곧 "덕으로 원한을 갚으면 어떤가"에 대해 공자는, 나를 좋게 대하는 사람은 당연히 잘 대하고, 나를 좋지 않게 대하는 사람은 당연히 상대하지 않는다고 대답했다. 노자가 자애慈愛에, 그리고 묵자가 겸애兼愛에 입각해 있던 데 반해, 공자는 시시비비를 철저히 가리는 입장에 있었던 것이다.

❀

지금 우리 사회에는 굽은 것은 굽다 하고, 바른 것은 바르다고 하는 '서릿발'이 필요하다. 사랑도 좋고, 포용도 좋고, 화해도 좋다. 그러나 우선 시시비비가 분명히 가려지고 책임이 정확히 물어질 때라야, 그것이 한갓 관념으로 전락하지 않는다. 더구나 힘없고 약한 사람들에게 남을 용서할 여력도 없거니와, 힘 있고 강한 자들에게 그것을 바랄 수 없다는 엄연한 현실을 직시해야 한다.

스승님께서 말씀하셨다. "나를 알아주는 사람이 없구나!" 자공이 말했다. "왜 스승님을 알아주는 사람이 없다고 하십니까?" 스승님께서 말씀하셨다. "나는 하늘을 원망하지 않고, 사람을 탓하지 않으며, 아래로 사람의 일을 배우고, 위로 천명에 통달했으니, 하늘은 나를 알아 줄 것이다."

子曰, 莫我知也夫. 子貢曰, 何爲其莫知子也. 子曰, 不怨天, 不尤人, 下學而上達. 知我者其天乎.

공자는 다른 사람이 자기를 알아주지 않는 것에 마음 쓰지 말라고 자주 말했지만, 이 문장에서는 다른 사람이 자신을 알아주지 않는 것에 몹시 신경을 쓰고 있으며, 아울러 어찌해 볼 수 없음에 속이 조금 쓰리다는 심정을 드러내고 있다.

내가 보기에, 이런 것이야말로 공자의 인간적 면모가 아닐까 한다. "남이 나를 알아주지 않는 것을 걱정하지 말고, 내가 남을 알아주지 못하는 것을 근심하라"고 역설했지만, 정작 자신도 그 걱정 앞에서는 괴로워하는 나약한 존재였다. 이 구절에서 공자의 피로와 고독 그리고 절망 같은 것을 느낀다. 하늘이 나를 알아줄 것이라고 한 말이 더욱 안쓰러워 보이는 것도 이런 연유에서이다.

이런 시각은 "하늘을 원망하지 않고, 사람을 탓하지 않으며, 아래로 사람의 일을 배우고 위로 천명에 통달"하고자 애쓴 공자를 너무 세속적인 인간으로 몰아붙이는 것이 아니냐 하는 혐의를 갖게 할 것이다. 다산은 "공자가 스스로 탄식한 것이다"라고 푼 주희의 견해를 다음과 같이 반박했다. "'남이 나를 알아주지 않음을 근심하지 말라'고 항상 말했는데, 지금 여기서 '막아지莫我知'를 가지고 탄식을 발설한 말이라고 한다면, 이는 아마도 그럴 리가 없을 것이다. 만약 탄식하였다면 반드시 그 뒤를 이어서 '나는 요순의 도를 조술祖述하고, 문왕과 무왕의 법을 헌창하였다'고 했을 텐데, 어찌 반드시 '하늘을 원망하지 않고 사람을 탓하지 않으며, 아래로 배워서 위로 달한다'고 했겠는가. 공자의 이 말은 이 세상에 등용되는 것과는 아무런 상관이 없는 것이다."

공백료가 계손씨에게 자로를 비방했다. 자복경백이 그 일에 대해 알리고 나서 이렇게 말했다. "계손씨는 공백료의 말에 현혹되었습니다. 공백료 정도면 제 힘으로 죽여서 그 시신을 시장통이나 조정 앞에 전시해 놓을 수 있습니다." 스승님께서 말씀하셨다. "도가 실행되는 것과 실행되지 않는 것은 천명에 달려 있고, 도가 사라져버릴지 아닐지도 천명에 달려 있다. 공백료가 천명을 어찌하겠는가?"

> 公伯寮愬子路於季孫. 子服景伯以告, 曰, 夫子固有惑志於公伯寮, 吾
> 力猶能肆諸市朝. 子曰, 道之將行也與, 命也. 道之將廢也與, 命也. 公
> 伯寮其如命何.

❦

이 이야기는 밑도 끝도 없다. 공백료가 계씨 쪽에 가서 무엇을 이야기했는지조차도 분명하게 알 수 없고, 자복경백이 왜 그를 죽이려고 했는지도 알 수 없다. 여기서 계씨는 계환자이거나 계강자일 테지만, 정확히는 알 수 없다.

❦

내가 보기에, 이 구절에서도 앞의 구절에서 공자가 보인 피로와 고독 그리고 절망 같은 것을 감지해 볼 수 있겠다. 세상에 비방과 험담이 없어 본 적이 없지만, 그렇다고 그것을 막을 묘안이 구체적으로 있는 것도 아니다. 참소하는 자들은 권력을 따라 움직이기 때문에, 그것들을 응징하기는 쉽지가 않다. 대개는 더러워서 피하고 만다. 대사상가인 공자는 천명을 내세워 그것을 피해갔다. 그런데 참소나 하고 다니는 하찮고 너절한 따위를 두고 천명을 거론하는 공자가 좀 딱하고 안쓰럽다. 그만큼 현실에서 공자는 힘이 들었을 것이다.

❧

우리나라 옛 소설의 사건 전개에서 천명이 유난히 많이 작동한다. 닥친 엄중한 위기 앞에서 선한 주인공은 담대하게 천명을 믿고, 그러면 하늘은 거기에 합당한 보답을 내려주어 위기가 극복된다는 설정이다. 나는 그러한 위기극복을 낭만적인 결구結構로 보는데, 그 천명이 강조될수록 실제 삶에서 그 극복이 지난한 과제임을 역으로 드러내 주고 있다는 점에서, 그것은 '현실주의적 반영'의 하나라 여기고 있다.

❧

좀 다른 얘기지만, 철학박사이자 목사인 어느 분의 글에 이런 얘기가 나온다. "점을 보는 기독교인들이 많다는 것은 공공연한 비밀처럼 되어 있다. 심지어 점쟁이들 가운데는 과거에 기독교인이었다는 자들이 다수 있으며, 교회에서 중요한 직분을 가졌었다는 자들마저 있다." 이럴 경우 두 개의 계시가 서로 다투고 있는 것일까? 그리고 최종 승자는 누구일까?

스승님께서 말씀하셨다. "현명한 자들은 혼란한 세상을 피했고, 그 다음은 위험한 곳을 피했으며, 그 다음은 표정이 좋지 않은 사람을 피했고, 그 다음은 나쁜 말을 피했다." 스승님께서 말씀하셨다. "이런 것을 앞장서서 실천한 이는 일곱 사람이다."

子曰, 賢者辟世, 其次辟地, 其次辟色, 其次辟言. 子曰, 作者七人矣.

공자는 천하에 도가 없으면 네 가지를 피할 줄 알아야 한다고 했다. 피세는 혼란한 시대와 세상을 피하는 것으로, 정현鄭玄의 주에 따르면 백이와 숙제, 우중虞仲이 여기에 속한다. 피지는 위험한 곳나라을 피하는 것으로, 하조荷蓧와 장저長沮, 걸익桀溺이 여기에 속한다. 피색은 표정이 좋지 않은 사람을 피하는 것으로, 유하혜柳下惠와 소련少蓮이 여기에 속한다. 피언은 나쁜 말을 피하는 것으로, 하괴荷蕢와 접여接輿가 여기에 속한다.

이 일곱 사람에 대해서는 논란이 많다. 이 중에는 괴인怪人이 좀 있는데, 그들은 모두 공자와 이야기를 나눴다. 공자는 그들을 만나 초조해하지도 않고 화를 내지도 않았다. 괴인이 나쁜 사람이 아니라 자발적으로 스스로를 주변화시킨 은둔자들이라는 점을 잘 알고 있었던 것이다.

내가 보기에, 이 구절에서 눈여겨보아야 할 것은 강조의 층차를 두었다는 점이다. 세상에 도가 행해지지 않을 때는 피해야 하는데, 시대→장소→사람→말의 순서로 해야 한다는 것이다. 그런데 그러한 차이에도 불구하고 피한다는 점에서는 모두 같다. 피하는 것에 이골이 나 있는 나는, 이 구절이 특히 마음에 든다. 공자도 그랬구나, 안심이 되는 것이다. 물론 비겁과 굴종이라는 혐의와 지탄을 면할 수는 없다. (참고로 다산은 '피한다'는 뜻의 '辟'를 '거성去聲'이라 했다. '辟'이 거성일 때는 '피避'로 읽고 쓴다.)

❧

김시습은 "남아가 세상에 나서 도를 행할 만한데도 일신만을 깨끗이 하여 인륜을 어지럽힘은 부끄러운 일이나, 만일 도를 행할 수 없다면 홀로라도 그 몸을 잘 다스림이 옳다"고 생각했다. 자신만을 깨끗이 지키는 태도가 옳지는 않지만, 도를 행할 수 없는 상황에서는 물외物外로 나아가는 일이 자신의 몸을 깨끗이 지키는 방법이라는 것이다. 그리하여 김시습은 "세상의 삶의 방식에 따르지 못한다고 스스로 생각해, 드디어 세속의 몸을 놓아버리고 방외方外에서 노닐"고자 결단한다.

방외란 세상의 바깥, 즉 세속과 예교禮敎로부터 벗어난 곳을 의미한다. "시큼한 선비 꼴이 되고 싶지 않"았던 김시습은 관인으로 나아가는 것도 혐오했지만, 처사적인 권위와 규범을 지키는 생활도 바라지 않고, 체제의 바깥, 곧 방외로의 탈출을 기도하였던 것이다. 마음과 세상일이 줄곧 반대 방향으로 치달아 마침내 세상사와 어그러질 수밖에 없었기 때문이다. 요컨대

'신세모순身世矛盾'이라는 그의 진술이 분명히 말해주고 있듯이, 세상과의 전반적인 갈등과 불화가 그로 하여금 방외로의 탈출을 기도케 하였던 것이다.

그런데 세상과 근본적으로 충돌해 세속의 예교로부터 벗어난다는 것은, 세속의 예교가 삶을 왜곡·억압하고 있으니, 그것을 용납지 않겠다는 저항적 선언과 크게 다르지 않을 것이다. 이런 의미에서 그의 탈출은, 세상과 맞지 않아 거기로부터 벗어난다는 의미의 단순한 피세避世가 아니라, 지배적인 질서 체계로부터의 '탈주'라는 적극적인 의미를 지닌다고 할 수 있다. 그리고 그는 기존의 지배적인 가치 혹은 질서를 거부하는 데에서 나아가 그것을 상대화시킬 수 있는 '바깥'을 모색하고자 했는데, 이런 의미에서 그의 '탈주'는 일종의 '해체의 기획'이었다고 할 수 있다.

추악한 세상에서 벗어나고자 하면 세상이 그의 발목을 붙잡고, 그럴수록 다시 세상이 싫어져 피하고자 하는 고통의 연쇄를 그는 주로 '양광佯狂', 곧 거짓 미치광이 짓으로 대면하였다. 퇴계가 '색은행괴索隱行怪'라고 한 그의 방달불기放達不羈의 기행奇行들은 바로 이 거짓 미치광이 짓의 결과였다. 유학자였던 그가 하루아침에 '괴승怪僧'이 된 것이야말로 그 전형적인 모습이다. 상치되는 두 개의 이념을 한 몸에 품고 사는 이 '미친 짓'을 율곡은 '심유적불心儒跡佛'이라는 개념으로 묘사하였다. '뜻은 유학에 두었으나, 남긴 자취는 불교적인 것이었다'는 것이다. 거짓 미치광이 짓 속에 감춘, 복잡다단했던 김시습 실존의 내밀함은 이 '심유적불'의 관점에서 밝혀질 수 있을지 모른다.

'심유적불'이라는 평가는 기본적으로 유학자의 입장이 투영되어 있다. 한마디로 김시습이 유학자로서 불교적 경도를 보인 것은 아쉽다는 말이다. 물론 「인군의人君義」, 「애민의愛民義」, 「태극설太極說」 등의 논설에서 보듯이,

유학자로서의 김시습의 사상과 경륜은 그의 문집에 여러 형태와 수준으로 개진되고 있다. 그러나 그렇다고 김시습이 불교에 경도한 바가 '자취' 정도였던 것은 결코 아니다. 김시습은『십현담요해+玄談要解』,『조동오위요해曹洞五位要解』등을 집필할 정도로 불교, 특히 선종에 정통한 선승禪僧이기도 하였다. 이렇듯 양극단을 넘나들고 혹은 가로지르며 살았던 그의 실존을 한마디로 개념화하기는 매우 어렵다. 그것을 김시습의 폭넓은 관심 혹은 자유분방한 사유에서 가능했다는 이른바 '유불조화儒佛調和'·'유불일치儒佛一致' 혹은 '반유반불半儒半佛'로 해석하는 것은 아무래도 안이한 절충인 것 같아 받아들이기 어렵다. 유학의 입장에서 불교를 현실주의적으로 재해석했다거나 그 반대였다는 식의 진단들도 실상을 충분히 드러낸 것 같지는 않다. 어떤 관점에 서든 이런 식의 접근은 부분적 진실만 짚어낼 뿐, 그의 사유와 실존의 전폭을 드러내지는 못한다.

충분히 더 따져보아야 하겠지만 '심유적불'이라고 한 김시습의 삶의 태도는, "상반되는 진리가 있고, 그것의 공존하는 의의가 상반되는 것이라면, 경험상 그들 중 어느 한 가지라도 단순히 옳다고 할 수 없고, 여러 가지의 해석이 가능하며, 불일치가 공존하고 있는 것이 생존 구조의 한 부분이라는 것을 인정하는 인생관"과 깊은 관련을 맺고 있는 것으로 보인다. 김시습은 "반대물 간의 긴장으로 가득 차 있는 착잡한 현실에 직면해 그 어느 쪽에도 휘말려들지 않기 위해" 유불 양쪽 모두로부터 반성적 거리를 유지한 채 치우침 없이 그것을 조망하고자 하였던 것이다. 이른바 '불락양변不落兩邊'의 사유이다.

이는 현실을 일종의 '중심 없는 심급들의 체계와 그것들 간의 갈등 관계'로 이해·파악하는 시각과 유사한 것이라 할 수 있다. 말하자면 지나치게 단순하거나 독단적이 되기를 거부하고 균형 잡힌 시야를 확보하여 인생의 복잡성과 가치의 상대성을 인정하면서, 이른바 최종심급으로서의 '단일한 중심'을 거부·비판하려는 의식 태도 혹은 지향과 상동성을 갖는다는 말이다.

이런 의미에서 그가 보인 내적 갈등은 미치광이 짓거리나 한갓된 방황으로 귀결된 것이라고 말할 수 없다. 불교의 외피로 가장한, 불우한 유학자 혹은 유학을 방편 삼아 불교에 빠져든 선승이 되고자 했던 것은 더구나 아니다. 그는 지배적인 이념으로 행세해 온 유학과 불교, 그리고 그것을 대립적인 것으로 이해하고 '하나의 중심'을 세워 그것을 차지하려는 모든 사유가 실체적 본질을 지시하지 않는 사회적 구성물 혹은 권력 행사의 방편일 뿐임을 주장하면서, 그 중심을 해체하기 위한 '탈주'를 시도하였던 것이다. 중심에 의해 배제된 혹은 중심을 거부하는 일종의 광기로 볼 수 있는 그의 여러 파격적 언행과 기행들은 이러한 탈중심의 기획을 그 배면에 깔고 있었던 것이다. '양광'의 가면 뒤에 꿈틀대고 있던 그의 내적 갈등을 이렇게 이해하고 접근할 때, 방외인으로서의 그의 실존과 그 실천으로서의 그의 문학은 자신의 내밀한 지향을 하나씩 드러낼 것이다.

자로가 석문에서 묵었다. 문지기가 물었다. "어디서 오시오?" 자로가 대답했다. "공씨 댁에서 옵니다." "불가능하다는 것을 알면서도 하려고 하는 그 사람 말이오?"

子路宿於石門. 晨門曰, 奚自. 子路曰, 自孔氏. 曰, 是知其不可而爲之者與.

🦋

공자는 은둔자들과는 다르다. 은둔자는 불가능하다는 것을 알고서 피한 사람과 불가능하다는 것을 알고서 도망간 사람이다.

🦋

내가 보기에, 이 구절에서는 두 가지를 생각해 보면 좋겠다. 하나는, 깨달음의 문제다. 공자든 은둔자든 모두 깨달음을 열망하는 사람들이다. 선불교의 심우도尋牛圖 혹은 시우도十牛圖에서 말하는 마지막 장면은 입전수수入廛垂手이다. 소道를 찾아 깨달음을 얻은 스님이 저잣거리로 내려가는 모습을 그렸다. 진정한 깨달음은 깨달은 후에 다시 떠난 곳으로 되돌아오는 것이다. 작은 은둔은 산림에 있고, 큰 은둔은 시장이나 조정에 있다小隱在山林, 大隱於市朝는 말과 통한다. 세상의 모순을 남겨두고 자기 혼자 깨달아 모순을 넘어선다는 것은 그럴듯한 관념일 뿐이다. 다음, 불가능한 것을 알면서도 포기하지 않는 태도이다. 요즘처럼 승산을 따져 불리하면 물러서서는 큰일을 할 수 없다. 바이런은 "때로는 질 줄 알면서도 싸워야 할 때가 있다"라고 노래했다. 인간 정신의 고귀함 같은 것이 있다면 이런 데서 찾을 수 있을지 모른다. "지성으로 비관해도 의지로 낙관하라"는 그람시의 발언도 마찬가지다.

한 가지 재미있는 것은, 문지기가 공자를 비웃은 것인가 칭찬한 것인가 하는 점이다. 『집주』에서는 "문지기는 세상의 불가능함을 알고 하지 않은 자이다. 그래서 이 말로써 공자를 조롱한 것이다"라고 했다. 반면 오규 소라이는 반대로 이해했다. "불가능한 줄을 알면서도 하는 것이, 공자가 지극한 덕을 지닌 사람이 된 까닭이다. 문을 지키는 사람이 그것을 알았기 때문에 공자를 찬미한 것이다."

스승님께서 위 나라에서 석경을 연주하고 계실 때, 삼태기를 짊어지고 공씨 댁 문을 지나가던 사람이 말했다. "시름이 실려 있구나. 저 경 치는 소리여!" 그러고 나서 또 말했다. "천박하구나, 깽깽거리는 소리여! 자기를 알아주지 않으면 그만 두면 될 텐데, 물이 깊으면 옷을 입은 채 건너고, 물이 얕으면 옷을 걷어 올리고 건너야지." 스승님께서 말씀하셨다. "확고하구나! 논박할 수가 없어."

> 子擊磬於衛, 有荷蕢而過孔氏之門者, 曰, 有心哉, 擊磬乎. 旣而曰, 鄙哉, 硜硜乎. 莫己知也, 斯己而已矣. 深則厲, 淺則揭. 子曰, 果哉. 末之難矣.

전통적인 해석에서는 모두 삼태기를 진 사람을 은둔자라고 한다. 이 구절은 공자가 위 나라에서 벼슬을 할 때, 뜻을 얻지 못하고 집에서 석경을 연주하는데 삼태기를 메고 가던 사람이 문 앞을 지나면서, 공자가 시름이 깊다는 것을 알아차렸다는 것을 말하고 있다. 세상의 도가 이렇게 악화되었고, 당신도 모르는 바 아닐 텐데, 군이 다른 사람에게 당신을 이해해 달라고 끝없이 치근거려 무엇 하겠느냐는 것이 그의 주장이다. 이에 대해 공자는, 당신이 이렇게 극단적으로 말하시니, 할 말이 없다고 대답했다. 당신과는 논쟁할 방법이 없다는 뜻이다.

내가 보기에, 이 구절에서 은자가 말하고자 하는 요체는 인용한 『시경』의 심려천게深厲淺揭에 있는 것 같다. 이 말 뜻은 대략 다음과 같다. "만약 시대가 구해낼 수 있는 정도라면 그대는 힘을 다해 구해야 한다. 그러나 시대를 돌려세울 방법이 없다면, 물러나 재능을 감추어 남들이 싫어하지 않도록 하는 것이 좋다. 마치 강을 건널 때 얕은 곳은 옷을 걷어 올리고 건너지만, 깊은 곳은 아무리 옷을 걷어 올려도 젖기 마련이니, 아예 옷을 입은 채 그대로 건너가는 것과 같은 이치다."

"확고하구나! 논박할 수가 없겠어果哉. 末之難矣"를 어떻게 풀이하느냐는 논란이 될 만하다. 리링은, "당신이 그렇게 극단적으로 말하니 논쟁할 수 없다"라고 풀었는데, 주희는 "과감하구나. (당신 말처럼 하면 세상살이가) 어려울 것이 없겠어", 오규 소라이는 "과감하구나. 중요하게 여기는 것이 없구나", 다산은 "과연 그렇구나. 힐난할 말이 없다", 난화이진은 "정말 그런가? 인생은 마지막이 어려운 법이지"라고 각각 이해했다. 나는, "과果는 옳다고 승인하는 말이다. …… 공자가 사방의 나라를 정처 없이 돌아다닌 것이 어찌 즐거워서 한 것이겠는가"라고 한 다산의 견해에 한 표를 던지고 싶다.

삼태기를 멘 은자는 『삼국유사』에도 여러 차례 등장한다. 다음은 혜공惠空의 이야기다. "혜공은 어느 작은 절에 살면서 언제나 미친 것처럼 크게 취해서 삼태기를 지고 거리에서 노래하고 춤춘 까닭에 그를 부궤화상負簣和尙이라 불렀으며, 그가 있는 절을 부개사夫蓋寺라 했다. …… 만년에는 항사사恒沙寺—지금의 영일현迎日縣 오어사吾魚寺다—에 가서 있었다. 이때 원효元曉는 여러 불경의 주소注疏를 찬술撰述하고 있었는데, 언제나 혜공에게 가서 질의하거나 서로 말장난을 하기도 했다. 어느 날 혜공과 원효가 시내를 따라가며 물고기와 새우를 잡아먹고 돌 위에 똥을 누웠는데 혜공이 그것을 가리키며 장난쳤다. '네 똥은 내가 잡은 물고기다.' 그로 인하여 그 절을 오어사吾魚寺라 했다."

남이 알아주지 않아도 원망하지 않으려 애쓰는 것이야말로 대단히 소망스러운 자세다. 남이 자기를 알아주지 않는다고, 슬퍼하고 우울해 한다면 무슨 일을 하겠는가. '너는 그렇게 생각하는구나' 하고 넘기는 여유가 절대 필요하다. 그러기 위해서는 우선 타자가 아니라 주체로 서야 한다. 『숫타니파타』는 이렇게 말했다. "소리에 놀라지 않는 사자와 같이 / 그물에 걸리지 않는 바람과 같이 / 흙탕물에 더럽히지 않는 연꽃과 같이 / 무소의 뿔처럼 혼자서 가라." 마음에 새겨보지만, 쉽지는 않다.

자장이 말했다. "『서경』에서 '고종은 상을 치룰 때 3년 동안 말을 하지 않았다'고 했는데, 무슨 뜻인지요?" 스승님께서 말씀하셨다. "왜 꼭 고종 뿐이겠느냐? 옛날 사람은 모두 그러했다. 군주가 돌아가시면, 모든 백관은 3년 동안 재상에게서 정무를 들었다."

> 子張曰, 書云, '高宗諒陰, 三年不言. 何謂也. 子曰, 何必高宗, 古之人皆然. 君薨, 百官總己以聽於冢宰三年.

양음諒陰은 다른 본에는 양암諒闇 혹은 양암梁闇으로 되어 있다. 이에 대해는 두 가지 설이 있다. 하나는 양諒을 신信으로 풀고 암闇을 암暗으로 읽으면서, 신용을 지키며 말을 하지 않는 것이라 보았다. 다른 설은 양諒을 양涼으로 읽고 암闇을 암庵으로 읽으면서, 효자가 상을 치를 때 거주하는 여막廬幕이라고 보았다.

내가 보기에, 모든 일을 재상에게 넘겨 처리하는 것을 "각자 책임 하에 자기 스스로 일을 처리하는 것"이라고 한 난화이진의 견해가 설득력이 있어 보인다. 그에 따르면, 백관 모두가 각자 책임을 지고 일을 처리하고 문제를 해결한 후에 재상에게 보고할 뿐 새 황제에게는 보고할 필요가 없다. 선왕의 죽음을 슬퍼해 나랏일을 돌볼 심정이 아니었기 때문이다.

헌문憲問 14-41

스승님께서 말씀하셨다. "윗사람이 예를 좋아하면 백성들을 부리기 쉽다."

子曰, 上好禮, 則民易使也.

✿

이 구절은, 윗사람이 예로써 백성을 부린다고 말하는 것이 결코 아니다. 예는 군자와 대인에게 쓰는 것이지, 일반 백성들과는 관계가 없다.

✿

내가 보기에, 이 짧은 구절도 여러 가지를 생각게 한다. 우선 리링의 풀이가 소중하다. 지배자들이 자기들 사이에서 예를 지키면 자연히 백성들이 따른다는 것이지, 백성을 다스리는 데 예를 행사한다는 말은 아니다. 다스린다는 말은 보살펴 이끌거나 관리한다는 뜻이다. 이 구절을 현대 사회에 그대로 적용할 수 없는 이유이다. 굳이 민주, 곧 백성이 주인이라는 말을 동원하지 않더라도, 오늘날 백성은 보살피거나 관리할 대상이 아니다. '애민과 시혜'를 정치꾼의 미덕으로 강조하는 글을 본 적이 있는데, 시대착오도 이만저만이 아니다. 이 말을 소위 '지도자의 솔선수범' 따위로 이해하고 설교하는 선생들이 행세하는 한 논어든 맹자든 지배자를 위한 교과서에 불과하다.

✿

다음 이른바 낙수落水 효과이다. 넘쳐흐르는 물이 바닥을 적시는 것처럼 대기업의 성과가 관련된 중소기업에도 영향을 미쳐 경제가 전반적으로 향상되는 효과가 있다는 말이다. 성장론자가 애호하는 구호이다. 분배도 좋지만, 우선 파이가 커져야 한다는 것이다. 우리 '국민'들, 대개는 여기에 넘어간다. 그러나 그 넘쳐흐르는 물이 바닥을 적셔주지 않음은 나날의 삶이 충분히 말해 주고 있다. 그래도 줄기차게 그 구호에 속아 넘어간다. 성장하자는 데 왜 반대하느냐, 너 '종북좌빨'이냐고 눈을 부라린다. 그리고는 고통과 간난의 세월을 참고 견딘다.

⁂

"윗물이 맑아야 아랫물도 맑다"라는 말도 무작정 쓰지 않는 것이 좋겠다. '국민'은 언제나 그렇게 수동적인 존재일 수만은 없다. 마오쩌둥이 말했듯이, "물을 떠난 물고기는 살아남을 수 없다."

자로가 군자에 대해 묻자, 스승님께서 말씀하셨다. "공경하는 마음으로 자신을 수양하라." "그렇게 하면 끝입니까?" "자기를 수양하여 다른 사람을 편안하게 해 주어라." "그렇게 하면 끝입니까?" "자기를 수양하여 백성을 편안하게 해 주어라. 자기를 수양하여 백성을 편안하게 해 주는 것은 요임금이나 순임금도 어렵게 생각하셨던 일이다."

子路問君子. 子曰, 脩己以敬. 曰, 如斯而已乎. 曰, 脩己以安人. 曰, 如斯而已乎. 曰, 脩己以安百姓. 脩己以安百姓, 堯舜其猶病諸.

앞의 「옹야雍也」 편 6-30의 말을 기억하자. 백성들에게 널리 베풀어 많은 사람을 구제하는 것은 성聖이고, 자기가 일어서고 싶으면 남을 일으켜주고, 자기가 이루고 싶으면 남을 이루게 해주는 것은 인仁이다. 여기서 주의할 점은 인人은 중衆 혹은 백성과 다르다는 것이다. 인은 상류사회의 군자이고, 중과 백성은 하층의 대중이다.

내가 보기에, 이 구절만큼 자기 수양의 방향과 목표를 정확히 표현한 예도 드물 것이다. '기己→인人→백성百姓'으로의 확장, 나는 이것을 '공부해서 남 주자'는 말로 이해한다.

인ㅅ과 백성을 구분하는 것은 지금으로서는 이해하기 어렵지만 당시로서는 당연한 것이었다. 이진경 선생에 따르면, "아메리카 원주민은 인간인가 아닌가? 원주민은 이에 대해 말할 자격이 없다. '아직' 인간이 아니기 때문이다. 이것을 최종 결정할 자는 백인이다. 이런 의미에서 '인간'이란 백인의 다른 이름이고, 휴머니즘은 얼굴이 흰 백인중심주의의 다른 이름이다."

　　지금 정치를 한다는 자들은 백성을 죽이면서 살아가는 것 같다. 마치 『토끼전』에서 용왕이 토끼의 간을 먹지 않으면 죽을 수밖에 없는 것과 마찬가지다. 그렇게 해서 중세는 종말을 고하는데, 살아남은 자는 토끼지 용왕이 아니다. 기억하라!

원양이 가랑이를 벌리고 앉아 스승님을 기다리고 있었는데, 스승님께서 말씀하셨다. "어려서 불손하고 우애가 없었고, 커서는 이렇다 할 것도 없었으며, 늙어서도 죽지 않는 자는 도둑놈이다." 그러고 나서 지팡이를 그의 정강이를 때렸다.

原壤夷俟. 子曰, 幼而不孫弟, 長而無述焉, 老而不死, 是爲賊. 以杖叩其脛.

공자는 예의를 중시하지 않는 사람을 싫어했다.

내가 보기에, 말을 함부로 내뱉고 부하의 '조인트를 까는' 따위를 인간적이라고 우기는 전사모^{전두환을 사모하는 모임}가 들을까 걱정이지만, 이 구절에서 공자의 언행은 대단히 인간적이다. 버르장머리 없는 것 앞에서는 우선 기분이 나빠지는 것이 범인凡人이다. 예의는 나중에 흥분을 가라앉히고 훈계를 할 때나 필요한 것인지 모른다. 주먹은 가깝고 법은 멀다는 것은 인지상정이다.

그런데 원양이 개차반처럼 보이겠지만, 사실은 공자의 어릴 적 친구이다. 그의 마음은 이런 것이 아니었을까? '공구야, 너 참 많이 컸네? 그런데 네 위엄이나 권위 같은 게 내게 뭐가 대수냐?' 실제로『논어』주석서인『황소皇疏』는 "(원양은) 세속 밖의 성인으로서 예교禮敎에 구속받지 않았고, (공자는) 세속 안의 성인으로서 항상 예교를 일삼았다"라고 했다. 원양은 일종의 방외인方外人이었던 셈이다. (방외란 세속과 예교禮敎에서 벗어난, 요즘 말로 하면 '체제 바깥'이다.)

※

김시습 식으로 말하면, 신세모순身世矛盾, 곧 세상과 자신이 서로 맞지 않다고 생각한 원양에게 공자는 그저 그런 '시큼한 선비酸儒'의 하나였을지 모른다. 그런 공자에게 예의를 갖춘다는 것은 그로서는 용납할 수 없었을 것이다. 그런데 공자는 그의 '조인트를 깠다.' 궁금한 것은 그러고 나서 원양이 어떤 태도를 취했을까 하는 점이다. 아마 껄껄 웃고 말았을 것이다.

※

사족들. 오규 소라이는 공자과 원양의 이 정경을 군자의 화락和樂 혹은 우스개 농담으로 이해했다. / 앞에서 개차반이란 말을 썼다. 이는 원래 개가 먹는 음식, 즉 똥을 가리키는 말이었는데, 나중에 행실이 더럽고 막된 사람을 욕하여 이르는 말로 쓰이게 되었다. 여기저기 개차반들이 날뛰는, 막돼먹은 세상이다. / 우리가 줄곧 듣고 자란 "늙으면 죽어야 돼"라는 탄식은 여기서 온 말인가?

궐당에서 젊은이가 소식을 전했는데, 어떤 사람이 그에 대해 물었다. "발전할 사람입니까?" 스승님께서 말씀하셨다. "나는 그가 그 자리에 그냥 앉아 있는 것을 보았고, 어른들과 나란히 함께 걸어가는 것을 보았는데, 발전을 추구하는 사람이 아니라 빨리 성취하고 싶어 하는 사람이오."

闕黨童子將命. 或問之曰, 益者與. 子曰, 吾見其居於位也, 見其與先生並行也. 非求益者也, 欲速成者也.

궐당은 공자의 고향 궐리闕里, 취에리에 있던 마을 조직이다. 오늘날 곡부曲阜, 취푸에 가면 응당 취에리의 공묘孔廟와 공부孔府에 간다. 공자는 유년 시절 아버지를 잃고 어머니와 외갓집으로 가 살았는데, 취에리가 바로 공자의 외갓집, 즉 안씨들이 모여 살던 곳이다. 공자는, 궐당 동자가 버릇이 없고 법도를 알지 못하며 예의에 밝지 못하다고 여겼다.

내가 보기에, 이 구절에 대해서는 배병삼의 풀이가 적절하다. "학문이 깊어 남에게 고개를 숙이지 않는 것은 '건방'이지만, 뭘 옳게 아는 것도 없는 녀석이 아무 데나 어깨를 겨루려고 드는 것은 '시건방'이라고 해야 한다."

여기서 속성速成이란 말이 비롯되었는데, 그것은 숙성熟成과 대척된다.

배병삼의 설명이 여기서도 참조된다. "콩은 소금과 더불어 세월을 보내야 된장이 된다. 말이 쉽지 발효란 고통의 세월이다. 소금은 콩을 콩으로 놔두지 않으면서 또 썩지도 못하게 만든다. 이 인고의 세월을 삭힐 때만 똥도 아니고 콩도 아닌 새로운 물질로 재탄생한다. 이 과정이 발효요 숙성이며 그 결과물이 된장이다. …… 시인이 노래하듯 '익지 않은 석류는 터지지 않는다.'[이문재] 익어야 터지는 것이 학문이다. …… '7년 긴병에 3년 묵은 쑥이 약'이라고 했다. …… 속성과 속독이 판치는 교육현장과 1년 단위로 성과물을 요구하는 학계의 풍토는 답답하기만 하다."

15

위령공

衛靈公

위 나라 영공이 공자에게 진법에 대하여 묻자, 공자께서는 이렇게 대답하셨다. "제기祭器와 관련된 일에 대해서 들은 적이 있습니다만, 군대와 관련된 일은 배우지 못했습니다." 그리고는 다음 날로 바로 떠나셨다.

衛靈公問陳於孔子. 孔子對曰, 俎豆之事, 則嘗聞之矣, 軍旅之事, 未之學也. 明日遂行.

❦

영공이, 공자가 능숙하게 할 수 있는 것은 예에 관한 것이지 군사에 관한 일이 아니라는 점을 알고 있으면서도 진법을 물을 것은 일부러 공자를 난처하게 하려고 한 것이다. 공자는 그의 의도를 확실하게 알아차렸기 때문에 다음 날로 위 나라를 떠났다. 그러나 이와 같은 추측이 반드시 맞다고는 할 수 없다.

❦

내가 보기에, 진법이라고 한 조두俎豆에 대한 해석도 크게 갈린다. 대개는 제사 지낼 때 쓰는 그릇이라 하지만, 오규 소라이는 그것을 준조樽俎로 보고 '평화적인 화합'이라 풀었다.

❦

다음 날로 바로 떠났다는 말도, 리링이 정확히 알 수 없다고 했듯이, 난해하다. 일면 '칼 같은 결단'이라고도 볼 수 있지만, 성인의 경지에 이른 공자가 자신을 곤경에 집어넣으려고 하는 영공의 한 마디에 토라져 떠났다고 한다면, 졸렬하기 그지없다. 양 혜왕이 나라를 이롭게 할 일에 대해 묻자 "하필 이로움을 생각하십니까?"라고 한 맹자가 떠오른다.

✿

다산은 "당시 위 나라가 무도하여 진晉 나라와 사이가 나빴는데, 군사를 결집하고 진법을 물어 장차 원한을 갚으려 하였다. 공자는 모주謀主가 되고 싶지 않았기 때문에 임기응변의 말로 모면한 것이다. 다음 날 떠난 것은 위후衛侯가 이를 강행하려 하자 장차 화가 있을까 염려해서 그랬던 것"이라 했다. 임기응변은 권도權道라 하여 용인하지만, 그것에 기대 온갖 치사한 변명과 너절한 짓거리들이 횡행하게 된 것 또한 사실이다.(권도란 어떤 일을 이루기 위하여 상황에 따라 그때그때 일을 처리하는 방도를 말한다)

✿

다른 얘기 하나. 요즘 이런 생각을 해 볼 때가 있다. 남의 일이라면 무조건 물어뜯고 짓밟으려는 어느 소인배와 술자리를 하게 되면, 좀 따끔한 맛을 보여줘야 하겠다고 다짐을 한다. 다들 '헤헤' 거리면서 그의 험담에 동조하는 분위기가 만들어지면, '그래 너희끼리 재밌게 놀아라. 나는 간다' 하고 곧바로 떨치고 일어날 것이다. 그래야 그 뒤에 나를 안주 삼아 그들이 즐겁게 술을 마실 것 아니겠는가! 그런데 아쉽게도 앞으로 그 살신성인할 수 있는 좋은 기회가 주어질는지는 알 수 없다.

진陳 나라에서 양식이 떨어지자, 따르는 자들이 병이 나서 일어날 수가 없었다. 자로가 화가 나서 뵙고 말했다. "군자도 곤궁에 빠질 때가 있습니까?" 스승님께서 말씀하셨다. "군자는 곤궁이 닥치면 그것을 견디고, 소인은 곤궁이 닥치면 곧 제멋대로 날뛴다."

在陳絶糧, 從者病, 莫能興. 子路慍見曰, 君子亦有窮乎. 子曰, 君子固窮, 小人窮斯濫矣.

＊

『순자』「유좌宥坐」에서는 "(공자는) 7일 동안 먹지 못했다. 명아주 풀로 끓인 국에는 곡식 알갱이 하나 없었고, 제자들은 모두 굶주려 초췌한 기색이었다"라 했고, 양경楊倞은 그 주석에서 "공자는 당시 아무것도 걸치지 않은 채 낙엽 진 뽕나무 아래에 있었다"라고 했다.

＊

자로가 군자도 이렇게 굶주려야 하느냐고 묻자, 공자는 군자라면 당연히 곤궁을 받아들이지만, 소인처럼 곤궁을 참지 못하고 바로 히스테리를 부리지 않는다고 했다. 그런데 두 사람이 지시하는 군자의 의미는 달랐다. 자로가 신분으로서의 군자, 곧 귀족을 의미했다면, 공자가 말한 것은 도덕 군자였다.

내가 보기에, 이 구절에서 두 가지를 생각해 볼 수 있겠다. 하나는 가난의 구체성이다. 우스갯소리로 교실에서 나는 가난에 시달리는 사람은 행복할 수 없다는 진술의 문제점을 지적해 보라고 한다. 그러면 학생들은 '가난과 행복은 필연적인 연관이 없다'는 식의 답변을 즉각 내어놓는다. 그러나나는 '가난에 '시달리면서' 행복할 수 있겠는가'라고 되묻는다. 가난은 관념이 아니라 일종의 참상慘狀이다. 이른바 '가난한 날의 행복' 따위는 지금은 넉넉해진 사람의 추억 속에서나 빛나는 말이다.

다음은 소통의 문제다. 자로는 '지금 배고파 죽겠으니 당장 뭐 좀 먹어야 하는 것 아니냐' 하고 묻는데, 공자는 소인배처럼 날뛰지 말라고 한다. 물론 자로가 군자를 내세워 빈정거린 것에 대한 공자의 꾸지람이었겠지만, 문제는 문제로 풀어야지 말로 해결하려 해서는 안 될 것이다. 관중이 말했듯이, "창고가 차야 예의와 염치를 안다."

고궁固窮, 곧 곤궁을 견디는 것은 대단히 소중한, 인간 정신의 하나이다. 잠시 배고픈 것을 참지 못하고 여기저기 기웃거리다가 결국 비참한 종말을 맞이해서야 쓰겠는가. 도연명의 고궁지절固窮之節은 연모할 수는 있지만, 그렇다고 그것을 삶의 전범으로 삼을 수는 없다. 나는 조선의 양반들이 고상한 포우즈의 하나로 안빈낙도安貧樂道를 노래하는 것을 국어교과서에서 강조

할 필요까지는 없다고 생각한다. 그렇게 되면, 예컨대 판소리『흥보가』의
「가난타령」, 곧 "가난이야 가난이야 원수년의 가난이야" 같은 절규는 천박
한 것이 되고 말기 때문이다.

스승님께서 말씀하셨다. "사야, 너는 나를 많이 배워서 기억하고 있는 사람이라고 생각하느냐?" 자공이 대답했다. "예. 아닌지요? "아니다. 나는 배운 것을 하나로 꿰고 있을 뿐이다."

> 子曰, 賜也, 女以予爲多學而識之者與. 對曰, 然, 非與. 曰, 非也, 予一以貫之.

사람의 기억에는 두 종류가 있다. 무턱대고 통째로 외우는 기계적인 기억과 이해를 기초로 연상에 의존하는 기억이 그것이다. 공자는 자신이 많은 것을 배우고 억지로 외워서 모든 것을 기억하는 것이 아니라 하나로 꿰는 원칙에 의지하고 있다고 했다.

내가 보기에, 공자가 증자에게는 행동으로써 말하고, 자공에게는 지식으로 말했다는 『집주』의 해석은 석연치 않다. 앞의 「이인里仁」편 4-15에서 공자가 증자에게 "내 도는 일이관지다吾道一以貫之"라고 하자, 증자는 그 도를 충서忠恕로 이해했는데, "자공이 생각한 '일관'은 서恕일 뿐이었다"라는 모기령毛奇齡의 해석도 마찬가지다.

이에 대해서는 다산의 풀이가 합리적인 것으로 보인다. "증자와 자공의 일관은 크고 작은 것이 없고, 지행知行의 구분이 없으며, 일관에 충서忠恕니 서恕니 하는 차이도 없다. …… 유자儒者는 마땅히 정밀하고 은밀해야 할 곳에 이를 뒤섞어서 분명하게 분석하지 못하고, 마땅히 융화해야 할 곳에 이를 깨뜨려서 사단을 많이 만드니, 그 병폐가 똑같다. 『중용』에 '충서는 도를 떠남이 멀지 않으니, 자기 몸에 베풀어서 원하지 않는 것을 또한 남에게 베풀지 말라'고 했으니, 처음에는 충과 서 두 글자를 들고, 아래 구절에서는 서 한 자만 말한 것은 무엇 때문일까? 충서가 곧 서이니, 둘이 아니기 때문이다. 선유先儒들은 '자기의 마음을 다하는 것을 충이라 한다' 하고, '자기를 미루어 남에게 미치는 것을 서라 한다'고 했는데, 지금 사람들이 알기로는 마치 어떤 한 물건이 먼저 마음속에 충으로서 내재한 뒤에 이로부터 굴러나와 발현된 것을 서라 하니, 어찌 큰 잘못이 아니겠는가? 진실로 이와 같다면, 그것은 '이이관지二以貫之'이지 어찌 '일이관지'이겠는가? 서가 근본이 되고 이를 행하는 것이 충이니, 충서는 서가 아니겠는가! 증자와 자공은 본래 이처럼 충과 서에 층급層級이 없었다."

유자들의 견강부회를 이렇게 간단명료하게 비판하는 것을 보니, 역시 다산이다. 잡다하고 자질구레한 지식을 남들보다 많이 기억하는 것을 박람강기博覽强記라고 자세藉勢하는 얼치기 학자들하고는 수준이 다르다. 그런데 자기가 파고드는 분야 이외에는 아는 것이 전혀 없는 이른바 얄팍한 전문가들보다는 박람강기를 주특기로 삼는 사람들이 차라리 더 낫다.

각종 포스트주의가 판을 치는 이 남한에서 아직도 중심이니 원칙이니 일관이니 따지는 것은 촌스러운 일일지 모른다. '근대를 초극한 지 이미 오랜 마당에 웬 각주구검刻舟求劍이란 말인가' 하고 손가락질 하는 사람들이 많을 것이다. 그러나 나같이 공부가 덜 된 사람의 눈에는 그것이 근대를 '제대로' 경험하지 못한 단계와 수준의 치기라고 생각한다. 원칙 없이 그때그때 입장이 달라지는 사람에게 '포스트모던을 구가하고 있다'고 말하는 것처럼 어처구니없는 일은 없을 것이다.

스승님께서 말씀하셨다. "유야, 덕을 아는 이가 드물구나."

子曰, 由. 知德者鮮矣.

❧

공자는 자로에게 도덕을 이해하는 사람이 너무 적다는 것을 말했다. 그는 매우 고립되어 있었다.

❧

내가 보기에, 공자의 이 탄식은 시대의 변화를 절감한 것이 아닌가 한다. 그렇지 않고, 『집주』에서 말하듯이 그저 앞 구절에서 자로가 화가 난 얼굴을 하고 들어온 하나의 사건에 대한 반응이라면 공자답지 않다. 남이 나를 알아주지 않아도 화 내지 않는 것이 군자임을 설파한 공자가 아닌가. 그런데 자로와의 대화를 통해 공자는, '이제 세상이 크게 변해서 거의 돌이킬 수 없게 된 것이 아닌가' 하고 한탄을 한 것이다. 리링의 말마따나, 공자는 고립되어 있었다.

❧

세상이 변했는데도 그것을 감지하지 못하거나 인정하려 들지 않을 때, 지식인은 꽁생원이나 고집불통이 된다. 각주구검刻舟求劍이라는 말이 있다. 배를 타고 가다 누군가 칼을 떨어뜨리자 옆 사람이 물에 들어가려 한다. 그때 옆에 있던 사람이 타이른다. '지금 물에 들어가면 옷이 다 젖지 않소, 그러니 떨어진 자리에 표시를 해 두고 땅에 도착해 그곳을 찾으면 되지 않겠소?' 이런 사람의 특징은 대단히 점잖고 차분하게 말을 한다는 것이다. '저기 길이 뻔히 보이는데, 왜 그리 당황하는가, 조금 숨을 가다듬고 머리^{마음}를 써라. 그러면 쉽게 해결될 것이다.' 오, 이러한 격조와 품위의 화신을 차마 우스꽝스럽다고 손가락질하기 어렵다.

나는 전통을 공부하는 학교의 선생이다. 내 생각에 전통을 공부하는 가장 쉬운 길은, 과거에 이미 확립되어 있는 '저 전통'을 지금 여기에 고이 가져오는 일이다. 그러면 우리는 '빛나지 않은가! 아름답고 찬란하지 않은가!' 감탄만 하면 된다. 그러고 나서는 완벽하게 모사^{模寫}하면 그만이다. 그러나 세상은 이미 단절이라 할 만큼 많이 변했다. 우리의 고민은 거기서부터 시작되어야 한다. "옛것을 본받으면서도 시대의 변화를 알고, 새로운 것을 만들어내면서도 전통에 근거한다면, 오늘의 글도 바로 옛글이 될 수 있다"라고 한 연암의 말을 같이 생각해야 한다.

스승님께서 말씀하셨다. "아무것도 안 하는 것으로 다스린 자는 순임금이실 것이야. 순임금은 무엇을 하셨던가? 몸을 공손하고 똑바로 하고서 왕위에 앉아 있었을 따름이었지."

子曰, 無爲而治者其舜也與. 夫何爲哉. 恭己正南面而已矣.

아무것도 안 하는 것으로 다스린다는 것은 도가道家가 숭배하는 통치술이다. 그 무위無爲의 정치와 황로술黃老術의 모델은 황제黃帝다. 다른 쪽에서도 이러한 이상을 말했고, 유가儒家 역시 마찬가지였다. 그러나 공자가 강조한 것은 성왕聖王이 몸을 단정히 하고 있는 것이고, 먼저 자신부터 시작하는 것이다. 도가든 유가든 이른바 무위라는 것은 사실 못하는 것이 없는 무불위無不爲다. 우두머리는 숙련된 전문가는 아니지만, 그는 숙련된 전문가를 선발할 수 있고 관리할 수 있다.

내가 보기에, 무위無爲나 무불위無不爲를 "내 뜻을 이루는 것은 인위人爲, 하느님의 뜻을 이루는 것이 무위無爲, 하느님의 뜻은 이루어지지 않는 것이 없으니 무불위無不爲"『노자와 다석』라는 식으로 해석하기 시작하면 논의가 걷잡을 수 없이 확대될 것 같다. 잘못하면 이현령비현령이 될 소지가 농후하다. 여기서는 공자처럼 다스림治으로 한정해 보는 것이 좋겠다.

21세기 현대사회, 모든 것이 시스템으로 작동하는 시대에 '지도자의 품성'이니 '백성의 모범'이니 하는 말은 적절치 않다. 자본의 하수인에게 인품이란 가당치도 않다. 그런데 어떤 지도자는 혼자서 모든 것을 결정한다. 그 부하들인 테크노크라트들은 열심히 받아 적기만 한다. 이것이 이 한반도의 남과 북에서 낯익은 일상이 된 지는 이미 오래다. 중국 고대 '무위의 정치'를 우리는 '교시敎示의 정치'로 초극하고 있다.

다산은 "몸을 공손하고 똑바로 하고서 왕위에 앉아 있었을 따름이다恭己正南面"를 이렇게 이해했다. "공기恭己는 경신敬身이란 말과 같으니, 지극히 공손한 용모로 단정히 앉아 있는 것을 이르고, 정남면은 그 지위에 거하여 움직이지 않는 것을 이르니, 『역경』에 '밝은 데를 향하여 다스리는 것이다'라고 하였다." 오규 소라이는 "(이 구절은) 오직 그가 하는 바가 없음을 형용한 것일 뿐"이고, "똑바로 남쪽을 향한다는 것은 남쪽을 바라본다는 뜻"이라 했다. 그러나 옛날 왕은 반드시 북쪽을 등지고 앉았다. 그러니 자연히 남쪽을 보게 되어 있다. 항상 남향이어서 대궐은 북궐北闕이라 하는 것이다. 북궐을 도성의 북쪽에 있어서 그렇게 부른다거나 경복궁景福宮을 창덕궁昌德宮과 경희궁慶熙宮에 상대相對하여 북궐이라 한다는 사전의 풀이가 다 맞는지 모르겠다.

자장이 길을 떠나는 것과 관련하여 조언을 청하자, 스승님께서 말씀하셨다. "말은 진실하고 믿음직하게 하고, 행동은 성실하고 공손하게 해야 한다. 그러면 비록 야만적인 나라에서도 통할 것이다. 말에 진심과 믿음이 없고 행동에 성실성과 공손함이 없다면, 비록 도시에서 가까운 곳이라 하더라도 통하겠느냐? 걸어 다닐 때는 이 말이 눈앞에 펼쳐져 있어 그것을 보는 듯이 하고, 수레를 탈 때는 수레 끌채 앞 횡목에 이 말이 가로로 씌어져 있어 그것을 보는 듯이 한 다음에야 떠나거라." 자장은 그 말을 허리띠에 적었다.

> 子張問行. 子曰, 言忠信, 行篤敬, 雖蠻貊之邦行矣. 言不忠信, 行不篤敬, 雖州里行乎哉. 立則見其參於前也, 在輿則見其倚於衡也, 夫然後行. 子張書諸紳.

행行은 길을 떠나는 것, 즉 멀리 떠나는 것을 말한다. 고대의 점술서인 일서日書에서 길 떠나는 것을 묻는 것은 일종의 전문적인 것이었다. 신紳은 허리에 두르는 큰 띠에서 아래로 늘어뜨려 놓은 부분이다. 관리로 있는 사람이나 유자儒者는 홀笏을 요대에 꽂아놓는다. 이렇게 차려 입은 사람을 진신지사搢紳之士라 불렀고, 줄여서 신사紳士라 했다.

내가 보기에, 행行을 '처신하는 법'이라고 풀이하는 것은 적절치 않아 보인다. 지나치게 도덕주의적이다. 다음 구절, 예컨대 '야만의 나라'나 '도시에 가까운 곳' 등을 참고해 볼 때, 그것은 글자 그대로 간다는 의미인데, 행인지관行人之官이라는 말에서 보듯이 특히 외교 업무를 맡아 떠나는 것을 말한다.

※

"걸어 다닐 때는 이 말이 눈앞에 펼쳐져 있어 그것을 보는 듯이 하고, 수레를 탈 때는 수레 끌채 앞 횡목에 이 말이 가로로 씌어져 있어 그것을 보는 듯이 하라"는 것은 늘 마음에 새겨 명심하라는 뜻이다. 그런데 오규 소라이는 이렇게 풀었다. "수레에서 일어서면 끌채 끝과 결말參이 떨어지지 않는 것을 보고, 수레에 앉으면 멍에와 기대는 나무輢가 떨어지지 않는 것을 보아야 한다. …… 참參이 끌채 끝과, 의輢가 멍에와 모두 서로 떨어지지 않음을 비유한 것이다." 다산도 마찬가지로 해석했다. 다만 다산은 부연후행夫然後行을 "그런 다음에야 (수레가) 간다"라고 풀었다. 그런데 내가 보기에, 이들이 강조하는 바는 결국 같다. 늘 잊지 말라는 것이다.

※

늘 잊지 않고 마음에 새겨두는 말을 흔히 좌우명座右銘이라 한다. 늘 자리 옆에 갖추어 두고 생활의 지침으로 삼는 말이나 문구를 말한다. 명銘은 돌이나 쇠 혹은 기물에 새긴 글자를 뜻한다. 실제로 주위에서 흔히 보는 것들에 그런 말을 새겨 넣은 사례는 대단히 많다. 예컨대 늘 곁에 두는 벼루에 새긴 것을 연명硯銘이라고 하는 식이다. 이규보의 연명은 이렇다. "벼루야 벼루야 네가 조그마하다 하여 너에게 수치羞恥가 아니다. 네가 비록 한 치 쯤 되는

웅덩이지마는 나의 한량없는 뜻을 글로 쓰게 한다. 나는 비록 키가 여섯 자나 되는데도 사업事業은 너를 빌려서 이루어진다. 벼루야 나랑 너랑 같이하여 사는 것도 이것으로, 죽는 것도 이것으로."

그나저나 내 좌우명은 무엇일꼬? 우연히 풍수 관련 책을 보다가 사람 사는 동네와 집은 꼬불꼬불한 길을 여러 번 돌아가야 비로소 나타나야 한다는 말을 들었다. 그것을 지현之玄이라 하는데, 그렇게 살고 싶다는 생각을 한 적은 있다.

스승님께서 말씀하셨다. "정직하도다. 사어여! 나라에 도가 있으면 화살처럼 곧았고, 나라에 도가 없어도 화살처럼 곧았구나. 군자로다, 거백옥이여! 나라에 도가 있으면 벼슬에 나아갔고, 나라에 도가 없으면 뜻을 접어 속에 품고 있을 줄 알았구나."

子曰, 直哉史魚. 邦有道如矢. 邦無道如矢. 君子哉蘧伯玉. 邦有道則仕. 邦無道則可卷而懷之.

❦

사어와 거백옥 두 사람 모두 위 나라 명신으로 영공靈公의 무도함을 비판했다. 그러나 위 나라 영공이 무도했는데도 도망가려 하지 않았다. 그런데 영공 이전 어느 때 나라에 도가 있었는지 모르겠다.

❦

내가 보기에, 화살 같은 사람은 누구일까 궁금하다. 난화이진은 "마음씨가 아주 선량하여 친구로 지내기가 더없이 좋다. 그는 늘 곧은 말을 하지만, 어떤 때는 하는 말이 사람의 살을 베는 듯 날카로워서 다른 사람을 견딜수 없게 한다. 그러나 그의 마음 바탕이 선량하여 출발점은 언제나 선의였다는 것을 이해해야 한다"라고 했다. 박덕해서인지 나는 아직 이런 사람을 만나보지 못했다.

'화살' 하면 우리 '젊은 시절의 고은'의 시가 떠오른다. "우리 모두 화살이 되어 / 온 몸으로 가자 / 허공 뚫고 / 온 몸으로 가자 / 박혀서 박힌 아픔과 함께 썩어서 돌아오지 말자." 강신주의 말에 따르면, 당당한 인문학자는 총알이 날아오는 곳을 향해 곧장 당당하게 걸어가는 사람이다. 그런데 총알을 피해 엎드리면 꽃이 보인다고 했다. 나는, 그가 본 그 꽃이 온전히 아름답지는 않을 것이라 믿는다.

거백옥이 "나라에 도가 없으면 뜻을 접어 속에 품고 있을 줄 알았다"라고 했는데, 이를 맹자 식으로 말하면 독선기신獨善其身, 곧 홀로 자신을 선하게 한다는 것이다. 그러나 이것은 이해할 만한 태도이기는 하지만, 추구해야 할 목표는 아니다. 세상이 불선不善한데 홀로 선하게 될 수는 없다고 생각하기 때문이다. 참다운 깨달음은 깨달은 후에 다시 모순에 찬 현실로 되돌아가는 것이다.

"나라에 도가 있으면 벼슬에 나아갔고, 나라에 도가 없으면 뜻을 접어 속에 품고 있을 줄 알았다"라는 말은 유자儒者의 출처관出處觀의 기초이다. 저 도연명의 「귀거래사歸去來辭」에서부터 조선의 퇴계退溪에 이르기까지 세상이 더러우면 점잖게 물러나 조용히 마음의 소리를 들었다. 그런데 이런 분들이야 그렇다 쳐도, 어중이떠중이들이 출세하지 못한 이유를 여기에 갖다

붙이는 풍조도 없지 않았다. 다들 더러운 세상에서 물러나 깨끗하게 몸을 닦는다고 했지만, 내심 서울^{권력}에서 불러주기를 간절히 기다리고 있었다. 나는, 세상과 심각하게 불화하여 세상을 등진 사람으로 김시습만한 사람이 없다고 생각한다.

스승님께서 말씀하셨다. "말을 해야 하는데도 말하지 않으면 사람을 잃고, 말을 해서는 안 되는데도 말을 하면 말을 잃는다. 지혜로운 사람은 사람도 말도 모두 잃지 않는다."

子曰, 可與言而不與言, 失人. 不可與言而與之言, 失言. 知者不失人, 亦不失言.

말을 해야 하는데도 말하지 않는 것은 사실을 숨기는 것이고, 말을 해서는 안 되는데도 말을 하는 것은 조급해 하는 것이다.

내가 보기에, 할 말을 있는 대로 다하면 상대가 겉으로는 허허 거리지만 속으로는 기분이 나빠져 복수를 다짐하고 결국 곁을 떠난다. 말은 상황을 잘 따져가면서 해야 한다. 그렇지 않으면 실없는 사람이 되거나 공격의 빌미를 제공하게 된다. 이것이 장삼이사와 갑남을녀의 세상이라 이해는 하지만, 너무 피곤하고 또 피로하다. 그렇지만 당당하게 말하고 담대하게 받아들이는 것이 무엇보다 긴요하다.

다산은 "만약 중인中人 이상이면 어려운 내용을 말할 수 있으니, 그런 사람과는 함께 이야기할 만한데 함께 하지 않으면, 그것은 그 사람을 잃는 것이다. 만약 중인 이하이면 어려운 내용을 말할 수 없는데, 그런 사람과 함께 말을 한다면 이는 자신의 말을 잃는 것이다. 오직 지혜로운 사람은 이 두 가지를 모두 잃지 않는다"라는 옛 주석을 정밀하다고 평가했다.

그런데 이 평가를 오늘날 그대로 수용하는 것은 적절치 않다. 우선 무엇보다 중인이니 하인이니가 없는 세상 아닌가. 더구나 어려운 내용은 배운 사람들끼리 점잖게 앉아 조용한 목소리로 폼을 잡고 이야기하고, 못 배운 사람은 시시껄렁하고 유치한 얘기를 품위 없이 하는 것이 아니다. 그리고 어려운 내용을 누구나 알기 쉽게 풀어 말하고 글을 쓰는 일이야말로 배운 사람의 최소 임무 아닌가. 얄팍하고 알량한 지식을 가지고 사람들을 내려다보면서 거들먹대는 지식인처럼 우스꽝스럽고 너절한 존재도 없다.

스승님께서 말씀하셨다. "뜻 있는 선비와 어진 사람은 살자고 인을 저버리지 않고, 제 몸을 희생해서라도 인을 이룬다."

子曰, 志士仁人, 無求生以害仁, 有殺身以成仁.

뜻 있는 선비와 인자仁者는 구차한 삶을 위해 인을 손상하지 않고, 오직 인을 위해 의연히 헌신한다고 말했는데, 이것을 살신성인이라 한다.

내가 보기에, 이 구절은 『논어』 중에서 우리에게 가장 잘 알려진 말 가운데 하나이다. 누구나 살신성인을 말하지만, 그러나 실제로 그것은 지사志士와 인자仁者의 삶일 뿐이지, 우리 범인凡人의 그것은 아니라고 여긴다.

살신성인까지는 그만 두고, 이 극악한 이기심과 탐욕의 세상에서 자신의 이익을 양보하고 남을 배려하려는 마음은 이제 찾아보기 어렵다. '양보라니 가당치 않다. 하려거든 너나 해라. 어떻게 해서든 이 험한 세상에서 승리해야지, 그런 순진한 생각을 한다고 어디서 밥이 나오냐, 돈이 나오냐. 남을 밟고서라도 수단과 방법을 가리지 말고 반드시 성공해야 한다.' 이렇게 생각하는 것이 솔직하다고 여기는 한, 우리에게 미래는 없다.

자공이 인의 실천에 대해 묻자, 스승님께서는 이렇게 말씀하셨다. "기술자가 자기가 맡은 일을 잘하려고 할 때는 반드시 먼저 도구가 잘 들게 준비한다. 마찬가지로 이 나라에 살 때는 이 나라 대부들 가운데 현명한 자를 섬기고, 이 나라 선비들 중에서 어진 사람을 친구로 삼아야 한다."

子貢問爲仁. 子曰, 工欲善其事, 必先利其器. 居是邦也, 事其大夫之賢者, 友其士之仁者.

＊

인을 실천하는 방안으로 공자는 그 나라의 대부와 선비 등 엘리트들과 좋은 관계를 맺어야 한다고 했다. 기술자가 물건을 잘 만들기 위해 먼저 공구를 잘 갖추는 것과 마찬가지다. 대부에게는 '섬기다'의 뜻인 사事를, 선비에게는 '사귀다'의 의미인 우友를 쓴 것으로 보아, 공자는 자공을 선비로 보았음을 알 수 있다.

＊

내가 보기에, 공자 당시의 사정을 충분히 이해할 수 있지만, 상대를 도구로 비유하는 인식은 바람직하지 않다. '지나친 공손은 예의가 아니다過恭非禮'라고 손가락질하는 이유는, 공손을 가장해 상대를 자기 이익을 위한 도구로 이용하기 때문이다. 예의 기본은 사람을 사람으로 대하는 것이다.

인을 실천하려 한다면, 무엇보다도 우리 주위의 힘없고 가난한 이들의 삶에 관심을 갖고, 그들의 고통을 외면하지 말아야 한다. 내 눈이 아름다운 풍경을 감상하고 있는 동안 내 발은 땀내 나는 신발 속에서 절고 있다는 사실을 명심해야 할 것이다. 그러기 위해서는 우선 벗을 잘 사귀어야 한다. 그것이 곧 연대連帶의 기초이기 때문이다. 연대야말로 우리 시대 최고의 덕목이다. 돈 있는 사람끼리, 동창끼리, 같은 고향사람끼리, 계파끼리 똘똘 뭉쳐 '살롱'을 형성하는 것은 물론 너절하고 비루한 짓이다.

안연이 나라를 다스리는 방법을 묻자 스승님께서는 다음과 같이 말씀하셨다. "하 나라의 달력을 시행하고, 은 나라의 수레를 타며, 주 나라의 면류관을 쓰고, 음악은 소韶와 무武를 쓴다. 정 나라의 소리를 추방하고, 아첨꾼을 멀리한다. 정 나라의 소리는 음탕하고 아첨꾼은 위험하다."

顔淵問爲邦. 子曰, 行夏之時, 乘殷之輅, 服周之冕, 樂則韶舞. 放鄭聲, 遠佞人. 鄭聲淫, 佞人殆.

공자는 유행가와 아첨꾼을 싫어했다.

내가 보기에, 이 구절의 의미를 상론하려면 다산처럼 많은 지면을 할애하여 고대의 문화 전반에 대해 서술해야 할 텐데, 내게는 그럴 능력이 없다. 나는 다만 공자는 역시 복고주의자임을, 그리고 그가 문화 중에서 특히 달력, 탈 것, 쓸 것, 음악을 중시했음을 다시 확인한다.

지금도 그런 사람이 있을까 모르지만, 예전에는 클래식을 하는 사람은 유행가를 낮춰보는 풍조가 있었다. 지금 내가 아는 분들 중에는 클래식 마니아들이 많은데, 그들은 유행가도 대단히 좋아한다. 음악은 음악이다. 자기가 좋아하는 음악을 찾아 들으면 되지, 자신이 좋아하지 않는 음악을 경멸할 필요는 없다. 한 쪽을 낮춰보면서 다른 쪽을 제대로 감상한다는 것은 내 상식으로는 수긍하기 어렵다. 물론 유행가가 지니는 저속성이나 획일성 같은 것을 비판하는 것은 별개의 문제다.

아첨꾼을 좋아하는 사람은 없을 것이다. 그런데 그 아첨꾼이 남에게 아첨하는 것은 절대로 눈뜨고 못 봐주면서도 자신에게 아첨하면 '그 사람 알고 보면 괜찮은 사람이야'라고 한다. 이런 사람들이 입에 달고 다니는 말 중 하나는 '솔직히 말해서, 자기한테 잘하는데 싫어하는 사람 있으면 손들고 나와 보라 그래'이다. 누추하고도 비루한 우리의 초상이다. 그래서 아첨꾼은 사라지지 않는다. 오히려 더 날뛰게 된다.

스승님께서 말씀하셨다. "사람에게 먼 근심이 없으면 반드시 가까운 근심이 있기 마련이다."

子曰, 人無遠慮, 必有近憂.

✿

"먼"과 "가까운"은 시간적 거리라고도 할 수 있고, 공간적 거리라고도 할 수 있다.

✿

내가 보기에, 이런 걱정 저런 근심으로 시절을 흘려보내고 있으니, 나는 '사람'임에 틀림없다. 기독교 성경에 '무엇을 먹을까, 무엇을 마실까, 무엇을 입을까 염려하지 말라'는 구절이 나온다. 어느 교회 탑에 '무엇을 걱정하십니까? 예수님이 계신데'라는 글귀가 걸려 있는 것을 본 적이 있다. 기독교가 타율종교임을 확실히 알겠다.

✿

그런데 이 구절은 흔히 "사람이 멀리 내다보는 생각이 없다면, 반드시 머지않아 근심이 있게 될 것이다"라고도 이해한다. "어떤 일이나 멀리 내다보고 생각해야 하며, 짧은 안목으로 보아서는 안 된다"^{난화이진}는 것이다.

이 논란의 핵심은 려慮를 '생각하다'로 볼 것인가 아니면 '걱정하다'로 볼 것인가에 있다. 고려考慮가 전자라면, 염려念慮는 후자에 해당한다. 나는 후자를 택한다. "원려"와 "근우"에서 원遠과 근近은 대립되지만, 려慮와 우憂는 대립되지 않는다고 보는 것이다. 우려憂慮라는 말을 생각해 보면 좋겠다. 요컨대 이 구절의 뜻은, 사람은 생어우환生於憂患, 곧 걱정과 근심 속에서 산다고 한 『맹자』 「고자告子 하」의 말과 통한다.

두 가지가 궁금하다. 원려遠慮가 원모심려遠謀心慮의 준말이라고들 하는데, 그 출전은 어디인가? 그리고 일어로 '원려'는 원뜻 이외에도, 예컨대 '염치없는 놈無遠慮なやつ'에서처럼 겸손이나 사양의 의미도 지닌다는데, 그 연유는 무엇일까?

스승님께서 말씀하셨다. "틀렸어! 여색을 좋아하듯이 덕 있는 사람을 좋아하는 사람을 나는 아직 보지 못했어."

子曰, 已矣乎. 吾未見好德如好色者也.

꧁

이 장과 앞의 「자한子罕」편 9-18은 중복된다. 위 나라 영공靈公을 비판한 말이다. "틀렸어已矣乎"는 철저한 절망을 나타낸다.

꧁

내가 보기에, 『사기』에서는 이 말의 맥락이 좀 다르다. "공자가 위 나라에 계실 때 영공이 자기 부인 남자南子와 수레를 함께 타고 공자로 하여금 다음 수레를 타게 하고는 의기양양하게 시내를 지나가자, 공자가 그를 추하게 여겨서" 한 말이다. 사실은 영공이 공자 자신을 등용하지 않아서 이런 단식을 한 것이다.

꧁

"덕을 좋아하는 것은 도심道心이고, 여색을 좋아하는 것은 인심人心이다. 그런데 인심에는 도리어 진절眞切하고, 도심에는 도리어 냉담하다"라는 해석이 있다. 나는 '호덕=호색', 다시 말해 '도심=인심'을 서포 김만중의 『서포만필西浦漫筆』을 읽으면서 깨달았다. "『중용中庸』 서문에 인심人心은 도심道心에서 명命을 받는다고 한 한 마디 말은 가장 해독하기가 어렵다. 대저 이미 허령虛靈과 지각知覺은 하나일 뿐이라고 말했으니, 인심과 도심이 어찌 두 마음이 있겠는가? 이를 임금에 비유하면, 도심은 임금이 조정 회의를 보거나 강론을 하고 있을 때와 같다면, 인심은 잔치를 벌이거나 한가롭게 놀 때와 같다. 그것은 사실은 한 사람의 몸인 것이다. …… 대개 사람의 한 몸 안에는, 마치 두 가지 마음이 있는 것과 같을 때가 있다."

서포의 이런 논리는『서포만필』의 "불서佛書가 비록 번다하지만, 그 요점은 진공묘유眞空妙有 네 글자에서 벗어나지 않는 것이다. 규봉圭峰 종밀宗密이 이르기를, 진공이라는 것은 차 있는 것이 비어 있다는 말과 다름이 없고, 묘유란 것은 비어 있는 것이 차 있다는 것과 다름이 없다고 하였다. 이 말은 주염계周濂溪의 무극이태극無極而太極이란 말과 아주 비슷하다"라는 판단과 상통한다.

사족 삼아 한 마디. 색色과 관련해서 두 가지를 말하고 싶다. 하나는 맹자와 논쟁을 벌인 고자告子의 논변이다. 맹자가, 인의예지가 인간의 본성임을 주장하자, 고자는 본성이란 것이 있다면 그것은 식색食色이라 했다. 먹고 섹스하는 것이야말로 본성이라는 것이다. 당시로서는 대단히 파격적인 주장이었을 것이다. 다음으로는 '프로이트-맑시스트'인 빌헬름 라이히1897~1957가 떠오른다. 그는『파시즘의 대중심리』에서 오르가즘을 경험하지 못한 인간들이 파시스트가 된다고 주장했다. 국가의 책무는 인민의 성적性的 만족을 충족시켜 행복하게 만드는 것이라 강조하고, 실제로 성적 행복감을 느끼게 하는 오르곤orgon 에너지를 개발하기도 했다.

스승님께서 말씀하셨다. "장문중은 자리를 훔친 자다! 유하혜가 현명하다는 것을 알고 있으면서도 그에게 자리를 내주지 않았다."

子曰, 臧文仲其竊位者與. 知柳下惠之賢而不與立也.

米

장문중은 유하혜가 현명하다는 것을 알고 있었으면서도 자리를 방치한 채 주지 않았기 때문에 공자는 그를 자리를 훔친 자라고 욕했다. "자리를 훔치다"를 속어로 '변소를 차지하고 앉아서 똥을 누지 않는다'라고 말한다. 우리 중 많은 교수는 관직에 있는 몇몇 사람과 마찬가지로 퇴직 공포증을 갖고 있다. 일단 자리에서 내려오면 몸과 마음이 곧바로 붕괴되고 심지어는 일순간에 황천길로 직행하기도 한다. 그들은 항상 여러 가지 핑계를 찾아 뻔뻔스럽게도 물러나지 않는다. 물러나지 않을뿐더러 똑똑하고 능력 있는 사람에 대해 질투하고, 친하게 지내는 사람이 아니면 절대로 자리를 내어주려고 하지 않는다. 이런 종류의 사람이 바로 자리를 훔치는 자이다.

米

내가 보기에, 자리를 훔치는 자가 되지 않으려면 미련 없이 훌훌 털어버릴 수 있는 용기가 필요하다. '훌훌'이라 했지만, 그것이 결코 간단하고 쉬운 일은 아니다. 결단이 요구된다. 예전에 어느 가수는 〈빈 의자〉라는 노래를 불렀다. "서 있는 사람은 오시오. 나는 빈 의자. 당신의 자리가 돼 드리리다. 피곤한 사람은 오시오. 나는 빈 의자. 당신을 편히 쉬게 하리라. 두 사람이 와도 괜찮소. 세 사람이 와도 괜찮소. 외로움에 지친 모든 사람들 무더기로 와도 괜찮소."

✿

"'자리를 훔치다'라는 것은 그 지위에 걸맞지 못하여 마음에 부끄러움이 있어서 마치 도둑질하여 얻고 몰래 점거한 것과 같음을 말한다."『집주』 그런데 '내가 뭐 어때서? 정당하게 선생이 되었지, 부당한 방법을 쓰지는 않지 않았는가. 도둑질한 것 아니니, 내게 그런 말은 하지 말라'고 하는 선생을 본 적이 있다. 일단 자리를 차지하고 나면, 그것으로 모든 것이 다 이루어진 것처럼 하는 사람에게 부끄러움을 알지 못하는 것보다 더 큰 치욕은 없다辱莫大於不知恥고 해 봐야 소용없다. 대개 그런 선생은 그럴듯한 껍데기 말로 훈계하기를 좋아하고, 완장을 대단히 사랑하는데, 일단 그것을 차고 나면 눈에 뵈는 게 없이 날뛴다. 돌차咄嗟!

스승님께서 말씀하셨다. "스스로에 대해서는 엄격하게 따지고 다른 사람에 대해서는 가볍게 따지면, 남의 원망을 피할 수 있을 것이다."

子曰, 躬自厚而薄責於人, 則遠怨矣.

궁자후躬自厚는 궁자후책躬自厚責, 즉 스스로에 대하여 엄격하게 따진다는 말을 줄여 부른 것으로 박책薄責, 즉 가볍게 따지는 것과 반대된다.

내가 보기에, 이 구절에 대해서는 『집주』의 설명이 적절하다. "자신을 책하기를 후하게 하므로 몸이 더욱 닦아지고, 남을 책하기를 박하게 하므로 사람이 따르기 쉬워 사람들이 그를 원망할 수 없다."

자기의 잘못을 과소평가하는 것은 서글픈 자기애 혹은 악착같은 자기합리화 탓이다. 서글픈 자기애에 빠져 있는 사람은 자기를 세상에서 가장 아름답고 소중하며 능력 있는 존재로 본다. 악착같은 자기합리화에 몰두하는 이는 모순과 당착 앞에서 언제나 자신을 슬쩍 비껴 세워 둔다. 그래서 너절하고도 애처롭다. 이런 사람의 평가와 판단은 상황에 따라 그때그때 다르다. 그래서 추접하고 처량하다.

앞의 「위령공衛靈公」 편 15-21에서 보았듯이, "군자는 (잘못을) 자기에게서 찾고, 소인은 남에게서 찾는다." 그래서 군자는 잘못을 부끄러워 하지만, 소인은 잘못 앞에 떳떳하다. 군자는 자기를 돌아보니 조용하다. 소인은 늘 남을 탓하기 때문에 언제나 말이 많고, 그래서 늘 분란이 그치지 않는다. 소인은 항상 의기양양해 보이지만, 그의 내면은 그지없이 쓸쓸하고 적막하다. 다른 사람들이 그의 추접한 구설수에 오를까 눈치를 보는 것을, 그는 자신을 무서워서 그런다고 오해하니, 한심하기 짝이 없다.

김수영은 「謀利輩」에서 이렇게 노래했다. "言語는 원래가 유치한 것이다 / 나도 그렇게 유치하게 되었다 / 그러니까 내가 그들을 사랑하지 않을 수가 없다 / 아아 謀利輩여 謀利輩여 / 나의 化身이여."

스승님께서 말씀하셨다. "'어떻게 할까, 어떻게 할까'라고 말하지 않는 사람에 대해서는 나도 그를 어떻게 해야 할지 모르겠다."

子曰, 不曰如之何, 如之何者, 吾末如之何也已矣.

✤

"'어떻게 할까, 어떻게 할까'라고 말하지 않는 사람"은 그저 앞으로 나아가기만 하거나 뒤로 물러나기만 하고, 대가를 따지지 않고 또 나중에 발생할 결과를 따지지 않으며, 아무런 생각도 없고 또 아무런 양심도 없는 사람이다.

✤

내가 보기에, "어떻게 할까"는 요즘 말로 하면 문제의식이다. 문제의식이 있고 없고에 따라 공부의 과정과 결과가 크게 달라진다는 것은 이미 잘 알려져 있다. 조선 시대 뛰어난 인물 중에는 서얼출신들이 많은데, 18세기 이덕무, 유득공, 박제가는 천재로 불렸다. 옳은 추론인지는 확언하기 어렵지만, 자신의 의지와 무관하게 차별을 받고 자란 그들은 어려서부터 '세상이 도대체 왜 이렇게 돌아가지'라는 치열한 문제의식을 가졌을지 모른다. 그러한 문제의식 위에서 글을 읽고 공부를 하니 세상을 더 잘 볼 수 있었을 것이다. 요즘 대학 공부의 결정적인 한계는 문제의식이 오로지 먹고 사는 데, 좀더 구체적으로는 자격증과 취업에 집중되어 있다는 것이다.

이 구절은 공자가 제자에게 분발하라고 경계한 말이겠지만, 어떻든 포기할 수밖에 없다는 표명이다. 그런데 사실 교육자가 마지막까지 해서는 안 될 일 가운데 하나가 학생을 포기하는 것이다. 효율을 높이기 위해 일부를 포기할 수밖에 없다는 것은 천박한 자본의 논리에 지나지 않는다. 어느 때인가부터 쓰기 시작한 이른바 수월성이라는 말도 평등성과의 관계에서만 의미가 있다. 평등성을 무시한 채 이루어지는 수월성은 독과점獨寡占 혹은 승자독식勝者獨食의 발판이다.

연암은 옛것을 본받고자 하는 법고와 새것을 창안해 내자는 창신 사이에서 "그렇다면 어찌 해야만 할까? 장차 어찌하면 좋을까? 그만 둘 수는 없는 걸까?"楚亭集序라고 고뇌하였다. 그래서 법고와 창신의 변증인 법고창신法古創新, 곧 "진실로 능히 옛것을 본받으면서 변화할 줄 알고, 새것을 만들면서도 법도에 맞을 수만 있다면, 지금의 글이 옛글과 같게 될 것이다"라는 해법이 제시될 수 있었다. 지금 우리가 이어 받아야 하는 것은 연암의 그 진정 어린 고민이다.

스승님께서 말씀하셨다. "하루 종일 함께 모여 있으면서 화제가 의에 미치지 못하고 그저 사소한 지혜를 자랑하기만 좋아하는 것은 이해하기 어렵구나."

子曰, 羣居終日, 言不及義, 好行小慧, 難矣哉.

이것은 소인이 여럿 모여 있는 상황이다. 이는 앞으로 나올 「양화陽貨」편 17-22의 "스승님께서 말씀하셨다. '종일토록 배부르게 먹고 아무 생각도 안 한다면 그런 사람은 틀렸다'"라고 한 데서도 보인다. 나는 이런 것을 보고 소인배의 나라에 아침 햇살이 찬란하다고 말한다.

내가 보기에, 이 구절을 읽으면 소인배 모임의 정경이 떠오른다. 그 모임에서 하는 일은 그지 남을 욕하고 '씹어대거나' 기껏해야 하찮은 자기자랑을 늘어놓은 것이다. 그 모임은 왁자지껄하고 화기애애해 보이지만, 가만 들여다보면 별 재미는 없다. 늘 대단히 상투적인 코스를 밟아간다. '레퍼토리'도 항상 그게 그거다. 계속되는 '리바이벌'이다. 그래서 곧 지루해지고 싫증이 난다. 영화 얘기, 그림이나 음악 얘기, 거짓말 좀 보태서 하는 연애 얘기 따위는 발붙일 틈이 없다. 그저 남을 짓밟고 뭉치는 의기투합의 놀이터이거나 너절한 '나'를 내세우는 인정욕구의 무대일 뿐이다.

"사소한 지혜"를 김수영은 "바늘구녕만한 예지"라고 했다. "바늘구멍만한 叡智를 바라면서 사는 자의 설움이여 / 너는 차라리 부정한 자가 되라 / 오늘 / 이 헐벗은 거리에 가슴을 대고 / 뒤집어진 부정이 정의가 되지 않더라도."

"의에 미치지 못한다"라는 말은 새겨들을 필요가 있다. 1970년대 일본에서는 사회문제에 관심이 없는 지식인을 비판할 때 '빛이 바래다, 시들시들하다, 김새다しらけ'라고 한 모양이다. 서경식 선생의 말을 들어보자. "정의에 대해 운운하는 것이야말로 이 사람들에게 불편하죠. 어떤 자리에 정의로운 사람이 끼어있으면 불편하니까 정의에 대해 얘기하는 사람을 고립화시키려고 해요. 고립화시키려 할 때에도 그들을 논파할 수는 없어요. 상대방이 정의이고, 자신은 정의가 아니니까. 그래서 시라케しらけ 수사로 '아, 저는 약간 힘이 없어요', '우리는 힘이 없어요', '너무 정의로운 얘기는 제가 못 따라가요', '나는 맨날 먹고살기 힘들어서, 바빠서 그런 일까지 생각할 여유가 없어요'라는 식으로 회피하는 겁니다. 지식인들조차 그렇습니다. 먹고살기 바쁘다고 하는데, 그래도 지식인은 대학교에서 책을 보고, 글을 쓰면서도 월급을 받습니다. 아침 일찍부터 밤늦게까지 육체노동을 하는 사람들과 똑같다고 할 수 없지요. 그러면 우리는 그렇게 월급 받으면서 책 보고 글 쓰는 사람으로서의 책임 그런 게 있지 않느냐는 얘기를 합니다. 보통 사람들은 아주 조그마한 반경 100밖에 못 본다고 하면, 그래도 우리는 한

반경 500 정도는 볼 수 있고 또 그렇게 봐야 하는 존재라고 했을 때 우리에게는 이론상 이런 게 보인다, 조심하라는 경고를 하는 게 지식인의 역할이 아닌가요. '정의'라는 말처럼 '지식인'이라는 말도 일본에서는 거의 사용하지 않게 됐습니다. '선생님, 저는 지식인이 아닙니다. 선생님처럼 훌륭한 분들이 지식인이지요. 저는 그냥 월급쟁이예요'라고 자신을 비하합니다. 그런데 사실은 이렇게 자신을 비하하는 사람들이야말로 권력의 중심에 가 있어요. 우리는 권력의 중심에 없으니까 이런 얘기 밖에 할 수 밖에 없지요. 아주 흥미로운 일인데, 잘 관찰해보세요. 앞으로 몇 년 내에 한국에서 그런 어휘의 어감의 변화가 비슷하게 일어날 거예요. 정의라는 말을 하기가 좀 쑥스럽고, 정의라고 하면 자리가 좀 어색해지고. 그리고 대학에서도 자신이 지식인이라고 하는 사람들은 좀 줄어들고, 그래도 지식인이다 하는 사람은 좀 웃음거리가 되고, 그렇게 될 것입니다."

스승님께서 말씀하셨다. "군자는 의를 바탕으로 삼고, 예로써 그것을 실행하며, 겸손함으로써 그것을 드러내고, 믿음으로써 그것을 이룬다. 그런 사람이 군자이다."

子曰, 君子義以爲質, 禮以行之, 孫以出之, 信以成之. 君子哉.

❀

의를 집행하고 수호하는 데 예를 기준으로 삼는다. 어떻게 집행하고 수호할 것인가? 믿음에 달려 있다. 즉 말한 것을 반드시 지키는 것이다.

❀

내가 보기에, 한 인간이 의, 예, 겸손, 믿음을 두루 갖추기는 대단히 어렵다. 의란 구체적으로 무엇인지, 어떻게 행동하는 것이 예에 합당한지, 한 점 부끄러움 없이 겸손할 수 있는지, 일상의 삶에서 믿음을 일관되지 유지할 수 있는지를 이해하고 실천하는 것은 어렵고 또 어렵다. 그래서 군자는 하나의 이상형Ideal Typus일지 모른다.

❀

윤동주는 "죽는 날까지 하늘을 우러러 / 한 점 부끄러움이 없기를 / 잎새에 이는 바람에도 / 나는 괴로워했다"라고 노래했다. 올곧은 20대 청년만이 가질 수 있는 순결함이다. 그래서 "별을 노래하는 마음으로 / 모든 죽어가는 것을 사랑해야지 / 그리고 나한테 주어진 길을 / 걸어가야겠다"라는 다짐이 절절히 다가온다. 여기에 무병신음의 포우즈 따위는 끼어들 틈이 없다.

✻

맹자가 말하듯, 의란 곧 마땅함이다義者宜也. 적당하고 알맞고 그래서 자연스러운 것이 의다. 세상이 너절하게 돌아간다면, 그것은 의가 없기 때문이다. 편법과 반칙이 승하고, 극도의 이기와 과욕이 지배하는 사회에 의가 발붙일 수는 없다. 적절하고 알맞고 자연스러운 삶을 살아가려면 우선 의로워야 한다. 문제는 우리 시대의 의는 무엇이며, 무엇이어야 하는가에 대한 논의와 합의다.

스승님께서 말씀하셨다. "군자는 (자신이) 능력이 없는 것을 근심하지, 남이 자기를 알아주지 않는 것을 근심하지 않는다."

子曰, 君子病無能焉, 不病人之不己知也.

❀

반복적인 강조이다. 남이 알아주지 않은 것을 걱정하지 말고 자기가 무능한 것을 걱정하라는 것이다.

❀

내가 보기에, "능력이 없다"에 해당하는 무능無能에서 능能을 어떻게 보아야 하는가를 놓고 설전이 있었다. 『논어주소論語注疏』에서는 "군자다운 사람은 다만 성인의 도가 없는 것을 병으로 여길 뿐이다"라고 했다. 오규 소라이는, 이 해석은 재능을 작은 것으로 여기는 혐의가 있다면서, "자공의 통달함과 자로의 과단성과 염구의 재주가 모두 능"이라 했다. 다산은 예능이라 하면서 "내게 예능이 있으면 남이 반드시 나를 알게 될 것이다"라고 풀었다. 요즘 재능과 예능은 상투적이거나 천박한 것이 되어 버렸다.

스승님께서 말씀하셨다. "군자는 죽고 나서 이름이 기려지지 않는 것을 싫어한다."

子曰, 君子疾沒世而名不稱焉.

❧

공자는 유명해지기를 원하지 않은 것이 아니었고, 다른 사람이 알아주지 않은 것을 걱정하지 않은 것도 아니다. 그는 이름, 특히 죽은 뒤의 이름을 중시했다. 잭 런던은, 명예와 이익 가운데 하나를 고른다면 이익을 고를 것이며, 만약 이익이 있다면 이름을 원할 것이라고 했다. 오늘날 학계에서 이름이라는 것은 썩었을 뿐 아니라 또 넘쳐나서, 이른바 명사名士라는 말은 거의 욕이나 다름없다. 허명과 실리 중에서, 나는 차라리 이익을 택하겠다.

❧

내가 보기에, 이름을 남기는 것은 대단히 중요하다. 문제는 어떤 이름이냐는 것이다. 악명은 남겨봐야 치욕만 될 뿐이다. 그러나 현실은 반드시 그렇게만 돌아가지 않는다. 악명을 날려야 잘 사는 세상이다. 허울뿐인 명망가名望家들이 판을 치고 있다. 그 대열에 끼어들어야 성공했다고 한다. 그러나 『채근담』의 한 구절이 여전히 울림이 있다. "도덕을 지키면서 사는 자는 한때 고요하고 막막하나, 권세에 아부하는 자는 만고에 처량하다. 달인達人은 물욕에서 벗어나 진리를 보고, 몸이 죽은 후의 명예를 생각하나니, 차라리 한때의 적막을 받을지언정 만고의 처량함을 취하지 말라."

공자의 이 말은 "종신토록 이름이 일컬어지지 않으면 선을 행한 실체가 없음을"『집주』 강조한 것이다. 그러나 현실에서 선을 구체적으로 행한 결과로 이름이 알려지는 것은 유가의 전유물이 아니다. 은일隱逸과 은둔으로 이름을 남긴 인물도 얼마든지 있다. 그것도 앙가쥬망, 곧 사회참여의 한 형태이고 방식이다. 그러나 유가든 도가든, 중요한 것은, 제대로 된 사람이라면, 자기의 명성이 실제 행위보다 과한 것을 부끄러워해야 한다는 것이다. 실상보다 훨씬 부풀려진 모양으로 거들먹대고 나대는 꼴은 철부지들이나 하는 어리광이다.

스승님께서 말씀하셨다. "군자는 (잘못을) 자기에게서 찾고, 소인은 (잘 못을) 남에게서 찾는다."

子曰, 君子求諸己, 小人求諸人.

❧

무욕의 의미는 마음을 깨끗이 하고 욕심을 줄이는 것이 아니라, 다른 사람에게 요구하지 않는 것이다.

❧

내기 보기에, 소인의 특징을 이처럼 간명하게 요약한 말도 없다. 자주 언급했지만, 군자 이전에 사람이 되고자 하는 자는 가능한 한 남의 탓을 하지 않는다. 꼭 못난 것들이 입만 열면 남 이야기다. 이야기라고 했지만, 실은 험담이고 비방이다. 자기는 언제나 괄호 속에 집어넣는다. 늘 예외다. 그들에게 자기 성찰은 곰팡내 나는 사전에나 들어 있는 강 건너의 단어들이다.

❧

앞의 「위령공衛靈公」편 15-15에서 보았듯이, "스스로에 대해서는 엄격하게 따지고 다른 사람에 대해서는 가볍게 따지면 원망을 피할 수 있다." 예전에 천주교에서 '내 탓이오'라는 고백운동을 벌인 적이 있었다. 그런데 그 표어를 차 뒤 유리창에 붙여 놓고 다녔다. 자기는 안 봐도 다 잘하고 있으니 너희나 잘하라는 것이다. 그 운동은 실패할 수밖에 없었다.

오규 소라이가 인용하여 설명했듯이, 『맹자』「이루離婁 상」에서 공자가 한 말이 이 구절의 주석으로 제격이다. "아이들아, 저 노래를 들어 보아라. '물이 맑으면 갓끈을 빨고, 물아 흐리면 발을 씻는다' 하니, 이는 물이 스스로 취한 것이다." 다산의 설명도 적실하다. "자식이 된 자로서 부모가 불선不善하기 때문에 효자가 될 수 없다고 하면, 우순虞舜 같은 효자가 어떻게 있겠으며, 남의 신하가 된 자로서 임금이 어질지 못하기 때문에 충신이 될 수 없다고 여기면, 비간比干 같은 충신이 어떻게 있겠는가."

스승님께서 말씀하셨다. "군자는 긍지를 품되 다투지 않고, 무리에 섞이되 파벌을 만들지 않는다."

子曰, 君子矜而不爭, 羣而不黨.

꽃

긍지를 품고 있되 다투지 않는다는 말은 자신을 아끼고 소중히 여기면서 다른 사람과 다투지 않는 것이다. 무리에 섞이되 파벌을 만들지 않는다는 말은 여러 사람과 어울리면서 자기를 보통 사람으로 여기고, 기꺼이 군중의 한 사람으로 받아들이되, 결코 패거리나 도당 혹은 작은 집단을 만들지 않는 것이다.

꽃

내가 보기에, 소인배가 패거리를 짓는 이유는 대개 그들에게는 자긍심이 없기 때문이다. 그들에게도 자신의 능력을 자랑스럽게 여기는 마음이 있을 텐데, 그 능력은 대개 작당作黨이나 편당偏黨 혹은 배신背信하는 재주에 불과하다. 그들은 내 편과 네 편을 가르는 데 이골이 나 있다. 내 편은 무조건 옳고, 네 편은 따질 것 없이 나쁜 놈들이다. 그 선악을 가르는 것은 철저히 개인적인 이해타산이다. 더구나 그 기준은 그때그때 다르다. 대단히 편의적이다. 이것은 그들이 부끄러움을 모르는, 뻔뻔하면서도 동시에 나약하기 그지없는 존재임을 말해준다. 떼로 몰려다니면서 생난리를 치다가도 혼자 집에 갈 때는 조용히 들어가는 조폭과 크게 다를 바 없다. 그런 의미에서 그들은 동네 양아치에 불과하다. 이런 양아치들이 득세하는 조직과 집단에서는 그들과 거리를 두고 사는 것이 상책이다. 처음에는 함부로 까불고 욕을 해대지만, 반응을 보이지 않으면 슬그머니 돌아서는 것이 그들의 생리임을 나는 잘 알고 있다.

❧

내가 재직하고 있는 학교는 작은 규모의 4년제 국립대학이다. 처음에 '한국전통문화학교'라고 하니 무슨 고등학교로 이해하는 사람이 많았다. 지금은 한국전통문화대학교로 '개명'하였다. 연전에 박노자 선생이 우리 학교에 들렀을 때, 이 이야기를 하니 외국에서는 오히려 그런 특수대학을 더 알아준다고 하면서 고개를 갸우뚱했다. 우리 학교와 비슷한 프랑스의 루브르문화예술학교École du Louvre도 그냥 '학교'이다. 참고로 우리 학교와 유사한 위상에 있는, 문화관광부 소속 한국예술종합학교는 여전히 '학교'라 하고 있다. 물론 '한예종'도 대학 이름을 붙이려고 부단히 노력했었는데, 유사한 예술대학들의 격렬한 반대로 무산되었고, 지금은 독자적으로 대학원을 개설해 잘 나가고 있다. 문제는 긍지다.

❧

"씩씩하게 자기 몸을 갖는 것을 긍矜이라 하나 어그러진 마음이 없으므로 다투지 않는다. 화和하게 여러 사람과 어울리는 것을 군群이라 하는데, 아첨하는 뜻이 없어 편당하지 않는다."『집주』 "긍矜은 내심으로 굽히지 않는 오傲이다. 교驕과 오는 다르다. 실제 재능이 없으면서 남을 깔보는 것이 교고, 실제 재능이 있어서 자신을 높게 여기는 것이 오다. 내면에 절개가 있어

궁하여 죽거나 굶어죽더라도 절대로 머리를 수그리지 않는 것이 궁이다. "난

화이진

스승님께서 말씀하셨다. "군자는 그의 말만 듣고서 그 사람을 발탁하지 않고, 그 사람만 보고서 그의 말을 물리치지도 않는다."

子曰, 君子不以言擧人, 不以人廢言.

❀

사람과 말은 같은 것이 아니다. 좋은 사람도 나쁜 말을 할 수 있고, 나쁜 사람도 좋은 말을 할 수 있다. 동일한 사람의 말이라도 좋은 것이 있고 나쁜 것이 있다. 그러므로 말을 가지고 사람을 천거해서도 안 되고, 또 사람만 보고서 그의 말을 물리쳐서도 안 된다.

❀

내가 보기에, 이 구절은 앞의 「헌문憲問」 편 14-4에서 본 "덕이 있는 사람은 반드시 말을 하지만, 말을 하는 사람이라고 해서 반드시 다 덕이 있는 것은 아니다"라는 말과 상통한다. 뭔가 확실하지 않거나 못할 때, 우리는 대개 과도한 일반화로 자신을 합리화하려는 경향이 있다. 조금만 잘해 주면 참 좋은 사람이고, 조금 섭섭하게 대하면 금방 적이 되고 마는 천박한 세상의 일반적인 습성이 아닌가 한다.

❀

다 그런 것은 아니겠지만, 어느 조직이든 지도자와 개인적으로 자주 만나서 많은 이야기를 나누는 사람이 있는데, 대개 그는 말을 아주 잘한다.

진심어린 눈빛으로, 조직의 미래를 대단히 걱정하고 염려한다는 표정으로, 사근사근하게 읊조리는 것이 그의 장기다. 나는 그런 사람치고 정도를 걷는 것을 보지 못했다. 아마 내 교유의 폭이 좁아서일 것이다.

§

예로부터 지인지감知人之鑑, 곧 사람의 성품이나 능력 따위를 잘 알아보는 식견은 대단히 중요한 덕목이었다. 남을 알아보려면 우선 자신의 내공이 쌓여야만 한다. 대개 자기 수준만큼만 남을 알아본다고 생각하면 좋다. 자신의 수준이 형편없으면서 훌륭한 사람 구하기를 기대하는 것이야말로 연목구어緣木求魚다. 그러고서 남한테 실망했다느니, 그럴 줄 몰랐다느니, 하는 것은 좀 우습다.

자공이 물었다. "평생 동안 실천할 만한 한 마디 말로 어떤 것이 있습니까?" 스승님께서 대답하셨다. "그것은 서恕일 것이다. 자기가 원치 않는 것을 남에게 시키지 말라."

子貢問曰, 有一言而可以終身行之者乎. 子曰, 其恕乎! 己所不欲, 勿施於人.

❦

이 구절은 앞의 「안연顏淵」 편 12-2에서도 보인다.

❦

내가 보기에, "자기가 원하지 않는 것을 남에게 시키지 말라"주희는 추기급인推己及人, 곧 나의 마음을 미루어 남에게 도달한다는 말과 상통하는데, 가슴에 깊이 새겨야 할 것이다. 크게 보면 역지사지易地思之도 마찬가지다. 요즘 우리 사회 최고 덕목인 연대連帶는 이런 마음 없이는 실현 불가능하다. 이 아름다운 말을 누구나 가슴에 새길 의향은 있을 것이다. 문제는 실천이다. 그런데 그 실천은 자신을 사랑하는 데서부터 출발한다. 자신을 혐오하는 사람이 남을 사랑할 수는 없다. 자신을 함부로 하면서 남을 사랑하는 척하는 사람은 언제든지 자신 혹은 남에게 등을 돌릴 수 있다.

❦

이전에도 말한 바 있지만, 서恕를 나는 같을 여如와 마음 심心의 결합으로 읽는다. 우리가 흔히 용서라고 하는 것은, 제 기분에 따라 하기도 하고 하지 않기도 하는 변덕스러운 마음이 아니다. 그렇게 이루어진 용서는 곧 원망과 증오로 변할 수 있다. 진정한 용서란 상대를 향해 처음 먹었던 마음을 변치 않고 줄곧 이어가는 마음에서 가능하다. 공자가 앞의 「이인^{里仁}」편 4-15에서 일이관지^{一以貫之}, 곧 하나로 꿰뚫는다고 한 말을 나는 그렇게 이해하고 싶다.

＊

　　난화이진은 이 구절을 "자기가 바라는 것을 남에게 베풀라^{己所欲, 施於人}"로 이해했다. 그에 따르면 "이 말은 훗날 불가 사상이 중국에 전해질 때 보시^{布施}로 번역되었다. '베풀 시' 앞의 '보' 자는 널리^{普遍}라는 뜻이다. 불가의 보시와 유가의 서^恕 사상은 같은 것으로, 소위 '자비를 근본으로 삼고 방편을 문^門으로 삼는다'는 것이 바로 보시의 정신이다. 인생에는 두 가지 가장 버리기 어려운 것이 있는데, 하나는 재물이고 하나는 목숨이다. 인간세상을 이롭게 할 수만 있다면, 자기 생명과 재산을 모두 바치는 것이 시^施다."

스승님께서 말씀하셨다. "내가 사람을 대할 때, 누군가를 헐뜯고 누군가를 칭찬한 적이 있었을까. 만약 칭찬한 적이 있다면, 이전에 그를 잘 살펴보았을 것이다. 이 백성들은 삼대 때부터 올바른 도를 시행해 왔다."

子曰, 吾之於人也, 誰毀誰譽. 如有所譽者, 其有所試矣. 斯民也, 三代之所以直道而行也.

누군가를 칭찬할 때 공자는 언제나 그를 살펴보고, 즉 직접 검증하여 근거를 가리고 한 말이기 때문에, 그 말은 결코 빈말이 아니라 했다.

내가 보기에, 남을 헐뜯기보다는 칭찬하는 것이 낫다고들 하는데, 무조건 수긍할 말은 아닌 것 같다. 『칭찬은 고래도 춤추게 한다』라는 책이 널리 읽힌 적이 있었다. 그런데 이 처세서의 포인트는 직장에서 성과 높은 비즈니스맨이 되는 방법이다. 나는 남을 헐뜯는 것은 물론이지만 칭찬도 조심해야 한다고 생각한다. 칭찬이라는 말은 참으로 아름답지만, 실제로 칭찬과 아첨의 경계는 상당히 모호하다. "헐뜯다毀란 남의 악을 말하면서 그 참모습을 덜어내는 것이요, 칭찬하다譽란 남의 선을 찬양하면서 그 실제보다 지나치게 하는 것이다."『집주』 상대를 그 자체의 면모로 보지 않는다는 점에서 양자는 다를 바 없다.

입만 열면 늘 남을 헐뜯는 아무개는, 자신은 누구에게든 칭찬을 아끼지 않는다고 강변한다. 자신은 칭찬할 만하면 칭찬하고 헐뜯을 만하면 헐뜯는다고, 균형 있고 일관된 원칙을 고수하는 사람이라고 힘주어 말한다. 그러나 옆에서 내가 보아온 그는 자신과 가까운 사람은 무조건 칭찬하고, 자신의 마음에 들지 않으면 그 누구든 헐뜯는다. 말하자면 그에게 칭찬과 헐뜯음은 결국 똑 같은 것이다. 그에게 정작 중요한 것은 자기의 이해타산이다. 그리고 그 이해타산의 기준은 그때그때 다르다. 그는 자신의 '돌변'을 군자의 '표변'으로 호도한다.

그런데 공자가 칭찬에 대해서는 말을 하면서도 헐뜯음에 대해서는 왜 말하지 않았는지 궁금하다. 다산은 "당시 기피할 일이 있었기 때문"이었다고 했는데, 나는 잘 모르겠다. 아울러 시試를 둘러싸고 여러 풀이가 제시된 바 있다. 리링은 '자세히 살피다'라는 뜻으로, 주희는 '시험하다', 오규 소라이는 '등용하다用'로 이해했다. 어느 것이 적실한지, 역시 나는 잘 모르겠다.

스승님께서 말씀하셨다. "나는 역사서에서 궐문闕文을 볼 수 있다. 말을 가지고 있는 자는 다른 사람이 타도록 빌려준다. 그러나 지금은 그런 사람이 없다."

子曰, 吾猶及史之闕文也. 有馬者借人乘之, 今亡矣夫.

✿

공자는 많이 듣고 의심이 되는 부분은 그대로 남겨둘 것을 주장했다. 즉 자기가 이해할 수 없는 것에 대하여 그냥 그대로 남겨두는 것이 가장 좋다고 생각했다. 궐문을 남겨둔다는 것은 후세 사람이 올바로 보충하도록 하기 위한 것으로서, 그것은 마치 자기가 말을 가지고 있으면서 다른 사람에게 빌려주어 타도록 하는 것과 같은 것이다.

✿

내가 보기에, 이 구절 역시 새겨들을 만하다. 다시 말하지만, 고고학 발굴에서 현 단계의 수준에 비추어 발굴하기 어렵다고 판단되면 훗날을 기약하고 다시 덮어둔다고 한다. 눈앞의 성과에 급급해 망쳐버린 대표적인 사례의 하나가, 당시 대통령이던 박정희가 유물을 빨리 보고 싶다고 하자, 충성스런 고고학자들이 하룻밤에 끝내버린 1971년 공주 무령왕릉의 발굴이다. 청와대로 유물을 공수해 가자 박정희는 감격에 겨워 무령왕릉비의 금팔찌를 '진짜 금이냐'며 휘었다 펴보았다는 이야기도 전해진다. 무령왕릉의 사례는 세계 주요 고고학 교과서에 수록되어 있다고 한다.

좀 다른 문맥이기는 하지만, 비트겐쉬타인은 『논리-철학 논고』의 마지막을 "말할 수 없는 것에 대해서는 침묵해야 한다"라고 썼다. 이 말의 뜻은, 그가 편집자에게 보낸 편지에 나타나 있는데, 말할 수 없는 것이 증명될 수 없어서 무의미한 것이 아니라, 구태여 증명하려 하여 무가치하게 만들지 말라는 것이다.

　　그런데 오규 소라이는 전혀 다른 해석을 내놓았다. "원래 이 문장은 지之 자 아래와 야也 자 위에 빠진 글자가 있었다. 그러므로 궐문闕文이라는 두 글자를 주석으로 달아놓았는데, 나중에 원문에 들어가게 된 것이다. 그런데 후세의 사람들이 이것을 살피지 못하고 (본문처럼) 해석한 것은 모두 잘못이다." 오규 소라이의 말이 맞는다면, 여러 학자가 참으로 어이없는 견강부회들을 한 것이다. 가만히 생각해 보면, 뒤 구절의 말 얘기는 앞의 얘기와 어울리지 않는다.

스승님께서 말씀하셨다. "교활한 말은 덕을 어지럽히고, 작은 일을 참지 못하면 큰 계획을 망가뜨린다."

子曰, 巧言亂德. 小不忍, 則亂大謀.

🍂

공자는 말재주 피우는 것을 반대했고, 작은 일을 참지 못하는 것을 비판했는데, 듣기 좋은 번드르르한 말은 도덕을 망가뜨릴 수 있고, 약간의 억울함도 참지 못하면 거대한 계획을 망가뜨릴 수 있으며, 큰일을 망칠 수 있다고 생각했다.

🍂

내가 보기에, "교언巧言에는 허풍떨기, 큰소리치기, 함부로 칭찬하기, 빈말하기 등이 포함된다. 교언은 듣기에 아주 좋다. 사람들의 귀를 솔깃하게 하여 듣는 이가 중독되면 올가미에 걸려들었다는 사실조차도 모르게 만드는데, 이런 교언은 도덕을 크게 교란시킬 수 있다"라고 한 난화이진의 말이 적실하다. 나는 거기에 '국민행복시대'나 '문화융성' 같은 너절한 선동과 공약公約을 더 넣고 싶다.

🍂

교언이란 이런 것이다. "처와 첩 둘을 거느린 놈이 있었다. 세 여자는 각자 남편이 자기만 사랑하는 줄 알고 있었다. 이자가 본처에게 가서는, '임자가 최고여! 저것들이 까불어도 호적에 올라있는 당신이 최고여', 그리고 첫째 첩에게 가서는 '본처나 둘째는 허울뿐이지. 자식을 낳아준 자네뿐이 없어', 그리고 둘째 첩에게 가서는, '호적에 올라있고 자식이 있으면 뭐하나. 내 눈에는 자네가 제일 예쁜데'라고 말했다." 그런데 내 경험상 이런 교언에 능한 자는 대개 그 목소리도 듣기 거북했다.

주희는 작은 것을 참지 못한다는 소불인^{小不忍}을 부인^{婦人}의 인^仁과 필부^匹 ^夫의 용기 같은 것이라 했다. 부인지인^{婦人之仁}은 차마 못하는 마음이 지나쳐서 일을 결단하지 못함으로, 필부지용^{匹夫之勇}은 하찮은 일을 참지 못함을 말한다. 다산은 이를 각각 잔인^{殘忍}의 인, 함인^{含忍}의 인이라 하면서, "큰일을 도모하려는 사람은 슬픔을 참는다거나, 치욕을 참는다거나, 아픔을 참는다거나, 답답함을 참는다거나 하는 일 마땅히 해내야 한다"라고 했다.

스승님께서 말씀하셨다. "많은 사람이 싫어하더라도 반드시 보살펴 보아야 하고, 많은 사람이 좋아하더라도 반드시 살펴보아야 한다."

子曰, 衆惡之, 必察焉, 衆好之, 必察焉.

✿

공자는 여론에 대해 회의적인 태도를 가지고 있었다. 그는 여론이 모두 좋다고 말하거나 모두 나쁘다고 말하면 오히려 의심스럽다고 생각했다.

✿

내가 보기에, 연전에 인기를 끌었던 모 광고, '모두가 예yes라고 할 때, 아니오no라고 말하라'는 그 카피가 생각난다. 모두가 노no라고 말할 때 예스yes라고 말하는 것도 마찬가지다. 우 몰려다니지 말고 용감하게 자신의 뜻을 고수하라는 말이겠다. 공자 역시 반드시 살필必察 것을 강조했다. 우리는 주위에서 혼자서 자기주장만 펴고 독불장군처럼 버티고 있는 옹고집들을 보게 되는데, 이들의 아집과 독선에는 성찰이 없다. 이들은 부화뇌동하는 무뇌아無腦兒들만큼 위험하다. 다산은 「나의 하소연述志」이라는 시에서 이렇게 노래했다. "…… 남의 것 모방하기 급급하느라汲汲爲慕倣 / 흠은 미처 정밀히 못 따지는데未暇揀精工 / 뭇 바보가 한 천치 치켜세우고衆愚捧一癡 / 와자지껄 다 함께 받들게 하니嗤令共崇 ……."

공자의 이 말에서 나는 엘리트의 고고함을 느낀다. 중우衆愚는 포퓰리즘 populismo만큼 해악이 크지만, 과두寡頭 역시 민주주의의 적이다. 우리가 학교 다닐 때 '존재전이'라는 말이 널리 퍼진 적이 있다. 세상은 엉망인데 대학을 졸업해 취직을 하고 사는 것은 수치스럽다고 여기던 때다. 이른바 '현장'에 들어가 노동자의 삶을 사는 게 정상적인 삶인 시절이었다. 그런데 그 존재 전이에도 먹물근성으로 인한 괴로움이 있었으니, 엘리티즘의 한계를 극복하지 못하는 것이었다. 여기서 길게 말하기는 어렵지만, 우리 역사상 엘리트 의식을 극복하려고 애쓴 지식인 중 대표적인 인물은 원효라고 생각한다. 그는 중노릇을 때려치우고 거사居士가 되어 민중 속으로 들어갔다. 그러나 민중 출신의 승려들에게서 혼쭐이 나는 일을 『삼국유사』에서 두루 확인할 수 있는데, 여기서 그 존재전이의 어려움을 엿볼 수 있다.

이런 구절을 보면서 부화뇌동하는 세태를 손가락질하지만, 실제로 부화뇌동하지 않기는 쉽지 않다. 역시 문제는 해석이 아니라 실천이다. 다산의 설명을 들으면서, 그것을 체득하기를 기대해 본다. "여러 사람이 미워해도 (그 안에는) 혹 고충孤忠이 있기도 하고, 여러 사람이 좋아해도 (그 안에는) 혹 향원鄕愿이 있기도 하다." 고충은 홀로 외로이 충성을 바치는 사람을, 향원은 마을 사들로부터 신망을 얻기 위하여 여론에 영합하는 사람을 말한다.

스승님께서 말씀하셨다. "사람이 도를 넓힐 수는 있지만, 도는 사람을 넓혀주지 않는다."

　　子曰, 人能弘道, 非道弘人.

❀

　　도는 인간이 추구하는 목표이지, 사람이 이름을 내도록 돕는 것이 아니다.

❀

　　내가 보기에, 오늘날 도道와 인간은 전도顚倒되어 있다. 도가 아무리 훌륭한 것이어도 그것이 인간 위에 군림하면, 그것은 소외와 억압일 뿐이다. 지금 세상 최고의 도는 화폐다.

❀

　　도는 인간이 추구하는 목표라는 말은, 만일 그 추구하는 도가 이루어지면 인간은 다른 도를 추구한다는 뜻일 것이다. 도를 닦고 끝나는 것이 아니라 더 높은 단계의 도를 추구하는 것이 인간이라는 말이다. 절집 벽에 그려진 심우도尋牛圖 혹은 시우도十牛圖의 마지막 그림의 제목은 입전수수入塵垂手, 곧 저잣거리에 들어가 손을 드리운다는 것이다. 애써 도를 찾아 깨달음을 얻은 이가 다시 첫 출발지인 모순에 찬 저잣거리로 되돌아간다는 말이다. 참 깨달음이란 이런 것이다. 그것이 이른바 세속에서 끝없이 비틀대는 사람들에게 어떤 방식으로든 도움을 줄 것은 당연한 이치다. 이런 의미에서 나는 "도는 사람을 넓혀주지 않는다"라는 공자의 말을 비틀고 싶어진다. '참답게 깨달은 자의 도는 그 사람의 넓이와 깊이를 넓히고 높이는데, 그로 인해 사람들이 좋은 영향을 받는다.'

스승님께서 말씀하셨다. "지나친데도 고치지 않는 것을 잘못이라고 한다."

　　子曰, 過而不改, 是謂過矣.

잘못이 있는데 고치지 않는 것이 가장 큰 잘못이다.

내가 보기에, 이 구절에서 눈여겨보아야 하는 글자는 과過이다. 거기에는 '지나다'와 '허물' 같은 뜻이 있는데, 둘은 서로 긴밀히 통한다. 지나친 것이 허물이라는 말이다. 어떤 선을 그어놓고 거기를 지나가는 것, 다시 말해 그 선을 넘는 것이 허물인 것이다.

그러니 이 구절에는 지켜야 할 선 같은 것이 있다는 인식이 이미 전제되어 있다. 그런데 그 선이 어떤 것이고, 무엇이어야 하는가에 대한 논의는 다른 차원에서 진행되어야 할 것이다. 참고로 '금도를 넘었다'라는 말을 흔히 쓰는데, 그것은 잘못된 표현이다. 금도는 襟度이지 禁度 혹은 禁道가 아니다. 넘어서는 안 되는 선을 넘었다는 뜻이 아니다. 남을 포용할 만한 너그러운 마음과 생각을 뜻한다. 그러니 "금도를 가져라"거나 "금도를 보여 달라"는 식으로 써야 한다.

다산은 과過를 "중용을 얻지 못한 것"이라 하면서, "중용이란 마치 저울대에 추가 기울지 않고 안전하게 놓여 있는 것과 같다. 그 중을 얻지 못하면 저울대가 앞으로 기울고 뒤로 쏟아지는데, 그 추를 옮겨서 중에다 안전하게 놓아두면, 이는 마치 지나친 것을 고쳐서 중을 얻은 것과 같다. 기울거나 쏟아지는데도 고칠 줄 모르면, 이것이 허물이 된다. 앞의 과는 중을 지나친 것이고, 뒤의 과는 죄과罪過를 말한다"라고 했다. 나는 지나치지 않기를 바라는 마음에서 내 연구실에, 옛날 시골장에서 쓰던, 묵직한 추가 달린 손저울을 걸어놓았다. 우리나라 대법원 앞에 세워진 상징물에서도 '정의의 여신'이 자그마한 손저울을 들고 있다. 둘 다 포우즈이기는 마찬가지다.

이 구절은 앞의 「학이學而」편 1-8에서 본 "잘못이 있으면 고치는 것을 꺼리지 말아야 한다過則勿憚改"라고 한 구절과 함께 읽는 것이 좋겠다. 탄憚에는 '꺼리다, 싫어하다, 미워하다, 괴로워하다, 두려워하다, 어렵게 여기다' 등의 뜻이 있다. '기탄忌憚 없이 말하라'는 꺼림칙하거나 마음에 걸림이 없이 마음에 품은 생각을 모두 다 털어놓으라는 뜻이다.

스승님께서 말씀하셨다. "하루 종일 먹지도 않고 밤새도록 잠을 자지 않은 채 생각해 보았지만 도움이 되지 않았고, 배우는 것만 못하였다."

子曰, 吾嘗終日不食, 終夜不寢, 以思無益. 不如學也.

앞의 「위정爲政」 편 2-15에서 "배우기만 하고 생각하지 않으면 미혹에 빠지고, 생각만 하고 배우지 않으면 의혹에 빠진다"라고 했는데, 여기서 말하고 있는 것이 바로 "생각만 하고 배우지 않으면 의혹에 빠진다"라는 것이다.

내가 보기에, 이 구절에서 공자는 배움을 특히 강조했는데, 생각없이 배우기만 하면 미혹에 빠질 수 있다는 주장과 충돌할 수 있다. "이는 생각만 하고 배우지 않는 자를 위하여 말한 것"이라는 주희의 해명이 있었지만, 옹색함을 면하기 어렵다. 그것보다는 다산처럼 "공자가 여기서는 학學을 중하게 여기고 사思를 경하게 여겼다"라고 인정하고, "이는 어떤 일이 있어서 그렇게 말한 것임을 알겠다"라고 하는 것이 더 솔직한 해명이지 않을까 한다. 그러나 어떻게 해명하든 전후 충돌과 당착이 있는 것은 분명하다.

모름지기 학이사學而思의 정신을 다시 생각해 볼 일이다. 학이사는 배움과 생각함이 마치 음과 양의 태극처럼 긴밀하게 한데 얽혀, 곧 상호 전제가

되어 움직이는 것을 말이다. 이 학이사에 대한 해석으로 신영복의 것보다
더 나은 것을 본 적이 없다. "실천이 없는 이론은 어둡고 이론이 없는 실천
은 위태롭다."

최치원은 『계원필경집桂苑筆耕集』에서 이 구절을 차용하여 "만 가지 꾀를
내어 생각해 보아도 배우는 것이 훨씬 낫다萬計尋思, 不如學也"라고 했고, 『포저
집浦渚集』에서 조익趙翼, 1579~1655은 "공자 성인은 발분망식하며 / 밤이 새도
록 잠을 자지 않았으니孔聖發憤, 終夜不寢"라고 노래했다.

스승님께서 말씀하셨다. "군자는 도를 추구하지만, 먹는 것을 추구하지 않는다. 농사를 지어도 굶주림이 그 속에 있지만, 배우면 녹이 그 속에 있다. 군자는 도를 걱정할 뿐이지 가난은 걱정하지 않는다."

子曰, 君子謀道不謀食. 耕也, 餒在其中矣. 學也, 祿在其中矣. 君子憂
道不憂貧.

❦

공자는 이렇게 생각했다. '사람이 먹을 것을 찾으려 땅을 파면 팔수록 배가 더욱 고파진다. 책을 읽는 것보다 전도가 밝지 않다. 비록 배고픔 속에서 책을 읽지만, 그것은 별것 아니고, 오직 독서를 마치기만 하면 장래에 관리가 되어 녹미를 받음으로써 이전의 적자를 다 보충할 수 있다.' 농사가 체면도 서지 않고, 타산도 맞지 않는 일이라 생각한 것이다. 널리 읽힌 「권학문勸學文」에서 "책 속에 황금이 있고, 책 속에 천종의 녹미가 있으며, 책속에 옥 같은 미녀가 있다"라고 한 말은 바로 여기서 비롯된 것이다.

❦

내가 보기에, 공자의 생각 중에서 이것처럼 조선의 양반들에게 '어필' 한 것도 없을 것이다. 나는 그런 신조가 서서히 깨지기 시작한 것이 『허생전』의 허생에 이르러서라고 본다. 허생은 입에 풀칠조차 못할 정도로 찢어지게 가난하면서도 10년 계획의 『주역』 읽기를 감행한다. 참다못한 그의 부인이 "밤낮으로 글을 읽더니 기껏 '어떻게 하겠소'라는 소리만 배웠단 말이오? 장인바치 일도 못 한다, 장사도 못 한다면, 도둑질이라도 못 하나요?"
라고 다그쳤다. 더 이상 허생은 책상머리에 앉아 있을 수만은 없었다. 책읽기에 무슨 비전이 보이지 않았던 것이다. 이런 과정을 거치면서 완강했던 중세는 서서히 무너지지 시작했다.

※

불과 몇 십 년 전만 해도 공자의 저 신조를 잘 실천해 내면 성공을 손에 쥘 수 있었다. 개천에서도 용이 났던 것이다. 지금 개천에는 '녹조라떼'만 떠다닐 뿐이다. 개천에서 용이 날 수 없는 세상인데, 공자의 저 신념을 움켜쥐고 산다면 좀 곤란하다. 그런데도 자칭 '한학의 대가'들이 '저 신념'을 강조하는 것으로 밥을 벌어먹고 있으니, 참으로 딱하고 또 안쓰럽다.

※

나는 이 구절이 요즘 이 땅에서 한창 지가를 올리고 있는 '즉문즉설'이니 『아프니까 청춘이다』이니 하는 처세서의 주장과 크게 다르지 않다고 생각한다. 이는 공자를 폄훼하려는 것이 아니다. 세상이 바뀌었는데도 여전히 유효한 것처럼 강변하지는 말자는 것이다.

※

『집주』에서는 "군자는 근본을 다스리고 그 지엽은 걱정하지 않으니, 어찌 밖으로부터 이른 것을 가지고 근심하고 즐거워하겠는가"라고 점잖을 떨었지만, 정말 먹을 것이 지엽에 불과한지는 모르겠다. 우리 역사에서 먹을 것을 지엽으로 생각한 이로 김시습을 들 수 있다. 김시습은 "세상사람 생업을 사랑해世人愛生業 / 구구히 전택을 차지하지만區區占田宅 / 나, 한 잔 술에 취해我醉一杯酒 / 산중에 자취 감추리林泉知晦跡"「화연명음주시 25수(和淵明飮酒詩二十首)」 15

라고 노래했고, 실제로 그렇게 살다 갔다.

스승님께서 말씀하셨다. "지혜가 그들에게까지 미치더라도 인으로 그들을 지키지 못한다면, 비록 얻었다 하더라도 반드시 그들을 잃을 것이다. 지혜가 그들에게까지 미치고 인으로 그들을 지킬 수 있더라도 그들 위에 근엄하게 군림하지 않으면, 백성은 공경하지 않을 것이다. 지혜가 그들에게까지 미치고 인으로 그들을 지킬 수 있고 그들 위에 근엄하게 군림하더라도 그들을 동원할 때 예로 하지 않으면, 아직 완전한 것이 아니다."

子曰, 知及之, 仁不能守之, 雖得之, 必失之. 知及之, 仁能守之. 不莊以涖之, 則民不敬. 知及之, 仁能守之, 莊以涖之, 動之不以禮, 未善也.

❦

아래의 일반 백성들에게 장중한 모양을 보여주지 않으면, 백성들은 위에 있는 사람들을 공경하지 않을 것임을 말하고 있다.

❦

내가 보기에, 마지막에 예를 강조하기는 하지만, 이 구절의 기본 전제는 백성 위에 군림하는 것이다. 군림이란 절대적인 능력이나 세력을 가지고 사람들을 압도하여 지배함을 말한다. 그런 의미에서 이것을 오늘날 그대로 적용할 수는 없다. 적용해서는 안 된다. 지금은 지배자가 군림하는 시대가 아니다.

그런데 오늘날 정치 지도자가 지녀야 할 덕목으로 이것을 제시하는 어느 '석학'의 글을 본 적이 있다. 아마 대통령을 위시한 리더들을 모신 경건한 조찬 기도회 같은 데서 근엄하게 이런 덕담을 베풀었을지도 모른다. 어느 분은 이 구절을 "정책 형성policy making과 집행, 그리고 그 정책의 제도화, 그리고 피드백feed back 과정"으로 설명한다. 그리고 어느 행정학자는 이 설명의 틀을 빌려와 현대정치에서 참고할 수 있다고 강의한다. 돌차咄嗟!

　　저러한 이데올로그들 덕분에, 신동엽이 노래했듯이, "변한 것은 없었다. / 이조 오백 년은 끝나지 않았다."「종로5가」 중 스승님께서 말씀하셨다. "군자는 작은 일을 통해 알아볼 수 없지만 큰일을 맡을 수 있고, 소인은 큰일은 맡을 수 있지만 작은 일로 알아볼 수 있다."

子曰, 君子不可小知而可大受也, 小人不可大受而可小知也.

❧

군자는 작은 일로 시험해 볼 수 없지만, 중책을 맡길 수 있으며, 소인은 중책을 맡길 수는 없지만, 그릇의 크기는 매우 쉽게 알아 볼 수 있다.

❧

내가 보기에, 이 구절도 이해 못하는바 아니나, 그렇다고 전적으로 승인하기도 어렵다. 우선 작은 일과 큰일을 나누는 기준이 명확하지 않다. 더구나 모든 일은 작은 일부터 시작해 큰일로 나아가는 것이 상식이다. 작은 일을 거치지 않고 큰일을 하겠다는 것은 만용이기 십상이다. 그리고 큰일을 한답시고 작은 일을 무시하면, 그가 하고자 하는 큰일이 실패하거나 별 의미 없는 일이 될는지 모른다. 그런 사람은 대개 관념론자이거나 이상주의자일 가능성이 크다. 모름지기 '추상에서 구체로 상승'할 일이다.

❧

그래서 나는 이 구절에 대한 오규 소라이의 풀이를 좋아한다. "군자는 내가 작게 써서는 안 된다. 그는 큰일을 맡을 수 있다. 소인은 큰일을 맡을 수 없다. 내가 작게 써도 된다." 각자의 재능과 그릇에 합당하게 직책을 주어야 한다는 것이다. 능력이라고는 쥐뿔도 없으면서 아집과 고집으로 거들 먹대며 군림하는 못난 자들이 너무도 많다. 그리고 그런 치들은 자기보다 나은 사람은 절대로 쓰지 않는다. 정치판만 그런 것이 아니다. 대학도 마찬 가지다. 그래서 수준이 형편없이 떨어진다.

다산이 인용한 『회남자淮南子』의 비유가 그럴 듯하다. "큰 지략이 있는 자에게 작은 기예를 요구해서는 안 되고, 작은 기예를 가진 자에게 큰 공을 맡겨서도 안 된다. …… 이는 비유컨대, 너구리에게 소를 잡게 할 수 없고, 호랑이에게 쥐를 잡게 할 수 없는 것과 같다. …… 이는 마치 도끼로 털을 깎고 칼로 벌목하는 것과 같다."

스승님께서 말씀하셨다. "백성들은 인을 물이나 불보다 더 무서워한다. 그런데 물이나 불 속에 뛰어들었다가 죽은 자는 보았지만, 인을 실천하다가 죽은 자는 보지 못했다."

子曰, 民之於仁也, 甚於水火. 水火吾見蹈而死者矣, 未見蹈仁而死者也.

사람은 물속에 뛰어들거나 불 속에서 타 죽을 수 있지만, 인仁 속에 뛰어들어서는 죽을 수 없다고들 해석해 왔다. 이는 인민이 인을 피하면서 혹시나 미처 피하지 못할까 걱정하는데, 그 정도가 물이나 불보다 더 심하다는 뜻이다. 공자가 크게 실망해서 한 말이다. 사람은 모두 좋은 사람이 좋다고 하지만, 현실에서 그들은 오히려 종종 그런 사람을 피하면서 혹시나 미처 피하지 못할까 걱정한다.

내가 보기에, 우리가 종종 좋은 게 좋다고 말하는 것은 정도正道를 피하려는 변명에 지나지 않는다. 그렇게들 말하면서 모두 희희낙락하지만, 각자 마음 한 구석은 분명 꺼림칙할 것이다.

요즘 같은 세상에서는 인을 실천하다가 죽을 가능성이 더욱 큰 것 같다. 인仁을 정도正道로 대체할 수 있다면, 오늘날 정도를 걷는 사람은 주위에서 가만 두지를 않는다. 정도를 벗어나거나 벗어나기를 강요하는 세력과 싸워야 하는데, 대개의 경우 지고 만다. 그러나 바이런이 노래했듯이, 인간은 질 줄 알면서도 싸우는 존재다. 그래서 인간이다. 그러면 너만 손해라거나 세상 다 그렇고 그런 거라는 말은 그래서 비인간적이고, 그래서 서글프다. 일단 정도를 걷겠다고 마음먹었으면 좌고우면해서는 안 된다. 고은의 노래처럼 "몇 십 년 동안 가진 것 / 몇 십 년 동안 누린 것 / 행복이라든가 뭣이라던가 / 그런 것 다 넝마로 버리고 / 화살이 되어 온몸으로 가자 / 온 몸으로 가자 / 가서 돌아오지"「화살」중 않아야 한다. 그러나 그것이 어디 말처럼 쉬운 일이겠는가.

물과 불, 그리고 백성 이야기가 나오니, 허균의 「호민론豪民論」이 다시 생각난다. "천하에 두려워해야 할 바는 오직 백성뿐이다. 홍수나 화재, 호랑이, 표범보다도 훨씬 더 백성을 두려워해야 하는데, 지배자들은 항상 백성을 업신여기며 모질게 부려먹는다." 세상은 변하지 않았다. 민주주의를 구가한다는 21세기 이 나라에서 인민은 농락의 대상일 뿐이다. 「호민론豪民論」은 이렇게 끝이 난다. "기주蘄州·양주梁州·6합合의 변란을 발을 제겨 딛고서 기다릴 것이다. 지배자들이 두려워할 만한 형세를 명확히 알아 전철前轍을 밟지 않는다면 그런 대로 유지는 할 수 있을 것이다." 기주, 양주, 육합의 변란은 황소黃巢의 난을 말한다. 인민을 그렇게 대하다가는 곧 큰 변란이 닥칠 것이니 정신 차리라는 뜻이다. 그런데 저것들이 이 말을 알아듣기는 할까?

스승님께서 말씀하셨다. "인 앞에서는 스승에게도 양보하지 않는다."

子曰, 當仁, 不讓於師.

✻

아리스토텔레스가 "나는 나의 스승을 사랑하지만, 나는 진리를 더 사랑한다"라고 한 말 역시 이와 같은 의미다. 대단히 교활한 학생들은 이렇게 말한다. "나는 나의 스승을 사랑하고, 또 진리를 사랑한다." 혹은 "나는 나의 스승을 사랑하고, 오직 나의 스승의 진리만 사랑한다." 오늘날 특히 심각한 것은, 스승도 도구가 되어버려서 아무것도 사랑하지 않는다는 점이다.

✻

내가 보기에, 당인當仁에 대해서는 이설이 많다. 대표적으로 주희는 그것을 "인을 나의 임무로 삼아서는"이라고 풀이했는데, 공안국은 "인을 실천하는 때를 당해서는"이라고 이해했다. 그런데 이런 해석들은 군자의 방달불기放達不羈를 어떻든 제한하고 있다는 점에서 모두 군색하다. 인을 임무로 삼거나 실천한다는 것은 엄중한 일이지만, 그것으로만 한정할 필요는 없을 것이다. 포괄적으로 "인 앞에서"라고 푸는 것이 보다 간명할 것이다.

✻

이 구절은 잘 알려진 『숫타니파타』의 가르침을 연상시킨다. "서로 다투는 철학적 견해를 초월하고 깨달음에 이르는 길에 도달하여 도를 얻은 사람은 '나는 지혜를 얻었으니, 이제는 남의 지도를 받을 필요가 없다'고 알아 무소의 뿔처럼 혼자서 가라." 그리고 노신이 「청년과 지도자」에서 한 말도 떠오른다. "청년들이 금 간판이나 내걸고 있는 지도자를 찾아야 할 이유가 어디 있는가? 차라리 벗을 찾아 단결하여, 이것이 바로 생존의 길이라고 생각되는 방향으로 함께 나아가는 것이 나으리라. 그대들에게는 넘치는 활력이 있다. 밀림을 만나면 밀림을 개척하고, 광야를 만나면 광야를 개간하고, 사막을 만나면 사막에 우물을 파라. 이미 가시덤불로 막혀 있는 낡은 길을 찾아 무엇을 할 것이며, 너절한 스승을 찾아 무엇을 할 것인가!"

우리 학계에서는 "스승을 사랑하지만, 진리를 더 사랑한다"라고 말하는 순간 대개 그 '사단師團'에서 곧장 추방당하고 만다. 그런데 어찌 보면 그렇게 추방을 당하는 것이 더 바람직한 일인지 모르겠다. "진리가 너희를 자유케 하리라" 하지 않았던가. 그런 발언을 용납하지 못하는 집단에서 진리를 탐구한다는 것 자체가 어불성설이자 연목구어다.

리링의 말처럼 교활한 학생들은 짐짓 진지한 얼굴로 혹은 너스레를 떨면서 나는 스승도, 진리도 다 사랑한다거나 스승과 스승의 진리만 사랑한다고 말한다. 상당히 지혜롭고 균형 잡힌 것처럼 가장하지만, 실은 대단히 얍삽한 짓이다. 염치없이 얕은꾀를 써서 제 잇속만 차리려는 욕심은 아무리 감추려 해도 금방 드러난다. 그냥 "나는 진리를 사랑한다"라고 하면 족하다.

이 구절과 관련해서 최고의 경구는 선가禪家의 살불살조殺佛殺祖이다. 부처를 만나면 부처를 죽이고, 큰 스님을 만나면 큰 스님을 죽여라!

스승님께서 말씀하셨다. "군자는 두터운 신망이 있지만 작은 믿음에 얽매이지 않는다."

子曰, 君子貞而不諒.

❧

정貞은 신용을 지킨다는 의미인데, 정定에서 파생된 말이다. 양諒도 믿음이다. 그러나 두 믿음은 다르다. 정은 원칙을 준수하는 믿음으로 원칙에 위배되지 않는다면 융통이 가능하다. 반면 양은 작은 믿음에 얽매이고 죽음으로써 약속을 지킨다. "말에는 반드시 믿음이 있고, 행동에는 반드시 과단성이 있다. 이런 사람은 자기 고집을 꺾을 줄 모르는 소인이다"「자로(子路)」13-20라는 공자의 말을 사수하면, 한쪽으로 치우쳐 융통할 줄 모르게 되는데, 그것이 바로 양이다.

❧

내가 보기에, 이 구절은 이렇게도 해석될 수 있지 않을까 한다. '군자는 당당하게 밀고 나가 자유롭지만, 소인배는 쓸데없이 고집을 부리다가 결국 망하고 만다.' 다리 밑에서 만나자는 약속을 지키려 홍수를 피하지 않고 교각을 부둥켜안은 채 익사한 '미생尾生의 믿음'을 생각해 볼 일이다.

❧

정貞과 량諒에 대해서 오규 소라이는 이렇게 말했다. "정은 내면에 보존

되어 있는 것이 변하지 않음을 말하니, 정녀貞女라고 할 때의 정 같은 데서 알 수 있다. 양은 남이 믿어주기를 구하는 것이니, 예를 들면 (남의 사정을 잘 살펴준다는 의미의) 양찰諒察이나 양감諒鑒 같은 것이다." 그렇다면 이 구절은 이렇게 다시 써 볼 수 있겠다. '군자는 마음에 둔 것을 쉽사리 변하지 않으며, 남이 믿어주기를 구하지 않는다.' 소인배는 자주 목숨을 걸고 약속을 하는데, 그 약속의 내용은 대단히 자잘하다. 항상 작은 일에 목숨을 거는 소인배들의 인생은 그러나 길기만 하다.

오규 소라이의 풀이에 대한 다산의 의견은 다음과 같다. "정에 대한 뜻은 근사하나, 양에 대한 뜻은 그렇지 않다. 정이란 기자箕子의 명이明夷와 미자微子의 망복罔僕 같은 것이 그것이고, 양은 미생이 다리를 부둥켜안은 일과 백희伯姬의 좌당坐堂이 그것이다." 100년, 그리고 바다를 격하고 한국과 일본의 대학자 간 벌어진 토론을 지켜보는 듯하다.

'기자箕子의 명이明夷'는 기자가 포악한 주紂를 섬길 때, 그의 밝은 총명을 감추고 거짓 광인 노릇을 하면서도 바른 도를 굳게 지킨 것을 말한다. '미자微子의 망복罔僕'은 망국亡國의 신하로서 의리를 지켜 새 왕조의 신복이 되지 않으려는 절조를 말한다. 은 나라가 망하려 할 무렵 기자가, 은 나라가 망하더라도 나는 남의 신복이 되지 않으리라고 한 데서 유래한다. '백희伯姬의 좌당坐堂'은 춘추시대 노 나라 백희가 집에 불이 났지만, 밤에 당에서 내려가지 않겠다면서 앉아 있다 불에 타 죽은 일을 말한다.

스승님께서 말씀하셨다. "군주를 섬길 때는, 우선 맡은 일을 경건하게 처리하고 녹봉은 그 다음에 생각하라."

子曰, 事君, 敬其事而後其食.

🍂

맡은 일을 경건하게 처리한다는 경기사敬其事는 경사敬事인데, 맡은 직책에 충실하고, 맡은 직책을 엄격히 지킨다는 뜻이다.

🍂

내가 보기에, 이 구절에서 '군주' 대신에 '국민'을 넣으면 좀 놀랄 직종이 있다. 공무원이다. 공무원의 나태를 비판할 때 흔히 쓰는 '철밥통'은, '해고의 위험이 적고 고용이 안정된 직업을 비유적으로 이르는 말'이기는 하지만, 될 대로 되라고 마냥 앉아서 국민의 세금만 축낸다는 비아냥의 표시다. 물론 요즘은 그렇지 않은 공무원이 더 많아졌다.

🍂

'녹봉은 다음에 생각하라'는 주문은 이 자본주의 시대에는 욕이나 마찬가지다. 일을 시켰으면 당연히 거기에 합당한 보수를 지불해야 하고, 또 그렇게 요구해야 마땅하다. 세상이 더럽고 추악해지니, 정규직이니, 비정규직이니, 반#정규직이니 해서 똑같은 일을 같은 시간 동안 해도 다르게 대우받는 것이 아주 당연시되고 있다. 정규직은 비정규직으로 떨어질까 두려워

고분고분하다. '사용자'와 지배자들은 '노-노 갈등'을 최대한 이용한다. 그래서 정당하고도 합당한 보수는 자꾸 요원해진다. 추악한 세상이다.

✦

요사스러운 기회주의자가 있다. 이런 구절을 말할 때는, '인간의 도리'니 '인간적 자존'이니 핏대를 올리다가도, 자기의 이익과 연결되면 돌변을 한다. 공부하는 사람이 살기 어려워도 체면을 차려야 한다고 역설하다가도, 아무리 작더라도 자기 이익에 보탬이 되거나 그것이 침해 받는다고 생각하면, 체면이고 뭐고 없다. 눈에 불을 켜고 달려든다. 전형적인 소인배다.

✦

선공후사先公後私, 곧 공적인 일을 먼저 하고 사적인 일은 뒤로 미룬다는, 대단히 아름다운 말이다. 배려는 이런 마음에서 나올 것이다. 그러나 지금 이 땅의 거의 모든 지배자들은 말로는 선공후사를 강변하지만, 속으로는 선사후공先私後公에 전념한다. 사적인 이익 챙기기에 혈안이 되어 있다. 그러면서도 도덕적으로 가장 깨끗한 정부라고 나발을 분다. 공금은 완전히 '공돈'이다. 쓰라고 주어진 돈인데 안 쓰면 나만 손해라고, 횡령만 하지 않으면 되는 것 아니냐고 떠드는 자들이 넘쳐난다. 그것이 다 '궁민'의 혈세인 줄만 알고 쓰거라, 이놈들아.

✦

멸사봉공滅私奉公에 대해서는 말하지 않기로 한다. 그 앞 구절은 진충보국盡忠報國이다. 설상가상이다!

위령공衛靈公 15-39

스승님께서 말씀하셨다. "가르칠 때는 사람을 따지지 말라."

子曰, 有敎無類.

❧

이것은 공자의 가르침의 원칙이다. 그 말의 다른 한 측면은 자질에 따라 가르친다因材施敎는 것이다.

❧

내가 보기에, 이 구절은 오늘날에도 교육의 대원칙이 되어야 한다. 교육의 대상을 이러저러하게 가르고 나누는 것은 차별적인 것이다. 지금도 있으리라 믿지만, 예전에 내가 고등학교에 다닐 때 우열반이란 것이 있었다. 열 개의 반 중에 문과와 이과 각 한 반씩만 우수반이고, 나머지는 모두 열등반이다.(문과와 이과가 나누어지기 이전인 일학년 때는 열반 중 한 반만 우수반이었다) 모든 지원은 우수반에 몰리고 열등반은 완전히 방치한다. 사고만 나지 않기를 바랄 뿐이다. 한 학교 안에 두 '민족'이 살고 있었다. 그 일종의 계급 갈등 같은 것이 무서워 수학여행도 가지 못했다. 이런 것이 학교교육이어서는 안 된다.

❧

자질에 따라 가르친다는 것도 충분히 이해가 가는 말이기는 하지만, 효율성만을 지나치게 강조하는 것은 바람직한 교육이 아니다. 더구나 인간의 자질은 고정불변의 것이 아니다. 얼마든지 변화될 수 있다. 그것을 이미 확정된 무엇으로 상정하는 것이야말로 반교육적인 처사이다. 방편이 목적을 대신할 수는 없다.

나는 이 구절에 대한 다산의 풀이를 좋아한다. "귀貴와 천賤은 확실히 나뉘어 두 유類가 되고, 화華와 이夷도 확실히 나뉘어 두 유가 되니, 이를 이름하여 유類라고 하는 것이다. 그러나 선악에 이르러서는 한 집안에서도 유하혜柳下惠와 도척盜跖 같은 형제가 섞여 있기도 하고, 한 사람의 몸에서도 사악하고 정직한 것이 문득 변하고들 하니, 어떻게 이를 두 유로 구별할 수 있겠는가?"

스승님께서 말씀하셨다. "길이 다르면, 함께 일을 도모하지 않는다."

子曰, 道不同, 不相爲謀.

신앙은 논쟁을 일으키기 가장 쉬운 문제이고, 또 토론하기에 가장 적절치 않은 문제이기도 하다.

내가 보기에, 자칫 엉뚱한 문제로 비화할 가능성이 있지만, 이 구절은 정신건강을 위해서 요긴하다. 생각과 지향하는 목표가 다를수록 더 치열하게 토론해서 그 간격을 좁혀야 한다는 것은 이상적인 주문이기 십상이다. 현실에서 그것은 어쩌면 공염불에 지나지 않을지 모른다. 생각과 목표가 다른 사람에게는 심각한 비판을 하지 않을 수 없는데, 그것은 리링의 말마따나 '헛수고의 비장함'일 뿐이다. 이 구절을 당장 배척이나 배제의 문제로 치환해서는 안 된다. 요즘에는 주로 부정적인 함의를 지닌 것으로 사용되지만, 글자 그대로 각자도생各自圖生하는 편이 낫다는 말로 이해하는 편이 좋겠다.

오규 소라이는 여기서 길이라고 한 도道를 검도劍道나 다도茶道와 같은 도술道術로 보고 있다. 곧 "활쏘기와 말 몰기 및 생황이나 피리, 비파나 거문고

연주와 같은 것이 그것이다. 나에게 평소 익숙한 것이 아니면, 그 일을 정밀하게 할 수가 없다. 그러므로 서로 도모하지 않는 것은 그 일을 무너뜨릴까 두려워해서이다"라고 했다. 나는 길이 다름을 주희처럼 선과 악, 사와 정과 같은 부류로 보아야 하는지, 아니면 오규 소라이처럼 도술로 이해해야 하는지는 잘 모르겠다.

다산은 도를 바라보고 그것을 말미암는 것이라고 넓게 해석하면서, "선왕先王의 도를 말미암는 자도 있고, 잡패雜覇를 말미암는 자도 있으며, 은괴隱怪를 말미암는 자도 있으니, 그 추항趨向하는 바가 같지 않으면 함께 일을 도모할 수 없다"라고 했다. 참고로 한국고전번역원의 박헌순 선생은 잡패를 "패도覇道를 섞은 통치방법이라는 말로 볼 수도 있고, 잡스런 패도覇道라는 말로 볼 수도 있다"라고 했다. 은괴는 궁벽窮僻스러운 것을 캐내고 괴이한 일을 행한다는 색은행괴索隱行怪의 줄임말로, 이황은 김시습을 그렇게 묘사했다.

스승님께서 말씀하셨다. "말은 (생각을) 표현하면 그만이다."

子曰, 辭達而已矣.

✿

말에 해당되는 원문 사辭는 언사言辭라고도 할 수 있고, 문장文辭라고도 할 수 있다. 글을 쓰는 것은 말하는 것과 같이 자연스럽고 유창해야 하고, 말을 하는 것 역시 간단하면서도 분명하게 하여 한번 보고 알 수 있도록 하는 것이 가장 중요하고 또 가장 쉬운 것이다.

✿

내가 보기에, 오늘날 가장 민주적인 말과 글은 쉽고도 정확한 것이다. 누군가 말과 글을 어렵게 하고 쓴다면, 그는 대단히 권위적이거나 젠체하려는 사람일 가능성이 크다. 누군가 정확하게 말하고 글 쓰지 않는다면, 그는 그 내용을 잘 모르거나 속이려는 사람이다. 누구나 다 잘 알 수 있도록 말을 하고 글을 쓴다는 것이 물론 대단히 어려운 일인 줄은 알지만, 그래도 그것이 말글살이의 목표가 되어야 한다.

✿

어느 학자는 이런 글을 썼다. "그 학자의 설명 말씀에 의하면 민주주의란 불란서어란 말은 그 명증성으로 해서 시보다 산문에 보다 적합한 말이라는 소리를 듣는다." 이 문장은 "그 학자의 설명에 따르면, 민주주의라는 불어의 발음은 그 깨끗함 때문에 시보다는 산문에 적합하다고 한다" 정도로 바꾸면 그런 대로 무난하겠다. 문제는 그렇게 어렵고 고상하게 말하고 글을 써야 한다고 생각하는 너절한 마음 자세다. 그런 태도에서 압제壓制의 욕구가 생겨난다.

✿

나는 공자의 이 견해를 가장 설득력 있게 풀이한 것으로 연암의 「공작관문고서孔雀館文稿序」를 꼽는다. "글이란 생각을 있는 그대로 표현해 내면 그만일 뿐이다. 제목을 놓고 붓을 잡고는 문득 옛사람이 쓴 어구를 생각해 내고 억지로 고전의 지취旨趣를 찾아내며, 생각을 근엄하게 꾸미고 글자마다 장중하게 만들려고 애쓴다는 것은 비유하자면 화공을 불러 초상화를 그릴 적에 용모가 고쳐서 나오는 것과 같다. 눈동자는 구르지 않고 옷은 주름살도 잡히지 않아서 그 평상시의 모습을 상실하고 보니 아무리 훌륭한 화가라 하더라도 그 참모습을 그려 낼 수는 없는 것이다. 글을 짓는 것 또한 이와 무엇이 다르랴."

스승님께서 사면을 만날 때 계단이 나오면 "계단입니다"라고 말씀하셨고, 좌석이 나오면 "자리입니다"라고 말씀하셨다. 모두 앉으면 그에게 "아무개는 여기 있고, 아무개는 저기 있습니다"라고 알려주셨다. 사면이 나가자, 자장이 물었다. "악사와 그렇게 말하는 것이 도리입니까?" 스승님께서 대답하셨다. "그렇다. 그렇게 하는 것이 본디 악사를 보좌하는 도리다."

師冕見, 及階, 子曰, 階也. 及席, 子曰, 席也. 皆坐, 子告之曰, 某在斯, 某在斯. 師冕出, 子張問曰, 與師言之道與. 子曰, 然, 固相師之道也.

🦋

공자는 음악을 열렬히 사랑했고, 음악계의 인사와도 교류했으며 그들의 반 정도는 장님이었다. 공자는 사면을 보살필 때 매우 꼼꼼하고 무척 참을성이 있었다. 모든 계단과 자리마다 하나하나 가리키면서 설명해 주었는데, 그것은 맹인 악사를 대하는 예의로, 공자는 그것을 악사를 보좌하는 도리라 했다.

🦋

내가 보기에, "성인은 홀아비와 과부를 업신여기지 않으며, 하소연할 데가 없는 이를 괄시하지 않으심을 여기에서 볼 수 있으니, 이것을 천하에 미룬다면 한 가지 물건이라도 그 곳을 얻지 못함이 없을 것이다"라고 한 『집주』의 설명은 고상하기는 하지만, 지나치게 도덕주의적이다. 또 악사에서 옛 샤먼의 흔적을 찾아내서 설명하려는 배병삼의 논의는 호사가적 취미처럼 보인다. 나는 거기에 더해 음악과 음악인을 사랑하고 존중하는 공자의 마음을 읽어내고 싶다. 다산이 "공자는 본래 소경을 공경하였으며, 음악을 배웠기 때문은 아니다"라고 했지만, 공자의 음악 애호가 크게 한몫을 한 것이 아닌가 추측해 본다. 개인적인 느낌이지만, 나는 어떤 장르이든 음악을 만들고 연주하는 사람은 그 어떤 예술분야의 사람들보다 훨씬 더 천재적인 능력을 지녔다고 믿고 있다.

✿

시력을 잃게 되면, 감각 특히 청각이 예민해진다. 그래서 음악인 가운데 시각장애인이 많다. 우리 몸의 감각기관은 하나를 잃으면 다른 하나로 보상하고자 하는 동기가 발현된다. '눈멀다'를 '어떤 일에 마음을 빼앗겨 이성을 잃다'라고 풀이하는 것은 이른바 비장애인의 오만이다. 내가 좋아하는, 시각장애인 가수로 레이 찰스, 스티비 원더, 호세 펠리치아노, 안드레아 보첼리, 그리고 이용복이 있다. '눈 뜬 장님'인 청맹과니들의 세상에서 보석처럼 빛나는 존재들이다.

✿

사족. 시각장애인을 흔히 장님 혹은 소경이라 하는데, 그 말이 어디서 유래한 것인지가 궁금하다. 장님에서 님을 빼면 장이 남는데, 그건 무슨 뜻일까? 그리고 소경은 마치 한자어 같은데, 역시 어디서 온 말일까? 유의어로 맹안盲眼, 맹인盲人, 맹자盲者, 몽고矇瞽, 봉사, 실명자失明者, 판수 등이 있다.

16
——

계씨
季氏

계씨가 전유를 치려고 했다. 염유와 계로가 공자를 만나서 말했다. "계씨가 전유와 전쟁을 벌이려 합니다." 공자께서 말씀하셨다. "염구야, 그것은 너의 잘못 아니냐? 전유는 옛날 선왕께서 동몽의 제사를 주관하도록 하셨고, 이미 노 나락 강역 안에 있으니 노 나라 속국이다. 그곳을 쳐서 어쩌겠다는 것이냐?" 염유가 말했다. "선생계씨은 그렇게 하려고 하지만, 저희 두 신하는 모두 원하지 않습니다." 공자께서 말씀하셨다. "염구야, 주임이 이런 말을 했지. '온힘으로 직무를 다하고, 잘 할 수 없으면 그만둔다.' 위험이 닥쳤는데도 도와주지 않고, 넘어졌는데도 부축하지 않는다면, 곁꾼을 써서 무엇 하겠느냐? 그리고 네가 하는 말은 틀렸다. 호랑이나 코뿔소가 우리에서 뛰쳐나오고, 구갑과 옥기가 상자 안에서 깨졌다면, 누구 잘못이겠느냐?" 염유가 말했다. "지금 전유는 견고하고 비읍에서 가깝습니다. 지금 빼앗지 않으면 후세에 분명히 자손들의 근심거리가 될 것입니다." 공자께서 말씀하셨다. "염구야, 군자는 자기가 하고 싶어 하는 것을 인정하지 않고, 꼭 이유를 찾아 변명하려 하는 그런 말투를 싫어한단다. 나는 국가를 다스리는 자는 적음을 근심하지 않고 고르지 못함을 걱정하며, 가난을 근심하지 않고 안정되지 못함을 걱정한다고 들었다. 고르면 가난한 사람이 없고, 조화로우면 적다고 느끼지 않을 것이며, 안정되면 무너질 위험이 없을 것이다. 이와 같기 때문에 멀리 있는 사람이 복종하지 않으면 문덕을 닦아 오게 하고, 이미 왔으면 편안하게 해주어야 하는 것이다. 지금 자로와 염구, 너희가 선생을 돕고 있는데 멀리 있는 사람이 복종하지 않기 때문에 그들을 오게 할 수 없고, 나라의 민심은 갈라져 뿔뿔이 흩어지고 있는데 그것도 지키지 못하면서 나라 안에서 전쟁을 일으킬 생각을 꾸미고 있구나. 나는 계손 씨의 근심은 전유에 있는 것이 아니라 자기 집 가림막 안에 있지 않나 생각한다."

季氏將伐顓臾. 冉有季路見於孔子曰, 季氏將有事於顓臾. 孔子曰, 求! 無乃爾是過與. 夫顓臾, 昔者先王以爲東蒙主, 且在邦域之中矣, 是社稷之臣也. 何以伐爲. 冉有曰, 夫子欲之, 吾二臣者皆不欲也. 孔子曰, 求! 周任有言曰, 陳力就列, 不能者止. 危而不持, 顚而不扶, 則將焉用彼相矣. 且爾言過矣, 虎兕出於柙, 龜玉毁於櫝中, 是誰之過與. 冉有曰, 今夫顓臾, 固而近於費. 今不取, 後世必爲子孫憂. 孔子曰, 求! 君子疾夫舍曰欲之而必爲之辭. 丘也聞有國有家者, 不患寡而患不均, 不患貧而患不安. 蓋均無貧, 和無寡, 安無傾. 夫如是, 故遠人不服, 則脩文德以來之. 旣來之, 則安之. 今由與求也, 相夫子, 遠人不服, 而不能來也, 邦分崩離析, 而不能守也, 而謀動干戈於邦內. 吾恐季孫之憂, 不在顓臾, 而在蕭牆之內也.

내가 보기에, 이 구절은 요즘의 정치경제적 현실에서도 상당히 호소력이 있어 보인다. 위정자는 (백성의 숫자) 적음보다는 불공평을, 가난보다는 불안정을 걱정해야 한다. 분배 정의가 실현되면 가난한 사람이 줄어들고, 상대적 박탈감도 적어질 것이며, 결과적으로 사회가 안정된다. 그러나 지배자들은 그렇게 생각지 않는다. 이른바 파이를 크게 해야 나누어가질 몫도 커지고, 전반적으로 성장을 해야 이른바 낙수落水 효과가 두루에게 미친다고 선전한다. 자기들의 전유專有를 위한 한갓된 변명에 불과하다. 그것은 역사가 말해주고 있다.

✿

나라의 민심은 갈라져 뿔뿔이 흩어지고 있는데, 그것도 지키지 못하면서 나라 안에서 전쟁을 일으킬 생각을 꾸미고 있다는 지적도 새겨들어 마땅하다. 우리는 민심의 이반을 전쟁의 공포로 잠재우려고 한 오랜 독재의 경험을 갖고 있다. 지금도 입만 열면 전쟁 불사를 주장하는 못난 것들이 정치를 한답시고 나대는 꼴을 본다. 전쟁이 나면 제일 먼저 도망칠 놈들이 말이다.

✿

군자는 자기가 하고 싶어 하는 것을 인정하지 않고 반드시 이유를 찾아 변명하려 하는 그런 말투를 싫어한다는 가르침도 가슴 깊이 간직해야 한다. 지식인, 흔히 먹물이라고 하는 집단이 지닌 최대의 장기는 변명이다. 그들은 자기 합리화의 대가들이다. 그들에게 원칙이라는 것은 없다. 그때그때마다 다르다. 그 달라지게 만드는 유일한 요인이 바로 이익이다. 그러면서 입으로는 '군자는 의義에 밝고, 소인은 이利에 밝다'고 떠들어대고, 이익을 보면 그것이 의에 합당한 것인지 생각하라는 견리사의見利思義를 행동으로 배반한다.

공자께서 말씀하셨다. "천하에 도가 있으면 예악과 정벌이 천자에게서 나오고, 천하에 도가 없으면 예악과 정벌이 제후에게서 나온다. 제후에게서 나오면 대개 열 세대 이후에 잃어버리지 않는 경우가 드물고, 대부에게서 나오면 다섯 세대 이후에 잃어버리지 않는 경우가 드물며, 대부의 가신이 국정을 잡으면 세 세대 이후에 잃어버리지 않는 경우가 드물다. 천하에 도가 있으면 정권은 대부에게 있지 않고, 천하에 도가 있으면 백성들이 정치에 대해 논의하지 않는다."

> 孔子曰, 天下有道, 則禮樂征伐自天子出. 天下無道, 則禮樂征伐自諸侯出. 自諸侯出, 蓋十世希不失矣. 自大夫出, 五世希不失矣. 陪臣執國命, 三世希不失矣. 天下有道, 則政不在大夫. 天下有道, 則庶人不議.

예악과 정벌은 대내적, 대외적 각종 정령政令을 말한다. 이 정령이 천자에게서 나오는가, 제후에게서 나오는가, 대부에게서 나오는가, 혹은 대부의 가신이 정령을 휘어잡는가 하는 것은 정치권력의 아래로의 교체과정을 말한다. 아래로 교체된 결과는 잃어버리지 않는 경우가 드물다. 즉 끝장나지 않는 경우가 거의 없다는 것이다. 거기에 걸리는 시간은 각각 300년, 150년, 90년이다. 공자가 "천하에 도가 있으면 백성들이 정치에 대해 논의하지 않는다"라고 한 것은 현대의 민주제와 완전히 상반된다.

내가 보기에, 이 구절을 요약하면 정치질서가 바로잡히면 대부가 정권을 잡을 리 없고, 자기 몸 하나 추스르기 힘든 서민이 정치에 대해 왈가왈부할 겨를이 없다는 것이다. 그런데 이 말은 고대사회를 전제로 한 것이므로, 지금 그대로 적용해서는 곤란하다. 이 구절에서 바로잡혀야 할 질서는 신분제에 근거한 가부장적 체제다. 백성은 그것의 정당성을 심복하고, 그것에 이의를 제기해서는 안 된다는 것이 이 구절에서 말하고자 하는 요체다.

⁂

그런데 『집주』는 의미 있는 지적을 하고 있다. 실정失政이 없으면 아랫사람들이 사사로이 의론함이 없을 것이니, 그들의 입에 재갈을 물려서 감히 말하지 못하게 하는 것은 아니라는 것이다. 이에 따르면, 실정이 있으면 아랫사람들도 얼마든지 비판을 할 수 있다. 정치의 시비에 대해 논의하지 않는 것이 예禮기는 하지만 법法은 아니라는 것으로 이해할 수 있다. 오규소라이는 "법을 범하는 자는 죄가 있지만, 예를 모르는 자가 어찌 죄가 있겠는가?"라고 했다.

⁂

오늘날 정부 권력은 '국민'의 신임을 얻지 못하면 실각해야 마땅하다. 그래야 "대한민국은 민주공화국이다. 대한민국의 주권은 국민에게 있고, 모든 권력은 국민으로부터 나온다"라고 시작하는 대한민국 헌법이 바로 선다. 그런데 아직도 대통령을 왕조시대 임금처럼 떠받들거나 이 나라가 대통령의 것인 양 여기는 '어리석은 백성'들이 없지 않다. 예전에 자신이 존경하는 이가 대통령이 되자, 청와대로 찾아가 큰절을 올린 운동권 출신 인사가 있었는데, 그들은 입으로는 민주주의를 말하면서 다리는 아직 봉건시대에 걸치고 있다. 그렇게까지는 하지 않더라도, 무슨 말을 잘못 하면 혼쭐이 날지 모른다고 벌벌 떨거나 권력의 '따뜻한 시혜'를 간구하는 백성들이 대다수이다. '공화국'이 되기에는 아직 멀었다.

공자님께서 말씀하셨다. "녹봉에 대한 권한이 공실公室을 떠난 지 다섯 세대가 지났고, 정권이 대부에게 넘어간 지 네 세대가 지났다. 그러므로 저 삼환의 자손은 쇠락할 것이다."

孔子曰, 祿之去公室五世矣, 政逮於大夫四世矣. 故夫三桓之子孫微矣.

계씨가 노 나라 정권을 전횡한 것을 말하고 있다. 나라의 군주가 작록에 대한 통제권을 상실한 지가 이미 다섯 세대가 지났고, 정령들이 대부들의 수중으로 떨어진 지는 이미 네 세대가 지났다. 이런 추세를 따라 발전해간 다면, 삼환의 후대는 반드시 쇠망할 것이라고 예언할 수 있다는 것이다.

내가 보기에, 두 가지를 생각해 볼 수 있겠다. 하나는 전횡專橫의 문제고, 다른 하나는 역사 해석상의 가정 문제다. 전횡이란 권력이나 권세를 홀로 쥐고서 자기 마음대로 하거나, 일이 권력이나 권세를 가진 자의 마음대로 되는 것을 말한다. '독재의 전횡'이라는 말이 가장 적절한 용례일 것이다. 독재나 전횡은 모두 '국민'에게서 나오는 나라의 권력을 제멋대로 훔쳐 가지고 노는 것이다. 이른바 '홍경래란' 때 나붙었던 격문檄文의 표현대로 "국병國柄을 절농竊弄"하는 짓이다.

역사에서 가정은 무의미한 것이라고들 한다. 죽은 자식 불알을 만지듯, 소용이 없는 짓거리에 불과하다고 한다. 더구나 그 한갓된 가정을 앞세워 자기 논리의 정당성을 확보하는 소위 학자나 정치가들을 볼 때, 역사에 가정은 없다는 주장은 정당하고 타당하다. 그렇지만 한편으로 인간은 그런 가정을 세워보면서 과거를 반성하고 미래를 설계해 보는 존재기도 하다. 그것마저 도외시한다면 역사는 앙상한 실증주의의 그물에서 벗어나기 어려울 것이다. 역사가 좀더 생동하게 '뛰어놀' 수 있어야 한다.

공자께서 말씀하셨다. "벗을 사귀어서 이득이 되는 경우가 세 가지고, 손해가 되는 경우가 세 가지다. 정직한 사람과 사귀는 것, 신용이 있는 사람과 사귀는 것, 아는 것이 많은 사람과 사귀는 것은 이익이다. 아첨하기 좋아하는 사람과 사귀는 것, 겉과 속이 다른 사람과 사귀는 것, 말재주가 뛰어난 사람과 사귀는 것은 손해다."

孔子曰, 益者三友, 損者三友. 友直, 友諒, 友多聞, 益矣. 友便辟, 友善柔, 友便佞, 損矣.

᠁

이것은 교우의 도리인데, 그 속에는 경제학이 있다. 앞에서 공자는 두 차례에 걸쳐 자기만 못한 사람을 친구로 삼지 말라고 했는데, 그것은 바로 투입과 산출 그리고 비용을 계산한 것이다.

᠁

내가 보기에, 리링은 공자가 교우의 도리를 경제학의 관점에서 보았다고 했는데, 나는 그렇게 보지 않는다. 지금 손익損益이라고 하면 상거래에서 손해와 이익을 따지는 말이지만, 공자가 생각한 손익은 버릴 것은 버리고 보탤 것은 보탠다는 의미이다. 앞의 「위정爲政」편 2-23에서 "은 나라는 하 나라의 예제禮制에 의거했는데, 그로부터 뺀 것과 더한 것을 알 수 있다殷因於夏禮, 所損益可知也"라고 한 데서 그 용례를 찾아볼 수 있다. 전대의 제도나 문화를 적절히 빼고 보태고 하는 방식으로 계승해나간다는 의미로 쓴 것이다.

정직하고 신용이 있고 아는 것이 많은 사람보다는 아첨 잘하고 겉과 속이 다르며 말재주가 좋은 사람이 더 많은 세상이다. 정직하고 신용이 있고 아는 것이 많은 사람은 어떤 사람일까, 거기에 가장 근접해 있는 사람은 누구일까, 생각해 보지만 좀체 떠오르지 않는다. 아첨 잘하고 겉과 속이 다르며 말재주가 좋은 사람은 누구일까 생각해 보니, 곧바로 떠오르는 얼굴들이 있다.

오규 소라이에 따르면, '편벽便辟'은 마융馬融이 말하기를 "남이 꺼리는 것을 교묘하게 치우쳐 받아들여 아첨하기를 구하는 것이다"라고 했고, '선유善柔'는 "얼굴빛만 유순한 것이다"라고 했다. '편녕便佞'은 정현鄭玄에 따르면 "편便은 변辯이니, 말재주를 부려 변명함을 말한다."

그런데 다산은 "세 가지 유익함과 세 가지 해로움은 본래 그 자체 착락錯落이 있으니, 굳이 양쪽으로 갈라서 견줄 필요는 없다"라고 했다. 사귐이라는 것은 기본적으로 둘 사이에서 맺어지는 독특한 정서여서 절대적 기준으로 규정하기 어렵다는 말인 듯하다. 예컨대, '甲나라와 乙나라는 우호적인 관계에 있다. 乙나라와 丙나라도 우호적인 관계에 있다. 그러므로 甲나라와 丙나라도 우호적이다'라는 논증은 성립할 수 없다는 것이다.

공자께서 말씀하셨다. "즐거서 이득이 되는 경우가 세 가지고, 손해가 되는 경우가 세 가지다. 예악으로 절제하는 것을 즐기는 것, 다른 사람의 장점 말하기를 즐기는 것, 많은 현명한 친구를 사귀기 좋아하는 것 등은 이익이다. 욕망에 따라 마음껏 즐기는 것, 빈둥거리면서 놀기를 즐기는 것, 먹고 마시며 즐기기를 좋아하는 것은 손해다."

孔子曰, 益者三樂, 損者三樂. 樂節禮樂, 樂道人之善, 樂多賢友, 益矣. 樂驕樂, 樂佚遊, 樂宴樂, 損矣.

이것은 군자의 기호를 말한 것으로, 그 속에는 역시 경제학이 들어 있다. 이와 비슷한 내용이 『곽점초간郭店楚簡』『어총語叢』 제3권에 있다. "의를 실천하는 사람과 사귀는 것은 이익이다. 엄숙한 사람과 같이 있는 것은 이익이다. 일어나서 문장을 익히는 것은 이익이다. 버릇없는 사람과 함께 있는 것은 손해다. 배우지 못한 사람과 같이 노는 것은 손해다. 평소에 아무것도 익히지 않으면 손해다. 자기가 잘하는 것을 스스로 자랑하는 것은 손해다. 자기의 모자란 부분을 스스로 내보이는 것은 이익이다. 한가롭게 노는 것은 이익이다. 하지 않는 것이 있는 것은 이익이다. 기필코 하는 것은 손해다."

내가 보기에, 이 구절과 『곽점초간』의 구절, 예컨대 "빈둥거리면서 놀기를 즐기는 것은 손해"라는 말과 "한가롭게 노는 것은 이익"이라는 말 사이의 거리를 비교해 보면 흥미로울 것 같다. "하지 않는 것이 있는 것은 이익이다. 기필코 하는 것은 손해다"라는 내용으로 보아 이것은 도가적 사유와 관련이 있어 보인다.

🍂

낙교락樂驕樂을 욕망에 따라 마음껏 즐기는 것으로 해석하면, 욕망이 인문학의 주요 테마가 된 요즘에는 문제가 될 수 있다. 라캉이 생각하는 욕망은 '결여'지만, 들뢰즈에게 욕망은 '생산'이다. 낙교락은 공안국孔安國처럼 "존귀함을 믿고 함부로 하는 것"으로 보는 것이 좋겠다.

🍂

참고로 『곽점초간』은 1993년 10월에 호북성 형문시 곽점촌의 곽점 1호묘에서 출토되었다. 이 목곽묘의 발굴자들은, 그것이 전국시기 중기 초나라 귀족묘로 추정하고 있다. 죽간竹簡은 모두 800여 매가 발견되었으며, 글자가 있는 것은 잔간殘簡 27개를 포함하여 모두 730여 매다. 죽간의 내용은 크게 도가류와 유가류로 분류되는데 모두 16종으로 나누어진다.

공자께서 말씀하셨다. "군자를 모실 때 잘못하는 것이 세 가지 있다. 말할 차례가 되지 않았는데 말하는 것을 조급함이라 한다. 말할 차례가 되었는데도 말하지 않는 것을 은폐라고 한다. 표정을 보지도 않고 말하는 것을 장님이라고 한다."

孔子曰, 侍於君子有三愆, 言未及之而言謂之躁, 言及之而不言謂之隱, 未見顏色而言謂之瞽.

어울리지 않는다고 한 '건愆'은 본래 잘못을 가리키는 말이다. "말을 해야 하는데도 말하지 않으면 사람을 잃고, 말을 해서는 안 되는데도 말을 하면 말을 잃는다. 지혜로운 자는 사람을 잃지 않고 말도 잃지 않는다"라고 한 앞의 「위령공衛靈公」편 15-8을 참고하라.

내가 보기에, 이 구절도 버릴 것은 버리고 받아들일 것은 받아들여야 한다. 박노자가 『좌우는 있어도 위아래는 없다』에서 말하듯, 우리 사회에서 깊은 토론이 안 되는 이유 중 하나는 서로 계급장을 달고 임하기 때문이다. 직위니 나이니, 이런 것 때문에 할 말을 못하는 사회에는 미래가 없다. 조급하다는 소리를 듣더라도 눈치 보지 말고 할 말은 바로바로 해야 한다. 단, 비판을 할 때는 사적인 감정을 개입시켜서는 안 된다.

그러나 토론에도 '룰'은 있다. 그것은 소통을 위한 최소한의 약속이다. 오늘날 이 구절에서 뭔가 배우려면, 이 구절을 소통상의 최소 원칙 정도로 받아들이면 좋겠다. 남의 얘기를 충분히 듣고 할 말을 분명히 하는 것이야말로 토론의 핵심이다. 가장 문제가 되는 것은 무조건 남을 가르쳐들려고 하는 태도이다. 그런 사람의 특기이자 장기는 무엇이든지 단정해서 말하는 것이다. 이런 사람들은 대개 실력이 없거나 공명심이 많거나 인정욕구에 찌들어 산다. 선수로 뛸 생각은 하지 않고 늘 코치하고 감독한다.

"말할 차례가 되었는데도 말하지 않는 것을 은폐라고 한다"라는 말이 절절하다. 은폐라는 어려운 말을 썼지만, 자기 의견을 감추고 숨는 것이다. 나는 소심한 사람이다. 예전에 학회에서 상대의 발표를 비판할 결정적인 단서를 찾았지만, '이거 혹시 잘못된 건 아닐까? 괜히 창피를 당하는 건 아닐까?' 온갖 생각을 하다가 결국 질문을 하지 못하는 경우가 많았다. 누군가 비슷한 질문을 하면, 나중에 뒤풀이에 가서 '사실 그건 내가 하려던 질문이었다'고 떠들어 보아야 비웃음밖에 사지 않는다. 그런데 도대체 왜 그렇게 당당하지 못할까 생각을 해보니, 우선 실력이 없기 때문이다. 그러나 실력이 없으니까 학회에 참석해서 공부하려는 것 아닌가. 결국 문제는 지나친 자기애다. '잘난 내가 상처를 입으면 안 된다'는 처절한 자기사랑 때문이다. 이럴 때, 선친은 "똥두칸에서 만세나 불러라, 이놈아"라고 하셨다. 혼자 이불 안에서 활개 치지 말라는 꾸짖음이었다.

대화할 때는 상대의 표정을 잘 살펴보는 것이 중요하다. 기본 배려다. 제 기분에 들떠서 남이야 어떻게 생각하든 함부로 지껄여대는 자는 아무리 실력이 있어도 높이 쳐 줄 수 없다. 그런데 '표정' 대신에 '눈치'를 넣으면 의미가 조금 달라진다. '주인님' 눈치 보느라 알랑거리는 것으로 강아지만 한 것이 없다. 예전에는 영국 수상 토니 블레어가 미국 대통령 부시의 '푸들'이었는데, 최근 일본 수상 아베가 미국 대통령 오바마의 '애견'으로 '등극했다.'

공자께서 말씀하셨다. "군자에게는 세 가지 경계해야 할 것이 있다. 젊은 시절에는 혈기가 안정되지 않았기 때문에 여색에 빠지는 것을 경계해야 하고, 장년이 되어서는 혈기가 한창 강하기 때문에 싸우는 것을 경계해야 하며, 늙어서는 혈기가 이미 쇠퇴하였기 때문에 재물 얻는 것을 경계해야 한다."

孔子曰, 君子有三戒. 少之時, 血氣未定, 戒之在色. 及其壯也, 血氣方剛, 戒之在鬪. 及其老也, 血氣旣衰, 戒之在得.

옛 사람은 여색을 좋아하는 것, 싸움을 좋아하는 것, 재물을 탐하는 것 등이 모두 혈기와 관련이 있다고 여겼다.

내가 보기에, 함부로 혈기를 부려서는 안 된다. 그것은 군자만 조심할 일이 아니다. 생명을 유지하는 피와 기운, 어떤 행동을 하고자 하는 욕망을 일으키는 마음속의 뜨거운 기운, 곧 혈액과 기식氣息은 군자만의 것이 아닌 것이다. 어떤 못난 자가 '명문대학을 나와 사법시험에 패스한 내가 거짓말을 하겠느냐'는 망발을 했다는데, 그렇다면 명문대학을 나오지 않고 사법시험을 패스하지 않은 사람은 거짓말쟁이라는 말인가.

혈기방장한 젊은 시절, 연애든 섹스든 좀더 자유롭게 할 수 있어야 한다고 본다. 물론 거기에 빠져서 허우적대서는 못 쓴다. 예컨대 동거니 계약결혼이니 하는 것들이 금기시 되는 사회에서 섹스는 자칫 불온한 유희로 전락하기 십상이다. 아이들처럼 숨어서 장난만 치다가는 어른으로 독립하지 못한다.

※

나는 아직 장년임이 분명하다. 혈기가 한창인 것 같지는 않은데, 싸우는 것은 좋아하기 때문이다. 사회의 근본적 변화를 위한 싸움 같은 것에도 관심이 있지만, 로마의 검투사를 충실히 계승하고 있는 MMA 같은 종합격투기도 가끔 볼 때가 있다. 요사이는 '권투를 좀 해 볼까' 하고 도장에 전화를 해 보니, 나이를 묻고는 '젊은이들 하듯이 따라 하면 무리가 많을 것'이라는 답변이 돌아왔다.

※

늙어서 주접을 떠는 것을 노추老醜라 한다. 늙는 것 자체가 추악해져 가는 것이라는 시인도 있지만, 그래서 환갑이 되기 전에 죽어야 한다는 예술가도 있지만, 늙어서 더 멋져진 사람도 많은 것을 보면 꼭 그런 것 같지는 않다. 원래 주접스럽다는 말은 음식 따위에 대하여 지나치게 욕심을 부리는 태도가 있다는 뜻이다. 게걸스럽다, 곧 몹시 먹고 싶거나 하고 싶은 욕심에 사로잡힌 듯하다는 말과 비슷한 뜻이다. 늙어서 내가 추악하게 변해가

는구나 생각하면 바로 숟가락을 놓는 편이 낫다. 무슨 부귀와 영화를 보겠
다고 모모들처럼 너절하고 구차하게 연명을 하겠는가!

공자께서 말씀하셨다. "군자는 다음 세 가지를 두려워한다. 천명을 두려워하고, 대인을 두려워하며, 성인의 말씀을 두려워한다. 소인은 천명을 알지 못해 두려워하지 않고, 대인을 함부로 대하며, 성인의 말씀을 업신여긴다."

> 孔子曰, 君子有三畏. 畏天命, 畏大人, 畏聖人之言. 小人不知天命而不畏也, 狎大人, 侮聖人之言.

공자는 천명을 공경했으며, 뜻대로 되지 않을 때나 고난을 당할 때는 다급하게 하늘을 불렀다. 대인과 군자는 유사한 말이지만, 여기서 말한 대인은 군자가 두려워하는 사람, 즉 관리로서 일반적인 군자보다 높다. "성인의 말씀"은 고대 성왕이 남겨준 교훈이다.

내가 보기에, "두려워하다"에 대한 오규 소라이의 설명이 적절하다. 그에 따르면, 외畏는 공구恐懼, 곧 재난이나 근심이 오는 것을 겁내는 것과는 다르다. 그것은 경敬과 뜻이 서로 가깝다. 앞의 「자한子罕」편 9-29에서 "지혜로운 사람은 흔들리지 않고, 어진 사람은 근심하지 않으며, 용감한 사람은 두려워하지 않는다知者不惑, 仁者不憂, 勇者不懼"라고 했는데, 그때의 '두려워하다'와는 다른 것이다.

소인은 몸을 닦고 자신을 성실하게 함을 힘쓰지 않으니, 어찌 두려워함이 있겠는가라고 한『집주』의 설명은 새겨들어야 한다. 몸을 닦고 성실하게 살지 않으니, 자신이 어떤 수준에 있는지 알지 못하고, 세상이 만만하게 뵌다. 그래서 하룻강아지 범 무서운 줄 모른다거나 눈에 뵈는 게 없다는 말이 생겨났다. 제 분수를 모르고 천둥벌거숭이처럼 덤벼대는 꼴은 차마 보기 민망하다. 이런 자들은, 더러워 피하는 것을 마치 무서워 도망치는 것으로 오해하고 더욱 날뛴다. 그래서 가끔은 혼쭐을 내줘야 한다. 혼쭐을 내는 방식 중에 몽둥이찜질만 한 게 없다.

천명이니, 성인의 말씀이니, 대인이니를 다 떠나서, 지금 내가 "두려워하(지 않)고", "함부로 대하(지 않으)며", "업신여기(지 않는)"는 것은 과연 무엇인가?

계씨季氏 16-9

공자께서 말씀하셨다. "태어나면서부터 아는 사람은 상등급이다. 배워서 아는 사람은 그 다음이다. 곤란을 겪고 나서 배우는 사람은 그 다음이다. 곤란을 겪고 나서도 배우지 않는 사람은 백성으로서 하등급이다."

孔子曰, 生而知之者上也, 學而知之者次也. 困而學之, 又其次也. 困而不學, 民斯爲下矣.

❧

공자는 "가장 지혜로운 사람과 가장 어리석은 사람은 변화시킬 수 없다"「양화(陽貨)」17-3라 했고, "중인 이상의 사람과는 상급의 지혜에 대해 이야기할 수 있지만, 중인 이하의 사람과는 상급의 지혜에 대해 이야기할 수 없다"「옹야(雍也)」6-21라 했다. 이 네 등급에서 제1등급은 상지上智로 오직 성인만이 도달할 수 있다. 그것은 혈통론의 개념과 관련이 있다. 제2등급과 3등급은 중인에 해당된다. 자발적으로 배우든 수동적으로 배우든 어쨌든 배우는 것이다. 공자는 자신이 2등급에 속한다고 여겼다. 제4등급은 하우下愚로서 가르칠 수도 없고, 그저 바보로 계속 살아가게 내버려둘 수밖에 없다.

❧

내가 보기에, 요즘 한반도에서는 혈통론이 대세가 되고 있다. 남이든 북이든, 세습은 단지 자기 이익을 지키고자 하는 몸부림만이 아니다. 그것은 자칭 우수한 혈통만이 대대로 세상을 지배할 수 있다는 오만이다. 그런 의미에서 이 한반도의 남과 북은 고대의 전통을 충실히 재현하고 있다 하겠다.

이 구절을 해설하는 글들 중에 공자가 마치 인민을 네 등급으로 나눈 것처럼 말하는바, 이는 잘못이다. 공자는 백성이야말로 가장 어리석은 하등급이라고 했다. 백성은 인민이라고 할 때의 민民에 해당한다. 나는 이 구절을 볼 때, 휴머니즘이라는 말이 생각난다. 아메리카 인디언이 과연 인간인가 아닌가, 인간으로 포섭할 수 있는가 없는가, 그들이 기독교를 믿게 된다면 인간으로 인정해 주어야 하지 않겠는가를 두고 벌어진 격렬한 논쟁의 산물이 휴머니즘이다.

나는 오늘 이 땅의 정세와 관련하여 특히 진보를 자처하는 모든 진영들에 이 말을 전해주고 싶다. "곤란을 겪고 나서도 배우지 않는 사람은 하등급이다." 진보의 공멸을 확인사살하려는 모든 책동에 함께 대응하면서 미래를 전취해내지 않는다면, 구제불능의 하등급에 머물거나 마침내는 비참하게 소멸하고 말 것이다.

전술한 바 있지만, 허균은 「호민론」에서 백성을 세 등급을 나눈 바 있다. "자기에게 주어진 처지를 그저 즐거워하면서, 늘 눈앞의 이익에 얽매여 그냥 시키는 대로 법을 받들고, 윗사람에게 부림을 당하는 자는 항민恒民이다. …… 모질게 빼앗겨서 살이 발라져 나가고, 뼈가 빠지며, 집에 들어온 것이나 땅에서 난 것을 모조리 빼앗기고는, 시름하고 탄식하며 입으로만 윗사람을 탓하는 자는 원민怨民이다. …… 자취를 푸줏간에 숨기고 남 몰래 다른 마음을 품고서는, 세상 돌아가는 것을 곁눈질하다가 행여 때를 만나면, 자기의 소원을 풀어 보려고 하는 자는 호민豪民이다." 허균은, 항민과 원민은 두려워할 만한 존재가 아니지만, 호민은 두려워해야 한다고 했다. 그렇지만 결국 극단적인 상황이 오면 죽지 않으려고 끝까지 싸우는 것은 항민이라 했다. "호민이 나라의 틈을 엿보다가 적당한 때를 타면 분연히 팔을 떨쳐 밭두렁 위에 올라서서 한 번 크게 외치면, 저 원민은 소리만 듣고도 모이며, 모의 한 번 하지 않아도 함께 외친다. 이에 항민도 또한 살기 위해서 호미와 고무래와 창자루를 들고 따라가서 결국 무도한 자들을 죽인다." "프롤레타리아가 잃을 것은 쇠사슬밖에 없으며 얻을 것은 세상 전체다"라고 한 「공산당선언」의 마지막 구절이 연상된다.

공자께서 말씀하셨다. "군자는 아홉 가지를 생각한다. 볼 때는 분명한가 아닌가를 생각하고, 들을 때는 분명하게 알아들었는가를 생각하며, 얼굴의 표정은 온화한가 아닌가를 생각하고, 몸가짐은 공손한가 아닌가를 생각하며, 말할 때는 충실한가 아닌가를 생각하고, 일을 처리할 때는 경건한가 아닌가를 생각하며, 의문이 들 때는 누구에게 물어야 할 것인가를 생각하고, 화가 치밀 때는 어떤 후환이 생길까를 생각하며, 재물을 보고서는 의로운 것인가 아닌가를 생각한다."

孔子曰, 君子有九思, 視思明, 聽思聰, 色思溫, 貌思恭, 言思忠, 事思敬, 疑思問, 忿思難, 見得思義.

여기서 사思는 '고려하다' 혹은 '깊이 생각하다'의 뜻이다. "말할 때는 충실한가 아닌가를 생각하고, 일을 처리할 때는 경건한가 아닌가를 생각하고"라는 말은 말한 것에 책임을 지고, 일을 처리할 때 진지하게 책임을 져야 한다는 것이다. 일에 대해 신중하다는 것은 바로 맡은 일에 책임을 지는 것이다.

내가 보기에, 이 아홉 가지는 모두 깊이 경계해야 마땅하다. 그런데 그 중에서 '보다視'가 제일 먼저 나온 것이 인상적이다. 김수영은 초기 시 「孔子의 生活難」에서 "이제 바로 보마"라고 노래했다.

꽃이 열매의 上部에 피었을 때

너는 줄넘기 作亂을 한다

나는 發散한 形象을 求하였으나

그것은 作戰 같은 것이기에 어려웁다

국수―伊太利語로는 마카로니라고

먹기 쉬운 것은 나의 反亂性일까

동무여 이제 나는 바로 보마

事物과 事物의 生理와

事物의 數量과 限度와

事物의 愚昧와 事物의 明晳性을

그리고 나는 죽을 것이다

(1945)

두 번 나오는 '분명하다'고 한 말의 원문은 명明과 총聰이다. 합해서 '총명하다'로 흔히 쓰이는데, 그것은 보거나 들은 것을 오래 기억하는 힘이 있음을 말한다. 오래 기억하려면 분명히 보아야 한다. 분명하다는 것은 '모습이나 소리 따위가 흐릿함이 없이 똑똑하고 뚜렷하게', '태도나 목표 따위가 흐릿하지 않고 확실하게', '어떤 사실이 틀림이 없이 확실하게' 등의 뜻을 지니고 있다. 뭔가를 본다는 것은 분명하게 본다는 말이지 본 듯 안 본 듯, 보이는 듯 말 듯하다는 것이 아니다. 아는 것도 마찬가지다. 알면 아는 것이고, 모르면 모르는 것이지, 아는 것도 아니고 모르는 것도 아닌 것은 결국 알지 못한다는 뜻이다. "아는 것을 안다고 하고 모르는 것을 모른다고 하는 것, 그것이 앎이다知之爲知之 不知爲不知 是知也." 「위정(爲政)」 2-17

나는 이 아홉 가지의 요구 모두에 자신이 없지만, 특히 화가 치밀 때는 어떤 후환이 생길까를 생각하지 못하는 것이 제일 불안하다. 요즘은 많이 자제하지만, 젊어서는 뒷일은 거의 생각지 않고 일단 욱하고 보았다. 그래서 손해도 많이 보았고 후회도 많았다. 그러나 그래서 여기나마 겨우 왔는지 모른다. 그리고 재물을 보고서는 의로운 것인가 아닌가를 생각하는 것에는 약간 자신이 있다. 재물을 보면 일단 눈이 벌게지는 치들을 마음껏 비웃어도 크게 켕기지는 않는다.

공자께서 말씀하셨다. "선한 사람을 보거든 그에게 미치지 못할 것 같다고 생각하고, 선하지 못한 사람을 보거든 뜨거운 물에 손을 넣은 것처럼 생각한다. 나는 그런 사람을 보았고, 나는 그런 말을 들었다. 은둔해 살면서 자신의 뜻을 추구하고, 의를 실천하면서 자기주장을 달성한다. 나는 그와 관련된 말은 들었지만, 그런 사람을 보지 못했다."

孔子曰, 見善如不及, 見不善如探湯. 吾見其人矣, 吾聞其語矣. 隱居以求其志, 行義以達其道. 吾聞其語矣, 未見其人也.

🌸

이것은 은둔자들에 대한 공자의 비평이다. 은둔자들이 제 몸을 깨끗이 하면서 자중자애하는 것을 형용한 것이다. 그런데 공자는, 그것에 찬성하지만 실제 그런 사람은 보지 못했다고 했다. 공자의 특징은, 손에 쥐는 데 중점을 둔다는 것이다. 당시 정치에 불만을 가졌지만 정치에 종사할 기회를 결코 포기하지 않았다. 양화와 같은 '나쁜 놈'이 부를 때도 마음이 흔들렸다. 제자를 파견해 적의 심장 속으로 침입함으로써 그에게 검은 호랑이의 심장을 꺼내오게 하고 싶었지만, 효과에서 볼 때 그다지 바람직한 일이 아니었고, 오히려 유문儒門 자체가 바뀌었다. 역부족이라서 어쩔 수 없는 일이었다.

🌸

내가 보기에, 어울려 지낸답시고 불선不善한 자들과 뒤엉켜 사는 것보다는 거리를 두는 것이 낫다. 그래야 건강을 해치지도 않고, 내 뜻을 꺾지 않아도 되며, 의에 대해 둔감해 지지도 않는다. 다만, 그런 자들을 보거든 뜨거운 물에 손을 넣은 것처럼 하고 싶지는 않다. 그냥 그러려니 하고 내버려 두는 것이 편하다.

🍂

공자는 자신의 뜻을 추구하고, 의를 실천하면서 자기주장을 달성한 은둔자를 보지 못했다고 했는데, 나는 그런 사람으로 김시습을 들고 싶다. 그는 어느 쪽에도 치우치지 않으려 불락양변不落兩邊의 세계관을 유지하면서 한 생애를 냉소와 비판으로 일관했다. 그의 시「고풍古風」한 수를 읽어 본다. "중니仲尼는 어떠한 사람이기에 / 재재거리며 동으로 북으로 유세하였나 / 그 누가 그대의 말 들어줄 텐가 / 죽은 뒤 한 구덩이 메웠을 뿐인 걸 / 모니牟尼는 또 어찌된 사람이기에 / 천만 마디 많은 말 떠들고 다녔나 / 공연히 열두 불경 설법했지만 / 죽어서는 마른 재 되어 버렸지 / 평생 부질없이 말 많기보다는 / 차라리 일없이 사는 게 좋지."

🍂

한편 오규 소라이의 해석은 좀 다르다. 그는 "은둔해 살면서 자신의 뜻을 추구하고隱居以求其志"를 "숨어 살면서 옛 기록을 구하며"로 풀었다. 지志를 심지心志로 해석하면 뜻이 통하지 않는다는 것이다. "의를 실천하면서行義"도 벼슬을 한다는 뜻으로 이해했다. "군자가 벼슬을 하는 것은 그 의를 행하는 것"「미자(微子)」18-7이 그 근거다. 오규 소라이에 따르면, 이 구절은 은둔자에 대한 비평이 아니라 문인들로 하여금 인에 종사하도록 권면한 것이다.

제齊 나라 경공은 말 4천 필을 소유하고 있었지만, 죽는 날 백성들이 그를 칭송할 만한 거리가 없었다. 백이와 숙제는 수양산 아래서 굶어죽었지만, 백성들은 오늘에 이르기까지 그를 칭송한다. 바로 이것을 두고 하는 말인가 보다.

> 齊景公有馬千駟, 死之日, 民無德而稱焉. 伯夷叔齊餓于首陽之下, 民到于今稱之. 其斯之謂與.

덕德은 가능을 나타내는 득得으로 읽는다. 후세 사람은 동정하는 데는 항상 인색하지만, 억울하고 한 맺힌 이야기일수록 더 쾌감을 느낀다.

내가 보기에, 심각하게 논란이 되는 현안에 대해서 흔히들 역사의 판단에 맡기자고 하는데, 역사의 판단이라는 것은 추후에 저절로 오는 것이 아니다. 현재 우리가 무엇을 원하고 그것을 어느 정도 성취하느냐에 따라 그 판단은 얼마든지 달라질 수 있다. 그런 의미에서 역사의 판단에 맡기자는 것은 그럴 듯한 회피, 그 이상도 이하도 아니다.

칭송이든 악명이든 후세에 뭔가를 남기게 된다는 점을 깊이 성찰하는 것은 요긴한 일이지만, 일용할 삶에서 그것을 미리 염두에 두고 살아갈 수

는 없다. 그것도 결국은 눈치 보기일 뿐이며, 그래서 당당한 삶을 영위하기 어렵게 한다. 무엇보다도 나중에 얻게 될지 전혀 예측할 수 없는 것을 위해 현재를 유보하고 미래를 준비하는 것이 과연 바람직한지를 따져 보아야 한다. 자본주의는 미래의 불안을 유포해 현재를 저당 잡고자 혈안이 되어 있는 체제이기 때문이다.

백이숙제와 관련해서는 성삼문의 다음 시조가 추상 같다. "수양산首陽山 바라보며 이제夷齊 한恨하노라 / 주려 주글진들 채미採薇도 하난것가 / 비록 애 푸새엣 거신들 그 뉘 따헤 낫다니." 어차피 죽고자 했다면 너절하게 굴지 말고 깨끗하게 죽으라는 말이다. "이 몸이 주거 가셔 무어시 될꼬하니 / 봉래산蓬萊山 제일봉第一峰에 낙락장송落落長松 되야이셔 / 백설白雪이 만건곤滿乾坤 할 제 독야청청獨也靑靑하리라." 사육신다운 기백과 결기다.

진항이 백어에게 물었다. "선배님은 뭔가 특별한 것을 들으셨겠지요?"
백어가 대답했다. "아니야. 이전에 홀로 서 계시는데 내가 빠른 걸음으로
마당을 지나가자, '시를 배웠느냐'고 물으시더군. '아직 못 배웠습니다'
라고 대답했어. 그랬더니 '시를 배우지 않으면 말을 할 수가 없다'라고
하셨어. 그래서 물러나 시를 배웠지. 어느 날 또 홀로 서 계시는데 내가
빠른 걸음으로 마당을 지나가자 '예를 배웠느냐'고 물으시더군. '아직
못 배웠습니다'라고 대답했어. 그랬더니 '예를 배우지 않으면 입신을 할
수가 없다'라고 하셨어. 나는 물러나서 예를 배웠지. 이 두 가지를 들었
어." 진항을 물러나서 기뻐하면서 말했다. "하나를 물어서 셋을 얻었네.
시의 중요성을 들었고, 예의 중요성을 들었고, 또 군자께서 자기 자식을
멀리한다는 것을 들었어."

> 陳亢問於伯魚曰, 子亦有異聞乎. 對曰, 未也. 嘗獨立, 鯉趨而過庭. 曰,
> 學詩乎. 對曰, 未也. 不學詩, 無以言. 鯉退而學詩. 他日, 又獨立, 鯉趨
> 而過庭. 曰, 學禮乎. 對曰, 未也. 不學禮, 無以立. 鯉退而學禮. 聞斯二
> 者. 陳亢退而喜曰, 問一得三, 聞詩聞禮, 又聞君子之遠其子也.

백어는 공자의 아들 공리孔鯉다. 과거에 어떤 노선생은 가장 뛰어난 특색
과 재능은 집에 남겨두어 아들이나 며느리에게 전해주고 특히 제자들에게
가르쳐주지 않았다. 어떤 사람은 심지어 아들을 대학원생으로 받아들이거
나 혹은 대학원생을 전도양양한 사윗감으로 만들어주기도 한다. 공자는 자

기 아들에게 그렇게 하지 않았다. 후세 사람들이 아버지의 가르침을 정훈庭訓 혹은 정문庭聞이라 한 것은 바로 이곳을 출전으로 한 말이다.

❀

내가 보기에, 리링이 든 사례는 새 발의 피에 불과하다. 똑똑한 제자를 사위로 삼는 것은 이 땅에서도 오랜 전통이 되어오고 있다. 심지어는 재산이 될 만한 것은 며느리에게도 가르쳐 주지 않거나 주식회사나 교회를 통째로 아들, 손자에게 세습하기도 한다.

❀

아버지부모가 아들자식을 가르치는 공자의 태도나 방식은 깊이 배울 만하다. 우리나라에서는 연암의 둘째아들 박종채朴宗采, 1780~1835가 쓴 『과정록過庭錄』이 좋은 참고가 될 것이다.

❀

겉으로는 참교육이니 공교육 정상화니 온갖 입바른 소리를 다 해대면서 정작 자기 자식만은 귀족학교에 보내는 교육자들처럼 나쁜 자들도 없다. 돈으로 교장이나 장학사 자리를 팔아먹는 교육감들, 그리고 그것을 돈을 주고 사는 자들은 그야말로 도둑놈들이다.

❀

나는 시를 배우지 않으면 말을 할 수가 없다고 한 공자의 말을 좋아한다. 내용도 내용이지만, 마당에 서서 골똘히 생각에 잠겨 있으면서 넌지시 가르치는 그 은근함이 좋다. 시가 뭐 중뿔나다고 그러는가 하고 물을지 모르지만, 시를 읽고 느끼지 못하면서 말을 제대로 하는 사람을 본 적이 없다. 시를 모르면서 잘 하는 말은 교언巧言이다. 물론 여기서 시는 민요나 대중가요 등 노래 일반으로 확장할 수 있다.

군주가 자신의 아내를 부를 때는 '부인'이라 하고, 부인이 자기 스스로를 '소동'이라 하며, 국내 사람이 부를 때는 '군부인'이라 하고, 외국 사람 앞에서 그녀를 가리킬 때는 '과소군'이라 하며, 외국 사람이 그녀를 부를 때도 '군부인'이라 한다.

> 邦君之妻, 君稱之曰夫人, 夫人自稱曰小童. 邦人稱之曰君夫人, 稱諸
> 異邦曰寡小君. 異邦人稱之亦曰君夫人.

◈

이 구절을 말한 사람이 누군지 분명치 않지만, 내용은 『춘추』의 범례와 매우 비슷하다. 부인의 원뜻은 그이那口子다. 제후의 배우자가 천자 앞에서 자신을 부를 때는 노부老婦라 했는데, 그것은 할머니라는 뜻이다. 또 남편에 대하여 스스로 소동이라 불렀는데, 이것은 어린 계집애라는 말이다.

◈

내가 보기에, 여성을 지칭하는 말이 이처럼 상대에 따라 다양하다는 것은 그 존재가 매우 상대적인 것이었음을 말해준다. 여성은 주체가 아니라 타자화 되어 있었던 것이다. 주체의 조명 없이는 그 존재가 드러나지 않거나 못하는 타자. '누구 엄마'니 '누구의 마누라'니 '어느 집 며느리'니 하는 따위도 마찬가지다.

부인이 남편에게 자신을 소동이라 하는 것을 보면, 옛날이나 지금이나 남자가 어린 여자를 탐하는 것은 대개 비슷한 모양이다. 그런데 '영계'라는 말처럼 여성을 비하하는 말도 없을 것이다. 왕의 부인이 천자 앞에서 스스로를 할머니라고 칭하는 것도 같은 맥락인 것 같다. 나 같은 늙은 여자는 탐하지 말라는 것인가?

　요즘도 대통령을 각하閣下라 하고, 그의 부인을 영부인, 그의 자식들을 영애, 영식이라 하며, 검사를 영감님이라고 부르는 치들이 있는 모양인데, 아예 이참에 자신이 중세의 충성스런 신민임을 고백·선포하는 것이 좋겠다. 존칭 운운하지만, 그것도 정도가 있는 것이며 우리 시대의 정명正名에도 어긋난다.

17

———

陽貨

양화가 공자를 뵙고자 했지만, 공자께서 만나지 않으시자 돼지를 보냈다. 공자께서 그가 집을 비우기를 기다렸다가 가서 절을 하셨다. 길에서 만나자 공자께 말했다. "자, 당신께 드릴 말씀이 있소." 그는 계속해서 혼잣말로 주고받았다. "보물을 품고서 그 나라를 혼란에 빠지게 한다면 어질다고 할 수 있겠소?" "그렇다고 할 수 없지요." "정사에 종사하는 것을 좋아하면서 자주 때를 놓치는 것을 지혜롭다고 할 수 있겠소?" "그렇다고 할 수 없지요." "세월은 흘러가고, 시간은 나를 기다려주지 않습니다." 공자께서 말씀하셨다. "좋습니다. 내 관직에 나가겠소."

陽貨欲見孔子, 孔子不見, 歸孔子豚. 孔子時其亡也, 而往拜之. 遇諸塗. 謂孔子曰, 來. 予與爾言. 曰, 懷其寶而迷其邦, 可謂仁乎. 曰, 不可. 好從事而亟失時, 可謂知乎. 曰, 不可. 日月逝矣, 歲不我與. 孔子曰, 諾. 吾將仕矣.

여기서는 양화가 공자를 관직에 나오라고 불렀다는 것을 이야기하고 있다. 양화가 공자를 만나고 싶어 했지만 공자가 만나주지 않자 그는 예물로 작은 돼지 한 마리를 두고 갔다. 당시의 예절에 따르면 공자는 양화의 집에 답방을 가야 하지만, 그는 일부러 양화가 없는 때를 골라 그의 집을 방문했다. 그런데 생각지도 못하게 길에서 그와 정면으로 마주쳤다. 둘의 대화 끝에 공자는 양화의 제안을 받아들였다. 그런데 실제로 공자는, 양화가 진晉 나라로 도망을 간 뒤에야 나와서 벼슬을 했다. 그는 그저 나와서 관직을 맡겠다고만 말했을 뿐이지, 지금 곧바로 나와서 관리가 되겠다고는 말하지 않았다.

✻

내가 보기에, 여기서 공자가 보인 태도는 당당하지 않아 보인다. 물론 양화가 계씨의 가신이었고 연장자였으며 상전을 배반한 소인이었다는 점 등을 두루 고려해야 할 것이다. 그래도 양화하고 똑같이 일부러 사람이 집에 없을 때를 기다려 찾아가 면피하려 한 것 등은 그리 담대해 보이지 않는다. 더구나 양화가 한 말을 보면, 세 가지 다 거의 비아냥에 가깝다. '너 같은 보물을 감추어 두면 되겠느냐, 너는 솔직히 관직 맡는 걸 좋아하지 않느냐, 세월은 흘러가는데 계속 그럴 거냐.' 공자가 보인 반응에 대해서는 상당히 많은 해석들이 제출되었다. 그렇게 논의가 분분하다는 것은 공자의 태도에 뭔가 석연치 않은 점이 있다는 것을 반증하는 것이 아닐까.

✻

주희는 "공자가 (양화를) 만나주지 않은 것은 의義며, 찾아가서 사례한 것은 예禮다. 반드시 양화가 없는 틈을 타서 찾아간 것은 양화의 행동에 맞추고자 한 것이며, 길에서 마주쳤을 때 피하지 않은 것은 끝까지 끊어버리지 않으신 것이다. 질문에 따라 대답한 것은 이치의 바름이며, 대답만 하고 변론치 않은 것은, 말씀을 공손하게 하되 역시 굽히신 바가 없는 것이다"라고 했다. 대단한 존숭이다. 맹목에 가깝지 않나 하는 생각도 든다. 이에 대한 비판으로는 이토 진사이의 설명이 적실해 보인다. "성인의 덕이 큰 것을 말마다 논하고 구절마다 논의하고자 한다면, 이는 밝게 빛나는 것이 많이 모인 것을 가지고 하늘을 보고, 한 줌의 흙이 많이 모인 것을 가지고 땅을 헤아리려고 하는 것이어서, 자질구레하면서도 지루하여 대체로는 파고들면 들수록 더욱 멀어짐을 보게 될 것이다."

스승님께서 말씀하셨다. "사람의 본성은 서로 비슷하지만, 습성은 서로 차이가 크다."

子曰, 性相近也, 習相遠也.

※

공자는 본성에 대해 이야기한 것이 매우 적다. 그는, 사람과 사람은 본성상으로는 피차가 근접해 있는 것이라고 생각했다. 그들의 다른 점은 주로 후천적으로 길러진 습관의 다름에 기인한 것이다. 성性은 생生 자와 관계가 있다. 성은 태어나면서부터 가지고 있는 것이다. 사람이 잠재력 혹은 천부적인 것이라고 말할 때 사실은 매우 저급한 것, 생물적 본능의 것이지만, 언급되는 대상은 매우 신비롭다.

※

내가 보기에, 본성이란 생물적 본능에 가깝다는 리링의 설명에 호감이 간다. 무슨 근거를 가지고 이야기하는 것은 아니지만, 맹자가 말하듯 인의예지仁義禮智는 타고난 본성이라기보다는 후천적 학습의 결과이거나 그 요청이라 생각한다. 그런 의미에서 나는 맹자와 논쟁을 벌인 고자告子가, '인간의 본성은 식욕과 색욕이다食色性也'라고 한 주장에 동의한다. 이 문제를 여기서 상론하기는 어렵다. 한 가지 특기할 만한 것은, 근래 '통섭'으로 널리 알려진 사회생물학은, 맹자가 일종의 경험칙에 근거하여 설명하는 본성은 유전자의 이기심이라고 하는 생물학적 요인의 결과라고 해석한다.

습성이나 성향 혹은 기질이나 환경의 차이를 마치 본성의 차이인 양 단정하는 우리 사회의 풍토는 대단히 위험하다. 젊은이들이 혈액형으로 인간의 성격 유형을 범주화해 단정하는 것도 마찬가지다. 이런 식의 사유는 근거도 희박할 뿐 아니라 인간을 이미 고정 확립된, 그래서 변화 불가능한 존재로 규정해 버리고, 결과적으로 현재의 모든 불평등과 모순을 수긍하도록 강요하기 때문이다.

이와 관련하여 우리가 본연지성本然之性이니 기질지성氣質之性이니, 나아가 성즉리性則理니 하는 것은 사실은 공자의 위 견해와 무관한 것일지 모른다. 이런 설명틀은 정자程子 등 송 나라 유학자들의 이론적 창안인 것이다. 여기서 공자의 성상근性相近과 맹자의 성선性善 논리가 "모두 성질을 가지고 논한 것이지, 리理를 가지고 말한 것은 아니다"라는 이토 진사이의 지적을 경청할 필요가 있다. 이런 맥락에서 이 구절은 "성질은 서로 비슷하지만, 익히는 바에 따라 서로 멀어진다"라고 한 오규 소라이의 풀이가 타당해 보인다. 사실 이 구절에서 공자가 강조하고자 한 것은 성이 아니라 습習이다.

맑스는 「포이에르바하에 관한 테제」에서 이렇게 주장했다. "인간의 본질이란 개별적인 인간 각각에 내재하는 추상물이 아니다. 현실에 있어 그것은 사회관계의 총체이다. 포이에르바하는 이 실제적인 본질을 비판하지 않았기 때문에 다음과 같은 결론을 내릴 수밖에 없었다. ① 인간의 본질을 역사과정으로부터 떼어내고, 종교적 심성 그 자체가 독립적인 것인 양 고정시키고, 하나의 추상적인—고립된 개인을 전제로 했다. ② 따라서 인간의 본질은 단지 '유類'로서만, 즉 많은 개인들을 자연적인 방식으로 결합하고 있는 내적이고, 말이 없는 보편성으로만 파악했다."

스승님께서 말씀하셨다. "가장 지혜로운 사람과 가장 어리석은 사람은 변화시킬 수 없다."

子曰, 唯上知與下愚不移.

꽃

상지上知는 상등급의 지혜를 지닌, 태어나면서부터 아는 사람으로서 가장 똑똑하다. 하우下愚는 곤란을 겪고서도 배우지 않는, 따라서 가장 어리석은 사람이다. 이 둘 사이에 끼어 있는 것이 바로 중인中人으로 대다수 보통 사람이 여기에 속한다. 공자는, 상지와 하우는 모두 후천적 교육에 의해 바뀔 수 없는, 예외에 속하는 사람이라고 했다.

꽃

내가 보기에, 변화시킬 수 없다는 말은 대단히 무서운 말이다. "하우에는 두 종류가 있으니, 자포自暴하는 자와 자기自棄하는 자이다. …… 자포하는 자는 선善을 막아서 믿지 않고, 자기하는 자는 선을 끊어버려 행하지 않느니, 비록 성인과 함께 거하더라도 바뀔 수 없다." 정자程子의 말이다. 구제 불능처럼 가혹한 말이 또 있을까?

꽃

그런데 공자가 말하는 하우는 구체적으로 백성이다. "백성은 따르게 할 수는 있으나 알게 할 수는 없다"「태백(泰伯)」8-9라고 했는데, 이는 "학습에 의

해 바꿀 수 없기 때문이지, 애초에 어리석음을 미워한 것이 아니다. 또 오직 그 어리석음은 배울 수 없음을 말한 것뿐이지, 일찍이 선과 악을 가지고 말한 것이 아니다. 왜 그런가? 지혜로움과 어리석음을 가지고 말하였지, 현명함과 불초함을 가지고 말한 것이 아니기 때문이다. 정자가 자포자기를 가지고 지극히 어리석은 사람을 논하는 것은 공자의 뜻을 잘못 읽은 것이다."

오규 소라이

스승님께서 무성에 가서 거문고 소리에 맞춰 부르는 노래 소리를 들으셨다. 스승님께서는 빙그레 웃으면서 말씀하셨다. "닭을 잡는 데 왜 소 잡는 칼을 쓰느냐?" 자유가 대답했다. "예전에 저는 스승님으로부터 '군자가 도를 배우면 사람을 사랑하고, 소인이 도를 배우면 부리기 쉽다'고 하신 말씀을 들었습니다." 스승님께서 말씀하셨다. "제자들아, 언偃의 말이 맞다. 아까 한 말은 농담이었다."

子之武城, 聞弦歌之聲. 夫子莞爾而笑曰, 割雞焉用牛刀. 子游對曰, 昔者偃也聞諸夫子曰, 君子學道則愛人, 小人學道則易使也. 子曰, 二三者, 偃之言是也. 前言戲之耳.

❁

공자가 무성에 가서 참관할 때, 무성은 작은 지방으로 교화를 추진하기에는 이상적인 지역이 아닐 것이라고 생각하고 있었는데, 자유는 작은 문제를 좀 요란스럽게 처리하고 있었다. 그래서 그에게 닭을 잡는 데 왜 소 잡는 칼을 쓰느냐고 말했다. 이에 자유는 자신이 애인愛人, 즉 남을 사랑하는 정신을 구현한 것이라고 대답했다.

❁

내가 보기에, 공자가 "언偃의 말이 맞다"까지만 말했으면 좋았을 뻔했는데, "농담이었다"라고 한 것은 좀 민망하다. 제자가 스승에게서 배운 대로 했다고 하면, 그것이 크게 어긋나지 않는 한 솔직하게 인정하는 것이 낫다.

농담이었다고 하면, 실없거나 딱해 보인다. 아이들이 우스갯소리로 '뻥이야' 하는 것과 크게 다를 바 없다. 그것이 발끈하는 제자를 달래려고 던진 조크 혹은 홍소哄笑였다 하더라도, 사정은 크게 달라지지 않는다.

✿

이것을 주희는 다음과 같이 설명했다. "자유가 독실히 믿고 있는 것을 기뻐하시고, 또 문인의 의혹을 풀어주신 것이다. …… 많은 사람들이 예악을 쓰지 않고 있는데, 자유만이 실천하였기 때문에 공자께서 갑자기 들으시고 매우 기뻐하신 것이다. 그리고 그 말씀을 뒤집어서 희롱한 것인데, 자유가 정도로써 대답하므로, 다시 자유의 말을 옳다고 인정하시고 스스로 그 농담을 실증하신 것이다." 좀 구차해 보인다.

✿

해학과 풍자는 이 건조한 삶에서 요긴하다. 그것이 없이 사는 세상이란 대단히 곤핍할 것이다. 미하엘 바흐찐이 『프랑수아 라블레의 작품과 중세 및 르네상스의 민중문화』에서 말한 대로, "오직 도그마적이며 권위적인 문화만이 일방적인 진지함을 갖는다. 강압은 웃음을 알지 못한다. …… 웃음은 인간을 해방시킨다." 그리고 토릴 모이는 『성과 텍스트의 정치학』에서 이렇게 말했다. "낡은 차이를 지워버리고 새롭고 불안정한 차이를 만들어 내면서 낡은 위계질서를 뒤집어엎듯, 웃음의 힘도 분노만큼이나 전복적일 수 있다."

공산불요가 비읍에서 반란을 일으키고 나서 초청하자, 스승님께서 가시려 했다. 자로가 불쾌해 하면서 말했다. "가실 곳이 없으면 그만두실 것이지, 왜 꼭 공산 씨에게 가려 하십니까?" 스승님께서 말씀하셨다. "나를 부르는 자가 어찌 까닭이 없었겠느냐? 나를 쓰려는 자가 있다면, 나는 그곳을 동주로 만들어 놓겠다."

公山弗擾以費畔, 召, 子欲往. 子路不說, 曰, 末之也已, 何必公山氏之之也. 子曰, 夫召我者, 而豈徒哉. 如有用我者, 吾其爲東周乎.

여기서 주의할 것은, 공산불요가 공자를 초빙하자 공자의 마음이 흔들렸다는 점이다. 공자가 나와서 일을 하려고 할 경우, 그에게는 두 가지 선택만 가능했다. 한 가지는 위로부터 아래로 내려가는 방법으로서, 권신權臣을 지지하고 가신家臣을 공격하여 공실公室을 수호하는 것이고, 다른 하나는 아래로부터 위로 올라가는 방법으로, 가신을 지지하면서 권신을 공격함으로써 공실을 수호하는 것이다. 공자는 후자를 선택하려다가 결국 전자를 택했다.

공자의 망설임은 많은 생각을 하게 한다. 나쁜 놈에게는 대, 중, 소가 있고, 책략에는 지지支, 연대聯, 반대反가 있는데, 이 두 가지의 순열조합은 여섯 가지가 가능하다. 가장 나쁜 놈大은 중간 나쁜 놈中 혹은 조금 나쁜 놈小

과 연합하거나 혹은 그들을 반대할 수 있고, 중간 나쁜 놈과 조금 나쁜 놈역시 다른 두 종류와 연합하거나 반대할 수 있다. 그 중에서 한 가지 나쁜놈을 반대한다고 해서 그밖의 나쁜 놈들이 분명히 좋은 사람들일 것이라고말할 수는 없을 것이다. 특히 정치가에게 적과 동지는 하루 만에도 바뀐다.좋은 사람이 하나도 없는 세계에서 우리는 항상 나쁜 놈 한 명을 뽑아서 좋은 사람으로 여긴다. 궁지에 빠져 더 이상 갈 곳이 없는 사람이 아무 길이나하나 골라 출구로 삼는 것과 같다. 공자의 고뇌는 여기에 있다.

✿

내가 보기에, 공자의 말은 한갓된 자기합리화이거나 민망한 변명인 것같다. 자기를 등용하는 사람에게 무슨 까닭이 있지 않겠느냐는 것은 핑계없는 무담 없다는 말처럼 들린다. 설혹 이유가 있어도, 그것이 의에 합당한지 따져보아야 당연하다. 시방 공손불요는 쿠데타를 일으키지 않았나. 그리고 공손불요에게 가서 그 나라를 동주東周로 만들어 놓겠다는 것은, 호랑이를 잡으려고 호랑이굴에 들어간다는 말처럼 허황하다. 나는 역사 이래로그렇게 해서 결국 호랑이를 잡았다는 사람을 들은 바 없다.

✿

"(공자가) 학생들을 한번 놀려본 것일 뿐 실제로 가지는 않았을 것"이라고 한 난화이진의 설명은 옹색하다. 이렇게 되면, 자로는 정말 한심한 인간이 되고 만다. 스승이 웃자고 해 본 말을 죽자고 덤빈 꼴이 되는 것이다. 자로는 할 말은 하는 제자다. 선생 살리자고 제자를 죽여서는 안 된다.

"성인께서는 천하에 훌륭한 일을 할 수 없는 사람이 없으며, 또한 허물을 고칠 수 없는 사람이 없다고 생각했기 때문에 찾아가려고 하셨던 것이다. 그러나 끝내 찾아가지 않으신 것은 그가 반드시 고치지 못할 것을 아셨기 때문이다." 정자程子의 이 해명은 좀 어처구니가 없다. 이렇게 한다고 스승이 성인이 되는 것은 아니다. 지도교수의 이름을 붙여 '아무개 사단師團'이라고 부르는 이 땅의 학계는 잘 새겨들어야 한다.

자장이 공자께 인에 대해 묻자, 공자께서 말씀하셨다. "다음 다섯 가지를 세상에서 실행할 수 있는 사람이 어진 사람이다." 그것이 무엇인지 묻자, 이렇게 대답하셨다. "공손, 관용, 신뢰, 부지런함, 은혜다. 공손하면 모욕을 당하는 일이 없고, 관용을 베풀면 많은 사람을 얻으며, 신뢰가 있으면 사람이 일을 맡기고, 부지런하면 공이 있으며, 은혜를 베풀면 사람을 잘 부릴 수 있다."

子張問仁於孔子. 孔子曰, 能行五者於天下爲仁矣. 請問之. 曰, 恭寬信敏惠. 恭則不侮, 寬則得衆, 信則人任焉, 敏則有功, 惠則足以使人.

❦

자장이 인에 대해 묻자 공자는 공손, 관용, 신뢰, 부지런함, 은혜라고 대답했다. 이 다섯 가지 조목 중에서 자장에게 결핍되어 있는 것은 관용이다.

❦

내가 보기에, 나는 이 다섯 가지 덕목 중 어느 것 하나 자신 있게 실천한 바 없다. 공손한 척은 했지만, 그것이 늘 마음에서 우러나온 것은 아니었다. 말로는 관용을 주장하지만, 특정 사안이 실제로 내게 닥쳤을 때 불관용을 보인 적이 많다. 믿음이 가지 않는 상대를 미워할 줄만 알았지, 그에게 신뢰를 보이지 못한 경우가 다반사다. 늘 게으르게 살아 여유가 없고, 성심성의껏 일을 처리하지 못한다. 은혜를 입기만 좋아하지 베푼 적은 별로 없다. 그러고도 아직 이렇게 살고 있어 좀 미안하다.

나는 좋거나 나쁜 것을 숫자로 제한해 설명하는 방식을 좋아하지 않는다. 그 범위에 포함되지 않거나 못하는 나머지는 어떻게 보아야 하는가? 그 나열에 어떤 강조의 순서는 있는가? 그것들은 범주화 할 수 있는 것이 아니지 않은가? 그것은 대개 편의적이고 방편적인 구분일 가능성이 크다.

한 가지 분명히 해 둘 것은 이 다섯 개의 덕목은 인간 보편의 윤리를 말한 것이 아니라, 정치 지도자의 이상적인 리더십, 곧 관용을 베푸는 정치적 덕목을 말했다는 점이다. 이 덕목들을 잘 실천하면 "사람(들)이 (일을) 맡기"고, "공이 있으며", "충분히 사람을 부릴 수 있다"라는 것이다. 요즈음 누구나 리더십 공부를 하는 모양이다. 모두들 리더가 되면 할 일이 없어질 텐데 걱정이다.

‘관용’ 하면 당장 떠오를 정도로 ‘똘레랑스’는 인기어가 되어 있다. 그러나 그렇게 유행을 타게 되면서 오히려 그것은 죽은 말이 되고 있지 않은가 한다. 그 실천이 당장 필요한 상황에서 단지 아름다운 말을 하고는 물러설 뿐이다. ‘불관용에는 관용을 적용할 수 없다’는 이른바 ‘관용의 역설’을 생각해 본다. 대개 다름을 인정하지 않는 불관용은 적대를 낳기 일쑤다. 권력자가 불관용과 적대를 부추기는 경우, 불관용으로 맞서야 한다. "다른 종교를 관용하지 않는 교리는 그 자신 역시 관용의 대상이 되지 못한다"라고 한 존 로크의 말을 새겨듣는다.

필힐이 초빙하자, 스승님께서 가려고 하셨는데, 자로가 말했다. "예전에 저는 스승님에게서 이런 말씀을 들었습니다. '제 몸으로 직접 나쁜 짓을 한 사람에게 군자는 가지 않는다.' 필힐이 중모읍에서 반란을 일으켰는데도 스승님께서 가려고 하시니, 어떻게 된 것인지요? 스승님께서 말씀하셨다. "그래. 그런 말이 있었지. 그런데 견고한 것은 아무리 갈아도 닳지 않는다고 말하지 않았더냐? 흰 것은 아무리 물을 들여도 검어지지 않는다고도 말하지 않았더냐? 내가 무슨 조롱박이냐? 어찌 매달아놓기만 하고 먹지 않을 수 있겠느냐?"

> 佛肹召, 子欲往. 子路曰, 昔者由也聞諸夫子曰, 親於其身爲不善者, 君子不入也. 佛肹以中牟畔, 子之往也, 如之何. 子曰, 然, 有是言也. 不曰堅乎, 磨而不磷, 不曰白乎, 涅而不緇. 吾豈匏瓜也哉. 焉能繫而不食.

꽃

공산불요公山弗擾의 경우를 더해, 이 두 번의 마음의 동요는 공자의 형상에 대한 논쟁을 불러일으켰다. 한 가지 주장은 공산불요나 필힐의 초청에 정말로 공자가 응했는가 하는 점이다. 공자는 그저 이 기회를 빌려 제자들의 생각을 한번 탐색해 보려는 것일 뿐이었다는 것이다. 다른 하나는 공자가 마음이 흔들린 것은, 그의 사람됨이 너그럽고 마음씨가 좋아서 천하에 변화시키지 못할 사람은 없고, 못할 일이 없다고 생각했기 때문이라는 것이다. 초빙에 응한 것은 그들을 바로잡기 위한 것이라는 주장이다. 또 다른 주장은, 공자가 초청에 거절하지는 않았지만 정말 간 것은 아니었는데, 자로의 천박한 식견으로 공자의 높은 뜻을 알 수 없었다는 것이다.

※

내가 보기에, 이 구절은 앞 공산불요의 경우와 결국 같은 얘기다. 권력의 부름에 흔들리는 공자의 마음을 다시 언급하고 싶지 않다. 권력의 유혹이라는 것이 결코 무시하지 못할 강력한 힘임을 다시 한 번 확인하게 된다. 다만, 그것을 인정하는 것과 그것에 대해 변명을 늘어놓는 것은 다른 이야기다. 공순불요의 경우에서보다 여기서 공자는 더 흥분해 있는 것 같다. 안 해도 될 말을 거듭함으로써 오히려 체면을 구기지 않았나 한다. '내가 조롱박이냐'고 한 데서는 발끈하는 공자를 보게 되어 조금 민망하다.

※

견고한 것은 아무리 갈아도 닳지 않는다거나 흰 것은 아무리 물을 들여도 검어지지 않는다는 공자의 역설도 크게 울림을 주지는 못한다. 상황이 아무리 나빠도 나만 굳고 맑으면 상관없다는 말이겠는데, 과연 그럴 수 있는지, 그런 의도가 뜻대로 실행될 수 있는지 자신 있게 말하기 어렵다. 아무리 견고한 것이라도 끊임없이 갈면 언젠가는 닳게 된다. 흰 천에 물을 들이면 결국 검게 되거나 적어도 탁하게는 된다. 참고로 어떤 사람이 틈이 없고 균열이 없으며 단단하게 뭉쳐진 큰 바위산에 와서 비단 옷으로 그것을 백 년마다 한 번씩 스쳐 마침내 그 산이 다 없어진다고 해도 다하지 않는 시간을 불교에서는 겁劫이라 했다.

스승님께서 말씀하셨다. "유야, 여섯 가지 말과 여섯 가지 폐단에 대해 들어보았느냐?" 자로가 대답했다. "아직 들어보지 못했습니다." "앉거라. 내가 너에게 말해주겠다. 인을 좋아하면서 배우기를 좋아하지 않으면, 그 폐해는 어리석음으로 나타난다. 지혜를 좋아하면서 배우기를 좋아하지 않으면, 그 폐해는 방탕함으로 나타난다. 신용을 좋아하면서 배우기를 좋아하지 않으면, 그 폐해는 자기를 해치는 것으로 나타난다. 정직을 좋아하면서 배우기를 좋아하지 않으면, 그 폐해는 날카로운 말로 공격하는 것으로 나타난다. 용기를 좋아하면서 배우기를 좋아하지 않으면, 그 폐해는 혼란을 일으키는 것으로 나타난다. 강한 것을 좋아하면서 배우기를 좋아하지 않으면, 그 폐해는 오만방자하고 우쭐대는 것으로 나타난다."

子曰, 也. 女聞六言六蔽矣乎. 對曰, 未也. 居. 吾語女. 好仁不好學, 其蔽也愚. 好知不好學, 其蔽也蕩. 好信不好學, 其蔽也賊. 好直不好學, 其蔽也絞. 好勇不好學, 其蔽也亂. 好剛不好學, 其蔽也狂.

❀

공자가 자로에게 말한 것으로, 주로 자로의 "덕을 좋아하면서 배우기를 좋아하지 않는 것"을 겨냥하고 한 말이다. 공자는 그저 덕만 있으면 안 된다고 생각했다.

❀

내가 보기에, 참으로 가슴에 새겨들을 말이지만, 나는 공손불요公山弗擾

와 필힐佛肹의 부름에 응하려는 공자를 자로가 비판한 것에 대한 공자의 '공격적인 가르침'으로 이해한다. 공격적인 가르침이라고 한 것은 단순한 보복도 아니고 그렇다고 진지한 가르침만도 아니라는 것을 드러내기 위해서다. 물론 소인다운 견해에 지나지 않을 것이다. 실제로 평소 공자가 자로에게 가르친 내용을 『논어』 편집자가 여기에 다 모아 배열해 놓았다는 지적도 있다.

＊

이 구절에서 "좋아하면서도"를 나는 '입으로 떠들면서도'라고 바꾸어놓고 싶다. 말로는 인이니, 지혜니, 신용이니, 정직이니, 용기니를 강조하면서도 정작 그것을 실천하지 않는, 정확히 말하면 말로만 때우고 마는 작태에 대한 강력한 경고로 이해하고자 하는 것이다. 이런 사람은 모든 것을 말로 해치운다. 실제 삶에서는 어리석고, 방탕하며, 남에게 상처를 주고, 혼란을 일으키며, 무엇보다도 오만방자하고 우쭐대기를 좋아한다. 자기는 담대하고 정의로운 사람인 것처럼 보이고 싶어 하지만, 그래서 일시적으로 환영을 받을 수 있을지 모르지만, 결국은 처량한 삶이 되고 만다. 뻔히 보이는 길을 자기만 보지 못할 뿐이다.

＊

우愚, 탕蕩, 적賊, 교絞, 난亂, 광狂. 인간을 추접하게 만드는 것들이다. 그너절함의 요체는 가능한 한 일관되려고 하지 않고 편의적으로 그때그때 다른 기준을 세워 사태를 모면하는 것이다. 경계하고 재삼 삼갈 말이다.

스승님께서 말씀하셨다. "너희는 왜 시를 배우지 않느냐? 시는 대화에서 화제를 이끌어낼 수 있고, 사회풍속을 관찰할 수 있으며, 인간관계를 잘 처리할 수 있게 하고, 사회의 병폐를 비판할 수 있다. 가까이는 부모를 섬길 수 있고, 멀게는 임금을 모실 수 있다. 동물이나 식물의 이름을 많이 알게도 한다."

子曰, 小子何莫學夫詩. 詩, 可以興, 可以觀, 可以群, 可以怨. 邇之事父, 遠之事君. 多識於鳥獸草木之名.

시를 배우면 좋은 점에 대해 말한 것이다.

내가 보기에, 흥興은 대개는 감흥을 불러일으킴이라 풀이하는데, 대화의 화제를 이끌어낸다고 한 리링의 해석도 그럴 듯하다. 그래야 다음에 나오는 군群, 곧 인간관계를 맺어준다는 의미하고도 잘 통한다. 옛 선비들은 만나면 곧 시를 짓고 읊었는데, 시는 그렇게 친교의 도구였다.

다산이 "임금을 사랑하고 나라를 근심하지 않는 시는 시가 아니며, 시대를 아파하고 세속에 분개하지 않는 시는 시가 아니며, 아름다운 것을 아름답다고 하고, 미운 것을 밉다고 하며, 착한 것을 권장하고 악을 경계하는 뜻이 담겨 있지 않는 시는 시가 아니다"라고 한 유명한 말은 바로 이 구절에서 온 것이다. 실제로 다산은 시대를 아파하고 세속에 분개한 시 「애절양哀絶陽」을 지었다. 『목민심서』에 그 시에 대한 설명이 있다. "이 시는 가정 계해1803 가을 내가 강진에서 지은 것이다. 그때 노전에 사는 백성이 아이를 낳은 지 3일 만에 군보軍保에 올라 있어 이정里正이 군포 대신 소를 빼앗아가니, 남편은 칼을 뽑아 자신의 남근을 잘라버리면서 '내가 이 물건 때문에 이런 곤액을 받는구나' 하였다. 그 아내는 피가 뚝뚝 떨어지는 남근을 가지고 관가에 가서 울면서 호소하였으나 문지기가 막아버렸다. 내가 이를 듣고 이 시를 지었다."

노전마을 젊은 아낙 그칠 줄 모르는 통곡소리 / 蘆田少婦哭聲長

현문을 향해 가며 하늘에 울부짖길 / 哭向縣門號穹蒼

쌈터에 간 지아비가 못 돌아오는 수는 있어도 / 夫征不復尚可有

남자가 그 걸 자른 건 들어본 일이 없다네 / 自古未聞男絶陽

시아버지는 삼상 나고 애는 아직 물도 안 말랐는데 / 舅喪已縞兒未澡

조·자·손 삼대가 다 군보에 실리다니 / 三代名簽在軍保

가서 아무리 호소해도 문지기는 호랑이요 / 薄言往愬虎守閽

이정은 으르렁대며 마굿간 소 몰아가고 / 里正咆哮牛去皂

칼을 갈아 방에 들자 자리에는 피가 가득 / 磨刀入房血滿席

자식 낳아 군액 당한 것 한스러워 그랬다네 / 自恨生兒遭窘厄

무슨 죄가 있어서 잠실음형 당했던가 / 蠶室淫刑豈有辜

민땅 자식들 거세한 것 그도 역시 슬픈 일인데 / 閩囝去勢良亦慽

자식 낳고 또 낳음은 하늘이 정한 이치기에 / 生生之理天所予

하늘 닮아 아들 되고 땅 닮아 딸이 되지 / 乾道成男坤道女

불깐 말 불깐 돼지 그도 서럽다 할 것인데 / 騙馬豶豕猶云悲

대 이어갈 생민들이야 말을 더해 뭣하리요 / 況乃生民恩繼序

부호들은 일년내내 풍류나 즐기면서 / 豪家終歲奏管弦

낟알 한 톨 비단 한 치 바치는 일 없는데 / 粒米寸帛無所捐

똑같은 백성 두고 왜 그리도 차별일까 / 均吾赤子何厚薄

객창에서 거듭거듭 시구편을 외워보네 / 客窓重誦鳲鳩篇*

❧

『시경』에는 풀 50종류, 나무 52종류, 새 36종류, 짐승 24종류, 물고기 14종류, 벌레 18종 나온다고 한다. 그러니 시를 읽으면 적어도 동식물의 이름을 많이 알 수 있다. 정약용의 둘째 아들이자 「농가월령가」의 작자로 알려진 정학유丁學游, 1786~1855는 『시경』에 등장하는 생물의 이름을 고증하여 생물백과사전이라 할 만한 『시명다식詩名多識』을 지었다.

❧

풀과 나무 이야기가 나오니, 소설가 김정한 선생의 말을 떠올리게 된다. "세상에 이름 없는 꽃이 어딨노? 시인이라면 낱낱이 찾아서 붙여줘야지." 시인들이 '이름 모를 풀'이니 '이름 모를 새'니 하는 것에 대한 질타이다.

---

* 잠실음형(蠶室淫刑)은, 남자는 거세(去勢)를 하고 여인은 음부를 봉합하는 형벌이다. 바람이 통하지 않는 밀실에 불을 계속 지펴 높은 온도를 유지시키는 방이 잠실(蠶室)인데, 궁형(宮刑)에 처한 자는 그 잠실에 있게 하였다. 민(閩) 사람들은, 자식을 건(囝), 아버지는 낭파(郎罷)라 불렀는데, 당(唐) 나라 때 그곳 자식들을 환관(宦官)으로 썼기 때문에 부유한 자들이 많았다. 그곳 사람들은 자식을 낳으면 곧 거세를 했다고 한다. 시구편(鳲鳩篇)은 『시경』의 편 이름으로, 군자의 마음이 전일하고 공평무사한 것을 찬미한 시들이다.(한국고전번역원)

양화陽貨 17-10

스승님께서 백어에게 말씀하셨다. "너는 「주남」과 「소남」을 익혔느냐? 사람이 「주남」과 「소남」을 익히지 않으면 마치 벽을 바라보고 서 있는 것과 같다."

> 子謂伯魚曰, 女爲周南召南矣乎. 人而不爲周南召南, 其猶正牆面而立也與.

공자가 아들 백어에게 시를 배우라고 한 것은 앞의 「계씨季氏」편 16-13에서도 보인다. 여기서는 특히 「주남」과 「소남」을 배우라고 했다. 「주남」과 「소남」은『시경』「국풍國風」의 처음과 그 다음 편으로 흔히 이남二南이라 한다. 공자는 이것을 배우지 않으면 앞에 벽이 가로막혀 있어 그 너머는 볼 수 없는 형국과 같다고 했다.

내가 보기에, 공자가『시경』의 「주남」과 「소남」 두 편만을 강조한 것은 아니다. "옛날의 학문은『시』,『서』,『예』,『악』인데,『시』와『예』가 우선이 된다. 이남은『시경』의 첫머리가 된다. 그러므로 공자가 그렇게 말한 것이다."오규소라이 "『시경』 300편이 모두 풍교風敎에 관계되는 것이니, 어찌 유독 이남만 그러하겠는가? 또 공자는 백어에게『시경』 전부를 배우라고 권장한 것인데, 이제 갑자기 축소하여 이남만 권장하는 데에 그쳤다면 어찌 통할 수 있겠는가."다산

벽을 바라보고 서 있는 것과 같다는 말은 글자 그대로 앞이 깜깜하다는 것이다. 앞으로 한 발자국도 나아가지 못할 정도로 꽉 막혀 있다는 말이다. 앞의 「위정爲政」편 2-15에서 "(남에게서) 배우기만 하고 (스스로) 생각하지 않으면 어둡다"라고 할 때의 그 어둡다罔와 관련이 있지 않나 한다. 그런데 앞이 깜깜해지는 극한, 말하자면 자기 존재의 비루와 허망을 경험해 보지 않으면 성숙해질 수 없는 것도 사실일 것이다. 반대로 자기 앞에 놓인 길이 양양하다고 자부하는 사람 중에 바로 한 치 앞도 내다보지 못하는 이가 많다.

사족. 벽은 대개 우리의 삶을 옥죄는 억압을 상징하기도 한다. 싸이키델릭 락의 진수를 보여준 핑크 플로이드는 〈another brick in the wall〉에서 이렇게 노래했다. "We don't need no education우리는 교육 따위 필요 없어, We don't need no thought control우리는 사상통제 따위 필요 없어, No dark sarcasm in the classroom어두운 비웃음은 교실에 없어야 돼, Teachers! Leave them kids alone!선생들, 아이들을 그냥 내버려 둬, Hey! Teachers! Leave them kids alone! 이봐 선생들, 이이들을 그냥 내버려 둬, All in all it's just another brick in the wall모두들 모두 그저 벽의 또 다른 벽돌 일 뿐이야, All in all you're just another brick in the wall모두들 모두 당신은 그저 벽의 또 다른 벽돌 뿐이야."

스승님께서 말씀하셨다. "예가 어쩌니 저쩌니 말한다고 해서, 옥이나 비단을 말하는 것이겠는가? 음악이 어쩌니 저쩌니 말한다고 해서, 종이나 북을 말하는 것이겠는가?"

子曰, 禮云禮云, 玉帛云乎哉. 樂云樂云, 鐘鼓云乎哉.

공자는, 예악의 정신은 실질과 규범의 작용이 그것에 의존하고 있는 물질적 형식보다 중요하다고 생각했다. 예는 결코 예물이 아니고, 음악은 결코 악기가 아니다.

내가 보기에, 예악이 형식에 치우치면 사람을 잡아먹게 된다. 일종의 소외疎外다. 소외는, 자신이 행복하려고 만든 산물제도, 물질, 관습 등에 스스로가 주인이 되지 못하고, 그 노예로 전락하는 상태를 말한다. 예악도 시대의 산물인데, 시대가 크게 변하였음에도 지난 시대의 형식과 절차를 애써 강조하는 것이야말로 소외를 조장하는 짓이다.

주희는 도본문말道本文末, 곧 도가 근본이고 문은 말류라는 견해를 피력한 바 있다. 그런데 문형식은 어디까지나 도내용를 표현하기 위한 수단에 불과하다는 이 생각은 공자의 견해를 지나치게 규범적으로 이해한 것이 아닌가 한다. 공자는 앞의 「옹아雍也」 편 6-18에서 "내용이 형식보다 앞서면 조야하고, 형식이 내용보다 앞서면 사치스럽다. 형식과 내용이 잘 어울려야 군자다운 것이다"라고 한 바 있다.

🍂

지금도 '내용과 형식 중에서 어느 것이 더 중요한가'라는 엉터리 질문을 던지는 경우가 있다. '아빠가 좋으냐, 엄마가 좋으냐'고 묻는 따위와 마찬가지로 우매하다. 그러다 보니 '육체적 건강보다는 정신적 건강이 더 중요하다'는 식의 관념론에서 헤어나지 못하고 있다. '사랑을 좇자니 돈이 울고, 돈을 좇자니 사랑이 운다'는 신파에서 벗어나려면 아직 멀었다.

🍂

나는 이 구절에서 운云에 주목한다. 그렇게 입으로만 떠들어서는 안 된다는 것이다. 입으로 그렇게 떠들고 외치면 자신이 곧 성인이 된 양 착각하는 사람이 있다. 선생이 모두 군자가 되어야 한다는 말은 아니지만, 적어도 자신의 말과 삶이 흉하게 어긋나지는 않도록 애는 써봐야 한다. '이렇네 저렇네' 입바른 소리를 입에 달고 다니는 사람의 일상은 어쩌면 생각보다 더 추접하고 너절할지 모른다.

스승님께서 말씀하셨다. "겉모습은 매섭게 보이면서 속마음이 허약한 것을 소인으로 비유하자면, 벽에 구멍을 뚫고 들어가는 좀도둑과 같다."

子曰, 色厲而內荏, 譬諸小人, 其猶穿窬之盜也與.

좀도둑은 구멍을 잘 뚫으며 쥐도 구멍을 잘 뚫는다. 그래서 서절鼠竊, 즉 쥐새끼 같은 도둑이라고 부른다. 쥐새끼 같고 개 같은 도둑놈들은 모두 겉으로는 강한 것 같지만 속은 무르다.

내가 보기에, 겉으로 센 척하는 자치고 실제 센 놈을 보지 못했다. 겉으로 센 척을 하는 방법은 크게 두 가지다. 하나는 문신 등을 이용해서 사납게 꾸미거나 입에 시궁창을 달고 다니는 것이다. 양아치들은 몰려다닐 땐 세상 겁나는 것이 없이 행동하지만, 혼자서 집에 갈 때는 지하철에서 조용히 간다. 깡패만 그런 것이 아니다. 아는 척, 힘 있는 척하지만 속은 대단히 황폐한 먹물들이 더하면 더했지 덜하지 않다. 겉으로는 부드러워 보이지만 안으로 굳센 외유내강外柔內剛과 겉모습은 매섭게 보이면서 속마음이 허약한 색려내임色厲內荏은 상반된다. 그런데 부드럽게 말하고 나약한 듯 행동하면 상대방이 깔보고 얕보는 경우가 많다. 그래서 가끔은 세게 혼쭐을 내줄 필요가 있다.

좀도둑을 쥐새끼로 비유하는 것은 오랜 전통이다. 『시경』에 「석서碩鼠」라는 시가 보인다. 석서는 큰 쥐를 말한다. "큰 쥐야 큰 쥐야 / 우리 기장 먹지 마라 / 삼년 너를 지켜보았건만 / 나를 돌보려 않는구나 / 내 이제 너를 떠나 / 저 즐거운 땅으로 가련다 / 즐거운 땅 즐거운 땅이여 / 내 편히 살 곳을 얻으리라." 김시습은 같은 제목으로 당시 부패한 지배층을 풍자한 바 있다. "큰 쥐야 큰 쥐야 / 소리 내 늘 찍찍 울어대며 / 교활한 말로 사람 해치고 / 사람 마음을 두려움으로 떨게 한다 / 어떻게 하여 모진 고양이 얻어다가 / 한번 너를 잡아 남은 종자 없게 할까." 고려 때 이규보도 「쥐를 저주하는 글 병서呪鼠文幷序」를 지은 바 있다. 그 한 대목은 이렇다. "대개 도둑은 밖에서 들어오는 것이거늘, 너희는 어찌 안에 살면서 도리어 주인의 집에 해를 끼치는가?"

스승님께서 말씀하셨다. "마을의 위선자는 덕을 도둑질하는 자이다."

子曰, 鄕原, 德之賊也.

🦋

마을의 위선자에 해당하는 원문 향원鄕原은 향원鄕愿이라고도 쓰는데, 그것은 한 고을에서 외모가 진실하고 온후한 사람이며, 아울러 거짓으로 꾸민 그 같은 모습으로 대중의 환심을 사는 훌륭한 선생님이다. 원愿의 본래 의미는 신중하고 온후한 것이지만, 여기서 말하는 향원에는 부정적인 의미가 포함되어 있다. 공자는 이런 사람을 반대했고, 그런 사람을 덕의 도둑德之賊, 즉 유덕자有德者의 자리를 훔친 사람이라 불렀다. 적賊과 도盜는 다르다. 적은 몸에 상해를 입히는 죄, 예를 들어 살인이나 사람을 해체하는 것이고, 도는 재산을 침범한 죄, 예컨대 절도, 강탈 등이다.

🦋

내가 보기에, 향원에 대한 설명은 『맹자』에 자세하다. "심하게 세상에 아부하는 자가 이 향원이다. …… 그를 비난하려 해도 드러낼 비난거리가 없고, 찔러보려고 해도 찔러 볼 것이 없다. 유속流俗과 동조하고 더러운 세상과 영합하여, (안에서) 거처할 때는 충직하고 신의가 있는 듯하며, (밖에서) 행동할 때는 청렴하고 결백한 듯해서, 많은 사람이 모두 그를 좋아하고 자신도 그것이 옳다고 여기지만, 그러한 사람과는 함께 요순의 도道에 들어갈 수 없다." 참고로 연암의 「호질虎叱」에 등장하는 위선자 북곽선생北郭先生이 바로 향원이다. "군자로서 위선된 것은 소인이 거침없이 악을 행하는 것과 같다." 『채근담』에 나오는 말이다.

❁

위선만큼 가증스러운 것도 없다. 엠브로스 비어스라는 사람이 만든 『악마의 사전』에서 위선자는 이렇게 묘사되고 있다. "본심으로는 조금도 대수롭게 여기지 않는 몇 가지 미덕을 갖춘 체하면서, 실상은 자기가 경멸하는 사람들이 취하는 이익을 교묘하게 손에 넣는 자." 흔히 위선을 떤다고 하는데, 이때 '떨다'는 매우 인색하여 좀스럽게 행동한다는 뜻이다. 두 단어가 참 잘 어울린다.

❁

공자는 향원 같은 사람을 사이비似而非라고 했다. 겉으로는 그럴 듯해 보이지만 사실은 아니라는 말이다. 겉으로는 훌륭한 인격자인 듯 행세하지만, 조금만 들여다보면 시큼한 냄새가 진동을 한다. 그런데 수많은 멍청이들은 그 위장偽裝을 존숭한다. 그래서 세상살이가 재미난 것인지도 모른다.

스승님께서 말씀하셨다. "길에서 듣고 길에서 말하는 것은 덕을 포기하는 일이다."

子曰, 道聽而塗說, 德之棄也.

덕을 포기하는 것이 덕을 버리고 행하지 않는다는 것인지, 유덕자가 그를 버리는 것인지 등에 대해 예전부터 논쟁이 있었다. 공자는 길에서 들은 말을 길에서 퍼뜨리고 근거 없는 풍설을 믿는 것은 덕을 포기하고 행하지 않는 것이라고 생각했다.

내가 보기에, 소인배의 특징 중 하나는 소문에 민감하다는 것이다. 정확히 말하면 민감하다기보다는 풍문을 찾아 헤매거나 기정사실화하여 단정하는 데 이골이 나 있다. 그 주변은 온통 뜬소문으로 왁자지껄하다. 소문을 만들어 유포하는 경우도 있다. 그리고 '정보' 수집 능력을 배가하기 위해 '똘마니'들을 곳곳에 배치해 두기도 한다. 그 소인의 레이더에 포착이 된 이상, 이른바 '신상털기'는 감수해야 한다. 가증스러운 것은 그 스스로 유덕자有德者인 듯 행세한다는 점이다. 이들의 천방지축에 대응하는 가장 좋은 길은 그자들을 무시하는 것이다. 그러면 소문을 내고 험담을 하다가 지쳐서 스스로 물러나는 경우도 있다. 물론 대개는 '죽자 살자' 덤벼든다.

『순자荀子』의 「권학勸學」에 이런 말이 있다. "군자의 학문은 귀로 들어가 마음에 붙어 온몸으로 퍼져서 행동으로 나타난다. 소근소근 말하고 단정하게 행동하니 한결같이 모범으로 삼을 만하다. 소인의 학문은 귀로 들어가 입으로 나온다. 입과 귀 사이는 네 치에 지나지 않으니, 어찌 일곱 자나 되는 몸을 아름답게 할 수 있으랴?"

길에서 듣고 길에서 말한다는 의미의 도청도설道聽塗說에 대한 사족. 반고班固의 『한서漢書』「예문지藝文志」에 "소설가 무리들은 대개 패관稗官에서 나왔는데, 그것은 가담항어街談巷語와 도청도설로 만들어진 것이다"라고 하였다. 패관은 항간의 풍설과 소문을 모아 기록하던 벼슬아치를, 가담항어는 거리나 사람들 사이에서 떠도는 소문을 뜻한다. 이렇게 길거리에서 떠도는 소문 나부랭이를 글로 옮기는 것이 바로 소설인데, 그 자질구레한 일상의 삶에서 진실을 찾을 수 있다는 생각이 대중적으로 확산되면서 소설이 발전하고 중세는 균열을 일으키기 시작했다.

스승님께서 말씀하셨다. "시골뜨기와 함께 임금을 모실 수 있을까? 그런 사람은 관직을 얻기 전에는 얻지 못할까봐 걱정하고, 얻고 나서는 그것을 잃어버릴까봐 근심한다. 잃어버릴까 걱정하게 되면 무슨 일이든지 하려고 덤벼들 것이다."

子曰, 鄙夫可與事君也與哉. 其未得之也, 患得之. 既得之, 患失之. 苟患失之, 無所不至矣.

비부鄙夫는 시골뜨기다. 비는 도현都縣과 같은 시골이고, 그곳에서 살고 있는 사람은 당연히 촌뜨기다. 얻을까봐 걱정하다患得之에 대해 소동파는 얻지 못할까봐 걱정하다患不得之라고 생각했다.

시골뜨기는 불행한 아이로 본래 가지고 있는 장점은 순박함과 귀여움이다. 그들은 일에 몰두하면서 유별난 적극성을 발휘한다. 그러나 순박하고 깨끗했던 장점은 더러움에 물든다. 그들은 이익 추구에 대한 추동력에 의해 이익 앞에서는 목숨을 돌보지 않고 나쁜 일을 하는 데도 대단한 적극성을 보인다. 촌티로 눈을 못 뜨고 있을 때는 세상물정을 알아야 한다. 그러나 돈의 관문, 권력의 관문, 미인의 관문 등은 넘기가 어렵고, 계급적 원수나 민족적 원한과 같은 것은 한순간에 갚기 어려워 몹시 답답해한다. 돈을 본 적이 없으면 당연히 돈에 대해 눈을 뜨지 못한다. 없으면 얻지 못할까 두려워하고, 있으면 아쉬움을 떨치지 못하고, 아쉬워하면 수단과 방법을 가리지 않고 무슨 못된 짓이든 다 한다. 이것은 가난한 집 아이의 비극이다.

꽃

내가 보기에, 시골뜨기 혹은 가난한 집 아이에 대한 리링의 설명은 그 경향성에 비춰보아 상당히 설득력이 있다. 우리는, 어찌어찌하다가 성공한 후에 수단과 방법을 가리지 않고 혈안이 되어 이익을 긁어모은 '가난한 시골뜨기'를 알고 있다. 그의 성공을 담보한 것은 일종의 열등감이고 달리 보면 복수심이다. 그의 못난 짓은 그 개인에게만이 아니라 그 집단 전체에 비극이었다.

꽃

잃어버릴까 걱정하기 시작하면 무슨 일이든 하려고 든다는 예를 주희는, 작게는 등창을 빨고 치질을 핥으며, 크게는 아비와 임금을 시해하는 것이라 했다. 등창을 빨고 치질을 핥는 것을 연옹지치吮癰舐痔라고 한다. 너절한 아부를 지극히 혐오해 하는 말이다. 저 정도 해야 무슨 일이든 하려고 든다는 말이 이해된다. 못하는 짓이 없다는 말처럼 상대를 혐오하는 말도 아마 없을 것이다. 그런 자에게 하는 욕이 바로 돌차咄嗟이다. 요즘 말로 하면 '쯧쯧' 혀를 차는 것이다.

꽃

『대학장구大學章句』「전傳」 6장에 "소인이 한가로이 지낼 때 불선不善을 하되 못하는 짓이 없다가, 군자를 본 뒤에야 겸연쩍게 그 불선을 가리고 선을 드러낸다"라고 했다. 천방지축 나대는 소인배는 군자를 만나야 정신을 차리고 얌전해진다는 뜻이겠는데, 이것은 이미 옛날이야기에 불과하다. 요즈음은 소인이 군자를 잡아먹는 시대다. 할 수 있는 온갖 모함과 술수를 동원해 가만 두지 않는다.

스승님께서 말씀하셨다. "옛날에 백성들에게는 세 가지 병폐가 있었는데, 지금은 그것마저 없어졌다. 옛날 광인은 거침없이 자유로웠지만, 오늘날 광인은 방탕하다. 옛날 긍지를 가진 사람은 정중했지만, 오늘날 긍지를 가진 사람은 조급하다. 옛날 어리석은 사람은 정직했지만, 오늘날 어리석은 사람은 속일 뿐이다."

子曰, 古者民有三疾, 今也或是之亡也. 古之狂也肆, 今之狂也蕩. 古之矜也廉, 今之矜也忿戾. 古之愚也直, 今之愚也詐而已矣.

＊

광狂에는 두 가지 의미가 있다. 하나는 자기를 풀어놓고 자유자재하면서 아무것에도 구속받지 않는 것이고, 다른 하나는 무법천지로 난폭하여 다른 사람에 대해 마음대로 하는 것이다. 긍矜 역시 두 가지가 있다. '장중함, 정중함'과 '조급함, 절박함'이다. 우愚는 진짜와 가짜로 나뉜다. 거짓으로 꾸민 정직은 남을 속이는 정직으로, 옛날에는 그것을 매직賣直이라 불렀다.

＊

내가 보기에, 이 구절은 당시 풍조에 대한 심각한 비판인 것 같다. 예전에는 광狂, 긍矜, 우愚가 사肆, 염廉, 직直이었는데, 지금은 더 나쁜 것, 즉 탕蕩, 분려忿戾, 사詐로 변해 버렸다는 말이다. 주희에 따르면, 광은 품은 뜻이 너무 높은 것이고, 긍은 자신을 지키기를 너무 엄하게 하는 것이며, 우는 미련하여 밝지 못한 것이다. 사는 작은 예절에 구애받지 않는 것이고, 염은 모가 있어 엄격한 것이며, 직은 감정대로 행동하는 것이다. 탕은 큰 한계를 넘어서는 것이고, 분려는 다툼에 이르는 것이며, 사는 사사로이 함부로 행동하는 것이다.

🌿

공자 당시에는 방탕하고 난폭하며 솔직을 가장하는 따위가 대세였던 것 같다. 그 이후로 지금까지 그런 사람들 속에서 우리도 그렇게 어울려 살고 있다. 함부로 나대는 것을 거침없다 하고, 아이들처럼 뽐내는 것을 긍지라 착각하며, 정직을 가장해서 사기를 치는 한심한 세상이다.

🌿

난세에는 양광佯狂, 곧 거짓 미치광이 행세를 하는 지식인이 나타난다. 김시습이 그렇다. 이황李滉이 색은행괴索隱行怪, 곧 은미한 것을 찾고 괴상한 일을 행하는 자라고 한 그의 방달불기放達不羈의 기행奇行들은 바로 이 거짓 미치광이 짓의 결과였다. 유학자였던 그가 하루아침에 괴승怪僧이 된 것이야말로 그 전형적인 모습이다. 상치되는 두 개의 이념을 한 몸에 품고 사는 이 '미친 짓'을 이이李珥는 심유적불心儒跡佛이라는 개념으로 묘사하였다. 뜻은 유학에 두었으나, 남긴 자취는 불교적인 것이었다는 것이다. 심유적불은 상반되는 진리가 있고, 그것의 공존하는 의의가 상반되는 것이라면, 경험상 그들 중 어느 한 가지라도 단순히 옳다고 할 수 없고, 여러 가지의 해석이 가능하며, 불일치가 공존하고 있는 것이 생존 구조의 한 부분이라는 것을 인정하는 인생관과 깊은 관련을 맺고 있는 것으로 보인다. 김시습은 반대물 간의 긴장으로 가득 차 있는 착잡한 현실에 직면해 그 어느 쪽에도 휘말려들지 않기 위해 유불 양쪽 모두로부터 반성적 거리를 유지한 채 치우침 없이 그것을 조망하고자 하였던 것이다. 이른바 불락양변^{不落兩邊}의 사유이다.

스승님께서 말씀하셨다. "교묘한 말과 아부하는 표정에는 인이 드물다."

子曰, 巧言令色, 鮮矣仁.

이 말은 앞의 「학이學而」 편 1-3에서 이미 나왔다.

스승님께서 말씀하셨다. "자주색이 붉은 색을 빼앗는 것을 미워하고, 정 나라 음악이 아악을 어지럽히는 것을 미워하며, 말 잘하는 사람이 국가 를 전복하는 것을 미워한다."

子曰, 惡紫之奪朱也, 惡鄭聲之亂雅樂也, 惡利口之覆邦家者.

이것은 공자가 미워하는 세 가지다. 그 세 가지는 공자 당시에 유행하던 것들이다. 당시 위정자들 사이에서 비싼 자주색의 옷이 유행했는데, 공자 는 주색朱色이 정색이라 여겨 그 유행을 매우 싫어했다. 정 나라 음악은 유행 가로, 아악과는 매우 달랐다. 말 잘하는 것은 당시 정치가들 사이에 유행하 던 것으로, 전국 시대 이후로 특히 그 같은 기세를 막을 수 없었다. 유행을 반대한 것은 공자의 특색이다.

내가 보기에, 이 세 가지 비유는 한 마디로 하면 사이비^{似而非}를 경계하라는 것이다. 자주색과 붉은색^紅은 그저 붉은 계통의 색이라고들 하지만, 적색이 정색^{正色}이고, 자주색은 간색^{間色}이다. 일연은 『삼국유사』의 어느 찬^讚에서 이렇게 읊었다. "붉은색^紅과 자주색이 분분히 주색에 섞였으니 / 아, 어목^{魚目}이 우부^{愚夫}를 속였구나." 어목은 물고기 눈으로 구슬과 비슷하지만, 구슬은 아님을 말한다. 회색분자라는 말도 결국은 정색-간색의 구도 속에서 나온 말일 것이다.

정 나라 유행가가 아무리 좋아도 아악을 따라 갈 수 없다고 했다. 음란하고 애절하고 간사한 정 나라 음악이 바르면서 성글고 느슨한 아악을 어지럽혀서는 안 된다는 말이다. 연암은 「초정집서^{楚亭集序}」에서 근거 없이 무작정 만들어내는 창신^{創新}을 비판하면서 그것을, 이연년^{李延年}의 유행가를 종묘 제사에서 부를 수 있다고 하는 것만큼 한심한 일이라고 비판했다.

말 잘하는 사람들은 간색을 정색이라 속이고, 유행가를 아악의 자리에 올려놓으려 한다. 그들은 "옳은 것을 그르다 하고, 그른 것을 옳다 하며, 훌륭한 사람을 불초^{不肖}하다 하고, 불초한 사람을 훌륭하다 하니, 인군이 만일 그를 좋아하고 믿는다면 국가의 전복은 어렵지 않을 것이다."^{「집주」} 그런데 이것은 거의 모든 수직적 관계에서 흔하게 일어나는 현상이다. '방문정치'

라는 말이 있다. 문제를 공개적으로, 그리고 합리적인 토론을 통해 해결하려 하지 않고, 뒤에서 사사로이 만나 조정하는 것이다. 원활한 소통의 정치를 위해 불가피하다고 할지 모르겠지만, 대개의 경우 추악한 담합으로 끝나기 십상이다. 어느 조직에 새로운 지도자가 부임하면, 제일 먼저 개인적으로 찾아가 이른바 현안에 대해 논의하자고 추파를 보내는 이들은 대개 심각한 표정으로 말을 하는데, 그것이 바로 교영영색이다.

스승님께서 말씀하셨다. "나는 아무 말도 안 하고 싶다." 자공이 말했다. "스승님께서 말씀을 안 하시면, 저희는 무엇을 기록합니까?" 스승님께서 말씀하셨다. "하늘이 무슨 말을 하더냐? 그래도 사시가 운행되고 만물은 생겨난다. 하늘이 무슨 말을 하더냐?"

子曰, 予欲無言. 子貢曰, 子如不言, 則小子何述焉. 子曰, 天何言哉. 四時行焉, 百物生焉, 天何言哉.

공자는 아마도 당대 정치에 대해 몹시 절망했던 것 같다.

내가 보기에, 불만이나 화를 저 정도로 누그러뜨리는 것은 상당한 내공 없이는 불가능하다. 우선 터뜨리고 보는 게 장삼이사의 습성일 터이다. 그런데 한 가지 좀 뜨악한 점이 있다. 공자가 스스로를 하늘에 비유한 것이다. '나도 하늘처럼 뭐 특별히 말하지 않아도 세상 잘 굴러가지 않더냐?'

이 구절에 대한 견해의 차이는 매우 크다. 리링처럼 정치적 좌절에 대한 소회로 해석하는 것으로부터, 난화이진처럼 도가道家나 노장老莊사상과의 관련으로 설명하는 것, 그리고 오규 소라이처럼 예악禮樂은 말로 표현할 수 없다는 것까지 실로 다양하다. 나는 피로감이나 회의懷疑 같은 것으로 이해하고 싶다. 평상시에도 그렇게 생각했다면, 굳이 세상을 근심하고 걱정하며 더 나은 방향으로 개혁하고 싶다는 말을 굳이 하지 않아도 좋았을 것이기 때문이다.

※

"공자의 도는, 비유하면 일성日로처럼 밝은데도 오히려 제자들이 다 깨닫지 못할까 걱정하시어 '나는 말을 하지 않으려 한다'고 말씀하신 것이다. 만일 안자顔子였다면 묵묵히 알았을 것이요, 그 이외의 사람들은 의문을 면치 못하였을 것이다." 주희의 이 해석은 개인적인 소회를 천리天理 같은 형이상학으로 관념화하려는 것이 아닌가 한다.

※

물론 스승이 굳이 말을 하지 않더라도 그의 행실을 보고 배워도 충분하다는 견해는 가능하다. 연암은 「초정집서楚亭集序」에서 이렇게 말했다. "공명선公明宣이 증자에게 배울 때 3년 동안이나 책을 읽지 않기에 증자가 그 까닭을 물었더니, '제가 선생님께서 집에 계실 때나 손님을 응접하실 때나 조정에 계실 때를 보면서 그 처신을 배우려고 하였으나 아직 제대로 배우지 못했습니다. 제가 어찌 감히 아무것도 배우지 않으면서 선생님 문하에 머물러 있겠습니까'라고 대답하였다."

유비가 공자를 만나 뵙고자 했으나, 공자께서는 병을 핑계로 거절하셨다. 말을 전하는 사람이 문을 나서자, 슬瑟을 가져다가 노래를 불러서 그가 듣도록 했다.

孺悲欲見孔子, 孔子辭以疾. 將命者出戶, 取瑟而歌, 使之聞之.

✿

유비는 공자에게 문전박대를 당했다. 일부러 만나지 않았을 뿐 아니라, 자신이 고의로 만나지 않는다는 것을 유비가 알아차리게 했다.

✿

내가 보기에, 공자는 대단히 무서운 사람이다. 무슨 이유인지는 잘 모르겠으나, 자기가 만나기 싫은 사람을 냉정하게 거부하고 있다. 가혹하고 야멸차기까지 해 보인다. 굳이 저렇게까지 할 필요가 있었을까, 그 이유가 궁금하다. 내가 유비였다면, 참으로 황당하고 불쾌했을 것이다.

✿

리링에 따르면, 영국 목사 데이비드 콜 리가 이 구절을 영역英譯하면서 중국인은 거짓말하기 좋아하는 민족이라는 풀이를 달았다고 한다. 이런 잘못은 개인의 능력 부족 때문만은 아니다. 이질적인 문화가 만든 텍스트를 이해하는 일은 이처럼 어려운 일이다. 잘 된 번역은 단지 오역이 없는 것만이 아니라 해당 문화의 맥락context을 정확히 짚어내는 일이다.

다산은 "옛날에는 병환이 있으면 금슬琴瑟을 타지 않고 철徹해 놓았다. '비파를 타면서 노래를 부른다'는 것은 병이 없음을 밝힌 것이다"라고 했다. 고래로 칭병稱病, 곧 병에 걸렸다고 핑계를 대는 일은 다반사였다. 한신韓信과 은밀히 내통하던 진희陳豨가 반란을 일으켰을 때, 여후呂后가 소하蕭何와 모의하여 진희가 죽었다는 소문을 퍼뜨리고, 이로써 칭병하던 한신을 속여서 하례賀禮하러 궁중으로 들어오도록 하여 처형한 일이 『사기史記』에 보인다.

재아가 물었다. "삼년상은 기간이 너무 깁니다. 군자가 3년 동안 예를 익히지 않으면, 예는 분명히 망가질 것입니다. 3년 동안 음악을 하지 않으면, 음악은 분명히 무너질 것입니다. 옛 곡식이 없어지면서 새로운 곡식이 올라오는 데나 불씨 얻을 나무를 바꾸는 데도 1년이면 족합니다." 스승님께서 말씀하셨다. "쌀밥을 먹고 비단옷을 입는 것이 너는 편안하겠느냐?" "편안합니다." "네가 편안하다면 그렇게 하거라. 군자는 거상 기간에 기름진 것을 먹어도 맛있는 줄 모르고, 음악을 들어도 즐거운 줄 모르며, 집에 있어도 편안치가 않다. 그래서 그렇게 하지 않는 것이다. 지금 너는 편안하다고 하니, 그러면 그렇게 하도록 하거라." 재아가 나가자, 스승님께서 말씀하셨다. "재여는 어질지 못하구나. 자식이 태어나 3년이 지나야 비로소 부모의 품을 떠난다. 삼년상은 천하에 통용되는 상례喪禮다. 재여도 자기부모에게서 3년 동안 사랑을 받았을까?"

> 問, 三年之喪, 期已久矣. 君子三年不爲禮, 禮必壞, 三年不爲樂, 樂必崩. 舊穀旣沒, 新穀旣升, 鑽燧改火, 期可已矣. 子曰, 食夫稻, 衣夫錦, 於女安乎? 曰, 安. 女安則爲之. 夫君子之居喪, 食旨不甘, 聞樂不樂, 居處不安, 故不爲也. 今女安則爲之. 宰我出. 子曰, 予之不仁也. 子生三年, 然後免於父母之懷. 夫三年之喪, 天下之通喪也, 予也有三年之愛於其父母乎.

공자와 재여 간에 벌어진, 몹시 유쾌하지 못한 일이다.

내가 보기에, 이 구절에서 공자는 자기 위주에 얽매어 있는 재여의 불인
不仁을 꾸짖고 있다. 그런데 한 가지 마뜩하지 않은 점은 재여가 나간 다음에
공자가 그를 불인하다고 비난한 것이다. 더구나 "네가 편안하면 그렇게 해"
라고 하는 공자의 말투에서는 비아냥 같은 것이 느껴지기도 한다.

❋

나는 상례喪禮 같은 것에는 완전 문외한이다. 그래서 우리 집은 무조건
가가례家家禮다. 가가례는 각 집안과 형편에 따라 행하는 예법을 인정하자는
것이다. 정성이 최고라고 하면서 사실은 예법을 무시하고 피해가려는 것이
다. 그래도 나는 앞으로도 줄곧 그렇게 할 것이다.

❋

난화이진은, 명말청초 김성탄金聖歎, 1610~1661이 자식에게 보낸 편지를
인용하고 있다. 이 구절을 설명하는 적절한 예시 같다. "너는 나와 친구이
다. 최초에 너도 나를 아버지로 삼겠다고 지정하지 않았고, 나 역시 너를
아들로 삼겠다고 지정하지 않았다. 우리는 우연히 마주쳐서 맺어진 것이
다. 마주쳐서 맺어졌기에 서로 간에 말할 만한 정분이 없다. 본론으로 돌아
와서, 이 영감과 할망구는 너의 똥오줌을 받아낼 때부터 시작해서 너를 20
년이나 보살폈다. 이 20년 동안 너에게 이 두 늙은 친구보다 더 좋은 친구가
있었더냐? 네가 사회에 나가서 찾아보려무나. 우리는 지금 네가 효도하느
냐 하지 않느냐를 묻는 것이 아니다. 이런 말은 다 쓸데없는 것이다. 다만,

너에게 바라는 것은 이 두 늙은이가 20년 동안 너를 보살펴 준 감정으로,
너 역시 이 두 늙은이를 20년 동안 보살펴 주면 족하다는 것이다." 그런데
나는 그러고 싶지 않다. 애당초 기대를 하지 않는다.

스승님께서 말씀하셨다. "종일토록 배부르게 먹고 아무런 생각도 하지 않으면, 그런 사람은 틀렸다. 육박과 바둑이 있지 않은가? 그런 놀이를 하는 것이 오히려 더 현명하다."

子曰, 飽食終日, 無所用心, 難矣哉. 不有博奕者乎. 爲之, 猶賢乎已.

육박은 전국戰國과 진한秦漢 시기에 매우 유행했는데 오래 전에 맥이 끊겼다. 그때 사용하던 도구들의 실물이 많이 출토되었고, 돌을 움직이는 노선도 이미 알고 있지만, 구체적으로 어떻게 두는지는 아직 잘 모른다.

내가 보기에, 이 구절은 하는 일도 없이 그저 놀고먹는 무위도식無爲徒食을 비판하고 있다. 사실 이 구절은 육박과 바둑을 두는 사람이 그 마음을 고치면 유익한 일을 할 수 있지만, 원래 마음을 쓰지 않는 자는 아무것도 하는 것이 없게 된다는 것을 말하고 있다. 육박이나 바둑이라도 하라는 것이 요점이 아닌 것이다. 지금 우리는 스마트폰에 몰두하는 것으로 공자의 이 '말씀'을 따르고 있다.

조금 다른 말이기는 하지만, 무위도식이라고 하면 떠오르는 것이 일하지 않는 자 먹지도 말라—日不作, 一日不食는 말이다. 선가禪家에서 하던 말이다.

기독교 성경「데살로니가후서」3-3에서도 "누구든지 일하기 싫어하거든 먹지도 말게 하라"고 했다. 요즘에는 '무노동 무임금'이라는 말이 있다. 그런데 이 말은 자본가가 노동자의 파업을 압박할 때 쓰는 야비한 구호이다. 그것을 실천하려면, 그 시작은 자본가부터여야 한다. 이런 노래가 있다. "어깨 죽지에 빛나는 상처 지켜낸 파업투쟁 / 막걸리잔 치켜들며 환호성을 질렀다 / 가진 자들의 더러운 이빨 금빛으로 번쩍이며 / 온 세상을 휘휘 감아 피눈물을 달라하네 / 아, 동지여 적들은 무노동 무임금에 억지를 부려 / 아, 동지여 적들은 파업의 나팔소리 멈추라 한다 / 일하지 않는 자여 먹지도 말라 자본가여 먹지도 말라 / 무노동 무임금 노동자탄압 총파업으로 맞서리라."

자로가 말했다. "군자는 용기를 숭상합니까?" 스승님께서 말씀하셨다.
"군자는 의를 최고로 친다. 군자에게 용기만 있고 의가 없다면 난을 일으
킬 것이며, 소인에게 용기만 있고 의가 없다면 도적이 될 것이다."

子路曰, 君子尚勇乎. 子曰, 君子義以爲上. 君子有勇而無義爲亂, 小人
有勇而無義爲盜.

군자가 용기만 있고 의가 없으면 곧 윗사람을 침범하고 사회적 혼란을
일으킬 수 있으며, 소인이 용기만 있고 의가 없으면 곧 좀도둑이나 강도가
될 수 있다고 하면서 특별히 자로를 훈계한 말이다.

내가 보기에, 용기만 있고 의가 없는 군자가 가능한지 궁금하다. 그런
존재는 생각하기 어렵다. 반면 용기만 있고 의가 없는 소인은 상당수인 듯
하다. 그런데 소인에게 참다운 용기가 있는지는 잘 모르겠다. 그것은 대체
로 만용이지 않을까 한다. 용기와 만용은 실제 생활에서 쉽게 구별되지 않
는다. 그래서 의가 중요하다.

사족 한 마디. 중립 이야기다. 김수영은 「離婚取消」라는 시에서 "신의
지대에는 중립이 없다"라고 했고, 「거대한 뿌리」에서는 "비숍여사와 연애

을 하고 있는 동안에는 진보주의자와 / 사회주의자는 네에미 씹이다 통일
도 중립도 개좆이다"라고 했다. 반면 김수영이 아낀 후배 신동엽은 「껍데기
는 가라」에서 "이곳에선 두 가슴과 / 그 곳까지 내논 / 아사달과 아사녀가
/ 중립의 초례청 앞에 서서 / 부끄럼 빛내며 / 맞절 할지니, / 껍데기는 가
라"고 절규했다.

자공이 말했다. "군자 역시 미워하는 것이 있습니까?" 스승님께서 말씀하셨다. "미워하는 것이 있다. 남의 단점을 말하는 것을 미워하고, 아래에 있으면서 윗사람을 헐뜯는 것을 미워하며, 용감하면서 예의가 없는 사람을 미워하고, 과감하면서 꽉 막힌 사람을 미워한다." "사야, 너도 미워하는 것이 있느냐?" "남의 공적을 훔쳐 자기 지식으로 삼는 사람을 미워하고, 겸손치 못한 것을 용감하다고 착각하는 사람을 미워하며, 남의 단점을 까발리는 것을 솔직하다고 착각하는 사람을 미워합니다."

> 子貢曰, 君子亦有惡乎. 子曰, 有惡, 惡稱人之惡者, 惡居下流而訕上者, 惡勇而無禮者, 惡果敢而窒者. 曰, 賜也亦有惡乎. 惡徼以爲知者, 惡不孫以爲勇者, 惡訐以爲直者.

꽉 막힌 것을 뜻하는 질窒은 멋대로 화내는 것을 의미한다고도 한다. 알訐은 사람 앞에서 공격하는 것, 즉 다른 사람의 단점을 공격하고 사적인 비밀을 폭로하여 상대방을 난처하게 만드는 것인데, 한대漢代에는 면절面折이라고 했다.

내가 보기에, 이 구절은 내 경험상 대단히 사실적이다. 이 구절을 읽으면 생생하게 떠오르는 얼굴이 있다. 그는 입만 열면 무조건 남을 욕하고 헐뜯는다. 욕의 상대는 물론 그 자리에 없는 사람이다. 그의 단점을 캐서, 야비하게 소문을 내어 험담하는 것을 솔직으로 가장한다. 매직賣直이다. 혹독하고 야박하게 남을 공격하면서도 마치 곧은 말을 하는 것인 양한다. 그런데 문제는 그의 작태를 정말로 솔직하다고 여기는 사람이 없지 않다는 것이다. 그래서 세상은 요지경이다.

✽

그런데 그런 자는 정치적으로 대개 '꼴통보수'인 경우가 많다. 물론 스스로는 합리적 보수주의자임을 자처하지만, 그것은 그의 주장일 따름이다. 너절하고도 편협한 편견 따위를 강하게 내세우는 것을 용기라고 강변한다. 차마 입에 담지 못할 말을 내뱉으면서도 자신은 눈치 안 보고 할 말은 다한다고 뻐겨댄다. 아, 이런 자는 난화이진의 말처럼 "치료할 약이 없다."

✽

그런데 누군가를 미워한다는 것은 상당히 피곤한 일이다. 어떻게 보면, 그 미워하는 상대에게 내 삶을 저당 잡힌 채 끌려가고 있다는 생각도 든다. 하루아침에, 그리고 뜨거운 난로 위에 떨어진 눈처럼 그 미움을 깨끗하게 없앨 수는 없을 것이다. 나처럼 미움을 없앨 만한 내공이 없을 때는 그저 무시하는 것이 좋다.

스승님께서 말씀하셨다. "여자와 소인이야말로 돌보기 어렵다. 가까이
하면 불손해지고, 멀리하면 원망한다."

　　子曰, 唯女子與小人爲難養也. 近之則不孫, 遠之則怨.

이 구절에 대해서는 여러 비판과 논란이 제기된바 있다. 그 대표적인
것이 공자가 성차별을 했다는 것이다. 공자는 여자와 소인을 무시했는데,
이 사실은 변명할 필요가 없다.

내가 보기에, 논란이 될 만한 공자의 이 말을 합리화하고 미화하려는
노력은 대개 다음 두 가지로 나타나는 것 같다. 하나는, 이 말이 사실에 대한
묘사이지 가치판단은 아니라는 것이다. 실제로 여자나 소인들이 그렇지 않
느냐는 것이다. 그렇게 말하는 사람들은 대개 '솔직히 말해서'라는 단서를
자주 단다. 그러나 여자와 소인에 대한 이러한 평가가 객관적 묘사라고 하
는 주장이야말로 편견이다. 가치판단을 사실기술이라 우기는 사람과 토론
하는 것은 어리석은 짓이다. 다른 하나는, 공자가 지시한 여자와 소인의 뜻
은 좀 다르다는 해석이다. 그 대표적인 것이 여자를 여자汝子라 보고 '이 사
람, 너희 집 젊은이, 너의 아들, 너희 몇몇 학생' 등으로 보고, 소인을 '어린
아이小孩'로 풀이하는 따위다. 내 보기에 황당하기까지 한, 불필요한 천착이
다. 당시 그런 편견이 일반적인 인식이었다고 보아야 한다. 리링의 말대로

변명할 필요 없다.

✿

소인의 특성을 이처럼 간명하게 말한 예도 없을 것이다. 거리를 두지 않고 잘 지내려고 하면 곧장 머리 꼭대기까지 기어올라 함부로 나대고, 살짝 거리를 두면 자기를 무시하거나 배신했다고 차마 입에 담지 못할 욕설을 내뱉고 토라진다. 그래서 소인과는 반드시 일정한 거리를 두고 관계를 맺어야 한다. 어쩌면 완전히 무시하는 것이 나을지도 모른다.

✿

주희는 "장엄함으로써 임하고 자애로써 기르면, 이 두 가지 병폐가 없을 것"이라 했지만, 다산이 지적했듯이, "공자는 장엄함과 자애로써도 오히려 이 두 가지 근심不遜과 怨望을 제거할 수 없음을 알았기 때문에, 기르기 어렵다難養"고 한 것이다. 소인과의 교재는 그만큼 어려운 일이다. 그야말로 더불어 손잡고 가기 어렵다.

스승님께서 말씀하셨다. "나이 마흔이 되어서도 다른 사람에게서 욕을 먹으면, 그 사람은 끝난 것이다."

子曰, 年四十而見惡焉, 其終也已.

⁂

옛날 사람은 수명이 짧았다. 40, 50이면 살 만큼 산 것이고, 60, 70이면 이득을 본 것이다. 공자는 앞의 「자한子罕」 편 9-23에서 "나이 마흔 혹은 쉰이 되어도 이름이 알려지지 않으면 그 역시 두려워할 만한 가치가 있다"라고 했다.

⁂

내가 보기에, 나를 되돌아보게 하는 것으로, 나이 혹은 늙음 이야기만한 것도 없다. 리링의 설명대로라면, 나는 살 만큼 산 사람이다. 그런데도 이름이 알려지지 않고 오히려 욕을 먹고 있으니, 나는 이미 '끝장 난' 사람이다.

⁂

"이름이 알려지지 않는 것과 미움을 받는 것을 공자는 모두 마흔으로써 단정하였다. 대개 나이 마흔에 이르면 그 혈기가 이미 쇠퇴해서 분발하여 개과천선할 가망이 없으며, 이는 나도 또한 경험한 적이 많다." 다산의 말이다. 다산도 그러했다니, 일단 안심이 된다만, 그럼 이제부터의 내 삶은 과연 어떤 것인가?

18
—

미자

微子

미자는 떠났고, 기자는 노예가 되었으며, 비간은 간언하다가 죽었다. 공자님께서 말씀하셨다. "은 나라에 세 명의 어진 사람이 있었지."

微子去之, 箕子爲之奴, 比干諫而死. 孔子曰, 殷有三仁焉.

이 세 사람은 상 나라 왕 주紂의 친족이었지만, 상왕의 폭정에 반대하였다. 그 방식은 각기 달랐다. 미자는 도망쳤고, 기자는 거짓 미친 척했으며, 비간은 간언하다 죽었다. 그런데 '도망치고 미친 척하는 것이 인仁인가' 하는 논쟁이 야기되었고, 이러저러한 합리화가 동원되었다. 그러나 공자는 그들의 비협조주의와 무저항주의에 완전히 찬동했다. 공자는 반은 협조했고, 반은 협조하지 않았다. '전쟁, 도주, 피함, 화합, 항복' 중에서 전쟁이 한쪽 끝이라면 항복은 다른 한쪽 끝이며, 중간 상황은 도주하고 피하며 화합하는 것이다. 공자의 태도는 도주와 피함과 화합 사이에서 머뭇거린 것이다. 그와 은둔자의 공통점은 비협조주의와 무저항주의고, 다른 점이라면, 그는 아직 마음을 접지 않고 줄곧 자신의 이상으로 군주를 감동시키려고 생각하면서 이리저리 뛰어다니며 호소했다는 점이다. 그러나 사실은 뛰려고 하면서도 뛰지 않았고, 피하려고 하면서도 피하지 않았으며, 화합하려고 하면서도 화합하지 않았고, 우왕좌왕하다가 길 없는 막다른 곳에 이르러 사방이 벽으로 둘러싸인 난관에 봉착하여 마치 집 잃은 개 같았다. 공자는 숨는 것같이 하면서도 숨지 않았고, 도망가는 것같이 하면서도 도망가지 않았으며, 화합하는 것같이 하면서도 화합하지 않았는데, 이는 중도

우파에 속한다. 은隱은 숨는 것이고, 일逸은 도망가는 것인데, 이는 중도좌파의 일이다.

✿

　내가 보기에, 이 구절에 대해서는 리링의 설명을 듣는 것으로 충분하다. 다만 한 가지 생각해 볼 것은, 세 사람이 선택한 각기 다른 방식을 하나의 잣대로 평가해도 좋은가 하는 점이다. 적극적으로 저항하다 처참하게 죽었으니, 도망치거나 거짓 미친 척을 한 미자와 기자보다 비간이 더 훌륭한가? 아마 그렇지 않을 것이다. 각기 자기가 처한 상황과 처지에서 최선을 다한다면, 그 방식은 그리 중요치 않을지 모른다. 이 추악하고 너절한 자본주의 사회에서 나는 도망脫走을 잘 치고 있는가? 그래서 자본주의에 뿌리 내리지 않고 즐겁게 미끄러지고 있는가? 아니면 거짓 미치광이 짓佯狂으로 그것을 추문화하거나 거기에 구멍 혹은 균열을 내고 있는가? 어느 것 하나 제대로 하지 못하는 주제에 '어떤 삶의 태도가 가장 훌륭하고 최선이며 그 다음은 뭐다' 하는 식의 평가는 아무런 의미가 없다. 관념의 장난作亂에 불과하다.

유하혜는 사사士師로서 세 번 쫓겨났는데, 사람들이 말했다. "당신은 떠나는 것이 어떻겠소?" "바른 방식으로 사람을 섬기는데 어디 간들 세 번 쫓겨나지 않겠소? 그릇된 방식으로 사람을 섬기려고 한다면, 굳이 부모의 나라를 떠날 필요가 있겠소?"

> 柳下惠爲士師, 三黜. 人曰, 子未可以去乎. 曰, 直道而事人, 焉往而不三黜. 枉道而事人, 何必去父母之邦.

앞에서는 도망가는 것이 협조하지 않는 한 종류라 했는데, 여기서는 머무름에 대해 이야기하고 있다. 도망가지 않으면 남아 있을 수밖에 없는데, 그 경우 억울한 일을 당하지 않기가 어렵다. 귀족의 소송사건을 담당하던 유하혜는 원칙을 너무 강조하여 많은 이의 미움을 샀고, 세 번 파면을 당했다. 그는 도망가는 것을 반대했고, 차라리 자기 조국에 남아 굴욕을 당하는 것이 도덕적으로 고상한 일이라 생각했다. 이 사람 역시 고대 일민逸民의 일종이다. 공자는 그를 존경했지만, 그를 본받으려 하지는 않았다.

내가 보기에, 요즘처럼 원칙을 헌신짝처럼 내던져 버리는 세상에서 유하혜는 모범이 될 만한 인물이다. 원칙을 지키려 애쓰는 사람이 반칙과 불법이 횡행하는 세상에서 배부르고 등 따시게 그리고 평안하게 살기는 어렵다. "죽는 날까지 하늘을 우러러 / 한 점 부끄럼이 없기를 / 잎새에 이는 바람에도 / 나는 괴로워했다"는 저 도저한 자존심까지는 아니더라도, 최소한 원칙을 지키는 일 때문에 사는 것이 좀 불편해야 하지 않겠나.

✻

『순자荀子』「대략大略」에 이런 이야기가 전한다. 유하혜가 어느 날 밤 성문에서 묵다가 집 없이 떠도는 여자를 만났는데, 그녀가 얼어 죽을까 걱정이 되어 자신의 옷으로 그녀를 감싸고 품에 안고서 밤을 지냈는데, 아무런 불미스러운 일도 없었다고 한다. 여기서 좌회불난坐懷不亂이라는 말이 생겨났다. 이성이 품에 안겨도 마음이 흐트러지지 않는, 도덕적이고 단정한 태도를 말한다. 욕망의 흐름에 자신을 무방비로 내던지는 요즘의 세태에 한 번쯤은 생각해 볼만한 자세다.

✻

『맹자』「공손추장구公孫丑章句」에서는 유하혜를 이렇게 평가했다. "유하혜는 더러운 군주 섬기기를 부끄러워하지 않으며 작은 벼슬을 사양하지 않았다. 벼슬길에 나아가면 현명함을 숨기지 아니하여 반드시 그 도리에 맞게 하였으며 버림을 받아도 원망하지 않고 곤궁을 당해도 걱정하지 않았다. 예를 모르는 향인들과 함께 지내면서도 유유히 차마 떠나지 못하여 '너는 너이고 나는 나이니, 비록 네가 내 옆에서 옷을 함부로 걷어 올리고 벗어버린다고 한들 어찌 나를 더럽힐 수 있겠는가'라고 하였다. 그러므로 유하혜의 기풍을 들은 자들 가운데 옹졸한 지아비는 관대해지고 야박한 지아비는 돈독해졌다."

제齊 나라 경공이 공자에 대한 예우에 관하여 말했다. "계씨와 같이 대접해 줄 수는 없고, 계씨와 맹씨의 중간쯤으로 대우하겠소." "내가 늙었는가보오. 나는 쓸 수 없소." 공자는 떠났다.

> 齊景公待孔子曰, 若季氏, 則吾不能, 以季孟之間待之. 曰, 吾老矣, 不能用也. 孔子行.

❧

제 나라 경공이 공자에게 그를 관리로 쓸 때 얼마나 높게 대우할 것인가를 이야기한 것이다. 경공의 입장은 이렇다. '당신이 계씨와 같은 정도를 요구하여 여기 우리나라에서 상경上卿을 맡으려고 한다면 그건 안 된다. 너무 높다. 맹씨와 같이 하경下卿을 맡는다면 당신이 섭섭해 할 것이다. 가장 좋은 방법은 그 중간으로 하는 것이다.' 나중에는 자신이 너무 늙어서 공자를 쓸 수 없다고 말했다.

❧

내가 보기에, "(공자가 떠난 것은) 대우의 경중에 달려 있는 것이 아니라, 다만 쓰지 못하겠다고 해서이다"라고 한 『집주』의 설명은 근거가 분명히 있어 보이지 않는다. 대우의 경중이 이 구절의 중심 화제다. 리링의 설명대로 두 번 나오는 대待 중 뒤의 것은 사마천이 봉奉으로 바꿔 썼는데, 공자에게 지급할 녹봉의 대우를 말한다. 경공과 공자가 대우 문제를 놓고 서로 줄다리기를 하다가 조건이 맞지 않아 갈라선 이야기다.

이 사건은 『사기』 「공자세가」에 나오는데, 공자의 중용을 반대한 안영晏嬰의 주장이 의미심장하다. "대개 유儒라는 것들은 입만 번드레할 뿐, 본받을 만한 것이 없고, 속으로 거만하면서 겉으로는 공손한 척하니 수하에서 부릴 수 없다. 또 상례喪禮를 너무 숭상하여 파산할 정도로 후하게 장례를 치루니 그런 것으로 풍속을 삼게 할 수는 없다. 더욱이 이곳저곳의 제후들에게 돌아다니면서 정치를 말하고 남의 물건으로 생활을 하니, 그런 것들에게 나라를 맡길 수는 없는 노릇이다." 책 읽고 쓰는 것으로 먹고사는 자들이 귀담아 들어야 할 경고가 아닐 수 없다. 내가 봐도 필요 이상으로 대우를 잘 받고 과분하게 살아가는 먹물들이 지나치게 많은 것 같다.

제齊 나라 사람이 여악을 보내왔다. 계환자가 받아들여 3일 동안 조회를 열지 않자, 공자는 떠났다.

齊人歸女樂, 季桓子受之, 三日不朝, 孔子行.

✿

공자가 주유열국한 것은 소극적인 도피가 아니라 외국에 유세하여 일할 만한 관직을 찾기 위함이었다. 여악은 노래하고 춤추는 기녀이다. 계환자가 여악을 받아들여 3일 동안 조회를 열지 않자, 공자는 크게 불만을 느꼈다. 이 때문에 노 나라를 떠났다.

✿

내가 보기에, 이는 미인계美人計, 곧 아름다운 여자를 이용하여 남을 유혹하거나 꾀는 술책의 일종이다. 춘추시대 말기에 월 나라 왕이었던 구천勾踐은 오나라 왕 부차夫差를 몰락시킬 방법으로 미인계를 택했다. 그는 서시西施와 정단鄭旦이라는 두 여인에게 3년 동안 노래와 춤, 예절, 화장하는 법 등을 철저히 교육시킨 뒤 오 나라 왕에게 헌납하였다. 오 나라 신하들은 부차에게 이들 미녀들이 나라의 재난이 될 것이라며 받아들이지 말라고 했지만, 이미 두 여인의 미모에 넋이 나간 왕은 두 미녀들을 그의 곁에 두었다. 두 여인의 미인계에 놀아나면서 부차는 차츰 몰락의 길을 걷게 된다.

미인계를 영어로는 badger game이라고 한다는데, 사실 이 단어는 성적인 스캔들을 약점으로 삼아 상대를 협박하는 것을 말한다. 그것보다는 honeytrap이 미인계에 좀더 가까운 표현이다. 글자 그대로 꿀 덫이다. 덫처럼 무서운 함정도 없다. 일단 한번 걸리면 끝장이다. 벗어나려고 몸부림치면 칠수록 고통은 더해지고, 결국 죽음을 맞이한다. 덫은 보통 동물이 다니는 길목에 설치하는데, 미인계는 그 덫에 꿀을 발라 놓은 것이니, 적중률 100%이다.

近래 미인계의 비근한 예例를 경남 김해의 한 농가에서 만날 수 있었다. 축사에서 도망쳐 야생의 소로 진화한 황소 두 마리를 잡을 수 없어 애태우다가 결국 암소를 이용해 생포한 것이다. 사람이나 소나 수컷이 암컷 앞에서 정신을 차리지 못하기는 매 한가지다.

초 나라 광인 접여가 공자가 있는 곳을 지나면서 말했다. "봉황이여, 봉황이여, 어찌 덕이 시들었는가. 지나간 것은 탓할 수 없고, 오는 것은 좇을 수 없네. 그만 두게. 그만 둬. 지금 정치에 종사하는 사람은 위험하다네." 공자는 내려가 그와 말해보려고 했다. 그는 공자를 피해 달아났기 때문에, 공자는 그와 말을 나누어 볼 수 없었다.

> 楚狂接輿歌而過孔子曰, 鳳兮鳳兮. 何德之衰. 往者不可諫, 來者猶可追. 已而已而. 今之從政者殆而. 孔子下, 欲與之言. 趨而辟之, 不得與之言.

같은 이야기가 『장자』 「인간세人間世」에 보다 자세히 나온다. "공자가 초 나라에 갔을 때, 초 나라 미치광이인 접여가 그 문 앞에서 노닐면서 말했다. '봉황이여, 봉황이여, 어찌 그리 덕이 시들었는가? 다가올 세상은 미리 기다릴 수 없고, 지나간 세상은 돌이킬 수 없네. 천하에 도가 있으면 성인은 나와서 다스리고, 천하에 도가 없으면 성인은 자기 생명을 보존한다네. 오늘날과 같은 시대에는 형벌만 면해도 다행일세. 행복은 깃털보다 가볍지만, 아무도 그것을 간직할 줄 모르고, 재앙은 땅보다 무겁지만, 아무도 그것을 피할 줄 모르네. 그만두자, 사람에게 덕을 베푸는 일을 그만두자. 위험하다. 목표를 정해놓고 달려가는 것은 위험하다. 납가새풀이여, 납가새풀이여, 내 길을 막지 마라. 나는 발길을 돌려 물러나니 내 발을 상하게 하지 마라.'"

내가 보기에, 접여는 아마도 양광佯狂, 곧 거짓 미치광이 짓을 하고 다녔을 것이다. 잘못된 세상에서 잘 살아보겠다는 것은 한심한 일일 수 있다고 생각한 사람이었을 것이다. 접여가 공자에게 충고한 말은 나중에 유가儒家 출처관出處觀의 한 근거가 된다. 세상이 살만하면 나와 동락同樂과 겸선兼善을 지향하고, 그렇지 못하면 물러나와 독락獨樂과 독선獨善을 닦는다는 것이다. 내 생각에, 요즘 지식인은 그렇게 하면 안 된다. 세상이 살 만하지 못하면, 살 만한 세상을 모색하고 그것을 이루려고 노력해야 마땅하다. 세상이 살만하면 들어와 책을 보고 심성을 닦으면 된다.

접여의 말처럼 형벌만 면해도 다행이던 세상이 있었다. 지금도 그럴지 모른다. 당시에는 '그래 봐야 너만 손해다'라는 말이 유행이었다. 나만 아니면 된다는 생각이 만연한 사회는 살아가기 어렵다. 지배자들은 자기 권력을 유지하기 위해 그러한 세상을 만들고 유지하려 애쓴다.

공자가 접여를 만나려 하자 접여가 사라져 보이지 않았다는 설정, 말하자면 당시 뛰어나다고 여겨지던 사람 앞에 그보다 더 나은 존재가 나타나 그에게 충고를 하고는 사라졌다는 식의 설정은 동아시아에서 대단히 낯익은 구성이다. 거기에는 뛰어나다고 여겨진 존재의 삶과 지향에 대한 회의와 비판이 전제되어 있다. 신라에 불교를 들여온 고승 자장이 거들먹대자

거지 형상을 한 거사居士가 나타나 바른 소리를 하고 사라지는데, 나중에 그를 알아보고 자장이 쫓아갔지만 만나지 못하고 죽고 말았다는 식이다.『삼국유사』「의해(義解)」 명당을 잘 보는 남사고가 자기 아버지 묘 자리를 찾아 아홉 번 이장하고 마지막 명당이라고 생각한 자리에 장사 지내자, 그 곁을 지나던 어린 아이가 "구천십장九遷十葬 남사고야, 비룡상천飛龍上天이라 여기지 마라. 고사괘수枯蛇掛樹가 아닌가" 하기에, 돌아보니 과연 그러하였다. '아홉 번 옮겨 열 번째에 장사지낸 남사고야, 용이 하늘로 날아가는 명당으로 여기지 마라. 그 자리는 말라 죽은 뱀이 나무에 걸려 있는 형상이 아닌가'라는 뜻이다. 남사고가 잘못을 깨닫고 곧바로 그 아이를 찾았으나, 아이는 보이지 않았다. 그 결과 남사고는 후손을 얻지 못했다는 이야기도 전한다.『대동기문大東奇聞』에 나오는 이야기다. 지혜로운 어사 박문수도 아이들 하고 내기에서는 언제나 무참히 지고 만다. 이런 이야기는 세상에 강자들이 많으니 함부로 나대지 말라는 충고인 것 같다. 세상도처유상수世上到處有上手인 것이다.

장저와 걸닉이 함께 쟁기질하면서 밭을 갈고 있었는데, 공자가 그곳을 지나면서 자로에게 나루터를 물어보게 하였다. 장저가 말했다. "저기 고삐를 잡고 있는 사람은 누구시오?" 자로가 말했다. "공구라고 합니다." "노 나라 공구 말이오?" "그렇소." "그 사람은 나루터를 알고 있을 것이오." 자로는 걸닉에게 물었다. 걸닉이 말했다. "당신은 누구시오?" "중유라고 합니다." "노 나라 공구의 제자 말이오?" 자로가 대답했다. "그렇소." "도도하게 흐르는 물결, 온 세상이 모두 이런데, 누가 그것을 바꾸겠소? 그리고 당신은 사람을 피하는 선비를 따르느니 차라리 세상을 피하는 선비를 따르는 것이 어떻겠소?" 이렇게 말하고는 씨앗 덮는 일을 멈추지 않았다. 자로가 가서 있었던 일을 보고했다. 스승님께서는 실망스러운 듯 말씀하셨다. "새나 짐승들과는 함께 살 수 없다. 내가 이 사람들과 함께 살지 않고 누구와 함께 산다는 말인가? 세상에 도가 있다면, 내가 바꾸는 일에 끼어들지 않을 것이다."

長沮桀溺耦而耕, 孔子過之, 使子路問津焉. 長沮曰, 夫執輿者爲誰. 子路曰, 爲孔丘. 曰, 是魯孔丘與. 曰, 是也. 曰, 是知津矣. 問於桀溺. 桀溺曰, 子爲誰. 曰, 爲仲由. 曰, 是魯孔丘之徒與. 對曰, 然. 曰, 滔滔者天下皆是也, 而誰以易之. 且而與其從辟人之士也, 豈若從辟世之士哉. 耰而不輟. 子路行以告. 夫子憮然曰, 鳥獸不可與同羣, 吾非斯人之徒與而誰與. 天下有道, 丘不與易也.

'사람을 피하는 선비避人之士'는 나쁜 사람에게 협조하기를 거절하기만 하는 공자를 가리키고, '세상을 피하는 선비避世之士'는 인간세상을 완전히 포기하고 그와 단절하는 장저와 걸닉 같은 사람이다. 장저와 걸닉은 보다 많은 사람이 자신들의 대열에 참여하여 온통 도도하게 흘러가는 이 세계를 함께 배척하자고 했다. 이에 공자는 그들처럼 산림 속에 은거하면서 짐승들과 함께 살 수는 없다고 했다.

내가 보기에, 공자, 장저와 걸닉이 걸어간 두 길은 고대와 중세 내내, 어찌 보면 지금까지 지식인이 세상을 살아가는 전형적인 양태다.

조선 시대 사대부의 삶의 양식은 크게 출出과 처處의 두 유형으로 나뉘는데, 출이 중앙의 관인官人으로 나아감을 뜻하는 데 대해 처는 시골의 전원으로 은퇴함을 뜻한다. 출처는 정치권력에 대한 개인의 입장과 그에 따른 삶의 자세를 결정하는 개념으로 사대부 사회에서 특수하게 중대한 의미를 담고 쓰였던바, 관직에 나아가서는 치군택민致君澤民의 관료적 생활을 이상으로 삼고, 속세에서 물러 나와서는 음풍농월의 처사적 생활을 모범으로 설정하였다.

그런데 출과 처라는 틀로는 설명할 수 없는 삶의 길도 있다. 퇴계가 말하듯이, "전에 즐거움을 산림山林에서 찾았던 자들을 보건대 두 부류가 있었다. 현허玄虛와 고상高尙을 사모하여 즐기는 자가 있었으며, 도의道義와 심성心性에 편안하여 즐기는 자가 있었던 것이다. 전자의 태도에 따르다가는 혹 결신난륜潔身亂倫에 흘러 심한 경우 조수鳥獸와 더불어 한 무리가 되어서도, 이를 잘못으로 생각지 않게 될지도 모른다."「도산잡영기(陶山雜詠記)」 퇴계는 산림에 은거해 사는 방식을 양분해 설명하고 있다. 자신이 추구하고 있는 후자가 처사로서 영위해야 할 바람직한 은거의 방식인 데 비해, 전자의 은거는 자아의 고결성을 지키려는 나머지 윤리 질서에 파탄을 초래하는 삶의 길이라는 것이다.

후자의 길을 김시습이 걸어갔다. 김시습은 "남아가 세상에 나서 도를 행할 만한데도 일신만을 깨끗이 하여 인륜을 어지럽힘은 부끄러운 일이나, 만일 도를 행할 수 없다면 홀로라도 그 몸을 잘 다스림이 옳다"라고 생각했다. 자신만을 깨끗이 지키는 태도가 옳지는 않지만, 도를 행할 수 없는 상황에서는 물외物外로 나아가는 일이 자신의 몸을 깨끗이 지키는 방법이라는 것이다. 그리하여 김시습은 세상의 삶의 방식에 따르지 못한다고 스스로 생각해, 드디어 세속의 몸을 놓아버리고 방외方外에서 노닐고자 결단한다. 이른바 '방외인의 길'이다.

방외란 세상의 바깥, 즉 세속과 예교禮敎로부터 벗어난 곳이다. 김시습은 관인으로 나아가는 것도 혐오했지만, 처사적인 권위와 규범을 지키는 생활도 바라지 않고, 체제의 바깥, 곧 방외로의 탈출을 기도하였다. 마음과 세상일이 줄곧 반대 방향으로 치달아 마침내 세상사와 어그러질 수밖에 없었기 때문이다. 그런데 세상과 근본적으로 충돌해 세속의 예교로부터 벗어난다는 것은, 세속의 예교가 삶을 왜곡·억압하고 있으니, 그것을 용납지 않겠다는 저항적 선언과 크게 다르지 않을 것이다. 이런 의미에서 그의 탈출은, 세상과 맞지 않아 거기로부터 벗어난다는 의미의 단순한 피세避世가 아니라, 지배적인 질서 체계로부터의 '탈주'라는 적극적인 의미를 지닌다고 할 수 있다. 그리고 그는 기존의 지배적인 가치 혹은 질서를 거부하는 데에서 나아가 그것을 상대화시킬 수 있는 '바깥'을 모색하고자 했는데, 이런 의미에서 그의 '탈주'는 일종의 '해체의 기획'이었다고 할 수 있다. (앞에서 언급한 바 있지만, 다시 생각해보려고 재론하였다.)

자로가 따르다가 뒤처졌고, 그러다가 한 노인을 만났는데 지팡이로 제초기를 메고 있었다. 자로가 그에게 물었다. "당신은 우리 선생님을 보셨소?" 노인이 말했다. "사지를 부지런히 움직이지 않고, 오곡도 분간하지 못하는 사람이 어떻게 선생이오?" 그는 지팡이를 꽂아놓고 김을 맸다. 자로는 두 손을 맞잡고 서 있었다. 그는 자고 가라며 자로를 만류하고, 닭을 잡고 기장밥을 해서 먹게 했으며, 자기의 두 자식을 소개시켰다. 다음 날 자로는 길을 떠나 그 사실을 보고했다. 스승님께서 말씀하셨다. "은자로구나." 자로에게 돌아가서 뵙도록 했다. 자로가 그 집에 도착했을 때, 그는 나가고 없었다. 자로가 말했다. "벼슬을 하지 않는 것은 의를 무시하는 것이다. 장유의 예절은 폐지할 수 없으면서 군신의 의는 왜 없애려고 하는가? 자기 몸을 깨끗이 하고자 하면서 중대한 인륜을 어지럽혔다. 군자가 벼슬을 하는 것은 그러한 의를 실행하기 위함이다. 도가 시행되지 않고 있다는 것은 이미 알고 있다."

> 子路從而後, 遇丈人, 以杖荷蓧. 子路問曰, 子見夫子乎. 丈人曰, 四體不勤, 五穀不分. 孰爲夫子. 植其杖而芸. 子路拱而立. 止子路宿, 殺雞爲黍而食之, 見其二子焉. 明日, 子路行以告. 子曰, 隱者也. 使子路反見之. 至則行矣. 子路曰, 不仕無義. 長幼之節, 不可廢也, 君臣之義, 如之何其廢之. 欲絜其身, 而亂大倫. 君子之仕也, 行其義也. 道之不行, 已知之矣.

마지막 자로의 말을 공자의 말로 간주한 경우가 있다. 그러나 관리가 되고 싶은 충동은 자로가 스승보다 강렬했고, 이 말이 자로의 입에서 나왔다고 해도 이상하다고 여길 만한 것이 전혀 없다.

내가 보기에, 멋진 말을 꼭 스승만 할 수 있는 것은 아니다. 누구든 멋진 말을 할 수 있다. 그런데 멋진 말은 동시에 관념의 유희일 가능성이 높다. 조세희의 「난장이가 쏘아올린 작은 공」에서 수학선생 이야기로 더 잘 알려진 『탈무드』의 이야기는, 머릿속에서 아무리 그럴 듯하게 만들어낸 생각이라도 현실에서 보면 한갓진 것임을 보여준다. 두 아이가 굴뚝에 들어갔다 나왔는데, 한 아이는 깨끗하게, 다른 아이는 더럽게 나왔다. 누가 세수를 하겠는가? 대부분은 깨끗한 아이라고 대답한다. 그러나 그런 일은 현실에서는 일어나지 않는다.

공자가 은자라고 한 노인은 공자를 심하게 비꼬고 있다. 노동도 하지 않고 오곡도 분간하지 못하는 주제에 무슨 선생이냐는 것이다. 이에 공자는 그를 은자로 인식하고, 돌아가 그에게 예를 표하라고 했다. 대개는 발끈 화를 냈을 텐데, 역시 공자답다. 대단히 죄송한 발언이지만, 선생으로서 나도 요즘 선생들을 욕하는 것 대부분을 인정하고 산다. 대개 사실에 부합하기 때문이다.

마지막 의義에 대한 장황설은 자로의 객기라고 여겨진다. 마지막 "도가 시행되지 않고 있다는 것은 이미 알고 있다"라는 발언에서는 차라리 서글 픔마저 느끼게 된다. 그만큼 당시 유가儒家의 입지는 대단히 난처했던 것이 다. 곤란한 세상에 처해 짐짓 여유를 부리는 것처럼 안쓰러운 것도 없다.

일민은 백이, 숙제, 우중, 이일, 주장, 유하혜, 소련이다. 스승님께서 말씀하셨다. "자기 뜻을 굽히고 자기 몸을 치욕스럽게 하지 않는 사람은 백이와 숙제일 것이다." 유하혜와 소련에 대해 이렇게 말씀하셨다. "뜻을 굽히고 몸을 치욕스럽게 했다. 말은 조리가 있었고, 행동은 인심에 맞았지만, 단지 그것뿐이었다." 우중과 이일에 대해서는 이렇게 말씀하셨다. "은둔하며 지내면서 말을 버리고 자기 몸을 깨끗이 했고 관직을 버린 것은 권도에 맞았다. 그런데 나는 이들과 다르다. 꼭 해야 할 것도 없고, 절대 해서는 안 될 것도 없다."

> 逸民, 伯夷, 叔齊, 虞仲, 夷逸, 朱張, 柳下惠, 少連. 子曰, 不降其志, 不辱其身, 伯夷叔齊與. 謂柳下惠少連, 降志辱身矣, 言中倫, 行中慮, 其斯而已矣. 謂虞仲夷逸, 隱居放言, 身中淸, 廢中權. 我則異於是, 無可無不可.

일민은 산림에 숨어 살면서 벼슬에 나가 관리가 되는 것을 달가워하지 않는 사람으로, 그런 사람 가운데는 이전 왕조에 충성한 노인이나 젊은이가 적지 않았다. 공자의 평가는 이렇다. 백이와 숙제는 철저하게 협조하지 않았으며, 굴복하지 않았을 뿐 아니라 존엄을 유지했고 가장 고상했다. 유하혜와 소련은 도망가는 것을 달가워하지 않고 죽는 것도 달가워하지 않았으며, 언행은 절개가 있었고 훼손되지 않았으니 칭송할 만하다. 우중과 이일은 산림에 숨어 아무 말도 하지 않고 깨끗함으로 몸을 보존한 것 역시 책

략에 들어맞았다. 그리고 자신이 이들과 다른 점은 협조하지 않았을 뿐 아니라 나와서 일하는 것을 거절하지도 않았다고 했다.

✼

내가 보기에, 공자는 백이와 숙제를 존숭했지만, 우리의 성삼문은 "수양산 바라보며 이제를 한恨하노라 / 주려 죽을진들 채미採薇도 하난것가 / 비록 푸성귀언정 그 뉘 땅에 낫는가"라고 노래했다.

✼

꼭 해야 할 것도 없고, 절대 해서는 안 될 것도 없다無可無不可는 말을 내가 했다면, 그것은 그저 변명이나 자기합리화에 불과했을 것이다.

태사였던 지는 제齊 나라로 갔고, 아반이었던 간은 초 나라로 갔으며, 삼반이었던 료는 채 나라로 갔고, 사반이었던 결은 진秦 나라로 갔으며, 고를 연주하던 방숙은 황하로 갔고, 도를 연주하던 무는 한수 가로 갔으며, 소사였던 양과 경을 연주하던 양은 해변으로 갔다.

> 大師摯適齊, 亞飯干適楚, 三飯繚適蔡, 四飯缺適秦, 鼓方叔入於河,播
> 鼗武入於漢, 少師陽, 擊磬襄, 入於海.

✿

여기서 말한 여덟 사람이 어느 시대 사람이고 어느 나라의 악관樂官인지에 대하여 여러 추측이 있었다. 태사는 나머지의 우두머리다. 악관을 반飯이라 한 것은, 고대의 천자와 제후는 식사할 때 악단의 시중을 들었기 때문이다. 당시는 예괴禮壞, 즉 예만 망가진 것이 아니고 악붕樂崩, 즉 음악까지 붕괴되었다. 이들 악관은 사방으로 흩어지고 달아났다. 그들 역시 일민逸民의 범주에 속한다.

✿

내가 보기에, 예악의 붕괴가 어느 정도였는지는 이들 악사가 사지로 뿔뿔이 흩어진 것을 보아 짐작할 수 있겠다. 그야말로 풍비박산風飛雹散이다.

✿

앞의 「양화陽貨」 편 17-5에서 공자는 "만약 나를 쓰려는 자가 있다면 나는 그곳을 동주東周로 만들어 놓겠다"라고 했는데, 지금 악관들의 흩어짐을 설명한 이 구절은 자신을 써주지 않는 세상에 대한 한탄이거나, 자신이 나서면 조만간 무너진 예악을 다시 일으켜 세울 수 있다는 자신감의 표현일 수도 있겠다. "주 나라가 쇠하여 음악이 폐해졌었는데, 부자께서 위 나라에서 노 나라로 돌아와 한 번 다스리지니, 그 후에 광대와 천공賤工도 음악의 올바름을 알게 되었다. …… 성인이 잠시 도우신 것이 그 공효가 이와 같았으니, '만일 나를 써준다면 1년이면 가하다'고 하신 말씀이 어찌 빈 말이겠는가."『집주』

✴

그러나 오늘날은 어느 탁월한 한 사람의 힘으로 무너진 세상을 바로잡을 수는 없다. 그럴 수 있다면, 그 나라는 전체주의 국가일 것이다.

주공이 노공에게 말했다. "군자는 자기 혈육을 소홀히 해서는 안 되고, 대신大臣을 쓰지 않아 원한을 품게 해서는 안 되며, 이전 왕조의 옛 관리는 극히 사악하여 도리를 벗어나지 않았다면 버리지 않아야 하고, 한 사람에게 모든 것을 요구해서는 안 된다."

周公謂魯公曰, 君子不施其親, 不使大臣怨乎不以. 故舊無大故, 則不棄也. 無求備於一人.

※

이 말은 주공이 맏아들 백금伯禽을 노공에 봉하는 임명사를 기록한 것이다. 임명사에서는 네 가지를 말했다. 첫째, 자기 동족을 버리고 쓰지 않는 일이 없어야 한다. 둘째, 대신이 중용 되지 않아 원한을 품도록 해서는 안된다. 셋째, 이전 왕조의 관리가 사악하고 도리를 벗어난 죄가 없으면 쓰지 않고 버려두어서는 안 된다. 넷째, 한 사람에게 완전무결을 강요해서는 안된다. 즉 한 사람이 무슨 능력이든 다 갖추고 있기를 바라서는 안 된다. 이네 가지는 모두 노 나라 정부를 조직하는 것과 관련이 있다.

※

내가 보기에, 군자불시기친君子不施其親을 리링은 "군자는 자기 혈육을 소홀히 해서는 안 된다"라고 풀었다. 그런데 군자는 자기 측근들에게 자리를 베풀지 않는다고 해야 적절하지 않나 한다. 난화이진도 그렇게 보았다. 그러나 『집주』에서 보듯이 시施는 유기遺棄, 곧 버린다는 뜻으로, 전혀 다른 의미다. "대신을 쓰지 않아 원한을 품게 해서는 안 된다不使大臣怨乎不以"에서 불이不以를 의아해 하는 학생이 간혹 있다. 이以 다음에 무슨 글자가 빠진 게 아니냐고 묻곤 한다. 그러나 이以는 보통 '써 이'라고 하듯이, 그것은 쓸 용用과 같은 뜻이다. 여기서는 등용한다는 말이다.

✿

이전 정부의 관료 중에서 크게 문제를 일으키지 않은 자는 새로운 정부에서 그대로 쓰는 것이 좋다고 했는데, 요즘은 옛날과 다르다. 새로운 정권의 지향 목표에 동의하지 않는 관리는 옷을 벗는 편이 낫다. 속으로 반대하는 마음을 품고 겉으로 복종하는 척하면서 세금만 축내는 고급관료들의 병폐는 이루다 말하기 어렵다.

✿

앞의 「자로子路」 편 13-25에서 "(사람을 부릴 때 그) 한 사람에게 모든 것을 요구해서는 안 된다"라고 했는데, 그것은 소인의 짓이기 때문이다. 아랫사람에게 완전무결함을 요구하는 것처럼 가혹한 일은 없다. 대개 무능한 상관들이 주로 그런 어처구니없는 짓을 자행한다.

주 나라에는 백달, 백괄, 중돌, 중홀, 숙야, 숙하, 계수, 계왜 등 여덟 명의
선비가 있었다.

周有八士, 伯達, 伯适, 仲突, 仲忽, 叔夜, 叔夏, 季隨, 季騧.

⁂

이들은 모두 은 나라의 유민遺民이다. 이들 가운데 백伯 자를 쓰고 있는
사람이 둘, 중仲 자를 쓰고 있는 사람이 둘, 숙叔 자를 쓰고 있는 사람이 둘,
계季 자를 쓰고 있는 사람이 둘이다. 만약 이들이 두 개의 갈래에서 나와 백
·중·숙·계伯仲叔季로 나뉘어 각각 두 명이 되었다고 하면 그래도 이해할 수
있다. 그러나 이들을 네 쌍의 쌍둥이라고 하는 것 믿을 수 없다.

⁂

내가 보기에, 반드시 여덟 명일 이유는 없어 보인다. 『집주』에서 말하듯
이, "(이것은) 선인의 많음을 기록한 것이다." 나는 이렇게 숫자로 제한하고
그 순서를 정하는 방식을 신뢰하지 않는다.

⁂

이 구절을 읽으면, 사람은 죽어서 이름을 남긴다는 말이 실감이 난다.
그런데 그것이 억지로 해서 될 일은 아닐 것이다. 요즘 못난 자들도 임기
내에 성과를 만들어 내려고 안달해서 이름을 남기기는 할 터인데, 그것은
분명 악취 나는 오명일 것이다.

19
—

자장
子張

자장이 말했다. "선비는 위험 앞에서는 목숨을 바치고, 이익 앞에서는 의롭게 하고자 하며, 제사를 지낼 때는 경건하고자 하고, 장사를 치를 때는 슬프고자 하는데, 이렇게 하면 괜찮을 것이다."

子張曰, 士見危致命, 見得思義, 祭思敬, 喪思哀, 其可已矣.

이것은 공자의 말을 요점만 따다가 서술한 것으로, 이전의 편에서 나온 어구가 많이 보인다.

내가 보기에, "자장은 말했다"는 '스승님의 말을 요약하여 자장은 이렇게 말했다'고 하는 것이 좋겠다. 이 구절 중 "이익 앞에서는 의롭게 하고자 한다"라는 말은 꼭 실천하고 싶다. 이익 앞에서 눈이 뒤집혀 날뛰는 추악한 인간을 보고 결심한 것이다. 견리사의見利思義, 곧 이익을 보면 그것이 의에 합당한지 아닌지를 생각하는 것이 참으로 어려운 일인 줄은 잘 알지만, 그래도 최소한의 체면만이라도 좀 차리고 살아야 하지 않겠나.

그런데 이 네 가지는 "몸을 세우는 큰일이니, 어느 한 가지라도 지극하지 못함이 있으면 그 나머지는 족히 볼 것이 없다."『집주』 어떤 자칭 '현대 유학자'는 제사와 장사 등 의례는 곧잘 치루는 것 같아 보이고, 남들도 그렇게들 인정하고 있는 듯한데, 위험 앞에서는 슬쩍 몸을 피하고, 이익을 보면 몸이 빨라지니, 그 자가 집행하는 의례라는 것에는 겉멋이 들어 있거나 진심이 담겨 있지 않을 것이 분명하다.

꽃

나는 선비에 대한 이야기로 연암이 『양반전兩班傳』에서 한 말만한 것이 없다고 본다. "선비란 바로 천작이요士迺天爵 / 선비의 마음이 곧 뜻이라네士心爲志 / 그 뜻은 어떠한가其志如何 / 권세와 잇속을 멀리하여弗謀勢利 / 영달해도 선비 본색 안 떠나고達不離士 / 곤궁해도 선비 본색 잃지 않네窮不失士 / 이름 절개 닦지 않고不飭名節 / 가문家門 지체地體 기화 삼아徒貨門地 / 조상의 덕만을 판다면酤鬻世德 / 장사치와 뭐가 다르랴商賈何異."

자장이 말했다. "덕을 붙잡고 있으면서 널리 베풀지 않고 도에 대한 믿음이 독실하지 않다면, 어찌 덕이 있다고 말할 수 있으며, 어찌 없다고 말할 수 있겠는가?"

子張曰, 執德不弘, 信道不篤, 焉能爲有. 焉能爲亡.

앞 「안연顏淵」 편 12-10과 21에서 자장과 번지樊遲가 덕을 높이는 방법崇德에 대해 묻자, 공자는 덕을 실천하는 것弘德이라고 답했다. "어떻게 있다고 말할 수 있으며, 어떻게 없다고 말할 수 있겠는가?"라는 말은, 이런 것을 가지고 있는 사람은 많지 않고, 이런 것이 없는 사람이 적지 않다면, 그것은 별로 대수로울 것이 없다는 뜻이다.

내가 보기에, 덕을 고수하고 있다는 말은, 덕이 있다 없다는 차원이 아니라, 인간이라면 누구나 덕을 지니고 있다는 것이다. 숭덕이니 홍덕이니 하는 말 자체가 이미 덕이 인간에게 내재해 있다는 점을 전제하고 있다. 인간의 덕성에 대한 유가의 강력한 믿음이 여기서 나온다. 오늘날 유가의 사상이 우리에게 호소하는 바가 있다면, 그것은 인간의 덕성과 진리道에 대한 독실한 믿음이지 않을까 한다.

이런 점에서 "얻은 바가 있되 지킴이 너무 좁으면 덕이 고립된다"라는 『집주』의 설명은 정곡을 비껴난 것이다. 덕은 얻고 말고 할 것이 아니라는 것이 공자의 지론이다. 맹자의 성선론性善論은 아마도 이러한 주장에 근거하여 개진된 것이 아닌가 한다.

인간의 덕성에 대한 유가의 믿음은 배울 만하다고 했지만, 물론 그 믿음이 모든 것을 담보하지 못하는 것이 현실이다. 이 점을 인정하지 않기 때문에 사상이 형이상학화, 관념화로 치닫게 된다. 추상에서 구체로 상승하지 않는 한 그 믿음은 무의미하거나 현실을 왜곡한다. 참고로 '추상에서 구체로의 상승'은 맑스의 용어이다. 이에 대해서는 로젠탈의 설명이 적실하다. "맑스의 방법을 단적으로 말한다면 현상들의 구체적인 다양성에 대한 분석을 인식의 출발점으로 삼고, 그러고 나서 구체적인 것에서 추상적인 것으로 나아감으로써 현상들의 본질과 법칙을 드러내주는 가장 일반적인 규정들을 추출하고, 마지막으로 다시 추상적인 것에서 구체적인 것으로 상승함으로써 현실을 전체적인 풍부함 속에서 법칙들과 그것의 구체적인 현상 형태들의 통일성을 재생산하는 것이다."

자하의 문인門人이 자장에게 교우에 대해 묻자, 자장이 말했다. "자하는 어떻게 말하던가?" 문인이 대답했다. "자하는 '괜찮은 사람은 사귀고, 괜찮지 않은 사람은 물리치라'고 말했습니다." 자장이 말했다. "내가 들은 것과는 다르다. 군자는 현자를 존중하고 대중을 포용하며, 선한 사람을 칭찬하고 능력 없는 사람을 불쌍히 여긴다. 내가 큰 현자라면 다른 사람에 대해 받아들이지 못할 것이 어디 있겠는가? 내가 현자가 아니라면 사람들이 나를 거부할 것이니, 내가 어떻게 사람들을 물리칠 수 있단 말인가?"

> 子夏之門人問交於子張. 子張曰, 子夏云何. 對曰, 子夏曰, 可者與之, 其不可者拒之. 子張曰, 異乎吾所聞, 君子尊賢而容衆, 嘉善而矜不能. 我之大賢與, 於人何所不容. 我之不賢與, 人將拒我, 如之何其拒人也.

　　자하와 자장은 교우의 방법이 달랐다. 그들은 모두 공자에게 교우에 대해 직접 들었다. 자하가 들은 것은 자하의 단점에 대한 것이고, 자장이 들은 것은 바로 자장의 단점에 대한 것이다. 공자는 "자하는 지나치고, 자장은 미치지 못한다"「선진(先進)」11-16고 했다. 각자 자신의 행실에 따라 바로잡으라는 지적이다. 이 충고는 서로 충돌할 수 있지만, 어느 것이 맞고 틀리다고 말할 수는 없다.

내가 보기에, "자하의 말이 너무 박절하고 좁으니 자장이 비판한 것이 옳다"거나 "큰 잘못이 있는 자는 마땅히 절교해야 하고, 손해되는 벗 또한 멀리해야 마땅하다"라고 풀이란 주희의 해석은 온당치 못하다. 공자의 충고는 두 사람을 비교하거나 남의 단점을 찾아내서 물리치라는 것이 아니다. "공자 문하의 고제高弟에 대해 가벼이 논평해서는 안 된다"라고 다산이 말한 것은 점잖은 비판이다.

누구나 오해를 할 수는 있다. 그러나 자신의 생각이 오해일 수도 있다고 전제하는 것이야말로 소중한 태도이다. 절대 오해일 수 없다고 우겨대는 자는 맛있는 것을 사주지 않는다고 길바닥에 드러누워 떼를 쓰는 어린아이와 다르지 않다. 그런데 더욱 곤란한 것은 그 오해를 학문적으로 포장하고, 교육하며, 확대 재생산하는 것이다.

자하가 말했다. "비록 작은 길이라도 분명히 볼 만한 것이 있겠지만, 그곳을 통해 멀리 가려면 아마 흙이 묻을까 걱정이다. 그래서 군자는 작은 길로는 가지 않는 것이다."

子夏曰, 雖小道, 必有可觀者焉, 致遠恐泥, 是以君子不爲也.

❋

자하는 학문에 뛰어났다. 그러나 세세한 데 빠지는 결점이 있었다. 그래서 공자는 작은 길(사소한 기술)이라도 당연히 볼만은 하지만, 먼 길을 가는 데, 즉 원대한 일을 하는 데 쓰기에는 장애가 될지도 모르니, 군자는 그렇게 하지 않는다고 말했다.

❋

내가 보기에, 사람이 너무 자잘한 데 집착하면 좀스러워 보인다. 그런 사람은 큰일을 도모하기 어렵다. 큰일을 해보겠다고 작정하고 다짐을 하지만, 곧 작은 일들에 둘러싸여 결국 포기하고 만다. 이때 그에게는 다양한 변명이 준비되어 있다. 때로는 툴툴 벗어던지고 멀리 내다봐야 하는데, 그게 여의치 않다. 그런데 그 반대도 생각해 볼 수 있다. 자기 주위의 작은 일도 제대로 처리하거나 장악하지도 못하면서 큰일을 꾀할 수는 없다. 겉으로 대범해 보이는 사람이 실재 일을 당해서는 대단히 소심한 경우를 자주 본다. 허장성세로 큰일이 성사될 리 만무하다.

조선 후기 박제가는 23살 젊은 나이에 『초정집』이라는 책을 써서 스승인 연암에게 서문을 지어달라고 했다. 박제가는 급진주의자였다. 북학北學을 넘어 아예 중국어를 상용하자고 주장했다. 『초정집』에는 대개 그런 입장의 글들이 실린 모양이다. 이에 연암은 「초정집서」를 써주는데, 너무 앞서가지 말라고 하면서, 저 법고창신法古剙新을 주문한다. 그 핵심은 "편협함隘과 공손치 못함不恭은 군자가 따르지 않는다." 편협함은 과거전통에 집착하는 것, 공손치 못함은 과거전통를 무시하고 새로움을 추구하는 것이다.

자하가 말했다. "날마다 모르던 것을 배우고, 달마다 자기가 잘하는 것을 잊지 않게 복습한다면, 배우기를 좋아한다고 말할 수 있을 것이다."

子夏曰, 日知其所亡, 月無忘其所能, 可謂好學也已矣.

곰은 옥수수를 보면 몽땅 양쪽 겨드랑이에 끼고 가려고 하는데, 한쪽 겨드랑이에 끼고 나면 다른 쪽에 끼었던 것들을 떨어뜨리고 만다. 이것은 온고지신溫故知新을 풀어 설명한 것이다. 매일 모르던 것을 배우는 것은 새로운 것을 아는 것이고, 매달 자기가 잘하는 것을 잊지 않게 복습하는 것은 옛것을 익히는 것이다.

내가 보기에, 이 구절에서 매일과 매달이 열쇳말이라 생각한다. 꾸준히 하는 것만큼, 그래서 습관이 되는 것만큼 좋고 편한 것은 없다. 거기에는 강요나 강압이 개입하지 않는다. 나는 악기 연주를 좋아해서 이것저것 도전해 보는데, 어느 것 하나 제대로 연주하는 것이 없다. 좋아하기는 하지만 그렇다고 매일 꾸준히 연습하지 않기 때문이다. 이렇게 보면 나는 악기 연주를 진정으로 좋아하지 않는다고 해야 옳다.

이 구절을 읽을 때면 앞의 「위정爲政」 편 2-15에서 본 "배우기만 하고 생각하지 않으면 미혹에 빠지고, 생각만 하고 배우지 않으면 의혹에 빠진다"라는 말이 떠오른다. 나는 시간 강사 생활을 10여 년 했다. 그래서 이 학교 저 학교에 두루 강의해 보았다. 어느 학교 학생들은 착하게도 열심히 배우기는 하는데, 내가 왜 이것을 배우는지 깊이 생각지 않는다. 또 어느 학교 학생들은 자기 생각에 빠져 선생의 이야기를 잘 들으려 하지 않는다. 둘 다 문제다. 그러면 앞날이 깜깜하고 위태롭다. 그래서 배우고 생각하며, 생각하며 배우는 학이사學而思의 변증이 소중하다.

자하가 말했다. "널리 배우고 생각을 집중하며, 철저하게 묻고 가까운 데서 생각하면, 인은 그 속에 있을 것이다."

博學而篤志, 切問而近思, 仁在其中矣.

학문은 배우고 묻는 것이다. 물음은, 한 가지는 다른 사람에게 묻는 것이고, 다른 한 가지는 자기 자신에게 묻는 것이다. 자기 자신에게 묻는 것이 사思이다. 물음과 생각에서 최대의 금기는 실제나 주제와 동떨어지는 것이다. 절切과 근近은 모두 가까움의 뜻이 있기 때문에, 서로 같은 뜻으로 해석할 수 있으며, 모두 문제를 단단하게 얽어 묶는다.

학술의 주류를 바짝 따르면서 함께 걷고 함께 뛰며, 책 표지에 익숙하고 자료에 익숙하며, 학계 사람에 익숙하고 학술 동태에 익숙하지만, 이것은 사람이 학문을 하는 것이 아니라 학문을 이용해 처세하는 것이다. 그저 시대의 흐름에 영합하는 데 지나지 않는다.

내가 보기에, 이 구절에 대한 리링의 해석에 덧붙일 말이 없다. 나는 아직 큰 물음을 설정하지 못하거나 않고 있으며, 힐끗힐끗 주류의 눈치를 보면서 그럴 듯하게 처세하려고 애쓰고 있다. 1980~90년대에는 나름대로 큰 물음에 몰두했다고 할 수 있지만, 그때도 그것은 그저 시대의 흐름에 영합하는 것이었을지 모른다. 물론 당시 문제 설정의 방향이 틀렸다는 말이 아니다. 그 흐름을 '충분히 진지하게' 생각^罔하지 않았다는 것이 문제다.

사족 한 마디. 예전에 주희의 『근사록近思錄』에서 '근사하지 않는 점'을 비판해 보았으면 했는데, 그 동기의 바닥에는 "추상에서 구체로의 상승"이라는 맑스의 말을 신줏단지처럼 모시던 겉멋이 있었다. 지금은 그것이 엄두조차 낼 수 없는 일임을 알게 되었으니, 약간이나마 진보는 한 모양이다.

자하가 말했다. "모든 기술자는 시장에서 일을 이루고, 군자는 학당에서 도를 이룬다."

子夏曰, 百工居肆以成其事, 君子學以致其道.

🌸

군자는 기술자처럼 널리 배우고 생각을 집중해야 하고, 철저하게 묻고 깊이 생각해야 하며, 총체적 감각이 있어야 하고, 상상력이 있어야 한다. 오늘날 지식 생산, 특히 인문학의 병폐는 매너리즘에 빠져 거대한 시야와 예술적 상상력이 없어졌다는 점이다.

🌸

내가 보기에, 이 구절의 뜻은 모든 기술자들은 공장에 있어야 하고, 군자는 배우지 않을 수 없다는 데 있다. 이는 "억지로 그 힘을 쓰지 않음을 말한 것이니 …… 배운다고 하는 것은 …… 선왕의 도를 배운다는 것이고, 이룬다는 것은 선왕의 도로 하여금 자연스럽게 와서 모이게 하는 것이다. 기술자들은 공장에 있으면서도 스스로가 그의 기술이 정교해지는 것을 모른다. 군자의 배움 역시 그러하니, 또한 스스로 그 도가 나에게 모임을 알지 못한다."오규 소라이

🌸

리링의 말대로, 거대한 시야와 예술적 상상력이 없는 오늘날 인문학의

풍토는 그야말로 황량하기 그지없다. 편린片鱗과 단소短小에 함몰하여 장님 코끼리 만지 듯하면서 어설프게 학자연하는 치들의 행태는 그야말로 목불 인견이다. 군맹평상群盲評象을 일삼는 자들은 대개 그것이 무엇이든 멋이라 고는 찾아보려야 찾아 볼 데가 없다. 무료하고 따분한 그 군상들의 머리에 서 독창과 개성적 창안이 나올 리 만무하다.

사족 한 마디. 이 구절이 의미하는 바를 나는 정확히 이해하지 못하는 데, 다만 자연스러운 온축과 무리 없는 발산 같은 것을 강조한 말이 아닌가 생각한다. 김수영의 시「美人」의 일절로 그 느낌을 대신 표현해 본다. "미인 과 앉은 방에선 무심코 / 따놓은 방문이나 창문이 / 담배연기만 내보내려 는 것은 / 아니렷다." 이 시에 대해 시인은 이렇게 말한다. "나는 미인을 경 멸하는 좋지 못한 습성이 뿌리깊이 박혀 있는데, 이 Y여사는 여간 인상이 좋지 않다. 여유 위에 여유를 넓히려고 활짝 열어놓은 마음의 창문에 때 아 닌 훈기가 불어 들어온 셈이다. 우리들은 화식집 2층의 아늑한 방에 앉아 조용히 세상 얘기를 하고 있었는데, Y여사는 내가 피운 담배연기가 자욱해 지자 살며시 북창문을 열어준다. 그것을 보고 내가 일어나서 창문을 조금 더 열어놓았다. 그때에는 물론 담배연기가 미안해서 더 열어놓았다. 집에 와서 그날 밤에 나는 그 들창문을 열던 생각이 문득 나고 그것이 실마리가 돼서 7행의 短詩를 단숨에 썼다." 그리고 나서 시인은 릴케의「올페우스에 바치는 송가頌歌」니 요한 헤르더의「인류의 역사철학적 고찰」등을 인용하 면서, "이 작품은 합격"이라고 자찬하고 있다. 시인은 "이 시의 맨 끝의 '아 니렷다'가 反語이고, 동시에 이 시 전체가 반어가 돼야 한다. Y여사가 미인이 아니라는 의미의 반어가 아니라, 천사같이 아름답다는 것을 강조하기 위한 반어이고, 담배연기가 '神的'인 '薇風'이라는 것을 암시하기 위한 반어다. 그리고 나의 이런 일련의 배부른 詩는 도봉산 밑의 豚舍 옆의 날카롭게 닳은 부삽날의 반어가 돼야 할 것이다. 그럴 때 우리의 詩에서는 남과 북이 서로 통일된다"라고 했다.

자하가 말했다. "소인은 잘못을 저지르면 꼭 꾸며대려고 한다."

子夏曰, 小人之過也必文.

❧

자하는, 소인이 잘못을 저지르면 반드시 잘못을 감춘다고 했다.

❧

내가 보기에, 이 구절은 정곡을 찔렀다. 촌철살인이다. 군더더기 말이 필요 없다. '이건 내가 해 봐서 아는데' 따위의 변명이야말로 소인배의 장기이자 특기다. 소인은 시방 한창 문제되고 있는 것 대신에 따로 무언가를 내세워 애당초의 문제를 비켜나게 하고, 다른 문제로 돌리는 데 아주 이골이 나 있다. 그에게는 항상 둘러댈 이유가 충만해 있다. 나중에는 스스로도 속아 넘어갈 판이다. 자신의 변명에 스스로 속아넘어가 거의 확신에 도달하는 것이다.

❧

회사후소繪事後素, 곧 꾸미는 일은 바탕이 있고 난 다음에나 할 일이라거나「팔일(八佾)」3-8, 과이불개, 시위과의過而不改, 是謂過矣, 즉 지나친데도 고치지 않은 것, 그것이 바로 허물이라는 말「위령공(衛靈公)」15-30이 다 이 구절과 연관이 되어 있다. 바탕이 없기 때문에 꾸미려고 하고, 자신의 언행이 지나친데도 그것이 지나친 줄 모르기 때문에 소인인 것이다. 잘못을 저지르면 곧장 그것을 인정하는 사람이 군자이다. 다산의 설명이 적실하다. "군자의 허물은 마치 일식과 월식 같아서 모두 이를 보게 된다. (그러나) 소인은 반드시 이를 차단해 가리려는 방법을 생각하기 때문에 허물을 꾸며대는 것이다."

🦋

이 구절을 "소인의 허물은 반드시 겉치레 때문이다"『집주』라고 풀이하는 것은 잘못이다. 겉치레는 누구나 하기 마련이다. 군자도 예외는 아니다. 문제는 그것이 겉치레인지 아닌지를 분명히 아느냐 모르느냐에 있다. 소인은 그것이 겉치레인지 모르고 자신을 감춰 거짓으로 꾸며댄다. 그래서 "잘못을 (더욱) 무겁게 만든다."

🦋

나이가 들어가면서 한 가지 좋은 점은 변명만큼 부끄러운 것도 없다는 것을 조금 알게 되었다는 것이다. 요즘 아이들이 하는 말로 그냥 '쿨하게' 인정하게 되는 경우가 예전보다는 조금 더 많아진 것이다. 그런데 그렇게 잘못을 인정하면, 소인은 마치 자기가 승리하고 내가 실패해서 죄를 고백하고 비는 줄로 아니 참 재미있다고 해야 할까, 한심하다고 해야 할까?

자하가 말했다. "군자에게는 세 가지 변화가 있다. 멀리서 보면 엄숙해 보이고, 가까이서 접해보면 따스하며, 말하는 것을 들어보면 매섭다."

子夏曰, 君子有三變, 望之儼然, 卽之也溫, 聽其言也厲.

오늘날에는 이 말의 의미가 변해서 권위자나 전문가를 추켜세울 때, 특히 자기 스승을 추켜세울 때 이런 말을 쓰는데, 읽는 사람으로 하여금 닭살을 돋게 한다.

내가 보기에, 이 구절은 공자를 찬양한 것이다. 존경하는 선생님께 배운 것은 황량하던 내 학창시절 축복이었다. 그분은 엄숙을 가장하지 않지만 위엄이 묻어나고, 그 위엄 때문에 가까이 가기 어려울 것 같지만, 이야기를 나눠보면 따스한 품성이 느껴지며, 그리 세련되어 보이지는 않지만 말씀은 단호하고 엄정하였다. 가만히 생각해 보니, 그분의 위엄은 학문적 내공이 자연스럽게 드러난 것이고, 그분의 온정은 사사로움을 내세우지 않는 데서 나오는 여유이며, 그분의 단호함은 어떠한 경우에도 안이한 절충을 용인하지 않으려는 결기에서 온 것이라 믿는다. 그분 앞에서는 알량한 허튼 짓 따위는 전혀 통하지 않았다.

이 세 가지는 이른바 '옵션'이 아니다. 군자라면 모름지기 이 세 가지 면이 그의 내부에서 동시에 작동한다. "이것은 함께 행해지면서도 서로 어긋나지 않은 것이다. 마치 좋은 옥이 따뜻하고 윤택하면서도 단단한 것과 같다."『집주』 그러니 이 셋 중 하나는 충족되었으니, 세 개가 전혀 없는 사람보다야 낫지 않느냐는 따위의 말은 그저 웃자고 하는 얘기일 뿐이다.

이런 구절을 접하면, 선생 노릇을 하고 있는 나를 되돌아보지 않을 수 없다. 엄숙한가? 간혹 오만상을 찡그리는 것을 보니 엄숙을 가장해 위엄을 꾸미기는 하는 것 같다. 따스한가? 간혹 그럴 때도 있지만, 하찮은 것들에 목숨을 건다. 매서운가? 주로 힘없는 사람들 앞에서는 그래 보려고 애쓰는 것 같다. 그런데 그런 내 몰골을 대개 눈치 채고 있는 모양이다. "이렇게 돼서야 고만이지 / 어떻게든지 체면을 차려볼 궁리 좀 해야지." 김수영의 「파자마바람으로」를 읽어본다.

> 파자마바람으로 우는 아이를 데리러 나가서
> 노상에서 支署의 순경을 만났더니
> 「아니 어디를 갔다 오슈?」
> 이렇게 돼서야 고만이지
> 어떻게든지 체면을 차려볼 궁리 좀 해야지

파자마바람으로 닭모이를 주러 나가서

문지방 안에 夕刊이 떨어져 뒹굴고 있는데도

심부름하는 놈더러

「저것 좀 집어와라!」 호령 하나 못하니

이렇게 돼서야 고만이지

어떻게든지 체면을 차려볼 궁리 좀 해야지

파자마바람으로 체면도 차리고 돈도 벌자고

하다하다못해 번역업을 했더니

卷末에 붙어나오는 역자약력에는

한사코 ××대학 중퇴가 ××대학 졸업으로 誤植이 돼 나오니

이렇게 돼서야 고만이지

어떻게든지 체면을 차려볼 궁리 좀 해야지

파자마바람으로 쥬우스를 마시면서

프레이서의 現代詩論을 사전을 찾아가며 읽고 있으려니

여편네가 일본에서 온 새 잡지 안의

金素雲의 수필을 보라고 내던져준다

잃어보지 않으신 분은 읽어보시오

나의 프레이서의 책 속의 낱말이

송충이처럼 꾸불텅거리면서 어찌나 지겨워 보이던지

이렇게 돼서야 고만이지

어떻게든지 체면을 차려볼 궁리 좀 해야지

자하가 말했다. "군자는 신뢰를 얻은 다음에 백성에게 일을 시킨다. 신뢰가 없으면 백성은 자기를 학대하는 줄 안다. 신뢰를 얻은 다음에는 간언한다. 신뢰가 없으면 군주는 자기를 비방하는 줄로 안다."

子夏曰, 君子信而後勞其民, 未信, 則以爲厲己也. 信而後諫, 未信, 則以爲謗己也.

❀

이것은 신뢰의 중요성을 설명한 것이다.

❀

내가 보기에, 이 구절은, 아랫사람은 윗사람을 신뢰하고, 윗사람은 아랫사람을 신임해야 오해와 분란이 생기지 않는다는 말이다. 사람 사이에서 대부분의 문제는 서로 믿지 못하기 때문에 생겨난다. 앞의 「위정爲政」편 2-22에서 "사람으로서 믿음이 없으면 그래도 괜찮을지 모르겠다"라고 하였다. 괜찮을지 모르겠다는 말은 그를 사람으로 여길 수 없다는 뜻이다.

❀

신뢰는 대가도 아니고 강요도 아니며 수단도 아니다. 믿는 자에게 복이 있다거나, 네가 나를 믿고 따르지 않으면 이 판에서 살 수 없다거나, 저 믿음을 발판으로 성공해야 한다는 따위는 모두 진정한 믿음이 아니다. 믿음마저도 자발성 없이 타율에 의한 것이라면 좀 곤란하다는 것이 내 짧은 생각이다. 내가 크리스천이 될 수 없는 이유이다.

❦

위 구절에서 눈여겨보아야 하는 것은, '지배-피지배'의 전제다. 말하자면 거기에는 '아랫것이 상ᄂ것의 신임을 얻어 그 대가로 권력을 나누어먹고, 상것이 아랫것을 잘 부려먹으려면'이라는 전제가 있는 것이다. 그런 점을 도외시하고 이 구절을 현대의 민주정치에 그대로 적용하여 인민을 훈계하는 데 이용해 먹는 현대판 유학자들이 많아도 너무 많다. 이들이야말로 천박한 매문가賣文家들이다. 돈이 된다면 무슨 일이든 서슴지 않는 유상儒商들이다.

자장子張 19-11

자하가 말했다. "중요한 원칙에서는 한계를 넘지 말아야 하고, 세부적인 행동에서는 상황에 따라 차이를 두어도 좋다."

子夏曰, 大德不踰閑, 小德出入可也.

✿

자하는 작은 길에 빠져 있었다. 큰 대목에서는 상궤를 벗어나면 안 되며 세부적인 데서는 융통성을 발휘할 수 있다고 말했는데, 역시 공자의 가르침일 것이다.

✿

내가 보기에, 한계를 의미하는 한閑에 대해서는 난화이진의 설명이 참고 된다. "상고시대에는 방문의 문짝이 없었기 때문에 저녁에 잘 때는 문에 나무틀을 대어 막는 것이 고작이었다. …… 좀도둑을 걱정하지 않고, 소나 양이 달아나는 것을 막을 수 있었다."

✿

헌법상의 기본 권리는 그 타당성 여부를 새삼 논의할 필요가 없듯이, 대원칙은 어떤 경우에도 양보할 수 없다. 일단 대원칙이 정해지면 이제 지키기만 하면 된다. 문제는 대원칙의 범위일 텐데, 그것이 사람마다 달라서는 안 된다는 점만은 분명하다. 사람마다 다르게 해석할 여지가 있는 것은 대원칙일 수 없다. 자신의 이익을 위해 세운 자의적인 잣대를 마치 대원칙인 양 여기고, 그것을 사수^{死守}한다고 오만상을 찌푸리는 철부지들이 있다.

🦋

일단 큰 원칙에 따라 살게 되면, 기타 자잘한 것들에 대해서는 그야말로 자유로울 수 있다. 우리는 그런 예를 옛 위인들에게서 가끔 보는데, 원효가 그렇다. 일연은 원효의 일을 『삼국유사』의 여러 군데에 실었는데, 그 중 '원효불기元曉不羈'라는 제목을 붙인 이야기가 있다. 기羈는 재갈, 고삐같이 어떤 것을 얽매는 것을 말하니, 이 제목의 뜻은 '원효는 어디에도 매이지 않고 자유로웠다'는 정도가 될 터인데, 참으로 멋진 제목이 아닐 수 없다. 원효는 자신이 신봉하는 불교가 민중 속에서 그 의미가 실현되고 민중을 구제해야 한다는 대원칙을 세우고 실천하여, 이른바 '민중불교'의 길을 열었다. 그래서 '으뜸 새벽' 혹은 '신 새벽'이라는 의미의 원효元曉라는 이름이 그에게 대단히 잘 어울린다.

🦋

원칙은 늘 현실과 충돌하기 마련이다. 그런데 현실의 논리만 부박하게 쫓아서는 늘 피곤하고 괴롭다. 원칙을 맹목적으로 고수하자는 말을 하려는 것이 아니다. 최소한의 원칙을 지키려고 애쓰는 사회와 개인이 행복해져야 한다. 원칙을 헌신짝처럼 버리는 사회와 개인에게 미래는 없다.

자유가 말했다. "자하 문인의 제자들은 집을 청소하고, 손님과 대화하며, 나아가고 물러서는 일을 잘하지만, 이런 일들은 지엽적인 것이다. 근본적인 것은 없으니, 어떻게 하려는 것인가?" 자하가 그 말을 듣고서 말했다. "허 참, 자유가 지나치군. 군자의 도에서 어떤 것을 먼저 가르치게 하고, 어떤 것을 나중으로 미룰 것인가? 풀이나 나무에 비유하면, 종류에 따라 구별이 있는 것과 같다. 군자의 도를 어찌 속일 수 있을까? 시작이 있고 마침이 있는 것은 오직 성인일 뿐이다."

> 子游曰, 子夏之門人小子, 當洒掃應對進退, 則可矣, 抑末也. 本之則無如之何. 子夏聞之, 曰, 噫. 言游過矣! 君子之道, 孰先傳焉, 孰後倦焉. 譬諸草木, 區以別矣. 君子之道, 焉可誣也. 有始有卒者, 其唯聖人乎.

자유는 자하를 비평하면서, 그는 지엽적인 것만 있고 근본이 없다고 생각했다. 공자는 자하를 비판했고, 그는 감히 복종하지 않을 수 없었지만, 자유가 자하를 비판할 때 그렇다고 인정하지 않았다.

내가 보기에, 자하와 자유의 다툼은 도토리 키 재기다. 자하는 소도小道를, 자하는 대도大道를 중시했는데, 그 둘 중 어느 것이 더 중요하고 어느 것이 덜 중요한지, 말하자면 그 선차성先次性 같은 것을 따지는 것이야말로 유치한 짓이다. 어설픈 이항대립을 설정해 고민토록 하는 것은 기만이다.

앞에서 본 「초정집서^{楚亭集序}」에서 연암은 이런 말을 전한다. "공명선^{公明}^宣이 증자에게 배울 때, 3년 동안이나 책을 읽지 않기에 증자가 그 까닭을 물었더니, '제가 선생님께서 집에 계실 때나 손님을 응접하실 때나 조정에 계실 때를 보면서 그 처신을 배우려고 하였으나 아직 제대로 배우지 못했습니다. 제가 어찌 감히 아무것도 배우지 않으면서 선생님 문하에 머물러 있겠습니까'라고 대답하였다." 반드시 책만 읽어야 도가 보이는 것은 아니다. 책만 보고 도를 말하는 사람은 오히려 사시^{斜視}가 될 가능성이 크다. 도가 일용할 나날의 삶에 편재^{偏在}해 있다는 것을 아는 것이 진정한 깨달음이다.

김민기는 고등학생 시절에 〈길〉이라는 노래를 만들었다고 한다. "여러 갈래 길 누가 말하나 이 길 뿐이라고 / 여러 갈래 길 누가 말하나 저 길 뿐이라고 / 여러 갈래 길 가다 못갈 길 뒤돌아 바라볼 길 / 여러 갈래 길 다시 걸어갈 한없이 머나먼 길 // 여러 갈래 길 다시 만날 길 죽기 전에라도 / 여러 갈래 길 다시 만날 길 죽은 후에라도."

자하가 말했다. "벼슬에 나아가 여유가 있으면 배우고, 배우다가 여유가 있으면 벼슬에 나아간다."

子夏曰, 仕而優則學, 學而優則仕.

✿

이 구절은 관리가 관직을 마치고 나서 학문을 한다거나, 마치 오늘날의 관리처럼 관리 일을 하고 있는 사람이라도 또 교수 일을 해야 한다거나, 혹은 학문을 마치고 나면 관리가 된다거나, 과거의 독서인처럼 과거시험을 통해 관리가 된다는 말을 하는 것이 아니다.

✿

내가 보기에, 여유가 있으면 사람들은 대개 놀기 마련이다. "학문하면서 여력이 있으면 벼슬하는 경우는 있되, 벼슬하면서 여력이 있으면 학문하는 사람은 아주 드물다. …… 일부는 책을 사기는 하지만, 책은 쌓아놓기만 하고 노는 데 여념이 없다."난화이진

✿

오늘날 대학에는 여러 종류의 교수가 있다. 객원교수, 겸임교수, 대우교수, 초빙교수, 기금교수, 석좌교수, 특임교수 등등. 그런데 이전에 없던 이런 직위가 생긴 이유가 좀 있기는 하다. 대학이 이른바 상아탑에서 벗어나 현실에서 당장 필요한 무엇인가를 생산해 내야 하는데, 학문만 아는 서

생들이 현장을 모르니 그 도움을 받아야 한다든가, 전임교수를 충원하면 돈이 많이 들어 그렇게 하기는 어려우니 교수의 머릿수를 다른 방식으로 채울 필요가 있다든가, 학교나 학과의 명예를 드높이기 위해 명망가를 초빙해 교수진을 화려하게 장식한다든가, 고위 공직자의 퇴임 후 자리를 만들어준다든가 하는 따위다.

🌿

반대로 공부를 좀 하다가 이름이 나면 벼슬길을 넘보는 교수들도 많다. 많은 게 아니라 대부분 그것을 은근히 기대하는 눈치다. 정권이 바뀌면 전화기를 옆에 가져다놓고 눈을 떼지 못하는 치들도 있다고 한다. 그런 사람들이 일단 완장을 차게 되면, 선무당이 사람 잡는다고 난리를 부려 기어코 사단을 내고 만다. 폴리페서 따위는 여기서 말할 가치도 없다.

🌿

선무당은 사람을 대상으로 자기의 믿음을 실험하는 자이다. 그런데 이 실험이 인간을 대상으로 진행될 때 심각한 문제가 발생한다. 인간이 인간을 과연 얼마큼 통제, 지배할 수 있는지를 실험한 것이 독재다. 후진국의 병폐 중 하나는 시스템이 작동하지 않는다는 점이다. 이른바 '대장'이 바뀔 때마다 기존의 경험과 룰은 깡그리 무시된다. 이전의 것은 무조건 타도의 대상이 된다. 그 타도는 일종의 사회적 실험이다. 그 실험의 폐해는 물론 그 피실험자들이 받는다. 기존의 것이 선이니, 그것을 굳게 지키자는 말이 아니다. 타도의 근거가 대개의 경우 인상비평에 의존해서 문제다. 그냥 어떤 감이고 느낌으로 실험을 하는 것이다. 아니면 말고이다. 그래서 다시 그 폐해는 온전히 피실험자의 것이 된다. 타도를 실험하는 이들이 애용하는 말은 강화와 확대다. 좋은 말이다. 그런데 확대와 강화는 그 대상에 문제가 없을 때 가능하다. 확대와 강화를 할 인력이나 내용이 없는데도 마치 그렇게 할 수 있다고 생각하는 것은 만용이다. 그리고 다시 그 만용의 폐해는 고스란히 피실험자에게 돌아간다. 결국 피실험자는 이번에도 일종의 마루타의 신세가 되어 버린다. 선무당은 정말로 사람을 잡는다.

자장子張 19-14

자유가 말했다. "상사에서는 슬픔哀에 이르면 족하다."

子游曰, 喪致乎哀而止.

✤

애哀는 통慟과 달리 그저 담담한 슬픔일 뿐이다. 자유는, 상사喪事에는 슬퍼하되, 그 슬픔이 애에 이르면 충분하다고 말했다.

✤

내가 보기에, 이 구절은 앞의 「팔일八佾」편 3-20에서 본, 슬퍼하지만 비통해 하지 않는다哀而不傷는 말과 통한다. 요점은 절제다. 감정을 드러내되, 조절하여 지나치지 않도록 하는 것이 중요하다. 뭐든지 지나쳐서는 안 된다는 것이 유가의 윤리다. 지나친데도 고치지 않는 것이 허물이라고, 혹 감정이 격해져서 정도를 넘더라도 곧바로 평정심을 되찾으라고 한다.

✤

이 구절에서 새겨봐야 할 단어는 그치다止이다. 『대학』에서 "세상에서 가장 큰 공부의 길은 …… 지극한 선善에 그치는 것"이라 했다. 우리는 좀처럼 멈추어 서지 않거나 못하고, 조금 더 욕심을 내보려고 한다. 그래서 늘 문제가 생긴다. 멈춰서야 자신을 돌아볼 수 있다. 흔들리는 물에는 상이 어그러져 보인다. 지수止水만이 명경明鏡이 될 수 있다.

선가禪家에서는 백척간두에 서더라도 한 발자국 앞으로 더 내딛으라百尺竿頭進一步고 한다. 유가의 세계관과 분명히 다른 인식이다. 방심放心을 주의하라는 유가와는 달리, 불가에서는 방하착放下著을 강조한다. 유가가 마음을 단단히 잡아매라는 뜻의 조심操心을 강조하기 위해 방심을 경계한다면, 불가에서는 모든 것이 공空임을 모르고서 집착하는 그 마음을 내려놓으라는 의미에서 방하착에 방점을 찍는 것이다.

자유가 말했다. "내 친구 자장은 어려운 일도 능히 한다. 그런데도 아직 인에 이르지 못했다."

子游曰, 吾友張也, 爲難能也, 然而未仁.

❧

공자는, 선하지 않은 것을 행하지 않는 것은 그저 쉽지 않다고 할 수는 있어도 어질다고는 할 수 없다고 생각했다.

❧

내가 보기에, 나쁜 일을 하지 않았으니 나는 좋은 사람이라는 얘기는 네가 신이 없음을 증명하지 못했으니, 신은 있다고 하는 것만큼 우습다. 나쁜 일을 하지 않는 것은 대단히 존경할 만한 일이지만, 그러나 그것이 좋은 일을 서슴지 않고 하는 것보다 낫지는 않다. 자기 이익을 위해 물불 가리지 않는 이 세상에서 남에게 손해를 끼치는 일은 절대 하지 않지 않겠다는 다짐도 훌륭하지만, 남과 연대連帶하면서 그의 행복을 위해 노력하는 것이 더욱 훌륭한 일인 것이다.

❧

그런데 자장을 미인未仁이라 한 것에 주의해야 한다. 부지不知는 알지 못하는 것이고, 무지無知는 아는 것이 없는 것인 데 반해, 미지未知는 아직은 잘 모른다는 말이다. 이렇게 보면 자장은 아직은 인에 이르지 못했지만, 열심히 수행하고 있으니 언젠가는 인에 도달할지도 모른다. 후대 학자들 중에 자장을 폄하는 사람이 여럿 있었는데, "공자 문하의 고제高弟에 대해서는 마땅히 망령되이 헐뜯어서는 안 된다."다산 자공은 공자의 무덤가에 여막廬幕을 짓고 6년을 지낸 사람이다.

자장子張 19-16

증자가 말했다. "자장은 당당하지만, 그와 함께 인을 실천하기는 어렵다."

曾子曰, 堂堂乎張也, 難與並爲仁矣.

당당堂堂은 본래 좋은 말이다. 그러나 지나쳐서는 안 된다. 자장은 태도가 단정하고 항상 티를 냄으로써 다른 사람이 접근하기 어렵게 했는데, 이것이 그의 결점이었다. 이 구절을 칭찬과 비난으로 풀이한 경우가 있지만, 이 말에는 그 둘이 모두 들어 있다. 증자는 자장이 아직 인의 경지에 도달하지 못했다고 생각했다.

내가 보기에, 자장에 대한 평가는 앞에서 한 차례 이루어졌으니, 부언하지 않는 것이 좋겠다. 당당이라는 말은 지금도 쓰고 있다. 국립국어원에서 발간한 『표준국어대사전』에는 "남 앞에서 내세울 만큼 모습이나 태도가 떳떳하다. 힘이나 세력이 크다"라고 풀이되어 있다. 이것을 "용모가 훌륭한 것이다. 그 외면만 힘쓰고 스스로 높은 체하는 것"이라고 푼 『집주』의 해석은 마뜩치 않다. 걸핏하면 외모와 내면을 구분하는 송대 유학자들의 도식적 사고가 느껴진다. 심지어는 "차라리 외면이 부족하고 내면이 유여하면 인을 할 수 있을 것"이라는 말까지 한다. 오규 소라이의 말마따나 "위엄 있는 용모의 훌륭함이 어찌 편벽됨이겠는가? 『중용』에 재계하고 깨끗이 하며 의복을 성대하게 하여 예가 아니면 움직이지 않음은 몸을 닦는 것이라 하였는데, 이것이 구경九經 중에서도 제일 먼저 있으니, 어찌 인을 행하는 근본이 아니겠는가? 자장이 당당한 것이 어찌 병이겠는가?" 그래서 다산도 이것을 "오로지 용의容儀에 대한 설로 이해할 필요는 없다"라고 했다.

✳

나는 오규 소라이의 해석이 리링의 풀이보다 더 낫다고 생각한다. 그는 이러한 전제 아래에서 "(자장과) 함께 인을 실천하기 어렵다"라고 한 말을 "자기로 하여금 자장과 더불어 나라를 이웃해서 인정仁政을 행하게 한다면, 반드시 그의 밑으로 나아가게 될 것"이라는 뜻으로 풀이한다. 오규 소라이의 관점에 따르면, 이 구절은 "자장은 당당하지만, 그와 함께 인을 실천하기가 어렵다"라는 것이 아니라, "당당하구나, 자장이여! (내가 그를 좋아서) 함께 인을 행하기 어렵다"로 옮겨야 한다. 그래야 문장이 어색해지지 않는다.

자장子張 19-17

증자가 말했다. "나는 스승님으로부터 들었다. 사람은 자신의 감정을 모두 드러내는 법이 없는데, 만약 있다면 분명 혈육을 잃었을 때다."

曾子曰, 吾聞諸夫子, 人未有自致者也, 必也親喪乎.

꽃

사람은 어려서부터 자기의 정서를 통제하는 법을 배우고, 때때로 몹시 억누른다. 공자는, 사람은 자기감정을 맘껏 발산할 기회를 갖기가 매우 어려운데, 있다면 반드시 혈육이 죽었을 때일 것이라고 말했다.

꽃

내가 보기에, 자기감정을 마음껏 발산할 기회가 거의 없는 우리가 가족의 죽음 앞에서나 겨우 그렇게 한다면 좀 허무하고 쓸쓸하다. 물론 그렇게 함으로써 오랫동안 억눌려온 감정을 배설하는, 근사한 말로 카타르시스하는 측면이 있지만 말이다.(카타르시스는 희랍어로 '설사'를 뜻하는 의학용어이다)

꽃

근대 이후, 특히 박정희 유신독재 이후 오랫동안 우리의 욕망은 늘 감시, 억압당해 왔다. 추악한 지배자들이 자기 권력의 유지와 확산을 위해 알량한 도덕주의를 줄곧 강요해 왔기 때문이다. 학살자 전두환이 '민주정의당'을 만드는 따위다. 뒷구멍에서 더러운 짓을 서슴지 않는 너절한 자들이 도덕과 정의를 내세우는 것만큼 추악한 일도 없다.

좀 엉뚱한 이야기지만, 국가의 역할이 무엇인가 하는 점을 나는 재밌게도 프로이트와 맑스를 결합한 빌헬름 라이히[1897~1957]에게서 배웠다. 그는, 성이 억압된 사회는 필연적으로 가부장적 보수화로 진행되어 파시즘이라는 병적증상을 보이게 된다고 했다. 오르가즘을 느껴보지 못한 자가 파시스트가 된다는 것이다. 성을 자유롭게 즐겨야 사회가 건강하게 발전한다고 본 그는 성적 만족을 도와주는 오르곤Orgon 가스를 개발했다. 그는 그것을 대포 같은 것으로 구름에 쏘아 비처럼 뿌려 주어서 인민 모두가 행복하게 하는 것이 국가의 역할이라 보았다. 이를 흥미롭게 이해하려면 〈유기체의 신비〉라는 유고슬라비아 영화를 보면 좋은데, 그 원제는 '오르가즘의 신비'다.

증자가 말했다. "나는 스승님에게서 들었다. 맹장자가 행한 효는 다른 사람도 할 수 있지만, 아버지가 임명한 신하와 아버지의 정치적 조치를 바꾸지 않는 것은 따라 하기 어렵다."

曾子曰, 吾聞諸夫子. 孟莊子之孝也, 其他可能也, 其不改父之臣與父之政, 是難能也.

　　　　　　　　　　🍂

　맹장자의 효는 다른 사람이 배우기 쉽고 옆 사람도 똑같이 흉내 낼 수 있지만, 부친이 남겨놓았던 가신과 정치규범을 조금도 바꾸지 않은 점은 따라 하기 어렵다는 말이다.

　　　　　　　　　　🍂

　내가 보기에, 오늘날 이 땅에서는 참으로 조심해서 읽어야 할 말이다. 옛 공신과 규범을 쉽게 바꾸고 뜯어 고치는 것을 염려한 이 말을, 선대의 정치를 그대로 답습하는 것이 바람직하다거나 그것을 재현하는 것이 능사라는 식으로 받아들여서는 안 된다. 지금 선대의 '충견'들을 다시 등용하고, 그들이 추진했던 일들을 부활시키려고 안달이 나 있는 자가 이 구절을 신줏단지 모시듯 할까 걱정이다. 어느 유상儒商이 '신용비어천가'로 활용해 먹을까도 두렵다.

참고로 김일성 사후에 김정일은 3년 동안 일선에 나서지 않고 이른바 '유훈遺訓 통치'를 했다. 아무리 '우리식 사회주의' 운운하지만, 21세기 대명천지에 가당치 않은 말이다. 그런데 '한국식 민주주의'를 강조하고, 부자 세습과 교회 세습이 일상사가 된 여기는 뭐 좀 다른가?

맹씨가 양부를 사사士師로 임명하자, 양부가 증자에게 가르침을 청했다. 증자는 이렇게 대답했다. "윗사람이 도를 잃어 민심이 떠난 지 오래되었다. 만약 이러한 상황을 이해한다면, 애처롭게 여겨야지 기뻐해서는 안 될 것이다."

孟氏使陽膚爲士師, 問於曾子. 曾子曰, 上失其道, 民散久矣. 如得其情, 則哀矜而勿喜.

✿

여기서 맹씨는 맹경자孟敬子이고, 양부는 증자 문하의 일곱 제자 중 한 명이었다. 사사는 소송사건을 담당하는 관리다.

✿

내가 보기에, 이 구절은 증자가 양부에게 사사의 직분에 임하는 자세를 일러준 것이다. "만약 이러한 상황을 이해한다면 애처롭게 여겨야지 기뻐해서는 안 될 것이다"를 풀어 쓰면, 지금 민심이 이반되어 사회가 혼란스럽다는 점을 잘 참작해서 백성들이 죄를 지을 수밖에 없는 사정을 불쌍하게 생각해야지, 법집행관으로서 할 일이 생겼다고 기뻐해서는 곤란하다는 의미가 될 것이다.

✿

"범죄와 법조문은 '일 대 일'로 조응하지 않는다. 사회구조적 문제를 도외시하지 않는 법 집행자라야만 범죄의 전체적 맥락을 올바르게 파악할 수 있고, 그럴 때라야 법의 집행이 중용을 얻을 수 있다. 사회적 환경context은 접어둔 채 법조문text만 달달 외우고, 그러다 범법자가 걸려들면, '옳거니! 잘 걸렸다'는 식으로 '법 지식'을 마음껏 발휘하는 따위는 비루한 '법 집행자'에 불과하다는 것이다."배병삼

좀 다른 얘기지만, 로우 스쿨의 문제점은 논외로 하고, 지금과 같이 사법시험을 통과하는 사람을 법관으로 임용하는 환경은 재고를 요한다. 똑똑한 젊은 이들이 한창인 20대를 온통 골방에 갇혀 법조문 등 종이책을 외는 방식은 다른 무엇보다도 당사자의 현실 경험을 완전히 저당 잡히게 한다는 문제가 있다. 연애도 못해 보고, 문학과 예술에 침잠해 보지도 못하며, 무엇보다 타인의 삶에 관심을 가지지 않으면서 어떻게 법을 집행할 수 있다는 말인가. 뒤늦게 이른바 출세를 해서 그동안 들인 시간과 노력을 한꺼번에 보상 받으려고 물불을 가리지 않는 경우는 더욱 곤란하다. 더구나 판검사의 대부분을 서울의 특정 지역, 특정 고등학교 출신들이 독점하고 있다니, 그것도 대단히 심각한 문제다.

연대連帶는 그만 두고서라도 공감共感의 의미를 이해하고 그것을 현실에서 다양하게 훈련 받지 않은 이가 남의 행위를 규정하고 제한하는 것은 기본적으로 부조리하다. 에리히 프롬은 『사랑의 기술』에서 이렇게 말했다. "이웃을 사랑할 능력, 참된 겸손, 용기, 신념, 훈련 없이는 개인 간의 사랑도 이룰 수 없을 것이다."

자공이 말했다. "주紂의 악행이 그렇게까지 심하지는 않았을 것이다. 그러므로 군자는 하류에 있는 것을 싫어한다. 세상의 모든 악명이 다 그곳으로 모여들기 때문이다."

> 子貢曰, 紂之不善, 不如是之甚也. 是以君子惡居下流, 天下之惡皆歸焉.

✿

자공은, 주紂가 꼭 모든 사람이 추악하게 묘사해놓은 그런 모습은 아니었을 것이라 주장했다. 그는 용감하게도 나쁜 사람에 대해 공평하게 말했는데, 그것은 정말 대단하다. 옛사람들은 여러 사람의 입은 쇠도 녹인다衆口鑠金, 『국어』고 했다. 여론의 무서움을 비유한 말이다.

✿

내가 보기에, 이 구절은 여론을 맹목적으로 따라가지 않고 공평하게 평가하는 자공을 칭송하고 있다. 칭찬도 그렇지만 대개 비난은 제어하기 곤란할 정도로 증폭되는 경우가 많다. 그럴 때 거기에 반기를 들어 문제를 제기하는 것은 많은 사람의 공격을 감수하겠다는 다짐 없이는 어렵다.

✿

이 구절의 맥락하고는 좀 다른 이야기지만, 요즘 이런 생각이 들 때가 있다. 객관적 평가 운운하면서, 역사상 인물의 잘못을 덮어두려는 시도들이 있다. 근래 뉴라이트가 감행하는 '이승만과 박정희 살리기'가 그것이다.

이들이 내세우는 것이 바로 공과론이다. 누구에게든 과가 있으면 공도 있다는 것이다. 그래서 내린 결론이 이승만의 공과는 7 : 3이라고 한다. 박정희 숭배는 이미 도를 넘어섰다. 이제 전두환과 이명박도 공과론의 잣대로 평가할 것이다. 참 '아름다운' 균형이고 공평이다.

참고로, 리링은 이 구절의 배경을 공자 사후 '자공 존숭'과 관련지어 설명하고자 했다. "공자가 죽은 뒤 무슨 일인지는 몰라도 공자를 깎아내리고 자공을 높이려는 하나의 조류가 일어났다"라는 것이다.

자공이 말했다. "군자의 잘못은 마치 일식과 월식 같다. 잘못을 저지르면 사람들이 모두 보고, 그것을 고치면 사람들이 모두 우러러본다.

子貢曰, 君子之過也, 如日月之食焉, 過也, 人皆見之, 更也, 人皆仰之.

❧

공자가 죽은 뒤 자공은 현명함으로 유명해졌다. 당시에 떠돌던 헛소문은 공자의 어떤 잘못을 붙들고 그 한 가지 약점을 공격하면서 나머지 다른 부분은 생각하지 않는 것이었던 것 같다. 자공은 몸을 던져 스승을 변호하고 나섰다.

❧

내가 보기에, 군자의 덕은 백성들이 모두 쳐다보는, 밝은 덕 곧, 명덕明德이라 한다. 그래서 그의 허물은 가릴 수 없다. 지금 집권자들은 자기 허물을 영원히 감출 수 있다고 믿는 모양인데, 그런 일은 세상에서 이루어지지 않는다. 그런데 가만 생각해 보니, 나의 이런 지적은 대단히 잘못되었다. 그 집권자들이 군자는 아니지 않은가. 그들은 그저 너절한 모리배에 불과하다. 군자연君子然하는 모리배. 그들의 허물은 이미 드러날 대로 드러나 있고 넘쳐흐르고 있지 않은가!

❧

군자는 자기에게 잘못이 있는 것을 부끄러워하거나 두려워하지 않고,

그래서 그것을 덮어 감추려고 하지 않는다. 잘못이 있으면 솔직하게 인정한다. 남들이 그 잘못을 뻔히 다 알고 있다는 것을 잘 알고 있기 때문이다. 그런 군자가 자기의 잘못을 사람들 앞에서 먼저 고백하면, 사람들은 그를 더욱 흠모한다. 그것이 군자의 사람됨이다.

　세상에서 제일 안쓰러운 것 중 하나는 자기의 잘못을 꾸미려 애쓰는 것이다. 나도 그렇지만, 자기변명이나 자기합리화에 특히 능한 치들이 있는데, 대개는 너절한 자기애自己愛에서 아직 헤어 나오지 못하는 철부지들이다. 그들은, 김수영의 말마따나 "지독하게 속이면 내가 곧 속고 만다"「性」는 사실을 감조차 잡지 못한다. 그런데 허물을 감추느라 그들은 짙게 화장을 하거나, 치렁치렁 고급 옷을 걸쳐 입는다. 공자는, 꾸미고 가식하는 일은 바탕이 있고 난 다음에나 하라고 했다. 바탕이 안 되어 있기 때문에 그것을 감추려고 가식하고 꾸며대지 말하는 것이다. 회사후소繪事後素, 「팔일(八佾)」 3-8 이다.

위 나라 공손조가 자공에게 물었다. "중니께서는 어떻게 공부를 하셨습니까?" 자공이 말했다. "문무의 도가 이 땅에서 사라지지 않고 사람에게 남아 있었다. 현명한 사람은 큰 것을 알고 있었고, 현명치 못한 사람은 작은 것을 알고 있었다. 문무의 도를 가지고 있지 않은 사람이 없었는데, 스승님께서 어디에선들 배우지 않으셨겠으며, 또 굳이 정해진 스승이 있어야 할 필요가 있었겠느냐?"

衛公孫朝問於子貢曰, 仲尼焉學. 子貢曰, 文武之道, 未墜於地, 在人. 賢者識其大者, 不賢者識其小者. 莫不有文武之道焉. 夫子焉不學. 而亦何常師之有.

❧

공손조는 아마도 공자가 자주 들먹이던 문무의 도라든가 문왕이나 무왕 등은 옛날 사람으로서 당시에도 이미 시간적인 거리가 매우 멀었는데, 공자가 그 옛날의 상황을 어떻게 알았는지 알기 어렵고, 공자 자신이 개인적으로 만들어낸 것일지도 모른다고 생각했던 것 같다. 문벌을 강조하는 사람은 말할 때마다 항상 스승을 들먹거리기를 좋아한다. 그런데 공자는 독학으로 큰 인재가 되었고, 배우는 데 특별히 고정된 스승이 없었다. 배우는 데 특별히 고정된 선생이 없었기 때문에 비로소 대가라고 불렸다.

❧

내가 보기에, 이 구절에서 두 가지를 생각해 보는 것이 좋겠다. 하나는 공손조처럼 의심이 많은 사람이다. 그가 누구이고 무엇을 하는 사람인지 밝혀진 바 없지만, 나는 그가 공자의 위상에 '딴지'를 거는 것이, 마치 희랍 시대 소피스트들이 했던 것과 유사하지 않을까 추측해 본다. 『들뢰즈가 만든 철학사』에서 들뢰즈는 소피스트들을 반시대적 철학자들로 규정하면서, 그들은 "현재의 질서를 고정시키려는 지배적 힘들에 대항한다. 지배적 힘에 대항해 그것을 무너뜨리되 자기 자신을 지배자로 만들지 않는 것, 그것이야말로 '반시대적 철학'이 해야 할 일"이라고 했다. 소피스트들을 궤변론자라고 부르는 것을 재고해 보아야 하는 이유다.

　　　　　　　　　　✻

　내가 대학을 다닐 때 스승에게 배운다는 것은 대개 사숙私淑이었다. 곧 직접적인 가르침을 받지는 않았지만, 마음속으로 본받아서 배움을 얻었던 것이다. 대표적인 분이 리영희 선생이다. 그래서인지 '나는 누구의 제자'니 하는 말은 아직 낯설다. '스승의 은혜가 하늘 같다' 따위의 말을 들으면 여전히 민망하다. 시대 상황 탓이었지만, 나는 정치적으로 스승과 늘 불화했다. 역설적이게도 그것이 내게는 공부의 방편이기도 했다. 당시 루쉰의 말이 내게는 커다란 위로였다. "청년들이 금간판이나 내걸고 있는 지도자를 찾아야 할 이유가 어디 있는가? 차라리 벗을 찾아 단결하여, 이것이 바로 생존의 길이라고 생각되는 방향으로 함께 나아가는 것이 나으리라. 그대들에게는 넘치는 활력이 있다. 밀림을 만나면 밀림을 개척하고, 광야를 만나면 광야를 개간하고, 사막을 만나면 사막에 우물을 파라. 이미 가시덤불로 막혀 있는 낡은 길을 찾아 무엇을 할 것이며, 너절한 스승을 찾아 무엇을 할 것인가!"「청년과 지도자」 중

숙손무숙이 조정에서 대부들에게 말했다. "자공은 중니보다 똑똑합니다." 자복경백이 그 말을 자공에게 알려주자, 자공이 말했다. "궁궐의 담장에 비유한다면, 내 담장은 어깨에도 못 미쳐 집 안의 좋은 것을 다 볼 수 있다. 그러나 스승님의 담장은 몇 길이나 되기 때문에, 그 문을 찾지 못하면 속으로 들어갈 수 없고, 종묘의 아름다움을 보지 못하며, 온갖 건물이 많이 들어차 있는 것을 보지 못한다. 그곳으로 들어가는 문을 찾은 사람은 적다. 그러니 그분이 그렇게 말하는 것도 당연하지 않느냐?"

> 叔孫武叔語大夫於朝曰, 子貢賢於仲尼. 子服景伯以告子貢. 子貢曰, 譬之宮牆, 賜之牆也及肩, 闚見室家之好. 夫子之牆數仞, 不得其門而入, 不見宗廟之美, 百官之富. 得其門者或寡矣. 夫子之云, 不亦宜乎.

❁

자공의 말은, 숙손무숙이 무엇을 알겠는가? 그는 공자의 문이 어디에 있는지도 몰랐기 때문에 이렇게 말하는 것도 이상할 것이 없다는 것이다.

❁

내가 보기에, 문제는 공자와 자공에게 있는 것이 아니라 숙손무숙과 자복경백에게 있다. 자복경백이 들으면 섭섭하겠지만, 두 사람을 비교해서 한쪽을 치켜세우고 다른 쪽을 헐뜯어 깎아내리는 것은 물론 유치한 짓이지만, 그런 말을 남에게 다시 전달하는 것은 더욱 한심하다.

곡부曲阜 공묘孔廟의 남문을 만인궁장萬仞宮牆이라 한 것은 이 구절에서 따온 것이다. 궁궐을 둘러싼 만 길이나 되는 높은 성벽이라는 뜻이지만, 물론 공자의 인격과 학식이 드높음을 기린 말이다.

자공의 담장 비유는 그 말하는 바를 충분히 짐작할 수 있다. 그러나 모든 비유는 이성이 아니라는 말이 있듯이, 이 비유에도 문제를 삼을 만한 구석이 없지 않다. 군자의 모든 것은 명명백백하다고 한 바로 앞[19-21] 구절과 썩 어울려 보이지 않는다. 저번이 '드러냄'이라면, 이번은 '감춤'이다. 궁궐을 구중심처九重深處라 했다. 겹겹이 문으로 막은 깊은 궁궐이라는 뜻이다. '구중심처에 사시는 임이 나의 하소연을 어찌 들을 수 있겠는가?'라는 표현에서 보듯, 그것은 님, 곧 임금에게로의 접근을 허용치 않는 일종의 장벽이다. 그러나 여기서는 물론 공자의 그릇이 측정 불가능할 정도로 크고도 깊다는 뜻이다. 크고 깊은 것은 잘 감출 수 있을 뿐 아니라 누구라도 훤히 들려다 볼 수 있기도 하니, '드러냄'과 '감춤'은 이 경우 모순되지 않기도 하겠다.

소인배의 행태를 잘 들여다보면, 그 특기 중 하나가 남과 비교하기를 좋아한다는 점이다. 누구를 평가할 때, 그 사람 자체의 특징을 반드시 다른 이의 그것과 비교하려고 한다. 그것은 거의 생리적인 것으로, 그 사람 자체의 특징을 볼 눈이나 실력이 없기 때문이다. 그래서 그의 평가는 대개 시답지 않고 너절하다. 상대를 인간 그 자체로 보는 것이 아니라 다른 인간과의 비교를 통해 본다는 점에서, 소인배의 평가는 상대를 타자화 하는 것이다. 다른 사람을 통해서만 비로소 그 상대는 주체가 될 수 있기 때문이다.

※

　좀 다른 맥락이기는 하지만, 이런 점은 우리의 전통미를 설명할 때 꼭 외국의 전범을 끌어들여 이야기하는 오리엔탈리즘의 관점과 유사하다. 우리의 전통미를 그것 자체로 평가할 능력이 없으니, 'A가 얼마나 가치 있고 아름다우냐 하면, 그 유명한 외국의 B와 유사하기 때문이다'라고 한다. 예를 들어 조선의 밥상보의 아름다움은 몬드리안이나 클레라는 기준 없이는 그 가치를 온당히 설명해낼 수 없는 것 따위다.

숙손무숙이 중니에 대해 험담을 하자, 자공이 말했다. "그렇게 하지 말거라. 중니를 험담해서는 안 된다. 보통사람들 가운데 현명한 사람은 구릉같아서 넘을 수 있지만, 중니는 해나 달 같아서 넘어설 수 없다. 사람이 비록 해나 달을 배척한다고 하더라도 해와 달이 무슨 손상을 입겠느냐? 그저 자신이 분수를 모른다는 것을 드러낼 뿐이다."

叔孫武叔毁仲尼. 子貢曰, 無以爲也. 仲尼不可毁也. 他人之賢者, 丘陵也, 猶可踰也, 仲尼, 日月也, 無得而踰焉. 人雖欲自絶, 其何傷於日月乎. 多見其不知量也.

❀

숙손무숙은 앞[19-23]에서는 자공을 높였고, 여기서는 공자를 헐뜯었다.

❀

내가 보기에, 이 구절에 대해서는 덧붙일 말이 별로 없다. 그만큼 자장의 말은 명확하다. 다만 숙손무숙 같은 사람은 정말 꼴불견이다. 한 번은 아부하고 한 번은 험담한다. 이런 자들은 결국 자기 이익을 위해 사람을 이용하고 배반한다. 이들이 겉으로 대단히 착하고 공손한 척을 하는 데에는 그럴 만한 이유가 분명하다. 자기 이익을 지키고 키워가야 하기 때문이다.

❀

진정한 예는 사람을 사람으로 대하는 것에서 시작한다. 남을 과하게 칭찬하는 것을 무례하다고 하는 이유가 여기에 있다. 사람을 이용 대상으로 삼지 않으려면 우선 자신을 존중할 줄 알아야 한다. 자신을 하찮게 여기니 남도 하찮게 보이고, 그래서 남들을 제멋대로 이용해 먹으려는 것이다. 남 얘기만 들입다 해대는 치들에게 알량한 자기애(自己愛) 따위는 있을지 모르지만, 자기존중 같은 것은 찾아볼 수 없다.

진자금이 자공에게 말했다. "스승님은 왜 그렇게 겸손하십니까? 중니가 어떻게 스승님보다 현명하단 말입니까?" 자공이 말했다. "군자는 한 마디 말로 자신의 지식을 드러내고, 한 마디 말로 자신의 무지를 드러낸다. 그러므로 말이란 신중하게 하지 않으면 안 된다. 내가 스승님에게 미칠 수 없는 것은 마치 사다리를 타고 하늘에 오를 수 없는 것과 같다. 스승님께서 만약 국가를 얻어 다스릴 기회가 있었다면, 우리가 흔히 말하듯이 기강을 세우려고 했다면 바로 세웠을 것이고, 백성을 이끌고자 했다면 백성이 바로 따랐을 것이며, 백성을 위로하고자 했다면 그들이 바로 다가왔을 것이고, 백성을 동원하려고 했다면 그들은 바로 합심하여 협력했을 것이다. 그분은 살아서는 영광스러웠고, 돌아가셔서는 슬픔을 남겼는데, 내가 어떻게 그분에게 미칠 수 있겠는가?"

陳子禽謂子貢曰, 子爲恭也, 仲尼豈賢於子乎. 子貢曰, 君子一言以爲知, 一言以爲不知, 言不可不愼也. 夫子之不可及也, 猶天之不可階而升也. 夫子之得邦家者, 所謂立之斯立, 道之斯行, 綏之斯來, 動之斯和. 其生也榮, 其死也哀, 如之何其可及也.

공자가 죽은 뒤 숙손무숙을 필두로 하여 많은 사람이 공자를 비난하면서 자공보다 현명하지 못하다고 생각했지만, 자공은 스승을 지켜냈다.

내가 보기에, 진자금은 숙손무숙과 마찬가지로 소인이다. 진자금은 숙손무숙처럼 남들과의 비교를 통해서만 상대의 가치를 이해하고 판단한다. '그 사람보다 낫다거나 못하다'가 상대를 평가하는 유일한 잣대인 것이다. 이들은 스승에 대한 아부를 존경의 소치라 주장한다. 그러나 앞의 「양화陽貨」편 17-17에서 보았듯이, 입으로는 교묘하게 말을 하고 얼굴빛을 아름답게 꾸미는巧言令色 자에게는 인仁이 드물다 했다. 어질지 못한 사람이 남을 진심으로 공경하기는 어렵다. 그리고 그런 사람은 대개 시류에 편승하기를 좋아하는데, 시류가 바뀌면 언제든지 등을 돌릴 수 있다. 염량세태炎凉世態, 곧 상대가 힘이 있을 때는 그를 좇아 아첨하고, 그에게 힘이 없어지면 싸늘하게 등을 돌려 푸대접하는 것이 그의 특기일 가능성이 짙다. 이런 사람하고는 손잡고 함께 일을 도모할 수 없다.

20

요일
堯日

요 임금께서 말씀하셨다. "아, 그대 순舜이여. 하늘의 역수曆數, 왕이 될 차례가 그대로 정해졌으니, 성실하게 중용을 견지하도록 하여라. 천하의 백성들이 고통과 빈곤에 빠지면 하늘이 그대에게 내린 녹위祿位도 영원히 끊어질 것이다." 순 임금과 우 임금에게 역시 이와 같이 훈계하셨다. (탕 임금이) 말씀하셨다. "저 소자 이履는 삼가 검정 수소를 제물로 바치면서 빛나고 빛나신 하느님께 감히 분명하게 아룁니다. 저는 죄가 있는 자를 용서하지 않았고, 하느님의 신하를 숨기지 않았으니, 선택은 하느님의 마음에 달려 있습니다. 저 자신에게 만약 죄가 있다면 그것은 온 세상 사람들 때문이 아니고, 온 세상 사람들에게 죄가 있다면 그 죄는 저 자신에게 있습니다." "주 나라에서 크게 베풀어 착한 사람들이 부자가 되었습니다. 비록 주 나라와 친분이 있다 해도 어진 사람보다는 못했습니다. 백성들에게 허물이 있다면, 그 책임은 저 한 사람에게 있습니다." 도량형 제도를 신중하게 결정하고, 법도를 심사하며, 황폐해진 관리 제도를 복원하자, 사방의 정사가 잘 돌아갔다. 멸망한 나라를 일으키고, 끊어진 세대를 이어주며 일민逸民을 채용하자, 천하 백성들의 마음이 돌아왔다. 중시한 것은 백성들의 양식과 상례와 제사였다. 너그러우면 많은 사람의 지지를 얻고, 믿음이 있으면 백성들이 맡기며, 부지런히 공적이 있고 공정하면 백성들이 기뻐할 것이다.

> 堯曰, 咨. 爾舜. 天之曆數在爾躬, 允執其中. 四海困窮, 天祿永終. 舜亦以命禹. 曰, 予小子履敢用玄牡, 敢昭告于皇皇后帝, 有罪不敢赦. 帝臣不蔽, 簡在帝心. 朕躬有罪, 無以萬方, 萬方有罪, 罪在朕躬. 周有大賚,

善人是富. "雖有周親, 不如仁人. 百姓有過, 在予一人. 謹權量, 審法度,
脩廢官, 四方之政行焉. 興滅國, 繼絶世, 擧逸民, 天下之民歸心焉. 所
重, 民食喪祭. 寬則得衆, 信則民任焉, 敏則有功, 公則說.

❦

이 장은 일곱 개의 절로 나눌 수 있는데, 사실 일곱 개의 장과 같다. 단편
적인 말을 한데 모으고 이것저것 묶어서 완성한 것이 옛날 책의 최초의 모
습이다. 옛날 책에는 중복되는 것이 많은데, 그 원인은 두 가지다. 하나는
여러 사람의 손에 의해 기록되어 한 시기에 이루어진 것이 아니기 때문이
고, 두 번째는 정리할 때 이설異說을 함께 보존해두면서 아울러 일관성을 추
구하지 않았기 때문이다.

❦

내가 보기에, 이 구절은 중국 정치사의 맥락과 정치관의 요체를 밝히고
있다. 내가 잘 알지 못하는 내용일 뿐 아니라 너무 방대한 내용이어서 여기
서 자세히 다루기 어렵다. 우리 시대에 참조할 만한 몇 구절을 추려내는 것
으로 갈음한다.

❦

"천하의 백성들이 고통과 빈곤에 빠지면 하늘이 그대에게 내린 녹위祿位
도 영원히 끊어질 것이다." 지배자들이 명심해야 할 진리다. 백성의 고통과
빈곤을 이용해 권력을 유지 강화할 수는 있겠으나, 그것은 일시적인 방편

에 지나지 않는다. 그것 때문에 결국 권력도 무너지게 된다. 허균의 말대로 "천하에 두려워할 것은 오직 백성뿐"「호민론(豪民論)」임을 알아야 한다.

✾

"백성들에게 허물이 있다면 그 책임은 저 한 사람에게 있습니다." 그것이 대개 한갓 포우즈로 귀결되기는 했지만, 예전 양반들은 사회나 국가의 잘못을 모두 자신에게 돌렸다. 자신이 못나서 세상이 잘못되었다는 자책이다. 자기에 대한 지나친 과시욕도 없지 않겠으나, 모든 잘못을 남에게 돌리는 요즘 지배자들의 후안무치와는 비교할 수조차 없이 값지다.

✾

"너그러우면 많은 사람의 지지를 얻고, 믿음이 있으면 백성들이 맡기며, 부지런히 공적이 있고 공정하면 백성들이 기뻐할 것이다." 지금 대통령을 포함한 정치꾼들에 대한 백성의 지지가 계속 떨어지고 백성의 삶이 고단한 이유는, 이 구절에 따르면, 지배자들이 너그럽지 못하고, 믿음이 없고, 게으르고, 반칙을 일삼기 때문이다. 백성의 혈세로 벌어먹고 사는 자들이 백성에게 인색하고, 백성을 불신하며, 공적을 내세워 사욕을 채우며, 온갖 너절한 불법을 동원하고도 부끄러운 줄을 모르니, 이제 남은 것은 백성의 몽둥이뿐이다.

자장이 공자에게 물었다. "어떻게 해야 정사에 종사할 수 있습니까?" 스승님께서 말씀하셨다. "다섯 가지 미덕을 존중하고 네 가지 악덕을 물리치면 정사에 종사할 수 있을 것이다." 자장이 물었다. "다섯 가지 미덕이 무엇입니까?" 스승님께서 말씀하셨다. "군자로서 은혜를 베풀면서도 낭비하지 않으면, 일을 시켜도 원망하지 않고 욕망은 있어도 탐욕이 없으며, 넉넉하게 생각하면서도 교만하지 않고, 위엄이 있으면서도 사납지 않을 것이다." 자장이 말했다. "은혜를 베풀면서도 낭비하지 않는다는 말은 무슨 뜻인지요?" 스승님께서 말씀하셨다. "백성이 이롭게 생각하는 것으로 그들을 이롭게 해준다면, 그것이 은혜를 베풀면서도 낭비하지 않는 것 아니겠느냐? 시킬 만한 일을 가려 일을 시킨다면 누가 원망을 하겠느냐? 인을 추구하다가 인을 얻었는데 또 무엇을 탐내겠느냐? 군자는 많든 적든 혹은 크든 작든 함부로 태만하지 않으니, 이것이 바로 넉넉하게 생각하면서도 교만하지 않는 것이 아니냐? 군자가 의관을 바르게 하고 먼 곳을 우러러보는 존엄한 모습은 위엄이 있으면서도 사납지 않은 것이 아니냐?" 자장이 말했다. "네 가지 악덕은 무엇입니까?" 스승님께서 말씀하셨다. "가르치지 않고서 죄를 지으면 죽이는 것을 잔인하다 하고, 미리 알려주지도 않고서 결과만 요구하는 것을 난폭하다 하며, 명령은 늦게 내리고 기한을 독촉하는 것을 해치는 것이라 하고, 사람에게 재물을 나누어줄 때 인색하게 내준다면 그것을 벼슬아치의 쩨쩨함이라고 한다."

子張問於孔子曰, 何如斯可以從政矣. 子曰, 尊五美, 屛四惡. 子曰, 君

子惠而不費, 勞而不怨, 欲而不貪, 泰而不驕, 威而不猛. 子張曰, 何謂
惠而不費. 子曰, 因民之所利而利之, 斯不亦惠而不費乎. 擇可勞而勞
之, 又誰怨. 欲仁而得仁, 又焉貪. 君子無衆寡, 無小大, 無敢慢, 斯不亦
泰而不驕乎. 君子正其衣冠, 尊其瞻視, 儼然人望而畏之, 斯不亦威而
不猛乎. 子張曰, 何謂四惡. 子曰, 不敎而殺謂之虐, 不戒視成謂之暴,
慢令致期謂之賊, 猶之與人也, 出納之吝謂之有司.

　은혜를 베풀면서도 낭비하지 않는다는 것은 백성들에게 유리한 것이
무엇인가를 파악해야만 비로소 그들에게 도움이 되는 무엇을 줄 수가 있는
데, 백성들에게 베푼다면서도 그것이 도리어 금전상 손해를 끼치는 일이어
서는 안 된다는 말이다.

　내가 보기에, 이 다섯 가지 미덕인 오미五美에 대해서는 "은혜로우면 쉽
게 허비하고, 수고로우면 쉽게 원망하며, 하고자 하면 쉽게 탐하고, 태연하
면 쉽게 교만하며, 위엄이 있으면 쉽게 사나워진다"라고 한 이토 진사이의
풀이가 쉽고 간명하다.

　네 가지 악덕인 사악四惡 중 앞의 세 개, 곧 잔인하다는 학虐, 난폭하다는
포暴, 남을 해친다는 적賊은 정말 무서운 말들이다. 이 세 단어는 늘 어울려

다닌다. 잔인한 사람이 난폭하지 않을 수 없고, 남을 해치지 않을 수 없다. 남을 해치면서도 잔인하지 않거나 난폭하지 않는 경우는 없다. 오규 소라이에 따르면 "죽이는 것을 학이라 하는 데 비해, 포는 굳이 죽이지는 않는 것이니, 학보다는 조금 가벼운 것"이라 했지만, 아마 그게 그거일 것이다. 죽이지는 않지만 오래 고통을 주는 난폭함은 고문처럼 더욱 잔인하다. 그리고 이런 사람들 중에 인색하지 않은 자를 나는 본 적이 없다.

나는 연전에 사악을 두루 갖춘 너절한 지도자를 겪은 바 있다. 그는 결과만 중시하는 성과주의의 화신이었고, 앞뒤 안 가리고 사람들을 다그치고 몰아대는 것을 추진력이 있다고 여겼다. 무엇보다도 인색하고 옹졸하며 쩨쩨한 사람이었다. 음모와 모략에 이골이 난, 그런 모리배를 능력자로 여겨 추대하는 세태가 한심하고도 딱하다. 그가 지도자로 있던 기간 동안 남은 것은 불신과 황폐함이었다. 그런데 근래 그 아류를 다시 만나 불쾌하기 그지없다.

스승님께서 말씀하셨다. "천명을 알지 못하면 군자가 될 수 없다. 예를 알지 못하면 설 수 없다. 말을 알아듣지 못하면 사람을 알 수 없다."

子曰, 不知命, 無以爲君子也. 不知禮, 無以立也. 不知言, 無以知人也.

공자는 군자의 세 가지 앎, 곧 지명知命, 지례知禮, 지언知言을 강조했다. 명命에는 두 종류가 있다. 생명과 운명이다. 그런데 이 두 가지 명은 모두 인간의 힘을 다하고 지혜와 기술을 다하더라도 최종적으로는 제어할 수 없다. 그래서 공자는 천명을 경외했고, 명을 알지 못하면 군자가 될 수 없다고 생각했다. 예禮는 사회윤리 기강으로 행위규범이다. 언言은 사람이 교제하는 도구이다. 립立은 자립이고. 지인知人은 다른 사람을 잘 알고 다른 사람을 이해하는 것이다.

내가 보기에, 지금 내가 좀더 집중해서 공부해야 하는 것은 사람을 아는 것, 곧 지인知人이다. 천명이나 예 같은 것은 너무 큰 주제여서 가늠조차 할 수 없다. 말을 하고 글을 쓰는 것으로 밥을 먹는 사람이니, 지언이야말로 내 최대의 화두가 아닐 수 없다. 그동안 내 입이 내뱉은 모든 말들, 내 손을 거쳐 나온 수많은 글자들이 어떤지는 지금 내가 얼마만큼 지인하고 있는지를 극명하게 말해 줄 것이다. 정진하고 또 삼갈 일이다.